“十四五”普通高等教育系列教材

WENXIAN XINXI JIANSUO

文献信息检索

主编 / 戴建陆　张　岚
编写 / 李宏宇　冯晓丽　董玉萍　白　波
主审 / 王　宇

中国电力出版社
CHINA ELECTRIC POWER PRESS

内 容 提 要

本书为“十四五”普通高等教育系列教材。

本书理论与实践相结合，在系统阐述文献信息检索的基本原理、检索途径、检索方法和相关技术的基础上，详细介绍了图书馆文献分类与书目检索的相关知识，重点讲述了国内外重要全文数据库资源与互联网信息资源的检索方法与技巧，图文并茂、例证丰富、内容明晰，以中文检索工具为主，兼顾部分外文检索工具，同时对搜索引擎使用技巧、互联网上部分开放存取的免费学术信息资源进行了介绍。

本书可作为普通高等院校公共基础课教材，也可作为广大教师、科研人员、工程技术人员等在职人员参考用书。

图书在版编目（CIP）数据

文献信息检索/戴建陆，张岚主编．—北京：中国电力出版社，2021.7（2021.12重印）
“十四五”普通高等教育系列教材
ISBN 978-7-5198-5680-9

Ⅰ.①文…　Ⅱ.①戴…　②张…　Ⅲ.①信息检索－高等学校－教材　Ⅳ.①G254.9

中国版本图书馆 CIP 数据核字（2021）第 107271 号

出版发行：中国电力出版社
地　　址：北京市东城区北京站西街 19 号（邮政编码 100005）
网　　址：http://www.cepp.sgcc.com.cn
责任编辑：冯宁宁（010-63412537）
责任校对：黄　蓓　王海南
装帧设计：赵姗姗
责任印制：吴　迪

印　　刷：北京天宇星印刷厂
版　　次：2021 年 7 月第一版
印　　次：2021 年 12 月北京第二次印刷
开　　本：787 毫米×1092 毫米　16 开本
印　　张：15
字　　数：365 千字
定　　价：45.00 元

前　言

《文献信息检索》是一门实践性很强的素质教育课，该课程的主要教学目标在于培养大学生具有良好的信息素质，使其在校学习期间能够较快掌握文献信息检索的基本知识，了解一些常用检索工具的检索方法和使用技巧，从而能够充分利用各类文献信息资源为自己的专业学习和开展创新创业活动等提供帮助。

高等教育的任务不仅是给学生传授知识，更重要的是对学生进行全面素质的培养。大学阶段，学生的课余时间、自主学习时间更多，课堂上的许多知识、问题需要课后通过相关文献资料的阅读来深入理解、消化吸收。大学生除学好本专业知识外，还应广泛涉猎其他专业相关知识，而这一切都离不开文献信息的查找与选择。通过《文献信息检索》的学习，在拓宽学生获取知识渠道、增强学生获取信息能力的同时，强化大学生探求新知的乐趣，提高学生学习新知的效率，对学生未来的终身教育与学习均有帮助。

本教材来源于几位编者多年的教学实践，在《信息检索》第一、二版的基础上，对部分检索工具检索功能的改进进行了修订，突出各类网络检索工具和开放存取资源利用的介绍，删除了大量利用率不高或已停止出版的手工检索工具内容，各类检索工具的介绍，以中文检索工具为重点，兼顾部分外文检索工具。

本教材理论与实践相结合，在满足学生掌握常用检索工具使用方法的同时，使其能够概括了解信息存储与检索的基本原理与技术，了解信息检索的相关知识，为未来部分学生求学深造，从事科学研究和工程实践的高层次信息检索需求提供入门导引。本书的检索实践部分，充分结合各专业领域实际问题，读者通过书中大量图例，对照相应检索工具实际操作，很容易掌握其检索方法。

本教材由沈阳工程学院戴建陆、张岚主编，李宏宇、冯晓丽、董玉萍、白波编写。戴建陆编写了第 1～3 章、第 8 章和第 9 章，张岚编写了第 5～7 章及附录部分，白波编写了第 4 章 4.1 和 4.2 节，董玉萍编写了第 4 章 4.3 和 4.4 节，冯晓丽编写了第 4 章 4.5 和 4.6 节，李宏宇编写了第 10 章。全书由戴建陆统稿。

本教材由沈阳师范大学王宇主审。在编写过程中还参考了大量专家学者的论著、成果。在此一并致谢。

由于编者水平有限，书中难免会有疏漏、不足之处，恳请同行专家、读者批评指正。

编　者

2021 年 7 月

目　　录

第1章 概 述

1.1 学习信息检索的目的和意义

“材料”“能源”“信息”是构成现代文明社会的三大支柱。人类进入文明社会以来，先后经历了游牧时代、农业时代和工业时代。在农业时代，主要劳动工具是简单农具，材料为铁和竹木，动力为人和牲畜。18世纪以来，蒸汽机和纺织机的出现标志着人类开始走入工业时代。在工业时代，由于动力和机械的应用，劳动生产力得到较大提高，在工业社会200余年的历程中，产生了几次技术革命，如化工技术革命、电力技术革命、机械技术革命，使社会大大向前发展。20世纪后半叶，人类社会爆发了历史上的又一次新的技术革命——信息技术革命。信息技术革命是继农业革命、工业革命之后的第三次产业革命，它正在引发人类历史上的又一次飞跃。

信息技术革命带来了社会的巨大变革，既非物质又非能量的信息，成为越来越多劳动者的劳动对象。一些发达国家的数据表明，信息产业对国民经济增长的贡献率已经超过传统的第一、第二、第三产业。信息技术创新能力也已成为衡量一个国家科技发展水平和核心竞争力的重要指标，“大数据”“人工智能”“云计算”“物联网”“虚拟现实”“5G网络”“融媒体”等新概念、新技术层出不穷，并正在切实地改变着人们的生活方式和观念。

1.1.1 信息社会主要特征

信息社会也称信息化社会，是脱离工业化社会以后，信息将起主要作用的社会。所谓信息社会，是以电子信息技术为基础，以信息资源为基本发展资源，以信息服务性产业为基本社会产业，以数字化和网络化为基本社会交往方式的新型社会。它以信息产业在国民经济中的比重、信息技术在传统产业中的应用程度和信息基础设施建设水平为主要标志。具体而言，信息社会具备劳动力结构中信息职业的人数占绝对优势，国民生产总值中信息经济占有较大比重，社会生活上拥有覆盖面极广的远程快速通信网络系统，知识成为社会发展的巨大资源，生活文化模式多样化，尊重知识的价值观念成为社会之风尚等诸多主要特征。在信息利用与传递方面信息社会的特征具体表现为如下几方面。

1. 信息传递获取方便快捷

信息时代，人与人之间的信息交流已经摆脱了时空障碍，在光纤通信、卫星通信、移动通信等现代通信技术支持下的全球高速互联网建设，极大地改变了人们现有的生活方式，并带来巨大经济与社会效益。广播电视、新闻出版、互联网高度融合，使人人都成为向公众传播信息的自媒体，互联网成为人们获取知识信息的最主要途径。现代信息处理技术使海量信息的数字化存储变得十分容易，谷歌数字图书馆曾计划与图书馆和出版商合作，打造世界上最大的网络数字图书馆，技术不再是问题，知识产权成为最主要障碍。

2. 信息危机和信息爆炸

人类社会进入21世纪，科学技术以前所未有的高速向前发展，以生命科学、材料科学、计算机科学、新能源科学、空间科学以及大量新兴学科为代表的科学技术发展日新月异。社会的发展与科技的进步，带来记载科学成果与社会政治、经济、文化发展水平的各类文献生产量呈几何级迅速增长。

现代技术提高了信息的加工、存储与传播能力，但与之俱来的问题和副作用是面对汹涌而至、浩如烟海的文献信息，人们越来越感到无所适从，从信息海洋中迅速而准确地获取自己最需要的信息，变得非常困难，许多有用的信息还未来得及被发现和利用就自生自灭了。信息的增长和人们利用信息的能力两者之间出现越来越大的差距，面对这种现象，人们称为“信息危机”或“信息爆炸”。这种形势下，信息检索作为一个专门的研究领域应运而生。

3. 信息混乱与信息烟尘

信息爆炸为我们带来了内容丰富、形式复杂、载体多样的海量文献信息，大到美国火星探测的技术资料、勇气号火星车的设计图纸，小到一个本科生的毕业论文，都有相应的文献记录。当然有的信息是不公开的，无法从正常渠道获得。信息爆炸的负面影响即信息混乱和信息烟尘，关于同一客观事件不同文献可能有截然不同的记述，互联网上更遍布着大量没有经过验证的虚假信息。我们周围充满着过量的信息，当我们追踪信息时，却发现难以找到真正需要的、经过科学归纳的、具有针对性的有效信息。在过剩的信息海洋中，人们的信息吸收利用率却在下降。面对信息混乱与信息烟尘的污染，人们除了需掌握一定的信息检索能力外，还应具备一定的分辨、识别和处理信息的能力。

4. 信息是重要的生产力

在历史的长河中，“材料”“能源”“信息”支配着人类最基本的社会活动，在不同历史时期三者所起的作用有所不同。能源推动人类社会的车轮前进，材料是建设人类社会的物质基础。那么信息是什么？没有信息，石油永远埋在地下，阳光将无法转变为电能。

当今，信息资源作为一种重要的战略资源已经成为社会生产力的要素。信息资源的研究开发和利用在很大程度上决定了一个国家和地区的经济水平和竞争实力。信息不仅是科学技术的一个重要组成部分，也是工作、学习和生活中不可缺少的因素。我们必须重视信息的作用，重视文献信息资源的开发与利用。信息检索作为开发、利用信息资源的首要步骤，有助于提高工作和学习效率，把知识和智慧成果转化为生产力，从而推动经济发展和社会的进步。

1.1.2 学习信息检索的意义

1. 有利于了解现有成果，避免重复研究

所有的科学研究活动都是在继承前人知识成果的基础上有所发明、有所创新的。任何人从事某一特定领域的学术活动，或开始一项新的科研工作，都要花费大量的时间，对有关文献进行全面的调查研究，摸清国内外是否有人做过或者正在做同样的工作，取得了一些什么成果，尚存在什么问题，以便借鉴、改进和规划自己的工作。只有这样方能做到心中有数、知己知彼，才能有所发现、有所创新、有所前进，否则容易造成重复劳动，导致人力、物力、财力的浪费。正如牛顿所说：“假如我比别人看的略为远些，那是因为我站在巨人的肩膀上”。这里，巨人是指前辈科学家和他们积累下来的知识。

2. 有利于节约科研时间，提高科研效率

随着科学技术的发展，文献数量剧增，学科间相互渗透，科研人员在进行一项科研活动中，需要花费大量的时间查询与该研究项目相关的文献资料。如果熟悉信息检索方法，就能大大节省查找资料的时间，从而提高科研工作的效率。在当今世界，提高科研效率，加快科研速度的意义还在于使相同科研课题在国内外竞争中处于有利位置。专利法规定，对相同的发明成果，按先申请原则授予专利权，即只授予第一个申请人专利权，其后申请的发明作为已知技术处理。显然，如果忽视科研速度，即使科研获得了成功，但由于发明失去了时间上的新颖性，也会变成无效劳动。

3. 有利于掌握行业信息，提高决策水平

准确、可靠和及时的信息，是正确决策的基础。在经济领域，尤为如此。在激烈的市场竞争环境下，任何一个企业，都必须注意及时了解掌握本行业领域国内外发展动态、新技术发展趋势、可能面临的竞争对手等信息，在知己知彼的基础上，把握好企业发展方向，未雨绸缪，科学决策，才能使企业始终保持竞争优势。近些年，中国通信产业不断发展壮大，目前，5G 技术标准已经引领世界，充分体现了相关国内企业掌握行业发展信息，重视核心技术研发投入的科学决策水平。

4. 有利于增加知识积累，改善知识结构

大学生在校期间，课堂学习的专业知识更多地需要通过课外阅读、实践活动进行消化理解。提高学生自主学习能力和发现问题、解决问题能力是高校人才培养的重要目标。另据美国工程教育协会统计，美国大学毕业的科技人员所具有的知识，只有 12.5%是在大学阶段获取的，而 87.5%则来自工作实践。大学毕业后，5 年内不补充新知识，原有的知识 50%会失效。“授之以鱼”不如“授之以渔”，掌握了信息检索的方法和技能便可以无师自通，找到一条吸收和利用大量新知识的捷径，有利于扩充知识视野、增强探索未知的乐趣，以最少的时间和精力，继承前人的知识，最大限度地增加知识积累，改善知识结构，不断提高自身素质，在激烈的竞争环境中立于不败之地。

5. 有利于培养信息意识，提高信息素质

信息素质（Information Quality）或信息素养（Information Literacy）实质是指一个人在信息搜集、整理、筛选、判断、评价和利用方面的能力，是个人综合素质的一个方面。信息检索课是对大学生进行信息素质教育的主要形式之一。信息素质教育包含信息意识教育、信息道德与信息法规教育、信息能力教育等方面内容。其中，信息意识教育主要培养大学生对信息的敏感度或捕捉、分析、判断和吸收信息的自觉度；信息道德和信息法规教育要使学生防止信息垃圾与信息污染，不借助网络进行人身攻击，不侵犯他人的知识产权、隐私权；信息能力教育包括信息认知能力、信息获取能力、信息处理能力和信息利用能力等的培养。

1.2 信息检索基本知识

1.2.1 基本概念

1. 信息

信息是自然界、人类社会和思维活动中普遍存在的现象，信息如同空气一样，同我们的生活息息相关，人的五官、身体无时无刻不在感受着信息，语言、文字是人们信息交流的最主要形式。

信息论创始人美国著名数学家香农（C.E.Shannon）于 1948 年在《通讯的数学理论》一书中给出了十分抽象的信息定义：信息是用来消除随机事件的形式的不确定性的东西。控制论创始人美国数学家维纳（N. Wiener）在 1948 年出版的专著《控制论——动物和机器中的通信与控制问题》中认为：信息是人们在适应外部世界并且使这种反应作用于外部世界的过程中同外部世界进行交换的内容和名称。我国信息论专家钟义信教授在其《信息科学原理》一书中把信息定义为信息是事物运动的状态和状态变化的方式，是事物的一种属性。

《辞海》(2019 年第七版）将信息解释为对观察对象形态、运动状态和方式的反映，是事物的一种普遍属性。在通信和信息系统中是采集、传输、存储和处理的对象。通常须通过处理和分析来提取。可大量复制，不会损耗，可脱离所反映的对象而被保存、传播。

不同学科从不同的研究角度出发也赋予了信息不同的理解。从哲学的角度分析：信息是客观存在的，信息是物质世界的运动状态与转换方式，是物质的本质属性。从信息资源管理角度分析：信息是数据处理的最终产品，是经过搜集、记录、处理，能以检索的形式存储的事实或数据。信息的不同定义从不同的侧面、不同的层次揭示了信息的某些特征和性质。

综合各种信息定义的内涵和外延，我们认为：信息不是事件或物体本身，信息是事物某种属性的反映，是客观事物某些特征的表象和线索，是客观事物的存在方式及运动状态的陈述，通常以声音、语言、文字、图像、气味等方式传达其所表示的实际内容。信息不是物质实体，同时又不能脱离载体而存在，总是借助于一定的物质载体存储或传输。信息具有客观性、依附性、替代性、加工性、传输性、时效性、价值性、共享性等特征。

2. 知识

《辞海》(2019 年第七版）将知识解释为“人类认识的成果或结晶”。知识建立在信息基础上，人们在利用自然、改造自然的生产和生活实践中，将搜集的信息进一步加工处理、分析浓缩、概括总结，形成的对信息系统化的认知而成为知识。知识是认识产生飞跃的结果，是人们在改造客观世界的实践中所获得认识和经验的总结。知识是同类信息的深化、积累，是优化了的信息的总汇和结晶。

信息杂乱无章，是非难辨，而知识则往往经过实践的多次检验，具有系统化的特性。当然，知识的产生、发展与利用是一个不断更新的过程，知识本身始终是处于动态的发展过程中，它永远处于不断被充实完善和更新的状态。知识和信息如果仅仅拥有，还不能取得效益，只有通过利用，将知识和信息应用到实践创新中去才会有生命力。

依反映对象的深刻性，可将知识划分为生活常识和科学知识；依反映层次的系统性，可将知识划分为经验知识和理论知识，经验知识是知识的初级形态，系统的科学理论是知识的高级形态；依反映知识的内容，可将知识划分为自然科学知识、社会科学知识、思维科学知识，哲学是三者的概括和总结。

知识具有实践性、规律性、渗透性、继承性等特征。实践性是指社会实践是一切知识产生的基础和检验知识的标准，科学知识对实践有重要指导作用。规律性是指知识在一定层面上能够揭示事物的本质及其运动变化的规律。渗透性是指各种知识可以相互渗透、相互融合，并产生新的知识门类，形成科学知识的网状结构体系。继承性是指新知识的产生既是原有知识的深化与发展，又是更新知识产生的基础和前提，知识被记录或物化为劳动产品后可以世代相传和利用。

3. 文献

在我国“文献”一词始见于《论语・八佾》：“子曰：夏礼吾能言之，杞不足徵也；殷礼吾能言之，宋不足徵也；文献不足故也。足吾能徵之矣”，大意是孔子能讲解夏、殷的典章制度，但杞、宋两国的典章制度因为缺乏足够的文献而无法证实。

宋代朱熹在《四书章句集注》中对“文献”一词解释为“文，典籍也；献，贤也”。在这里“文献”指“典籍”和“贤人”两方面意思。贤人，即见多识广、熟悉掌故历史的人。

后来文献概念引申为“具有一定历史价值的图书文物资料，亦指与某一学科有关的重要图书资料”，如历史文献、医学文献。

国际标准化组织《文献情报术语国际标准》（ISO/DIS 5217）对文献的解释为在存储、检索、利用或传递记录信息过程中，可作为一个单元处理的，在载体内、载体上或依附于载体而存储有信息或数据的载体。《国际标准书目著录（总则）》［ISBD（G）］将文献定义为文献是指以任何实体形式出现，作为标准书目著录的书目文献实体。

现代文献一词可广义理解为记录有知识的一切载体的统称，即用文字、图像、符号、音频、视频等手段记录人类知识的各种载体，如竹简、书籍、胶片、磁带、磁盘、光盘统称为文献。

4. 数据

“数据”一词目前应用较为广泛，大数据也已成为热门词汇。在网络社会、云计算时代，人们生产、生活中无时无刻不在产生并被记录下大量的数据信息，随之而来的数据仓库、数据安全、数据分析、数据挖掘等围绕大数据的商业价值利用也正在影响和改变着人们的生活。百度百科将数据解释为是指对客观事件进行记录并可以鉴别的符号，是对客观事物的性质、状态以及相互关系等进行记载的物理符号或这些物理符号的组合。它是可识别的、抽象的符号。百度百科将大数据解释为是指无法在一定时间范围内用常规软件工具进行捕捉、管理和处理的数据集合，是需要新处理模式才能具有更强的决策力、洞察发现力和流程优化能力的海量、高增长率和多样化的信息资产。

数据不仅指狭义上的数字，还可以是具有一定意义的文字、字母及数字符号的组合、图形、图像、视频、音频等，也是客观事物的属性、数量、位置及其相互关系的抽象表示。例如，“0、1、2、…”“阴、雨、下降、气温”“学生的档案记录、货物的运输情况”等都是数据。数据经过加工后就成为信息。

信息与数据既有联系，又有区别。数据是信息的表现形式和载体，可以是符号、文字、数字、语音、图像、视频等。而信息是数据的内涵，信息是加载于数据之上，对数据作具有含义的解释。数据和信息是不可分离的，信息依赖数据来表达，数据则生动具体表达出信息。数据是符号，是物理性的，信息是对数据进行加工处理之后所得到的并对决策产生影响的结论，是逻辑性和观念性的。数据是信息的表达、载体，信息是数据的内涵，是形与质的关系。数据本身没有意义，数据只有对实体行为产生影响时才成为信息。

1.2.2 信息检索

信息检索是指将大量无序的信息按照一定的规则方法有序地组织起来，信息用户根据需要从有序化的信息集合（检索工具）中找出有关信息的过程，其全称为信息存储与检索。狭义的信息检索则仅指整个过程的后半部分，即从信息集合中找出所需信息的过程，相当于人们所说的信息查询。信息检索最早发展于传统图书馆的参考咨询工作。

1. 信息存储与信息检索

信息存储就是将搜集到的原始信息经过加工处理，著录其内、外部特征（内部特征有主题词、分类号、内容摘要等，外部特征有题名、责任者、出版者、开本、页数等）而形成信息记录（款目），并将这些信息记录有序组织起来的过程。信息检索是在有序化的信息集合中找出有关信息的过程，是信息存储的逆过程。

然而，由于文化水平、思想方法、表达方式等方面的差异，信息标引者（存储人员）与信息用户对同一信息的分析、理解也必然存在差异。例如“青少年犯罪问题”依《中国图书馆分类法》分类，标引者可能将其归入“C 社会科学总论——青少年问题”类，而检索者则可能在“D 政治、法律”类进行查找，从而影响检索效果。因此，必须使信息存储与检索依据一致的规则，这样，无论什么样的标引者，对同一文献的标引结果都一致，不论是谁来检索，都能查到该文献。

信息存储与检索共同遵循的规则称为信息检索语言（详见第 3 章）。只要标引者和检索者用同一种检索语言来标引要存入的信息特征和要查找的检索提问，使它们变成一致的标识形式，信息的存储过程与检索过程就具备了相符性。相应地，存入的信息也就可以通过检索工具检索出来。如果检索失败了，那么就要分析一下检索提问是否确切地描述了待查课题的主题概念，在利用检索语言标引时是否出了差错，从而导致检索提问标识错误。只有检索提问标识和信息特征标识一致时，相关的文献才能被检索出来。

2. 信息检索的分类

（1）按检索内容划分。

1）文献检索。文献检索是以文献（包括文摘、题录和全文）为检索对象，即围绕某一特定课题，利用目录、索引、数据库、网络搜索引擎等检索工具，获得大量相关文献线索的过程。文献检索以获取相关文献线索、获得原始文献为最终检索目的。例如，我国正在开展的特高压电网建设工程，用户可以通过文献检索获得与之相关的建设规划、专著、学术论文、技术专利等方面文献。

2）数据检索。凡是以数据为检索对象，将经过选择、整理、鉴定的数值数据存入检索系统中，根据需要回答某一具体数据问题的检索都称为数据检索。数值型数据可包括地理常数、统计数据、人口数据、经济数据、设备参数等。有些数据检索系统不仅能查出数据，而且具备一定的运算推导能力。例如，通过国家统计局网站国家统计数据库可以查询到 2016 年 12 月 31 日第三次全国农业普查全国和省级主要指标汇总数据；通过《电力工程电气设计手册》可以查询到关于“软导线的技术性能和荷重”的资料数据。

3）事实检索。事实检索是以事实作为检索对象，将存储于文献或数据库中的关于某一事项内容相关信息查找出来的信息检索。其检索对象既包括事实、概念、知识、定义等非数值信息，有时也包含部分数据信息。有些检索系统（如智能搜索引擎）可以针对用户查询要求，由检索系统进行分析、推理、逻辑运算后，再输出检索结果。例如，通过中国知网概念知识元库“概念”搜索可以查询到大量关于“信息检索”的学术定义；通过北大法宝数据库可以查询司法解释和司法案例信息。

（2）按检索手段划分。

1）手工检索。利用传统纸载体检索工具进行的信息检索，检索工具有图书馆卡片目录、文摘、索引及各类工具书。目前，除部分古代和少数民族等文献外，手工检索已被计算机检索所取代。

2）计算机检索。利用计算机信息系统进行的信息存储和检索，系统会从其存储的大量数据中自动分拣出与用户提问相匹配的信息，而用户则是整个检索方案的设计者和操纵者。

（3）按组织方式划分。

1）全文检索。全文检索建立在全文数据库自动标引基础之上，可以实现文献题名、主题词、内容摘要、章节、正文、参考文献等任意字段组配检索。网络搜索引擎在对网页信息全文自动标引的基础上提供网络信息的全文搜索，智能搜索引擎同时根据检索词在网页中出现的位置、频率，判断网页与检索词的相关性，并依此对检索到的网页进行排序。

2）超文本检索。超文本信息检索是对互联网每个节点中所存信息及信息链构成的其他相关网页中的信息进行的检索。

3）超媒体检索。超媒体检索是对存储的文本、图像、声音等多种媒体信息的检索。超媒体检索既包含基于信息特征描述的文本检索，也包含基于信息内容特征（颜色、纹理、音频等）的高级检索。

1.3　文献信息资源概述

1.3.1　信息资源

1. 信息资源与信息源

狭义理解，信息资源是人类社会经济活动中经过加工处理有序化并大量积累起来的有用信息的集合，其内涵定义在信息的本质表现，即有用的记录、文献、数据；广义理解信息资源是与人类社会信息活动相关多种要素的集合，包括信息本身、信息人员、信息技术、信息设施、信息管理机制等。信息资源是人类社会物质财富和精神财富的基本来源，是人类进行物质生产和精神生产的主要现实基础。

信息源不等于信息资源，信息源是蕴含信息的一切事物，人类对于自然界和社会的任何认识，全都来源于社会实践。科研人员、工程技术人员和其他社会劳动者所从事的科学技术和生产实践活动，是信息产生的源泉。信息资源则是可以利用的信息的集合，信息资源可以是一种高质量、高纯度的信息源，但信息源并不全是信息资源。信息源是信息资源的来源，经过开发利用，信息源可以转化为信息资源。信息资源生产者的一部分工作就是通过对各类信息源的加工、整序，使其成为有用的信息资源。

2. 信息资源的分类

（1）体载信息资源。体载信息资源是以人体为载体并能为他人识别的信息资源。通过体载信息资源获取信息，与信源（信息传播者）进行实时的交流与互动，往往可以获得其他方式所不能获得的高价值信息。如某一学科、领域的知名专家学者往往是该学科的重要信息资源。

（2）实物信息资源。实物信息资源是以实物为载体的信息资源。依据实物的人工与天然特性又可分为天然实物信息资源（如矿石、土壤、生物标本等）和人工实物信息资源（如样品、模型、雕塑等）。相对于其他信息资源，实物信息资源具有直观、真实、易检验、易仿制的特点。如在家具、服装等以外观设计为主要内容的行业，产品实物往往更能直接反映其蕴含知识信息。

（3）文献信息资源。文献信息资源是以文字、图形、符号、音频、视频等手段记录在一切载体之上的信息资源，是最常见、利用率最高的一种信息资源。

（4）网络信息资源。网络信息资源是文献信息资源的一种新形式，其载体为连接于互联网上的海量计算机存储设备。网络信息资源是下一代信息资源的最主要类型，通过网络通信技术、云计算技术、云存储技术的相互融合，人们可以实现全球范围内实时的文献信息获取与传递。

1.3.2 文献信息资源的基本功能

1. 存储功能

文献是保存人类文化遗产，记录人类文明进步与社会科学文化发展的重要载体。科学知识的继承、历史文化的传播、生产实践经验的积累很多都是通过文献来完成的。如一个国家航天科技水平较高，就会有大量反映其航天技术的科技文献。

人们对古代文明、科学发展、社会生活状态的认识，都是通过对留存下来的古代文物、文献的研究而实现的。

2. 传递功能

文献是人类传递文化知识、科技信息的主要媒介。一般科技信息的传递分为正式传递渠道（发表期刊论文或出版专著等）和非正式传递渠道（讨论、参观、讲演、展览、通信、交换等），前者是主要的传递手段。

3. 再生功能

人们在研究某一课题时，首先要借助于已有的文献，从中获取大量的间接经验，以便使研究少走弯路，缩短周期，提高效率。同时，新成果被记录下来又成为新的文献。新文献在水平上超过了原有文献，因此，这是一个阶梯式发展的、推陈出新的过程。

4. 鉴别功能

科技文献往往是用来衡量科研成果质量高低的重要依据。在评价一项研究成果时，首先要与前人发表的有关文献进行比较，从已有文献提出的观点、方法、工艺和数据等方面逐项核实，以确定该成果的新颖性、先进性。

1.3.3 文献信息资源的类型和特点

从不同角度出发，可以将文献信息资源划分为几种不同的类型。

1. 按载体形式划分

为了有效地记录、积累和传递信息，人类先后发明和运用了各种物质材料记录科学知识，例如：刻在甲骨上，铸在青铜器上，焙烧在陶器上，写在简策、布帛上；后来印在纸张上，晒在蓝图上，摄在感光材料上，录在磁性材料上，刻录在光盘上等。总之，随着社会的发展和科学技术的进步，文献的载体形式越来越多样化。

（1）刻写型文献。刻写型文献是印刷术未发明之前的古代文献和当今未付印的手稿等，如甲骨文、金石文、碑刻、简帛文、手稿等。

（2）印刷型文献。印刷型文献是以纸张为存储介质，以印刷为记录手段而产生的具有悠久历史的一种文献形式，今后较长时间内，印刷型文献仍将是文献的主体。

（3）缩微型文献。缩微型文献是以感光材料为存储介质，缩微照相为记录手段而生产的文献形式，主要包括缩微胶卷、缩微胶片等。缩微型文献需借助于缩微阅读机阅读。目前，缩微型文献已被计算机可读型文献所取代。

（4）机读型文献。机读型文献是以磁性材料、激光材料、半导体材料等为存储介质，以数字技术为存储方式，并需通过计算机处理和识别的一种文献形式。其优点是存储密度高、存取速度快、便于复制和传输，缺点是需要专用设备和专门的软件系统才能阅读。

（5）声像型文献。声像型文献又称为视听资料。它是以磁性材料或感光材料为存储介质，借助相关设备，直接记录声音或图像信息的一种文献形式，它主要包括唱片、录音带、录像带、幻灯片、电影片等，目前许多文献机构均有收藏。传统声像型文献主要采用模拟信号记录方式，其缺点是容易造成信息的衰减，目前模拟存储技术已经被数字化存储技术所淘汰。

（6）网络文献。网络文献是指在互联网上发布与交流的一种机读型文献形式。当今时代，网络出版、数字出版发展快速，开放存取资源日益丰富，互联网已经成为学术信息交流与传播的重要渠道。但相对于正规网络出版物，网络论坛、博客、贴吧等也存在大量随意发布、内容准确性、完整性难以验证的信息，网络信息质量良莠不齐，需要人们在利用时注意筛选和甄别。

2. 按内容特征及加工层次划分

（1）一次文献（Primary Document）。一次文献也称为原始文献，是指由作者本人来源于科研和生产实践而撰写或发表的学术论文、科研报告、技术说明书等原始创新成果。它具有内容新颖、使用价值高等优点，是科研人员追踪的主要目标。

一次文献的判断不是依据其载体、存在形式及出版方式，而是根据它的内容性质，只要作者根据自己的研究成果而发表的原始创作，都属于一次文献。

一次文献具有创造性、原始性和分散性的特点。创造性指一次文献是作者创造性劳动的结晶，包含新观点、新发明、新技术、新成果，具有直接参考和使用价值；原始性是指作者的首次发表；分散性是指成果的个别性，同一学科、主题的相关一次文献出版分散。

例 期刊论文《论无权代理人赔偿责任的双层结构》，作者：张家勇，发表于《中国法学》2019年第3期。该文提出“从现行规定看，无权代理行为人的赔偿责任系分别基于信赖原理和缔约过失原理而构建，在解释该规范时，需顾及法律文义所反映的立法者价值判断及法律体系所呈现的价值秩序，并兼顾代理制度与法律行为规则间的亲缘关系。”该文为作者本人研究成果，属一次文献。

（2）二次文献（Secondary Document）。二次文献是人们把大量的、分散的、无序的一次文献搜集起来，按照一定的方法进行加工、整理、提炼、浓缩，即著录其外部特征和内容特征，标引出文献的主题，编制成具有多种检索途径的检索工具，使之系统化和便于查找而形成的文献。二次文献是对一次文献的加工重组，并不是新的信息，类型主要有目录、题录、文摘、索引等。

二次文献具有汇集性、检索性、系统性的特点。汇集性是指它是在大量的分散性文献的基础上加工整理而形成的，一般汇集某一单位或专业范围内的文献，能直接反映某一信息部门或专业学科的文献收藏出版状况；检索性是指它所汇集的不是文献本身，而是一定范围内的文献线索，其本身是检索工具，还需要通过文献线索来进一步获取原始文献；系统性是指二次文献实现了对不同专业学科文献的系统组织。

例 国内报刊检索工具《全国报刊索引》、英国的《科学文摘》均为二次文献。

（3）三次文献（Tertiary Document）。三次文献是围绕某个主题，利用二次文献搜集大量相关的一次文献，经过研究、分析综合而编写出来的文献。如各种综述、述评、学科年度总结、年鉴、数据手册等。

三次文献具有综合性、价值性和针对性的特点。综合性是指需要对大量分散的有关课题的文献、数据、事实进行分析、综合、浓缩，其内容较为概括；价值性是指三次文献可以直接提供有价值的信息，供用户参考、利用，三次文献兼有一次文献的作用，有时可以替代原文；针对性是指三次文献大多数都是为特定目的而编写的，一般情况下是信息部门受用户委托而从事的研究成果，研究人员通过综述性文章的撰写也可以全面了解当前某一领域的研究状况。

例 期刊论文《电力变压器噪声分析及控制技术研究综述》，作者：许卫东等，发表于《广东电力》2020年第8期。该文针对电力变压器运行产生的噪声问题，从变压器噪声的产生机理和传播途径入手，阐述了变压器噪声控制的重要性，总结了变压器噪声水平的测定方法，介绍了降低变压器噪声的控制策略。此文为三次文献。

（4）零次文献（Zero Level Document）。零次文献是指通过直接交流而获得的非正式记录，未公开出版、传播的文献。它包括口头交谈、参观展览、参加报告会、工程实验等的原始记录、草图、手稿等。

零次文献是最原始的信息源，往往能够反映从其他途径难以获得的最有价值的信息。由于零次文献往往未经过验证，甚至有可能是虚假信息，因此，对零次文献的获取既需要具有敏锐的信息意识，还要具备广博、专深的相关专业知识，能够做到对零次文献的去粗取精、去伪存真。

从零次文献、一次文献到二次文献、三次文献，是一个由分散到集中，由无序到有序，由博而略的对知识信息进行不同层次的加工过程。通过对文献的加工、整理、分析，使繁杂的文献信息成为有组织、有系统的整体，满足了读者对不同层次文献的需求，使读者在检索利用文献时有章可依、有径可循。

3. 按文献的内容特点和出版形式划分

按文献的内容特点和出版形式，可以将文献划分为图书、连续出版物和特种文献三种类型。特种文献包括会议文献、科技报告、专利文献、学位论文、标准文献、技术档案、政府出版物、产品资料等，其在收藏与管理上与图书、期刊等传统文献有较大区别。

（1）图书（Book）。图书又称为书籍，联合国教科文组织对图书的定义为凡由出版社（商）出版的不包括封面和封底在内49页以上的印刷品，具有特定的书名和著者、编有国际标准书号、有定价并取得版权保护的出版物称为图书。

学术类图书一般是对已有的知识和研究成果全面的概括和总结，内容系统完整、成熟可靠。因出版周期较长，图书往往不能反映最新研究进展，不收录学科前沿问题和争论较大的理论，内容新颖性较差。

专业教材能够对某一学科的理论知识、基本技能与学科未来发展进行全面系统的阐述；学术专著则在较为系统地阐述某一学科当前研究成果的基础上，对该学科的某一领域分支或某些问题进行深入研究与探讨，具有较高的学术价值。因此，如果想对某一学科专业进行全面的了解与学习，可首选相关专业课程教材进行阅读。如果已经掌握了一定的基础知识，想对某一学科专业领域做进一步深入的研究，可选择相关专业学者的学术专著进行阅读。

根据图书的内容与用途，可以将其划分为可读型图书（包括教科书、专著、丛书、文集、科普读物等）、参考工具书（包括字典、词典、手册、年鉴、百科全书、各类指南、名录、图谱等）、检索工具书（包括文摘、索引、题录）等。

国际标准书号（International Standard Book Number，ISBN）是专门为识别图书种类而设计的国际编码。2007年前ISBN由10位数字组成，10位数字用“-”分成4部分，分别为组号（国家、地区、语言代号）、出版社号、书序号、校验号，如新华出版社《细节决定成败》

一书的 ISBN 号为 7-5011-0672-3，其号码中“7”为中国国家代码，“5011”为新华出版社代码。2007 年后，ISBN 升至 13 位，前面增加 3 位商品名称代码“978”或“979”，与 EAN-13（European Article Number，欧洲物品编码）统一。

（2）连续出版物（Serial Publication）。连续出版物是具有统一题名，定期或不定期以分册形式出版，有卷、期或年月标识，计划无限期连续出版的文献。连续出版物主要包括期刊、报纸、年度出版物、连续性报告、专著性丛刊等。

1）期刊（Periodical；Journal；Magazine）。期刊又称“杂志”，指具有固定名称，统一的出版形式，按一定规律出版和连续编号的连续出版物。世界范围内正规出版的期刊都有唯一的 ISSN（International Standard Serial Number）号，即国际标准连续出版物编号。

根据期刊性质与用途，可以将其划分为如下几种类型：

a．学术性期刊。学术性期刊主要刊载学术论文、技术报告、会议论文等原始文献。期刊论文出版周期短、内容精炼，是学术研究中利用率最高的信息源，期刊论文一般在文后附有参考文献，可为读者提供大量相关内容参考资料线索。如《中国社会科学》《锅炉技术》《沈阳工程学院学报》均为学术性期刊。

b．检索性期刊。检索性期刊所刊载的内容是由文献工作者通过对原始文献的分析整理、选择加工而成的原始文献的摘要信息，并附有一定的检索途径，供读者查找和选择原始文献之用。如《全国报刊索引》即为检索性期刊。

c．资料性期刊。资料性期刊不登载研究论文和技术文章，只刊登技术规范、条例法令、统计资料和某些实验数据等，专门向特定用户报道各种数据性和事实性信息。如《劳动和社会保障法规政策专刊》为资料性期刊。

d．消息性期刊。消息性期刊多数报道科研团体活动信息、工作进展情况等内容，它是以通信交流为主的一种学术刊物，如《水利水电快报》《材料导报》《冶金信息导刊》。

e．其他期刊。其他期刊主要包括大众休闲类期刊、科普类期刊、少儿类期刊等。

2）报纸（Newspaper）。报纸是报道新闻、评论以及相关行业工作动态、技术革新、发明创造，多以活页的形式定期或不定期连续出版的一种文献形式。报纸一般出版周期短，传递信息快，信息量大，传播面广，是重要的社会舆论工具和信息源。

政府机关报是获取国家方针政策及政治、经济、法律信息的权威信息源，如《人民日报》《光明日报》。行业报纸是获取行业发展信息的重要信息源，如《检察日报》《中国保险报》《中国电力报》等。科技类报纸出版量较小，一般并不登载反映学科领域重大科研成果的学术论文、研究报告，只登载一些科研动态、成果评论及某些小经验、小发明、小创造的文章，如《电脑报》《电子报》等。

目前，传统报纸的功能正在被网页信息所取代，报纸出版发行处于萎缩状态，包括《人民日报》在内，许多报纸发行纸质版的同时，也在网站免费提供电子版全文在线阅读。通过《人民日报图文数据库》可以对《人民日报》1946 年创刊至今的全部图文报道信息和发表的文章进行全文检索。

3）年度出版物（Annual；Yearbook）。年度出版物是汇集年内重要资料，每年出版一次的连续出版物，包括年鉴、年报、年度进展、年度指南、按年修订的百科全书等，内容系统、资料性强。

（3）会议文献（Conference Paper）。会议文献主要是指在学术会议上发表或提交的论文、讨论记录等文献资料。

随着科学技术的迅速发展，为了加强学术信息交流，国际学术组织及各个国家的学会、协会、研究机构每年都定期或不定期地召开学术会议。在学术会议上，同一领域的专家学者集中在一起，对专业问题进行研讨，对科研成果进行评定判断，有利于发现问题、解决问题，提高科研工作的效率。因此，会议文献内容新、质量高、学术性强，往往代表着某一学科或专业领域的最新成就和研究方向，是比较重要的文献信息源。

会议文献有两种类型：一种是会前文献，即会前发表的论文或报告，有的还有开幕词、闭幕词、会议预报等；另一种是会后文献，即会后发表的论文集等。会议文献的出版形式包括图书、期刊、科技报告、视听资料等多种形式，有的会议论文既在会议论文集上发表也在学术期刊上发表。中国知网中国重要会议论文全文数据库、万方数据知识服务平台学术会议论文数据库等均是国内重要的会议文献检索工具。

（4）科技报告（Scientific and Technical Report）。科技报告是指科技人员为了描述其从事的科研、设计、工程、试验和鉴定等活动过程、进展和结果，按照规定的标准格式编写而成的文献，一般由科研设计单位向政府部门或主管单位提供，其类型包括专题报告、进展报告、最终报告和组织管理报告等。科技报告大部分能就某一专题或专项研究的实际内容做客观的分析，提出可行性建议来指导生产，或提出某种假设来说明问题，通常以正式报告、进展报告、技术札记、备忘录、通报等形式出版，科研人员依据科技报告中的描述能重复实验过程或了解科研结果。

科技报告的主要特点：①专业性强，内容详尽，附有图表、数据、研究方法等信息，涉及或覆盖科研全过程；②有严格的编写规范，但一般不经过同行专家和专业编辑人员审查；③出版周期不定，不受篇幅限制，大部分不公开出版发行；④有不同的密级划分和使用范围限制，可分为保密、解密、公开三种类型。

世界著名的科技报告有美国武装部队技术情报局（Armed Service Technical Information Agency，AD）报告、美国政府出版局（Publication Board，PB）报告、美国能源部（Department of Energy，DOE）报告、美国国家航空航天局（National Aeronautics and Space Administration，NASA）报告等。

我国的科技报告有《中国核科技报告》《中国金融科技安全发展报告》等。通过国家科技报告服务系统、万方数据知识服务平台中外科技报告数据库等可进行国内科技报告的检索。

（5）专利文献（Patent Document）。专利文献主要是指专利权人向本国或国外的专利主管机关提出申请保护某项发明、创造时所呈交的一份详细的技术说明书，经专利局审查公开出版或授权后所形成的文献。广义的专利文献包含专利说明书、专利公报和专利分类表、专利文摘以及与专利有关的法律文件及诉讼资料等。

专利文献记载了人类技术进步的发展历史，反映了最新科技发展成就，是报道先进技术与创新成果最快的信息源。其反映的技术信息内容广博，几乎涉及人类生产活动的全部技术领域，同时它还随着人们认识水平和生产水平的提高不断推陈出新，如生物技术、能源技术、电子信息技术、新材料技术等领域的创新成果一般都最先在专利文献上揭示。

专利文献是集技术信息、法律信息、经济信息于一体的信息载体，蕴涵着巨大的战略信息资源。今天，以互联网为依托，专利信息检索已经全面实现了数字化、集成化、网络化。加强专利信息的传播与利用，通过对专利信息的检索、分析、研究，将知识产权转化为生产力，对国家的经济发展与创新型国家的建设具有重要意义。

（6）学位论文（Thesis；Dissertation）。学位论文是指高等院校、科研院所培养的学生为取得相应学位，而撰写的具有一定学术水平，证明作者具备相应的学识能力并通过公开答辩的学术论文。包括学士论文、硕士论文和博士论文。博士、硕士论文内容专一，一般从历史背景、基础理论、评述开始详细介绍研究经过、实验记录和具体数据成果，具有一定独创性，对科研、生产有一定的参考价值。

近些年，随着高等教育的发展，学位论文的数量增长很快，但由于学位等级的不同、学位授予单位、导师要求的差异，其质量也参差不齐。一般来说重点院校、学术研究能力较强的科研单位培养的研究生，尤其是博士研究生撰写的学位论文，要经过由该领域知名专家学者组成的答辩委员会的质疑，其质量更高。同时，一篇博士论文的参考文献一般有几百篇，等于一个专题索引，是较为可靠的信息源。

学位论文不如公开出版物那样广泛流传，有些学位论文还具有一定的保密性，一般在学位授予单位收藏，国内很多高校、科研院所均建有自己的学位论文数据库。中国知网中国博、硕士学位论文全文数据库、万方数据知识服务平台中国学位论文全文数据库、CALIS（中国高等教育文献保障系统）高校学位论文数据库等是目前国内较权威的综合性学位论文检索工具。

（7）标准文献（Standard Document）。标准文献是指按规定程序制定，经公认权威机构或主管机关批准的一整套在特定范围内必须执行或推荐执行的规格、规则、技术要求等规范性文献，简称标准。广义的标准文献是指与标准化工作有关的一切文献，包括标准形成过程中的各种档案、宣传推广标准的手册及其他出版物、揭示报道标准文献信息的目录、索引等。标准化是现代化大生产的产物，它既是一种经济活动，也是一项技术活动，它反映一个国家的生产和技术水平，是组织现代化生产活动的重要手段。

标准有多种不同的类型：①标准按性质可划分为技术标准和管理标准。技术标准按内容又可分为基础标准、产品标准、方法标准、安全和环境保护标准等；管理标准按内容分为技术管理标准、生产组织标准、经济管理标准、行政管理标准、管理业务标准、工作标准等。②标准按适用范围可划分为国际标准、区域性标准、国家标准、专业（部）标准和企业标准等。③标准按成熟程度可划分为法定标准、推荐标准、试行标准和标准草案等。

标准一般有如下特点：①每个国家对于标准的制定和审批程序都有专门的规定，并有固定格式的标准代号。②它是从事生产、设计、管理、产品检验、商品流通、科学研究的共同依据，在一定条件下具有某种法律效力，有一定的约束力。③标准文献中所记录的信息资料，是经过严格的科学验证和精确的计算，并以现代科技成果和先进经验为基础。因此，它在科学上是可信的，技术上是可行的，经济上是合理的。④时效性强，它只以某时间阶段的科技发展水平为基础，且不以最高技术水平为指标，随着经济发展和科学技术水平的提高，标准会不断地进行修订、补充，被替代或废止。⑤不同种类和级别的标准在不同范围内执行，标准代表的技术水平与标准的适用范围无关。

通过标准可以了解和研究世界各国工业生产和工程建设领域的技术水平，也可为研制新产品、改进工艺和技术操作方法等方面提供参考和借鉴。标准一般采用文件或规定基本单位（物理常数）等形式固定下来，每件标准都是一份独立完整的文献材料，具有一定的法律效力和时间限制。

20 世纪 80 年代后，已有 100 多个国家和地区成立了全国性标准化组织，国家标准中影响较大的有美国（ANSI）、英国（BS）、日本（JIS）、法国（NF）、苏联（ГОСТ）、联邦德国（DIN）等。国际标准化机构中影响较大的有国际标准化组织（ISO）、国际电工委员会（IEC）、电气和电子工程师协会（IEEE）等，它们制定或批准的标准具有广泛的国际影响。中国国家标准局于 1957 年成立，次年颁布了第一批国家标准（GB）。

（8）科技档案（Sci-Tech Records）。科技档案是指在自然科学、工程技术领域生产实践、基本建设等活动中形成的应当归档保存的图纸、图表、文字材料、计算材料、照片、影片、录像带、录音带等文件资料。科技档案是科学研究、生产过程的真实记录，其内容包括任务书、协议书、审批文件、研究计划、工作方案、技术措施、调查材料、设计计算、试验项目、数据报告、设计图纸、工艺卡片等。

1980 年国务院批准了《科学技术档案工作条例》，《条例》规定“科技档案工作是生产管理、技术管理、科研管理的重要组成部分，各工业、交通、基建、科研、农林、军事、地质、测绘、水文、气象、教育、卫生等单位，都应当把科技档案工作纳入生产管理工作、技术管理工作、科研管理工作之中，加强领导”。

科技档案与其他档案的区别在于它产生于科学研究、生产活动之中，记述和反映了人们认识自然、改造自然的各种活动过程。它是生产和科研工作中积累经验、提高质量的重要依据，同时也可为其他相关科研和工程技术活动提供借鉴，具有重要的信息价值。

科技档案是国家技术储备的一种主要形式，多收藏于各级各类档案馆中。科技档案是一种非卖品，一般通过技术交换、转让等方式获得，多数要凭证件借阅，在内部使用。

例 技术档案是欧盟指令中很重要的一个事项，它的目的是要求企业准备充分的技术资料证明供主管机关抽查，或发生诉讼纠纷时使用。

低电压指令 93/68/EEC 对技术档案的要求：该指令规定，产品的制造者必须建立一份技术档案，并由该制造者或其在欧盟的授权代表在产品停止生产后保存十年，供主管机关检查。关于技术档案的内容，指令规定技术档案应能使他人可以评估该电气产品是否符合指令的要求，应提供进行这种评估所需设计制造及使用资料，它包括电气产品的整体描述；设计方案，零部件和电路的制造图样及设计；为了解上述图样、设计和成品的使用方法所需的描述和解释；详列所引用的标准，并说明其他为符合指令的安全要求所采取的方法；设计计算及实验结果；测试报告。

（9）政府出版物（Government Document）。政府出版物是各国政府部门及所属单位发表与出版的文件。它的内容广泛，主要包括行政性文件和科技性文献两大类。行政文件包括国会记录、司法资料、方针、政策、规章制度，决议指示以及调查统计资料等；科技性文献包括各部门的研究报告、技术成果公告、技术政策文件等。

目前不少国家都设专门机构（如美国政府出版局等）负责办理政府出版物的发行工作。政府出版物的主要特点是内容可靠，与其他信息源有一定重复，对了解一个国家的科学技术和经济政策及其演变情况，有一定参考价值。我国权威政府出版物有《中华人民共和国全国人民代表大会常务委员会公报》《中华人民共和国国务院公报》《中华人民共和国最高人民检察院公报》《中华人民共和国最高人民法院公报》等。

（10）产品资料（Product Literature）。产品资料是企业对其生产或销售产品的性能、构造、原理、用途、使用方法、操作规程、产品规格等所做的具体说明和详细介绍的文献资料。它图文并茂、形象直观，数据可靠准确，直接反映最新技术创新与性能指标。

产品资料包括产品样本、产品目录、产品说明书、厂商介绍等资料。查阅和分析厂商有关产品资料有助于了解国内外产品工艺水平、技术水平及有关技术的演变过程和发展动向，可以获得设计、制造、使用中所需要的数据和方法，也可以判断某种产品的技术水平，为引进设备、选购产品、企业研发提供直接的参考信息。一般产品的真正技术关键和核心数据在产品资料中不作介绍，与登载其相关技术研究的期刊论文、专利、标准文献等一同分析使用，往往更有价值。

第2章 图书馆与馆藏目录检索

2.1 图书馆的发展与现代图书馆

2.1.1 图书馆的产生与发展

1. 图书馆的产生

图书馆是搜集、整理、保管和利用文献资料，为一定社会、政治、经济服务的文化、科学和教育机构。当今时代，图书馆的功能和社会作用有了新的特质，图书馆服务已经突破了建筑实体，数字图书馆、虚拟图书馆的概念应运而生，有人提出："图书馆是针对特定用户群的信息需求而动态发展的信息资源体系。"

人类社会信息交流的需要是图书馆产生的前提，文字和文献的出现是图书馆产生的直接动力，社会生产力的发展是图书馆产生的根本保证。公元前3000年，巴比伦的神庙中就收藏有刻在胶泥板上的各类记载，最早的图书馆是公元前4世纪希腊神庙的藏书之所和附属于希腊哲学书院的藏书之所。我国约在公元前1400年的殷商时已经产生了甲骨文，公元前1000年左右的周朝已有类似于图书馆的机构——藏室，这段历史为我国早期图书馆产生的雏形时期。

2. 我国图书馆的发展

（1）古代皇家藏书楼时期。由于造纸术和印刷术的发明，在漫长的中国古代，尤其是封建社会鼎盛时期，产生了大量记载当时政治、经济、科学、文化的文献，这些文献是人类宝贵的文化遗产。封建帝王、统治阶级搜集天下的书籍，存放在藏书楼里，供少数封建贵族享用便形成了古代图书馆。它们被称为府、阁、观、台、殿、院、堂、斋、楼等，如西周的盟府，两汉的石渠阁、东观和兰台，隋朝的观文殿，宋朝的崇文院，明代的澹生堂，清朝的四库全书七阁等。这一时期的图书馆文献基本处于封闭和静止状态，文献以收藏为主，并形成了以官府藏书、私人藏书、书院藏书、寺院藏书为主的藏书体系。

（2）近代图书馆时期。随着近代资产阶级革命的成功，大机器生产逐渐代替了手工生产，生产力水平的提高推动了社会政治、经济、科学文化的发展，文化教育逐渐向社会普及，藏书楼再也不能满足社会各方面的需要。近代图书馆首先在大学产生并逐渐得到发展。图书馆打破了以"藏"为主的桎梏，开始向社会开放，向着以"用"为主、为大众服务的方向转变。图书馆也从保存文化财富的职能，扩展到教育职能，成为人们终身进修学习的"社会大学"。这个时期图书馆又被称作"知识海洋""知识宝库"。

（3）现代图书馆时期。20世纪中叶以来，信息爆炸、知识爆炸带来的文献量巨增，使人们查找信息、选择信息变得越来越困难。同时信息作为社会发展的重要资源，人们对其依赖越来越强烈，传统图书馆的服务越来越难以满足人们的需求。如今，数字存储技术、网络通信技术的发展使文献载体形态和信息获取方式发生了革命性的变化，图书馆的形态与功能也随之改变，数字图书馆、虚拟图书馆反映出文献形态的变化导致图书馆形态的变革。无论在实体空间，还是在虚拟空间，现代图书馆既是文献信息中心，也是知识传播和交流的重要平台，读者在利用图书馆过程中本身也在产生大量有价值的信息并与外界分享，信息传递与交流成为现代图书馆日益重要的职能。图书馆组织正在向集团化、网络化、国际化方向发展，以图书馆之间的相互合作、最大范围的资源共享来满足日益增长、复杂多样的社会需要。

2.1.2　现代图书馆的基本类型

在图书馆事业发展过程中相继出现过各种各样的图书馆或类似于图书馆的文献机构，它们或被称为文献中心、信息中心等。依据图书馆的性质、任务、服务对象、隶属机构的不同一般可将图书馆划分为如下几种类型：

1. 国家图书馆

凡是按照法律或其他安排，负责搜集和保管国内出版的所有重要出版物的副本，并且起“储藏图书馆”的作用，不管其名称如何，都是国家图书馆。我国的国家图书馆是原北京图书馆，1999 年更名为“中国国家图书馆”。

国家图书馆馆藏文献的全面性和系统性，主要是通过“呈缴本”制度来保证的。“呈缴本”制度是为了保证国家图书馆对本国出版物的全面系统收藏，由国家制定并颁布的一种出版物缴送制度。我国规定全国各出版单位和部门出版的各种语言、各种载体形式，公开和内部发行的各种出版物，都必须向国家图书馆呈缴若干复本。

2. 公共图书馆

公共图书馆是由国家中央或地方政府管理、资助和支持的面向社会和公众服务的图书馆，是图书馆的主要类型之一。公共图书馆担负着为科学研究服务和为大众服务的双重任务，在促进国家经济、科学、文化、教育事业的发展，提高全民族科学文化素质方面起着重要的作用。国家图书馆也属于公共图书馆，只是由于其作用比较特殊，不同于一般公共图书馆。

在我国，公共图书馆一般是按行政区域进行设置的，包括国家图书馆，省、直辖市、自治区图书馆，地区（市）图书馆，县（区）图书馆，县（区）以下的各级图书馆（室）以及文化馆所属图书馆，我国已形成了公共图书馆三级保障体系。省级公共图书馆是我国图书馆的骨干，其馆藏文献资源丰富、入藏书刊具有综合性，特别重视本地区及民族文献的收藏，一些省级图书馆设有专门收藏本省出版物的机构，对本省出版物全面收藏。

3. 高等学校图书馆

高等学校图书馆是学校的文献信息中心，是为学校教学和科学研究服务的学术性机构，是学校信息化和社会信息化的重要基地。在高等学校中，图书馆与师资、实验设备共同构成学校建设的三大支柱。高校图书馆的建设与发展应与学校的建设与发展相适应，其水平是学校总体水平的重要标志。一所学校要培养高质量的人才，取得高水平的科学研究成果，必须有高质量的文献信息资源和文献信息工作做保证，一名大学生在校期间要更好地完成学业，更多地掌握知识，必须重视图书馆的利用。

高等学校图书馆馆藏文献比较丰富，收藏范围密切结合本校所设置的学科、专业，较为系统、完整，注重搜集学生课程设计、毕业设计、毕业论文所用的文献资料，教材和教学参考书的入藏比例较大，基本能适应教学活动的阶段性需求，文献利用率高；国内很多一流大学图书馆在本校重点学科、专业方面的文献收藏，一般能反映出世界最新研究水平。据教育部高校图工委统计数据，2018 年我国高校图书馆文献购置经费均值为 557 万元，160 余所高校图书馆文献经费超过 1000 万元，主要用于购买中外文数字资源。

4. 专业图书馆

专业图书馆是按专业和系统组织起来的，直接为科研和生产技术服务的专门性图书馆。在我国，专业图书馆主要包括科学院系统、政府部门所属的研究机构、大型企业等的图书馆。此外，中央及各省市、各工业部门的科技信息研究所，大都设文献馆，其性质亦属于专业图书馆一类。

专业图书馆馆藏文献的特点是学科专业性和时效性强，凡是与本学科、本专业科研方向和任务有关的文献，都力求搜集齐全。并以基础理论文献，特别是国内外最新科学技术文献为收藏重点。由于专业图书馆收藏的文献更注重学科进展和专业适用性，所以，文献老化周期短，新陈代谢较快。

专业图书馆服务方式已突破单一的文献借阅，重点在于各种信息服务项目，如开展文献信息定题跟踪报道，受理大宗专题回溯检索，开展科技查新、专题数据库建设等。

5. 其他图书馆

其他图书馆包括工会、军队、中小学图书馆等。目前，许多互联网平台亦提供一定的数字图书馆服务，如谷歌数字图书馆、百度阅读、微信读书等。

2.1.3 高等学校图书馆的组织机构

对图书馆的组织机构与业务职能进行概括了解，有利于学生更好地利用图书馆。高等学校图书馆一般为学校的二级机构，图书馆在学校授权范围内实行馆长负责制，一些规模较大的学校往往还设有分馆或院、系资料室。从方便读者利用和有利于科学管理出发，高校图书馆一般设有如下部门。

1. 采访部

采访部主要是根据学校的发展目标、教学和科研需要、经费预算情况，制订文献信息资源建设方案，具体进行文献选择、采购、征集、交换和验收工作，逐步建立具有本校特色的馆藏体系。

2. 编目部

编目部主要任务是对采集的文献信息资源，按照一定的规范和标准，进行分类、编目等文献整序工作，组织建立各种馆藏文献检索系统；负责新入藏图书等文献的宣传与报道。编目是图书馆文献组织与传递工作的基础，目前国内高校中文文献的主要分类标准为《中国图书馆分类法》，主要著录标准为《中国机读目录（CNMARC）著录规则》。

3. 流通部

流通部提供文献借还、馆际互借、预约登记、文献宣传、书库管理、读者借阅记录的维护、图书借还数量的统计等服务，同时根据图书馆规章制度对读者发生的图书过期、污损、丢失等行为进行相应的处理。

4. 阅览部

阅览部提供图书或期刊的馆内阅读、宣传展览、阅读辅导等服务。图书馆可以根据实际情况，设立多种形式、不同功能的阅览室。

流通部和阅览部是图书馆最主要的读者服务部门，其服务水平的高低直接反映图书馆的对外形象。

5. 期刊部

期刊部负责期刊的采购、编目、流通和阅览等工作。这是传统图书馆根据文献种类进行机构划分设置的一个部门。目前，也有一些图书馆依据文献工作流程将期刊的阅览服务由阅览部负责，而将期刊的订购、编目由采访、编目部负责，不再单独设有期刊部。

6. 信息部

信息部主要负责解答读者咨询，提供文献信息定题检索、课题成果查新、信息编译和分析研究等服务，开展读者教育与培训工作。

7. 技术部

技术部负责现代化技术在图书馆的应用，维护图书馆集成管理系统、数据库系统的正常运行，提供网络服务的技术保障，进行数字图书馆系统的开发和研究。

不同性质、不同规模的高等学校图书馆的组织机构会有所不同，业务范围和部门名称也会有所不同。如大连理工大学图书馆设有采访部、编目部、情报服务部、信息咨询部、技术支持部、读者服务部、文化建设与推广部、办公室；沈阳工程学院图书馆设有采编部、借阅部、期刊部、信息部、技术部、办公室。近年随着数字图书馆的发展与复合型高校图书馆的建设，在高校图书馆界也引发了机构重组的讨论，也有的图书馆根据需要设置数字资源发展部、专业信息业务部等部门。

2.1.4　图书馆未来的发展趋势

关于图书馆的发展趋势，国内外都有很多研究。北京大学信息管理学院刘兹恒教授在自己长期图书馆学术研究的基础上，参考国内外一些图书馆学家的研究成果，结合中外图书馆的实地调研，从信息技术的发展、政策环境及其他人文因素等方面总结归纳出图书馆未来发展的十大趋势。

1. 图书馆服务泛在化

“泛在图书馆”是国外图书馆界提出的全新图书馆发展理念，即任何服务主体的图书馆可在任何时间、任何地点向服务客体的任何用户提供任何时期、任何类型、任何格式和任何语种的信息资源的图书馆。其显著特征是用户在哪里，图书馆的服务就在哪里，用户无论在何时何地都可以获得图书馆的服务。比较典型的案例，如中国科学院文献情报中心实行的“资源到所，服务到人”的服务模式，通过公共集成服务平台，将数字化文献资源和网络化信息服务推送到科研现场，使科研人员在实验室、办公室、野外场站和家里就能随时随地获取所需的信息。

2. 图书馆工作网络化

图书馆工作网络化是指图书馆所有资源都可以通过网络来提供，图书馆所有服务都可以通过网络来获取，网络环境是全天候的，因此图书馆的服务也是永不间断的。图书馆“一切都可以在网上”至少有两方面的含义：一是图书馆之间实现深度整合，共建共享真正成为现实，未来的图书馆无论大小，都在云环境下连为一体，各自分工，开展资源建设和服务，每个图书馆都是你中有我，我中有你；二是图书馆有了参与数字出版的条件，创新了信息资源生产流通上下游的新业态。

3. 图书馆资源数据化

随着图书馆成为更大数据网络的组成部分，图书馆资源建设要从捕捉和记录馆藏资源的描述性细节转变到识别和建立更多资源的关联和联系上来，让发现资源之间的关系重要于发现资源本身，解决资源孤岛的问题。现在，图书馆有很多资源可以数据化，包括文献资源、书目资源、规范资源、元数据资源等都可以利用关联数据技术发布。

4. 图书馆功能智慧化

随着便捷移动终端设备的普及，以及各类信息感知、增强现实和大数据分析技术的采用，图书馆服务的智能化水平将大幅提高。智能图书馆与传统图书馆的根本性区别就在于它的个性化服务和智能交互能力。如上海图书馆推出的最新版手机App，对于普通外借室的图书，在手机上能够快速定位所在的书架位置，借书时，使用App只要通过身份认证即可在手机中生成一张二维码读者证。未来，读者门禁、自助设备都将支持二维码读者证的方式进行认证。

5. 图书馆阅读移动化

当前人们信息获取和阅读方式呈现出多渠道、移动化、社交化的特点，数字阅读日益普及，从最初的在线阅读、电子阅读器阅读，到如今以手机、平板电脑等为载体的移动阅读。如上海图书馆，将打造市民数字阅读的整合服务平台作为近年来工作的着力点，其“市民数字阅读平台”提供中文电子图书近40万种、网络文学万余种、中文期刊3000种，中文报纸近千种，实现了支持智能手机、平板电脑、电子书阅读器等多种载体的移动阅读。

6. 图书馆空间创意化

由于数字信息和网络化的出现，图书馆纸质文献利用率呈下降趋势，传统文献空间不断压缩，如何发挥图书馆空间的作用，是未来一段时间人们必须考虑的问题。国内外许多图书馆都在图书馆空间再造方面进行了很好的实践，从最初的信息共享空间扩展为学习共享空间、研究共享空间，现在又扩展为创客空间，使图书馆的空间再造运动从很多方面重新定义了图书馆。

7. 图书馆用户自主化

以用户为中心是图书馆生存与发展的基础，也是未来图书馆发展的核心战略。作为服务性机构，图书馆必须将满足用户需求作为一切工作的出发点和归宿。过去，图书馆的资源和服务由图书馆说了算，图书馆有什么资源，读者才可以利用什么资源。随着图书馆读者权利意识的提升和图书馆办馆观念的转变，图书馆用户的主体意识得到了尊重和发挥。近年来开始出现的读者决策采购就是很好的实践，一些高校和公共图书馆与书店联合，开展“到书店借书，图书馆为您买单”的活动，让读者真正成为了图书馆的主人。

8. 图书馆工作规范化

规范化、标准化是图书馆行业获得健康发展的一项重要保证。2008年10月，由国家标准化管理委员会批准，成立了图书馆行业专门的标准化组织——全国图书馆标准化技术委员会（简称“图标委”），负责“图书馆管理、服务，图书馆古籍善本的定级、维修、保护，图书馆环境等领域标准化工作”。除了制定和执行各种图书馆标准以外，制定图书馆工作规范也是未来图书馆的一个趋势。

9. 图书馆馆藏仓储化

随着数字技术的普及，图书馆纸本图书的利用率大为降低，对这些纸本图书的传统上架存取方式已成为图书馆管理中颇不经济的选择，纸本图书密集仓储化应成为未来的趋势。美国北卡罗来纳州立大学亨特图书馆现有纸本图书150万册，按照图书馆纸本图书的传统排架，这座总建筑面积2万余平方米的图书馆，仅够勉强容纳这些纸本图书的上架存放。该馆采用了纸本图书的自动化仓储系统后，只用该馆空间的九分之一，就能存储200万册纸本图书，既有效节省了储存空间，又方便用户存取。

10. 图书馆事业社会化

随着国家公共文化服务体系的建设，图书馆的多样性得到了充分体现，共同满足各类读者千差万别的需求。因为远程服务和互联网技术已经十分发达，信息资源服务商完全没有必要通过图书馆这个中间环节来为用户提供信息服务，信息资源服务商直接面向最终用户的服务模式将出现。这必然使得图书馆的存在价值受到挑战，而唯一具备竞争力的就是图书馆独有的特色资源。特色资源的采集、加工、整理工作将越来越受到重视。与之相反，外部资源联络节点的功能将逐步削弱。

2.2 图书馆文献分类

2.2.1 文献分类法的发展

分类法是对文献信息进行有序化管理的最主要方法。自从有了图书的收藏，也就有了对图书分类的研究。我国古代先后出现了西汉《七略》的六分法、清朝《四库全书总目》的四分法等图书分类方法。近代，由于西学的影响，我国亦产生了一批诸如《西学书目表》《古越藏书楼书目》《南洋中学藏书目》新的图书分类法，这些分类法打破了四部分类的传统，摆脱了尊儒思想。1910 年，《杜威十进分类法》传入我国后，中国图书分类法的研究出现了一个繁荣局面，出现了一批“仿”“补”“改”《杜威十进分类法》的分类法，如《中国图书分类法》《中国十进分类法》等。

新中国成立后，我国先后出版了 30 多种综合性和专门性的分类法。其中影响较大的有《中国人民大学图书馆图书分类法》（简称《人大法》）、《中国科学院图书馆图书分类法》（简称《科图法》）、《中国图书馆分类法》（简称《中图法》）等。其中，《中图法》是我国图书馆使用最广泛的分类法。

2.2.2 《中国图书馆分类法》

1.《中国图书馆分类法》的原理与特点

《中国图书馆分类法》是一种国内通用的大型综合性文献分类法，原名《中国图书馆图书分类法》，1975 年 10 月由科学技术文献出版社首次出版，1999 年 3 月第四版改为现名。2010 年 9 月，国家图书馆出版社出版了《中图法》最新第五版。

《中图法》是一种体系分类法，即运用逻辑分类的原理，按照文献内容所属的学科、专业性质及其特征，运用概念划分和归属的方法，从总到分，从一般到个别，从抽象到具体，从简单到复杂，层层划分，逐级展开，以此对文献进行系统化组织。

《中图法》类目详细，注释较多，编有不同类型的版本，另编有较为详细的类目索引及使用手册等，可满足各类型图书馆和信息机构文献分类需要。目前，国内很多数据库均采用《中图法》对收录文献进行分类，并提供《中图法》类目导航与分类检索等服务。

2.《中国图书馆分类法》的结构组成

《中图法》由编制说明、基本大类、简表、主表和通用复分表组成。

（1）编制说明。详细介绍了《中图法》的编制原则、体系结构、标记符号等。即分类体系遵循思想性和科学性原则，类目安排、标记符号遵循简明性原则，体系结构上将所有学科总体划分为“马克思主义、列宁主义、毛泽东思想、邓小平理论”“哲学”“社会科学”“自然科学”“综合性图书”五大部类。

（2）基本大类。《中图法》在五大部类的基础上将所有的学科划分为22个大类，并用22个大写的英文字母进行标识。22大类分别为A马克思主义、列宁主义、毛泽东思想、邓小平理论；B哲学、宗教；C社会科学总论；D政治、法律；E军事；F经济；G文化、科学、教育、体育；H语言、文字；I文学；J艺术；K历史、地理；N自然科学总论；O数理科学和化学；P天文学、地球科学；Q生物科学；R医药、卫生；S农业科学；T工业技术；U交通运输；V航空、航天；X环境科学、安全科学；Z综合性图书。

（3）简表。《中图法》的22个基本大类称作一级类目，每个大类下相关学科的进一步划分可依次称为二级类目、三级类目，类目层次越多则学科分类越细。《中图法》简表标识了所有22个大类的二级类目，便于读者快速查找相关学科类目。这里只有“T工业技术”类由于门类过多，进一步再用一个大写英文字母与“T”一起组成二级类目标识文献所属的工业部门，其他所有类目的二级类目及以下类目均用阿拉伯数字进一步细分标识。因此，《中图法》的类号由英文字母和阿拉伯数字共同组成，称为混合号制。而《中国科学院图书分类法》的分类号码则统一由阿拉伯数字组成，称为单一号制。如《Internet短期培训教程》的《中图法》分类号TP393.4。《中图法》T（工业技术）大类二级类目见表2-1。

表2-1 《中图法》T（工业技术）大类二级类目

TB 一般工业技术	TJ 武器工业	TQ 化学工业
TD 矿业工程	TK 能源与动力工程	TS 轻工业、手工业、生活服务业
TE 石油、天然气工业	TL 原子能技术	TU 建筑科学
TF 冶金工业	TM 电工技术	TV 水利工程
TG 金属学与金属工艺	TN 电子技术、通信技术	
TH 机械、仪表工业	TP 自动化技术、计算机技术	

（4）主表。主表又称为详表或正表，由简表进一步逐级展开划分而成，主表由类目、类号、注释、专类复分表组成。主表是分类法的正文，是分类图书并最终确定一种图书分类号的主要依据。

F经济类部分主表片段

……

F25　物流经济

物资经济入此

<4版类名：物资经济>

F250　物流经济理论

物流经济学、物资经济学入此

<4版类名：物资经济理论>

F251　物资管理

物资统计、计划、管理体制等入此

{F251.1}　物资管理体制

<停用；5版改入F251>

{F251.2}　物资计划

<停用；5 版改入 F251>

{F251.3}　物资统计

<停用；5 版改入 F251>

F252　物流管理与市场

<4 版类名：物资流通>

F252.1　物流管理

物流管理体制入此

<4 版类名：物资流通体制>

F252.13　包装、装卸、储运

……

（5）通用复分表。复分表又称为辅表，是供主表中某些类目共同细分而从主表中抽出的一部分类目表。《中图法》的复分表包括主表中的专类复分表和附在主表后的 8 个通用复分表。专类复分表是适用于某一大类或几个小类的复分表，通用复分表是适用于所有类目的复分表。

《中图法》的 8 个通用复分表包括总论复分表，世界地区表，中国地区表，国际时代表，中国时代表，世界种族与民族表，中国民族表，通用时间、地点和环境、人员表。

总论复分表片段

……

-6　参考工具书

-61　名词术语、词典、百科全书（类书）

-62　手册、名录、指南、一览表、年表

[-629]　年鉴

宜入总论复分表-54

-63　产品目录、产品样本、产品说明书

图书目录入 Z8

-64　表解、图解、图册、谱录、数据、公式、地图

-65　条例、规程、标准

-66　统计资料

-67　参考资料

……

《中图法》所有各级类目均可依总论复分表进一步细分，而其他 7 个通用复分表只有当主表中有注明时才可依照其进一步复分。

例　《英汉计算机软件与应用词典》分类号为 TP31-61。

《现代法律词典》分类号为 D9-61。

3.《中国图书馆分类法》的编号方法

（1）层累制。《中图法》类号排列采用层累制原则，即分类号的位数与类目级别相对应，一位号码表示一级类目，两位号码表示两级类目……

如 G 大类（文化、科学、教育、体育）二级类目细分为 G0（文化理论）、G1（世界各国文化与文化事业）、G2（信息与知识传播）、G3（科学、科学研究）、G4（教育）、G53/57（各国教育事业）、G61/79（各级教育、各类教育）、G8（体育）。每个二级类目还进一步细分，

如 G4（教育）下又分为 G40（教育学）、G41（思想政治教育、德育）……，G41 又细分为 G410（德育理论）、G412（人生观、世界观与理想教育）、G414（爱国主义教育）……，依此类推。

（2）八分法、双位制、借号法。

1）八分法：当同位类（同级类目）超过 9 个，用 1～8 表示前 8 个类目，用 91、92、93……表示后面类目，如 TS1（纺织工业、染整工业）、TS2（食品工业）……TS91（五金制品工业）、……TS97（生活服务技术）为同级类目。

2）双位制：当同位类较多时，不用数字 1～9，而直接用两位数字 11、12……99 等表示某类目的下级类目。

3）借号法：在采用层累制的情况下，当需要缩短某类的号码或同位类的数量超过 9 个时，可借用上级号码、下级号码或同级的另一组号码。

4.《中国图书馆分类法》的标记符号

《中图法》采用英文字母与阿拉伯数字相结合的混合制标记符号，用一个字母标志一个大类，以字母顺序表示大类顺序。数字标号部分每三位数字后，隔以小圆点“•”，以使号码清楚易辨。

在标记符号中另外还采取了以下几种辅助符号：

（1）“a”推荐符号。主要为了使目录在 A 大类以外的各类中突出反映马克思主义经典作家的著作，目录排列时排在原分类号前面。如 B024a 排在 B024 前面。

（2）“-”总论复分号。此符号仅限于使用总论复分表，排在同级号码“0”之前。

（3）“()”国家区分号。

（4）“=”时代区分号。

（5）“：”组配复分号。依据分类表规定用两个不同类目共同组成一种图书分类号，并将图书在前一类目下集中。如《管理学英语》的分类号为 H319.41：C93。

（6）“/”起止符号。表示号码范围。

（7）“[ ]”交替符号。用以标志选择使用的类目。

5.《中国图书馆分类法》多主题图书的分类原则

掌握《中图法》多主题图书的分类原则，有利于读者从分类途径实现对多主题图书的集中检索。

（1）多主题是并列关系。归入能概括多主题的上位类，无共同上位类的，根据论述的重点或写作目的归类；若不能辨别其重点，则按前一个主题的学科属性归类，并在另一个主题做互见分类。如《广播、电视简明技术手册》入重点主题“电视”，分类号为 TN94-62，同时对另一主题“广播”做互见分类，分类号为 TN93。对并列关系的多主题文献一般宜从题名途径、主题途径进行检索。

（2）多主题是从属关系。一般分入上级主题学科。如《金融证券投资学》入“F830.9 金融市场”，不入“F830.91 证券市场”。

（3）多主题是因果或影响关系。一般分入结果或受影响的主题学科。如《环境污染与植物生长》一书讨论内容为环境污染对植物生长的影响，宜入“Q 生物科学”，而不入“X 环境科学、安全科学”。

（4）多主题是应用关系。一般按应用到的主题归类。如《计算机辅助建筑外观设计》分入“TU201.4 电子计算机辅助设计”，而不分入“TP 自动化技术、计算机技术”。

（5）多主题是比较关系。一般按著者阐述或所赞同的主题归类，必要时为另一个主题作互见分类；如果是 3 个以上主题的比较，则归入有关的上位类。如《中美两国民主之比较》，归入中国政治 D62，可在美国政治 D771.22 类下作互见。

6.《中国图书馆分类法》与文献分类排架

文献分类的一项主要功能即为分类排架服务。分类排架，即按给定的分类号码在书库、阅览室中对文献进行组织排列，按照分类排架法组织文献，同一分类号的文献将在书架上集中在一起，类号相近的文献在架位上比较接近，便于读者按照知识门类查询、浏览、选择文献。

分类排架法排列文献，首先按分类号大类字母顺序排列，然后按字母后第一位数字从小到大顺序排列，再比较第二位数字，依此类推，总论复分号“-”排在“0”前面。在实际工作中，为了便于对同一分类号的不同文献进行区分，一般还需要依据书名、作者等在分类号后增加一个书次号，与分类号共同组成一种文献的排架标识号，即索书号。索书号是一种文献在文献机构的唯一标识代码，一般标识到图书书脊或封底的显著位置，通过检索工具查询馆藏文献时，首先需要记录选中文献的索书号。

同一类号下图书的排列方式主要有四种：一是按文献题名排列。如按题名的汉语拼音或四角号码；二是按文献出版时间或出版年代排列。如《中图法》规定马克思、恩格斯单行著作按写作年代顺序排，《共产党宣言》写作年代为 1948 年 1 月，其索书号是“A122 / 4801”；三是按文献作者名称排列；四是按文献到馆先后顺序排列。

因此，常见的书次号种类有书名号、著者号、种次号等。其中著者号、种次号是各图书馆利用率最高的书次号种类。著者号主要依据《著者号码表》，根据文献著者姓名查找确定不同的号码，其主要优点便于同一类目下同一著者文献的集中。种次号的给号规则是对同一类目下文献依据到馆先后顺序分别给予“1”“2”“3”……顺序递增的数字号码，需要建立分类号种次卡，或由计算机编目系统自动查询给号。

例　清华大学、大连理工大学图书馆索书号均采用分类著者号码形式，《C 语言程序设计》，武雅丽等编，两馆的索书号同为“TP312C/W990”。辽宁师范大学、沈阳工程学院图书馆索书号均采用分类种次号形式，如《微观经济学十八讲》一书，辽宁师范大学图书馆索书号为“B222.25/35”，沈阳工程学院图书馆索书号为“B222.25/9”。

利用分类种次号排列图书，为了将同种图书的不同版本、卷册进行集中，各馆对种次号定义了不同的辅助符号。如不同出版社出版的两种版本的《红楼梦》在某馆的索书号分别为“I242.47/56”“I242.47/56a”；同一版本《三国演义》第一、第二版索书号分别为“I242.47/58”“I242.47/58=2”；《高等数学》第一册、第二册的索书号分别为“O13/56:1”“O13/56:2”；《辽宁统计年鉴》2010 年、2011 年的索书号分别为“Z523.1/2（2010）”“Z523.1/2（2011）”。

含有辅助符号的种次号排在相应的种次号后。掌握索书号的号码规则，可以使读者通过图书馆目录检索系统获取书目信息后，能够在开架阅览室快速找到自己所需文献。

例　下列索书号图书的架位排列顺序依次为“TP31/5”“TP31/10”“TP31-62/7”“TP311/6”“TP311.2/5”“TP311.22/7”“TP32/5”。

例　《中国图书馆分类法》图书分类实践例证

《毛泽东的五篇哲学著作》A463

《公关实务与技巧》C912.3
《民法通则实务与案例评析》D923.1
《美国外交史》D871.29
《经济学辞典》F-61
《企业目标管理》F270.7
《十项全能训练方法》G825.12
《红与黑》中英文对照读物　H319.4
《红与黑》I565.4
《物理学史》O4-09
《理论物理学史》O41-09
《天文学普及读物》P1-49
《电力系统无功率控制》TM761.1
《电工仪表和测量》TM93
《微波通信》TN925
《计算机软件手册》TP31-62
《微型计算机存储器性能分析》TP363.027
《计算机网组网技术》TP393.03
《环境保护与可持续发展概论》X22
《中国大百科全书》Z227

2.3　图书馆馆藏目录检索

2.3.1　图书馆目录

1. 图书馆目录的作用

图书馆目录是按一定次序编排而成的一种揭示与报道文献的工具。记录（或称款目）是组成目录的基本单位，每条记录对应一种文献信息，对文献的内容特征和形式特征进行分析、选择和记录。内容特征是指与文献承载知识内容相关的特征，如图书内容摘要、章节名称、主题词、分类号等；形式特征是指文献的外在特征，如图书题名、著者、出版者、开本、页数等。

按文献类型划分图书馆目录包括图书目录、报刊目录、视听资料目录等。通过图书目录可以了解馆藏图书收藏状况，查询到图书馆某一题名的图书有哪些？某一作者的图书有哪些？某一特定知识门类的图书有哪些？某一主题内容的图书有哪些？同时可以了解某种图书的馆藏册数、馆藏地点。可以说，图书馆目录是全部馆藏文献的二次序化与浓缩。

图书馆目录通过一定的组织方法将所有馆藏文献以多种途径，排列有序地、系统地展现给读者，满足读者从不同角度查找文献的要求。无论图书馆采用闭架或开架管理方式，目录都发挥着重要作用。闭架管理方式下，读者无法直接接触馆藏文献，图书馆目录是获取馆藏文献信息的最主要途径；开架管理方式，读者可以直接在书架上挑选图书，馆藏目录的功能被弱化，但馆藏文献的排列方式是单一的，不能提供多种检索途径，同时，对浏览型读者，由于部分图书可能由于全部借出或错架，造成读者无法系统全面了解掌握馆藏文献情况，从而无法获得最符合自己需要的文献。因此开架管理方式下，图书馆目录同样具有无法取代的作用，尤其对有特定检索需求的研究型读者，其作用更为突出。

2. 图书馆机读目录标准

机读目录（MARC）即机器可读目录的简称，来自英文 Machine-Readable Cataloging，它是对编目内容（数据）进行计算机处理，以代码形式记载在一定载体上而形成的一种文献目录。《中国机读目录标准》是在《国际机读目录标准（ISO 2709）》基础上形成的，称为 CNMARC。1993 年，国家文化部科技司组织国家图书馆等单位开展研制《中国机读目录格式标准》，并逐步推广使用，其目的是推动中国机读目录数据规范统一，加速文献信息网络建设，实现国内各单位以及国内与国外信息单位之间书目信息交换与共享。

CNMARC 标准规定每一个用于交换的书目记录必须遵循标准的记录结构。其标准构成如下：

（1）记录头标区：由 24 个字符构成，内容包括记录类型、目录级别、记录完整程度等。

（2）地址目次区：由 3 个数字型字段标识号（简称字段号）以及字段长度和字段起始字符位置（从第一个数据字段算起）构成。

（3）数据字段（变长）：数据字段是著录图书内容特征的主要部分。标准规定了数据库的字段名及字段指示符规范。每个字段间由字段分隔符隔开。

例　机读目录著录格式

头标	01682nam　2200493　450
001	CAL 012001425100
005	20070906103136.2
010	__|a7-5609-2429-8|dCNY9.00
099	__|aCAL 012001425100
100	__|a20011114d2001 em y0chiy0121 ea
101	0_|achi|aeng
102	__|aCN|b420000
105	__|aa z 000cy
106	__|ar
200	1_|a 蓝鸟的承诺|ALan Niao De Cheng Nuo|d= Promise of Bluebirds|e 英汉对照|f 青闰，张玲译注|zeng
210	__|a 武汉|c 华中科技大学出版社|d2001
215	__|a173 页|c 图|d21cm
225	2_|a 英语常青藤|AYing Yu Chang Qing Teng|h 三|i 人与自然系列
330	__|a 本书共收有《一只红狐》《神秘的灰鲸》《月光下的郊狼》《蓝鸟的承诺》《母亲的蒲公英》等 15 篇文章，描写了人与大自然之间互为一体、不可分离的情感
410	_0|12001 |a 英语常青藤
410	_0|12001 |a 人与自然系列
510	1_|aPromise of Bluebirds|zeng
606	0_|a 故事|AGu Shi|y 世界|x 英语|x 汉语|j 对照读物

606 0_|a 散文|ASan Wen|z 现代|x 英、中|j 对照读物
690 __|aH319.4：I|v4
690 __|aH319.4：I14|v4
701 _0|a 青闰，|AQing Run|f1965-|4 译注|3CAL n2004299162#|7jt0yjt0y|7ec0yec0y
701 _0|a 张玲，|AZhang Ling|f1975-|4 译注|3CAL n2004061197#|7jt0yjt0y|7ec0yec0y
801 _0|aCN|bNUL|c20020328
905 __|aSEPI|b238671-75|dH319.4：I24|e4|f5
998 __|aSCUT

2.3.2 联机公共目录检索

联机公共目录（Online Public Access Catalogue，OPAC）即网络书目检索系统，主要包括馆藏目录检索系统和联合目录检索系统两种。馆藏目录检索系统通常只能查询某一图书馆的文献信息，联合目录检索系统则把几个或更多的图书馆馆藏文献信息集中在一起，实现同一界面下的统一检索。

不同文献机构的联机公共目录检索系统可能有着不同的检索界面，但往往都具有共同检索功能与检索方法。不同检索系统的使用方法与检索技巧可以通过系统的帮助菜单或说明文字来进行了解。

1. 检索字段

题名、责任者、主题词、关键词、索书号、分类号、出版者、ISBN 号等是机读目录检索系统必备的检索字段，用户可根据需要选择一个字段或多个字段进行组配检索。选择检索字段时，用户首先要了解字段的含义及检索词输入规则。对于专业的或较为特殊的检索词输入规则，检索系统往往提供相关提示、帮助信息或检索词输入导引。如针对分类检索，需要了解检索系统应用的主要分类法，通过查找相应的分类表或利用分类导航确定检索学科的分类号；针对主题词检索，需要借助词表选择规范化的主题词，以使输入的主题词与系统中使用的主题词完全一致；针对责任者检索，需注意个人责任者和团体责任者名称的规范，特别是外国著者姓名的规范。

2. 匹配方式

检索系统对输入的检索词一般还提供“前方一致”“完全匹配”“任意匹配”等匹配方式选项。“前方一致”要求满足条件的记录相关字段内容必须以输入的检索词起始；“完全匹配”要求满足条件的记录相关字段内容必须与输入的检索词完全一致；“任意匹配”要求满足条件的记录相关字段内容包含检索词即可。以上几种匹配方式，“完全匹配”检索限制最为严格，满足条件的检索结果最少；“任意匹配”检索限制最为宽泛，满足条件的检索结果最多。用户可以根据需要，不断调整并选择恰当的匹配方式。

3. 逻辑组配

大多数机读目录支持布尔逻辑运算。布尔逻辑运算是计算机检索中经常使用的一种方法，它通过布尔逻辑算符“AND（与）”“OR（或）”“NOT（非）”限定各检索词之间的关系，以提高检索的准确性，避免漏检。布尔逻辑算符既可在不同的检索字段中使用也可在同一检索字段不同的检索词之间使用。如在题名检索项输入“电力系统 AND 自动控制”，则检索结果将是所有题名中同时包含“电力系统”和“自动控制”两个词汇的文献；如在题名检索项

中输入“数据结构”，在责任者检索项中输入“李春葆”并选择“AND”逻辑算符，则检索结果为李春葆编写的关于数据结构的图书。

此外，有些检索系统还允许使用截词算符、位置算符等来扩大或缩小检索范围，还有的提供出版年、文献类型等限定条件，可以进一步满足用户的检索需要。

2.3.3　联机公共检索目录举例

1. CALIS 联合目录公共检索系统

（1）CALIS 联合目录简介。CALIS 是中国高等教育文献保障系统（China Academic Library & Information System）的英文简称，是教育部“九五”“十五”和“三期”“211 工程”中投资建设的面向所有高校图书馆的公共服务基础设施。

CALIS 联合目录数据库是 CALIS 的重要子项目，由部分 CALIS 成员馆参与完成，目录数据库涵盖印刷型图书、连续出版物、古籍、电子资源、其他非书资料等多种文献类型，覆盖中、西、日、俄、韩、阿拉伯文等一百多个语种；书目内容囊括了教育部颁发的关于高校学科建设的全部 71 个二级学科，226 个三级学科（占全部 249 个三级学科的 90%以上）。目前，CALIS 联合目录数据库已经成为中国高等学校重要的文献目录总库，它一方面可以提供高质量的书目下载服务，从而有利于提高国内各文献机构馆藏目录建设的质量和效率；另一方面可以提供联合目录检索服务，书目记录显示馆藏信息，用户可以通过馆际互借成员馆获得馆际互借文献传递服务。

（2）CALIS 联合目录检索方法。登录 CALIS 主页（http：//www.calis.edu.cn），在“项目与服务”栏目中选择“编目服务”，进入相关页面后点击“CALIS 联合目录公共检索系统”链接，进入检索页面。

1）简单检索。CALIS 联合目录“简单检索”界面提供“全面检索”“题名”“责任者”“主题”“分类号”“所有标准号码”“ISBN”“ISSN” 8 种检索途径。“CALIS 联合目录公共检索系统”简单检索页面如图 2-1 所示。

图 2-1　“CALIS 联合目录公共检索系统”简单检索页面

2）高级检索。CALIS 联合目录“高级检索”界面提供 3 个检索途径选项列表，每个列表下可供选择的检索途径包括“全面检索”“题名”“责任者”“责任者模糊”“主题”“出版者”“出版地”“期刊题名”“丛编题名”“统一题名”“个人责任者”“团体责任者”“会议名称”“所有标准书号”“分类号”“ISBN”“ISSN”“ISRC”等选项；检索词匹配方式有“前方一致”“精确匹配”“包含”3 种；逻辑运算方式有“与”“或”“非”3 种。用户如选择了分类号检索途径，也可点击“中图分类号表”进行《中图法》类目浏览，选中的类目分类号将自动填写到检索词输入框中。

另外，高级检索界面中还提供 4 个限制性检索选项，分别为内容特征、语种、出版时间和资源类型。其中内容特征选项包括统计资料、字典词典、百科全书；语种选项包括汉语、英语、法语、德语等；资源类型选项包括普通图书、连续出版物、中文古籍、地图、乐谱、电子资源、视频资料；出版时间选项可对文献出版时间进行限定，如选择“介于之间”并输入“1998—2000”，即检索 1998—2000 年出版的文献。“CALIS 联合目录公共检索系统”高级检索页面如图 2-2 所示。

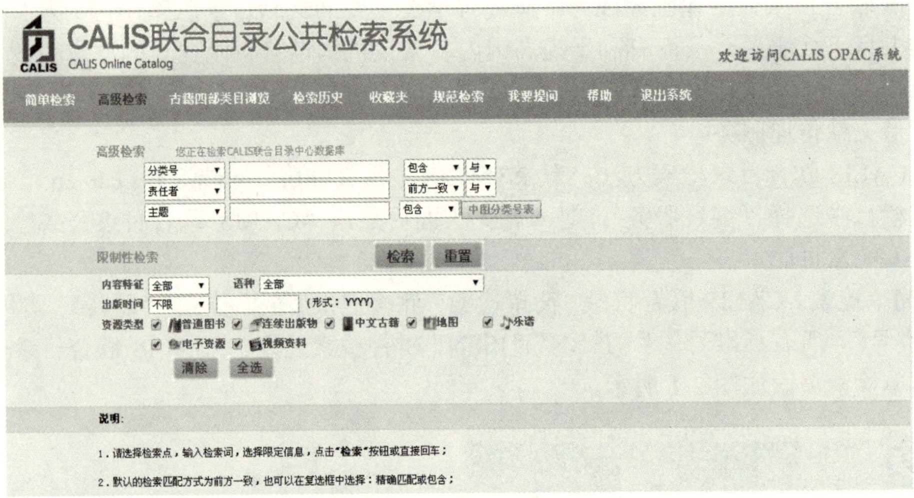

图 2-2 “CALIS 联合目录公共检索系统”高级检索页面

3）古籍四部类目浏览。可按经部、史部、子部、集部四大分类体系浏览 CALIS 联合目录中的古籍书目数据，点击类目名称左侧的“＋”可以展开显示该类目下的子目。

（3）检索结果。检索结果书目列表包含题名、责任者、出版信息、资源类型、馆藏等内容，点击选中书目的责任者或出版者链接可以实现对该责任者或出版者的重新检索；点击馆藏链接可以获得该书目的馆藏信息；点击书目的题名链接可以显示该书目的详细信息。书目记录详细信息的输出格式包括文本格式、下载 MARC 记录、馆藏信息、资源链接，CALIS 联合目录成员馆用户可以直接下载书目 MARC 记录信息。“CALIS 联合目录公共检索系统”检索结果页面如图 2-3 所示。

（4）文献获取。在记录详细信息显示页面，点击“资源链接”可以查看该书的纸质书和电子书情况，如果该书有 CALIS 公开电子书全文，可直接阅读。点击“馆藏信息”链接即可获得该书的 CALIS 成员馆馆藏信息、馆际互借状态及用户所属成员馆信息。用户可以首先查看文献是否有本馆馆藏，如果没有，对于已在 CALIS 馆际互借成员馆注册的用户，可以在下拉框中找到所属的图书馆，点击“请求馆际互借”按钮，输入用户在所属馆的馆际互借系统中的用户名和口令，登录后填写相应的信息即可发出馆际互借申请。对于尚未在 CALIS 馆际互借成员馆注册，或所属馆没有安装 CALIS 馆际互借系统的用户，可以在记录显示页面点击“输出”，把记录的信息保存到本地，然后点击“发送 Email”按钮，采用 Email 方式向本馆的馆际互借员发出馆际互借申请。“CALIS 联合目录公共检索系统”检索结果书目馆藏信息如图 2-4 所示。

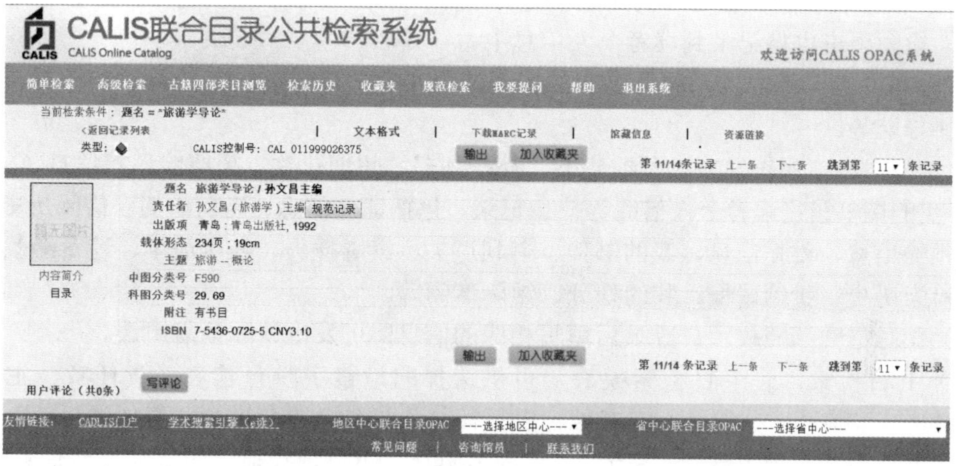

图 2-3 “CALIS 联合目录公共检索系统”检索结果页面

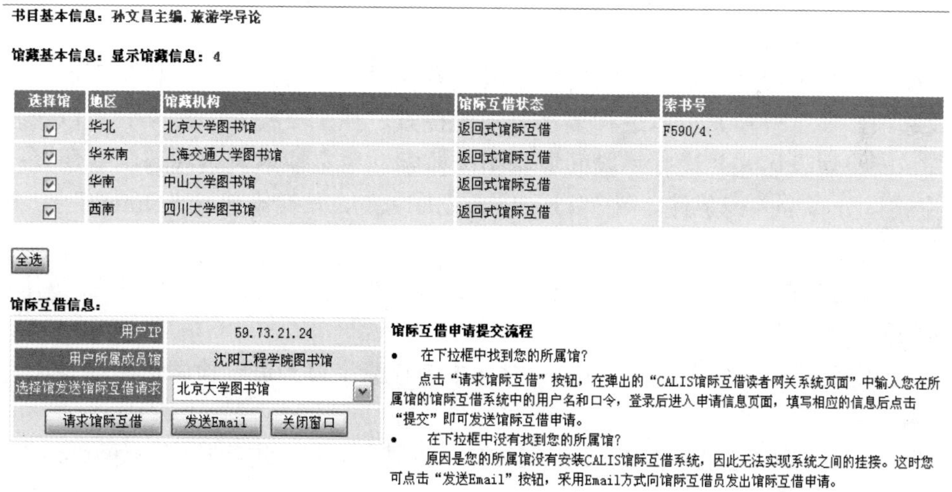

图 2-4 “CALIS 联合目录公共检索系统”检索结果书目馆藏信息

2. 汇文图书馆联机公共目录检索系统

（1）系统功能。汇文文献信息管理系统在全国高校图书馆有较高的应用率，其书目检索系统（V5.5）包含书目检索、热门推荐、分类浏览、新书通报、期刊导航、读者荐购、学科参考、信息发布、我的图书馆、馆际借阅 10 个功能模块。各模块基本功能如下：

1）书目检索：查询全部馆藏书刊目录和馆藏、借阅信息。

2）热门推荐：统计近两个月各类目借阅量排列前100种图书，包括热门评分、热门收藏、热门图书、借阅关系图。

3）分类浏览：可浏览《中图法》22大类各类目图书书目及馆藏、借阅信息，一般到3级类目。

4）新书通报：可浏览近半年直至近一周，不同文献类型、不同类目新入藏文献情况。

5）期刊导航：查询不同类目纸质期刊入藏信息。

6）读者荐购：读者通过“我的图书馆”登录后可查询征订目录进行荐购，也可直接荐购图书。检索历史也将记录到读者个人信息中。

7）学科参考：不同院系教师提交的各类课程参考书目信息，包括课程参考书、公共书架、学科导航等。

8）信息发布：系统发布的预约到书、委托到书、超期罚款、超期催还等信息。

9）我的图书馆：读者个人借阅等信息记录，包括证件信息、当前借阅、借阅历史、荐购历史、预约信息、委托信息、我的书架、书刊遗失、读者挂失、账目清单、违章缴款、我的书评、检索历史、我的课程、我的积分、馆际借阅等。

10）馆际借阅：授权用户登录后填写相应的信息即可发出馆际互借申请。

（2）书目检索。在书目检索模块，可供选择的检索字段有题名、责任者、主题词、ISBN/ISSN、订购号、分类号、索书号、出版社、丛书名、题名拼音、责任者拼音；可供选择的字段匹配方式有前方一致、完全匹配、任意匹配；可供选择检索的文献类型有所有书刊、中文图书、西文图书、中文期刊、西文期刊。建议读者在选择题名、责任者等检索字段时，将匹配方式选择为“任意匹配”，这样将获得更多的检索结果，如选择责任者检索，则第一责任者和其他责任者均会检出。

书目检索有简单检索、全文检索、多字段检索3种检索方式。简单检索页面只提供一个检索字段选项，多字段检索可以进行多字段组配检索。在全文检索中，读者可以选择多个字段，构造字段检索表达式并进行字段间逻辑组配检索，全文检索表达式规则主要有：

1）空格区分多个并列条件。例：“Oracle 数据库 sql”，只检索包含“Oracle”且“数据库”且“sql”的记录。

2）完全匹配需在检索词上加上双引号。例：如在检索词“时间简史”上加双引号，将不匹配“时间简史续编”。

3）可使用通配符?（一个任意字符）与*（多个任意字符）进行检索。通配符不得出现在检索项的开头。

4）可手动输入逻辑条件AND、OR、NOT（必须为大写）进行检索。如（oracle OR "sql server"）AND 数据库。

“汇文联机公共目录检索”简单检索页面如图2-5所示。

检索结果以记录列表形式显示，选中书目，单击“题名”链接可以获得书目的详细信息、馆藏复本、书刊状态（可借、借出），读者可以对此书进行“预约申请”“图书评论”，了解该类目图书“相关借阅”信息，亦可在“相关资源”栏目获取该书在“豆瓣读书”“Google 图书”“当当网”中的相关信息，或对该书进行分享。如果书目中有随书光盘信息，读者可根据需要选择“查看随书光盘”或“请求随书光盘”。“汇文联机公共目录检索”检索结果页面和目录详细信息页面如图2-6、图2-7所示。

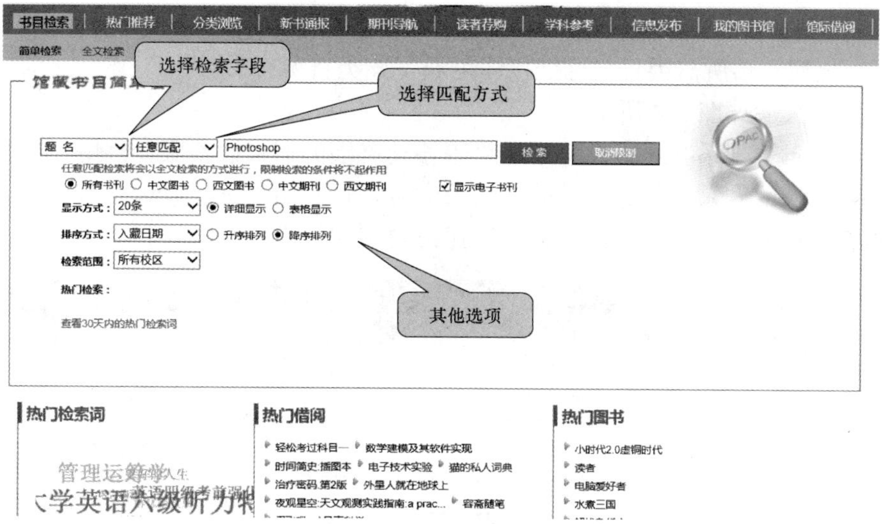

图 2-5 “汇文联机公共目录检索”简单检索页面

	题名	责任者	出版信息	索书号	文献类型
1	Photoshop新起点:5.0入门教程	章澜,吴涛编著	机械工业出版社 1998.10	TP391.4/102	中文图书
2	Photoshop 5 自学通	(美)罗斯(Rose,C.)著	机械工业出版社 1998.10	TP391.41/33	中文图书
3	Photoshop场景绘制	意动影像编著	兵器工业出版社 2005	TP391.41PH/19	中文图书
4	Adobe photoshop 4.0		Adobe Press 1997	TP391.41/E6	西文图书
5	Photoshop网站UI设计	张晨起等编著	机械工业出版社 2016	TP391.413/25	中文图书
6	Photoshop CS4炫招	(美) Scott Kelby著	人民邮电出版社 2010	TP391.41PH/102	中文图书
7	Photoshop顶级插画设计	(韩) 金恩惠著	人民邮电出版社 2009	TP391.41PH/120	中文图书
8	K.O! Photoshop风格手绘	(日) 桥本笃生著	人民邮电出版社 2015	TP391.41PH/162	中文图书
9	创建Photoshop 4 Web图形	(美)David D.Busch编著	电子工业出版社 1998.8	TP391.4/79	中文图书

图 2-6 “汇文联机公共目录检索”检索结果页面

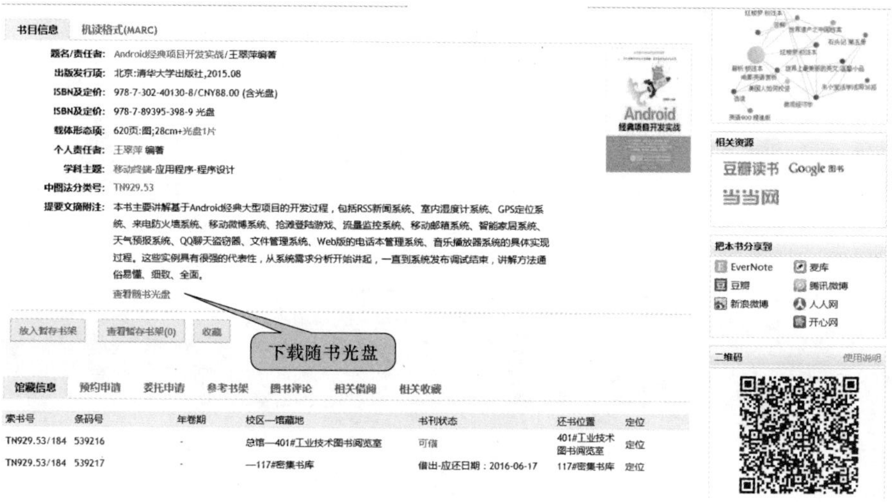

图 2-7 “汇文联机公共目录检索”目录详细信息页面

（3）分类浏览。在分类浏览页面，用户只需点击《中图法》大类号前的“+”按钮，逐级展开类目，最后点击所需类目名称链接即可获得该类目所有书目信息。“汇文联机公共目录检索”分类浏览页面如图 2-8 所示。

汇文文献信息管理系统还提供基于手机等移动终端的书目检索服务，用户下载安装“掌上图书馆”客户端或登录相关图书馆的微信公众号，可利用手机便捷进行书目查询。在有的图书馆，读者也可利用“微图书馆”客户端在馆内实现手机自助借阅。

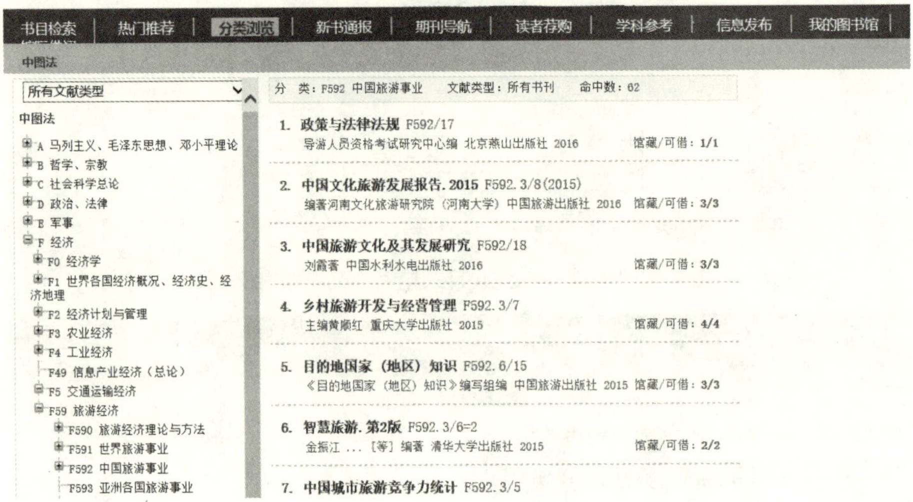

图 2-8 “汇文联机公共目录检索”分类浏览页面

第3章 信息检索的基本原理与方法

3.1 信息检索语言

3.1.1 信息检索的基本原理

广义的信息检索包括文献信息的加工存储和检索两个过程，文献信息的加工存储是检索系统的建立过程，主要由信息工作人员来完成，检索则是用户利用检索系统查找所需信息的过程。信息存储是实现信息检索的前提，信息检索则是信息存储的目的，前文介绍的用户通过联机公共目录准确地查找到所需书目信息主要得益于图书馆标准化的机读目录数据加工。

一般情况下，文献信息存储人员与检索人员不可能直接交流。由于他们思想方法、掌握知识多少和语言表达方式的差异，对同一篇文献的分析理解也会有所不同。如果存储文献信息与检索文献信息不能依据统一的规则，必然造成输入的文献信息无法检索到。因此必须制定文献存储与检索一致遵循的规则，即通过统一规范的标识系统，对文献进行标准化标识。把标准化的文献标识系统称为检索语言。

信息检索的基本原理即表现为通过对大量分散、无序的文献信息进行搜集、加工、组织、存储，建成各种各样的检索系统，在统一存储、检索过程所用检索语言和名称规范的基础上，将用户表达检索课题的标识与检索系统中表达文献信息内容特征和形式特征的标识进行相符性比较，凡是双方标识一致的，就将这些标识的文献信息按要求从检索系统中输出。检索系统中所输出的信息可能是用户需要的最终信息，也可能是用户需要的中介信息。

3.1.2 检索语言概述

信息检索语言又称为标引语言、索引语言，是根据信息的加工、存储和检索的需要而编制的人工语言，其实质是表达一系列概括文献信息内容和检索课题内容的概念及相互关系的概念标识系统。它可以是从自然语言中精选出来并加以规范化的系列词汇，也可以是代表某种分类体系的系列分类号码，还可以是代表某一类事物某一方面特征的系列代码（如化学物质的分子式）。

检索语言一般由语词和语法两部分构成。语词也称检索标识，是表达文献内容特征的名词、术语或分类号码。语法是指如何创造和运用标识来正确表达文献内容和检索需要的一整套规则。词表是指汇集了各种词语、概念标识，并按一定规则排列的检索语言工具书，如《中国图书馆分类法》《汉语主题词表》《EI叙词表》等。

3.1.3 检索语言的类型

检索语言按描述文献的相关特征，可划分为描述文献外表特征的检索语言和描述文献内容特征的检索语言。

在信息检索中，不管是从哪种检索途径入手进行检索，其最终目的都是为了要查找到具有特定内容的文献。虽然，有时从非内容途径检索文献更为简便，但那些检索途径满足信息检索要求的能力都十分有限，如题名虽然能够较好地表达文献的主题内容，但由于它缺乏良好的聚类功能，只能作为一种文献外表特征的检索途径，事实上在信息检索过程中使用题名检索效果并不理想。因此，内容检索途径才是最主要的检索途径，对于信息用户而言，了解内容特征的检索语言对提高检索能力更为必要。

1. 分类检索语言

每一事物都有多种属性，用某一种属性作为划分依据对事物进行区分的方法称作分类，具有同一属性的若干事物的集合称作一类事物。分类方法在信息处理领域应用十分广泛，任何信息经过分类后，就可以显示出每一种信息的内容性质、学科属性和它们之间的联系。

分类检索语言是一种体系语言，它是按学科属性，运用逻辑分类的原理将知识概念从具体到一般、从简单到复杂、从低级到高级逐级多层次划分，从而形成一个能充分体现事物的隶属、平行、派生关系的严格有序的线性知识门类，并用代表各门类知识的有序化分类符号系统作为标识，来表达文献主题内容的检索语言标识系统。

分类检索语言是按分类法组织信息，从分类途径查找信息的基本工具和重要依据。当大量零散、无序的文献信息经过分类标引后，就可以纳入已确定的一个分类体系，揭示它们在整个知识系统中的位置，展示它们与其他知识的隶属关系、相关关系，因而分类检索语言建立的文献信息检索系统能够使检索者鸟瞰全貌，触类旁通。从分类法的编制方式看，其主要分为等级体系分类法、分面组配分类法、混合分类法 3 种，其中，等级体系分类法应用最为广泛，其是以学科内容性质为对象，按知识门类的逻辑次序从一般到具体层层划分所形成的一种分类体系，如《中国图书馆分类法》。

近年来，为了适应用户检索、浏览网络信息的需要，一些门户网站分别构建了自己的网络资源目录，为用户提供网络信息导航服务，因而产生了一些适应互联网用户与网络信息特点的网络信息分类法。网络资源目录一般采用以事物对象为中心设置类目，以超文本的方式对相关类目重复反映，形式直观、使用方便。如网易网站地图（http: //sitemap.163.com/）的一级类目主要有新闻、娱乐、财经、汽车、体育、女人、科技、房产、读书、游戏、教育、旅游、酒香、公益、校园、传媒、视频、应用、健康等。由于网站突出个性化发展的需要，目前还无法构建统一的网络信息分类体系。

2. 主题检索语言

主题检索语言是一种描述性语言，是以表达文献主题内容的语词作为概念标识，将概念标识进行字顺排列，并用参照系统等方法间接显示概念之间相互关系的一种检索语言。主题语言所使用的语词称为主题词，一般经过规范化处理，形成主题词表，作为标引与检索的依据。根据选词原则、组配方式、规范方法等，主题语言可分为标题词语言、关键词语言、单元词语言和叙词语言等。

（1）标题词语言。标题词语言是一种规范化的检索语言。标题词是从自然语言中选取的、经过规范处理的、表示事物概念的名词术语。标题词按字顺排列，词间语义关系用参照系统显示并以标题词表的形式体现。在标题词语言中，通过主标题和副标题共同构成检索标识，且在标题词表中主副标题词已事先固定组配，标引和检索时，只能选用词表中已固定的标题词作为标引词和检索词。

如美国《工程索引》的《工程标题词表》（Subject Headings for Engineering，SHE）标题词按照概念的主、从关系分为主标题词（Main Heading）和副标题词（Subheading）两级。主表中的标题词字顺表，按字母顺序展现全部主标题词和副标题词，作为选择检索词的主要依据。主标题词是表达事物主体、产品名称等的名词术语，可以单独使用。副标题词是表达事物某个方面的名词术语，如事物的应用、现象、性能、方法、环境、位置、制造商等名称，它不能单独使用，必须从属于特定的主标题词。在词表中主标题词与副标题词已固定成对，供选择使用。

INFORMATION SCIENCE ⟶ 主标题词
- Abstracting
- Indexing
- Information Dissemination
- Information Retrieval
- Information Use Language Translation and Linguistics

} 副标题词

（2）关键词语言。关键词语言是一种用自然语言做标识的检索语言，即从文献题名、文摘或正文中选出具有实质意义并能表达文献主题内容的名词术语作为检索标识。所谓关键词，一般是指出现在文献中，对表征文献主题内容起着关键作用、具有实质检索意义的自由词语，它不受词表控制，可自由组配。关键词未经规范化处理，即对同义词、近义词等不进行严格优选，甚至对同一个词的单数、复数等词形都不加统一。

目前，关键词语言在信息检索中的应用主要包括国内学术期刊论文格式要求的关键词标引及与之相关的期刊论文关键词检索、搜索引擎对网络信息的关键词自动标引与检索技术。由于期刊论文的关键词多为作者自拟，不够科学规范，因此检索效率不高。鉴于关键词检索检全率、检准率较低的问题，部分搜索引擎运用同义词表、检索用词智能分析等方法，为用户提供与其提交检索词同义或意义相近的相关词汇供其选择使用。

例 通过百度搜索引擎输入“继电保护”一词进行检索，除获得相关检索结果列表外，还提供若干个相关检索词链接，如“继电保护装置的作用”“继电保护测试仪”“微机继电保护测试仪”“过流保护继电器”“继电保护原理”“继电保护测试”“继电接触器控制系统”“继电接触系统”等。

（3）单元词语言。单元词又称为元词，是从文献内容中抽选出来并经过控制处理的、能表达文献主题概念的最小、最基本的词汇单位，其既可以是一个单纯词也可以是一个合成词，在概念上不能再进一步分解。如“火车”这一合成词，在概念上不能分解，可以作为单元词。

（4）叙词语言。叙词语言是以自然语言为基础，以规范化的单词和词组以及单词和词组之间的组配来揭示文献信息内容，并以此作为标识组织检索工具和检索系统的主题检索语言。叙词表是叙词语言中将自然语言转换为受控词汇的主要工具，其本身是由自然语言中选出的语义相关、族性相关的科学术语所组成的一种规范化词典。

叙词语言与单元词语言有着密切联系，同时吸取了多种信息检索语言的原理和方法。与单元词语言相比，叙词语言同样采用了词汇控制、词汇组配及词汇参照系统等方法，但叙词语言用概念组配方式代替了单元词语言的字面组配来表达文献主题，使文献标引与检索达到了更高的专指度。所谓概念组配，就是将几个分概念按其逻辑和语义相关组合起来，来表达被分解了的复杂的整体概念。如在概念组配中，“河北梆子”由“河北地方戏”“梆子”两个概念进行组配，而不用“河北”“梆子”字面组配；“香蕉苹果”由“香蕉味水果”“苹果”两个概念组配，而不用“香蕉”“苹果”字面组配；“教育心理学”由“教育学”“心理学”两个概念进行组配，而不用“教育”“心理学”字面组配。

叙词法组配和标引文献的优势主要是可以控制词汇量，提高检索效率；可以通过词汇调整自由扩大和缩小检索范畴；可以通过叙词组配及时表达新事物、新概念。叙词法标引精度高，深度大，能够实现多途径、多因素检索，特别适合信息检索计算机化的需要，是目前检索效率较高的信息检索语言。用户从主题词途径检索文献时，一定要注意叙词的概念组配关系，尽量避免使用简单的字面组配。

叙语表是规范叙词标引的基本语言工具。目前，世界范围内叙词表已经发展至数千种之多，其中绝大多数为专业叙词表，国内的叙词表有《汉语主题词表》《中国分类主题词表》等。《中国分类主题词表》及其电子版为分类主题一体化检索语言及文献主题标引自动化的发展奠定了基础。

例 如图 3-1 所示，通过大连理工大学图书馆联机公共目录检索系统 “主题词” 检索途径，用“国际企业”和“企业管理”两个主题词进行组配检索，检索到的文献有《企业经营国际化与中小企业管理的中日比较》《国际管理》《国际人力资源管理教程》等，其中部分书名中并不含有“国际企业管理”一词，但由于书目数据使用了“国际企业”和“企业管理”两个主题词进行了标引，这些文献均作为与“国际企业管理”主题相关文献被检中。

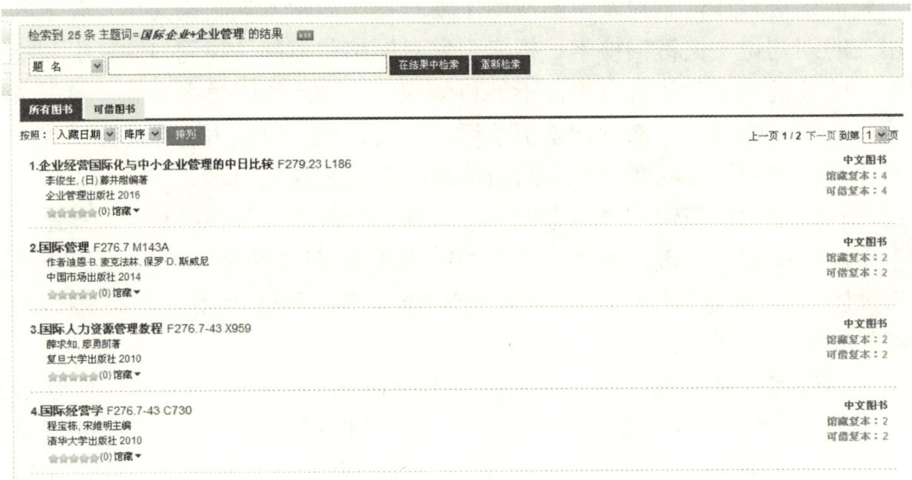

图 3-1 大连理工大学图书馆 OPAC 主题词检索

主题检索满足了从主题内容角度检索文献的需求，弥补了分类检索及题名字面检索的不足，具有更高专指性。在信息检索系统中，一般“主题检索”项即为受控叙词检索，而“关键词检索”则为自由词检索，因此在信息检索中应注意多利用“主题检索”功能，以便更好地满足检索需求。

3.2 信息检索工具

检索工具是指用于存储、报道和查找文献信息的工具。它是在原始文献（主要是一次文献）的基础上，经过加工整理、编辑而成的。检索工具具有存储文献和检索文献两方面的功能。掌握了检索工具和检索方法，就好比找到一把打开知识宝库大门的钥匙，可以迅速、准确地查到所需文献。

3.2.1　检索工具的类型

1. 按检索设备和检索手段划分

（1）手工检索工具。手工检索工具是计算机检索、网络检索等现代信息检索工具出现以前广泛使用的检索工具，主要类型有书本式和卡片式检索工具两种。书本式检索工具是以图书或连续出版物形式出版的、用于查找各类文献的检索工具，如《全国新书目》《全国报刊索引》《中国统计年鉴》等。

（2）计算机检索工具。计算机检索工具通常由计算机、数据库、检索软件、检索终端及其他外部设备构成，具有信息存储容量大、信息内容实时更新、检索途径丰富、检索不受时空限制等优势。互联网信息检索系统一般通过用户账号、检测 IP 地址的方法确定合法用户，并向其提供检索及文献下载服务。

2. 按收录范围划分

（1）综合性检索工具。是指收录的学科范围比较广，涉及的语种和文献类型也比较多的检索工具，如美国《工程索引》、英国《科学文摘》、我国的《中国社会科学引文索引》等。

（2）专科性检索工具。是指仅收录某一学科领域文献的检索工具。这种检索工具一般专业性很强，适用于专业文献的查找，如美国《化学文摘》《生物学文摘》。

（3）单一性检索工具。是指收录的文献类型比较单一，只报道特定类型文献的检索工具，如英国的《世界专利索引》、美国的《会议论文索引》、我国的《中国专利索引》等。

3. 按著录信息的内容特征划分

（1）目录。目录通常以一部完整的文献为报道单位，如图书目录、期刊目录等。目录注重描述出版物的外表特征（如题名、著者、出版者、文种等），对出版物内容的揭示程度比较浅。

（2）题录。题录是以某部出版物中的单篇文献为基本著录单位，一般著录其篇名、著者、文献出处（如期刊名、年、卷、期、页）及语种等，无内容摘要，题录揭示文献内容的程度比目录要深，但仍局限于单篇文献的外表特征。

例　通过中国国家知识产权局网站（http: //www.sipo.gov.cn）专利检索与服务系统检索到的国外专利题录信息。

申请号：US：201715430451：A

申请日：2017.02.11

公开（公告）号：US2017184156A1

公开（公告）日：2017.06.29

发明名称：Power Transmitting Apparatus

IPC 分类号：F16D23/12；F16D13/52

申请（专利权）人：KK F C C

发明人：KATAOKA MAKOTO；CHEN HAN HIONG；AONO KAORU

优先权号：JP2014164085；JP2015072581

优先权日：2014.08.12；2015.08.07

（3）文摘。文摘是将文献中的主要内容和原始数据以简明扼要的文字摘录下来，并与文献的其他特征共同著录和编排而成，向读者报道最新研究成果的一种检索工具，是二次文献的核心。检索者利用文摘不仅可以查到相关文献线索，而且可以通过阅读摘要内容，判断是否需要获取原文。文摘按照编写人员可划分为著者文摘和非著者文摘，按照内容特征可划分为报道性文摘和指示性文摘。

著者文摘是指由原文作者编写的文摘，往往同原文一同出现，可信度高，目前绝大多数学术期刊论文要求作者提供文摘。非著者文摘是由专门的、熟悉本专业的文摘人员编写，一般在文摘后注有文摘员的代号，很多文摘检索工具都是此类，可信度不及著者文摘。

报道性文摘是原文的浓缩，能够反映原文的核心内容与技术创新点，信息量大、参考价值高，读者阅读报道性文摘，一般可以代替原文。指示性文摘就是把原文献的主题范围与写作目的概略地揭示给读者，一般不涉及原文献的具体事实内容、结论等，实际上是对文献篇名的补充说明。

（4）索引。索引一般附于专著、工具书、检索工具之后，将文献中的重点内容或工具书、检索工具正文编排依据以外的其他著录项目，如篇名、著者、人名、地名、机构名、历史事件、学科主题、分子式等，经过分析分别摘录出来，注明出处，并按照一定的原则和方法编制而成的一种检索工具。索引不仅广泛存在于各种书刊文献中，更多地作为辅助检索系统附在检索工具之后，提供更多的检索途径。附在文献后的辅助索引可以引导读者快速地获得隐藏在文献内容中的知识单元。

（5）全文型检索工具。全文型检索工具是计算机检索系统发展的最新形式，一般称为全文数据库，其不仅具备传统检索工具的所有检索功能，而且能够提供文献的全文链接，用户可以直接获取原文，全文数据库是目前使用效率最高的一种检索工具类型。全文型数据库数据量巨大，往往需要较大投入。如中国知网中国期刊全文数据库、超星数字图书馆、IEEE/IET Electronic Library 均为全文型检索工具。

3.2.2 检索工具评价

检索工具的选择对检索者最终是否获得满意的检索结果具有重要意义，因此，面对检索题目，检索者首先要根据需要正确评价、判断和选择检索工具。检索工具的评价标准包括如下几方面内容。

1. 文献收全率

文献收全率是指检索工具收录的文献数量占符合其收录标准所有文献的比例。一般收录范围越广泛、信息内容越全面的检索工具检索效果越好。如目前国内“中文期刊全文数据库”的产品种类较多，而中文学术期刊的收全率则成为数据库质量的重要指标。当然，由于版权等原因，不同数据库针对不同学科文献收录上可能各有侧重，整体文献收全率高，不一定某一学科文献收全率一定高。对检索工具文献收全率的评价不能仅从检索工具的说明、介绍来分析，应通过自己的检索实践或文献机构的评论来判断。

2. 文献收录质量

文献收录质量是指检索工具收录文献的学术水平与学术影响力。如核心期刊、EI、SCI来源期刊发表的学术论文一般质量较高，这些期刊的收录率是衡量“学术期刊全文数据库”质量的重要指标。“双一流”高校、国家级重点学科的博士、硕士论文收录率是衡量“中国学位论文全文数据库”质量的重要指标。

3. 文献著录、标引的质量

检索工具对文献信息特征著录标引的准确性、详略程度、标准化水平决定了其使用效果。一般文摘类检索工具因著录了文献内容摘要信息，较题录类检索工具检索效果更好，而大型全文数据库是首选的检索工具。

4. 文献内容的时效性

报道时效是指从原始文献发布到检索工具报道的时间间隔，间隔时间越短，检索工具反映的文献内容越新颖、信息价值越大。传统手工检索工具受出版周期的影响，时效性较差。网络检索工具时效性较强，如 EBSCOhost 数据库甚至能报道已纳入出版计划、几个月后才能正式出版的期刊论文的二次文献信息。

5. 检索功能的完善性

检索功能完善的检索工具，正文编排科学，著录项目清晰易读，使用方法简单，能提供尽可能多的检索途径供用户选择。计算机检索系统除提供多种检索途径外，还应提供逻辑组配检索，支持位置算符、截词算符等。

6. 检索响应速度、费用

检索响应速度是衡量网络检索工具质量的重要指标，响应速度的快慢主要取决于数据库商的检索平台技术水平、数据结构、网络服务器数量、出口带宽，集中反映数据库商的整体实力。检索费用也是衡量检索工具适用性的重要指标，检索者应优选性能价格比高的检索工具，优选本地、本单位能提供的检索工具。

3.3　信息检索途径、检索方法和检索策略

3.3.1　检索途径

检索途径也称为检索点（Access Point），在第 2 章“图书馆与馆藏目录检索”中已多次提到，是指通过文献的何种特征进行检索。无论是传统检索工具、参考工具书，还是计算机检索工具，均采用文献的各种特征（学科分类、主题、著者姓名、代码等）来描述、标引和组织文献，从而形成相应的检索途径。

1. 题名途径

题名途径是以文献的标题名称为线索检索文献的途径。题名包括书名、刊名、文章的篇名、会议名称、报告名称、标准名称、网页标题等。通过题名检索途径查找文献，一般包括如下两种情况：一是已经掌握文献具体名称的特定文献检索，如检索图书馆是否收藏某一种图书，某篇参考文献的原文是什么；二是对题名中包含某一词汇概念的文献检索，如检索图书馆书名中含有“锅炉燃烧”的图书有哪些，检索题名中含有“人寿保险”一词的学位论文有哪些。题名本属于反应文献外部特征的信息，但其又具有显著的内容特征，很多初级用户对文献内容特征的检索首选题名检索途径。可是对于非特定文献的检索，题名检索远不及直接反应文献内容特征的主题检索途径效果好，如选择“人寿保险”一词从题名途径检索，则在题名中含有“寿险”“养老保险”“疾病保险”等词汇的文献均作为与人寿保险不相关文献而排除在外。

2. 主题途径

主题途径是以主题检索语言为依托，以代表文献主题内容的规范和非规范的词汇作为检索标识进行文献检索的一种检索途径。选择主题途径检索文献的检索效果，主要取决于检索工具选择的主题检索语言与标引的规范程度，同时也取决于检索者对相应检索语言的掌握及熟练程度。从主题途径检索文献，直接选用文字作标识，不必考虑学科类目的关系，其所表

达主题概念较为灵活、准确，适合于查找比较具体、专深的课题资料。这一途径还能将分散在各个学科领域中的同一主题文献进行集中，能较好地满足特性检索的要求。

从主题途径检索文献最为关键的是正确选定主题词：一是要深入理解课题内容，选择能够恰当概括课题内容的词汇；二是要了解各种检索工具的主题词表和有关主题索引的编排规则，对选择的检索词进行规范和组配，应优选规范的主题词，这一点在计算机检索中显得更为突出，主题词的规范一般需通过词表来进行。

（1）主题词的选取。通过对课题进行分析，提取出表达文献主题内容的概念，概念要具体专指，尽量避免运用整体概念及意义过于宽泛、无实质意义的词，如“法律”“计算机”“金融”等这样的概念过于宽泛，不宜作为检索的主题词；“研究”“分析”“影响”“对策”等这样的词属于无实质检索意义的词，也不宜选为主题词；“清洁能源”这样的整体概念可分解为“太阳能”“地热能”“风能”“生物质能”等下级概念作为检索词。

（2）主题词的规范与组配。对选定词汇依据其概念性质进行归纳整理，并分成若干个组面，对每个组面的词汇利用主题词表进行规范，用标准的叙词代替同义词，同时对满足检索需要的近义词、相关词、缩写词或不同的书写形式进行扩充，最后依据检索工具的语法规则构建检索表达式，完成检索。检索过程中还需注意，如果提取的检索词获得的检索结果较少时，可以尝试多选择同义词及相关词并利用逻辑“或”的关系进行再次检索，也可采用最近一级的上位词进行检索；反之，如检索的结果过多，则一般需增加一些其他的限定条件，如增加逻辑“与”限定，限定文献出版时间，限定出版物的级别等。

例 题目“智能交通信号控制系统”的主题分析

题目“智能交通信号控制系统”可分解为“交通信号”“智能控制”“自动化系统”三组概念。通过《中国分类主题词表》查得与交通信号相关主题词有“交通信号”“铁路信号”“道口信号”等，与智能控制相关主题词有“人工智能”“智能控制”“自动控制”“程序控制”等，与自动化系统相关的主题词有“自动化系统”“自动控制系统”“智能系统”“计算机控制系统”等，通过对以上主题概念关系分析，可分别用以下几组主题词组配来表达“智能交通信号控制系统”这一题目内容。

交通信号——自动控制系统

交通信号——智能控制－自动化系统

交通信号——智能系统

交通信号——自动控制－自动化系统

交通信号——计算机控制系统

运用以上主题词组配检索文献，可以依据检索到文献的数量及相关度情况，通过增加或减少主题词的方式来进行缩检或扩检。如需获取铁路交通信号相关文献，可用“铁路信号”“道口信号”等主题词代替“交通信号”一词进行重新组配检索。

3. 分类途径

分类检索途径是利用分类号作为检索标识，有利于从学科专业的角度来查找文献，全面了解某一学科相关文献信息，满足族性检索要求。利用分类途径检索文献，关键在于掌握分类法。目前，我国出版的许多检索工具的正文都是按学科分类编排的，检索时，只要确定相关题目的学科类别，利用分类目录或分类索引，按分类号顺序，即可查到所需文献资料。缺点是新兴学科、边缘学科在分类时往往难于处理，查找不便。

4. 责任者途径

欲全面了解检索工具中收录某一作者的文献有哪些，可选择责任者检索途径。责任者包括著者、编者、译者等，现代科学研究多为集体、团队形式，一篇文献往往有多个责任者。由于科学技术的发展，学科部门的分工越来越细，科研人员的研究方向多集中于某一专门学科领域，因此，对某一学科领域知名专家学者发表文献的跟踪检索，甚至可以全面掌握该领域最新研究水平。对于欲报考硕士、博士研究生的学生，通过对目标院系导师、学者发表文献的检索可以了解其学术观点、主要成果、在研项目，对学生专业水平的提高，有目的地备考具有重要意义。责任者检索属于文献外部特征检索，所查得的文献信息不系统、不完整，只能作为一种辅助检索途径。

使用责任者途径检索文献，要了解著者索引编排规则和熟悉著者姓名的一般知识。欧美国家的姓名习惯是名在前，姓在后，而著录时往往倒置排列。如 Margaret. Mitchell 著录为 Mitchell，Margaret。国外检索工具对中国责任者名称的处理一般按汉语拼音直译，但有时也采取一定的缩写方式，如“吉林大学”译为“Jilin Univ.”，“清华大学”译为“Tsinghua Univ.”，“王筱明”译为“Wang Xiaoming”“Wang X.M.”“Xiaoming Wang”等，因此，对国外责任者或译成外文的中国责任者的检索一定要全面、耐心，并对检索到的文献仔细分析判断。

国内团体机构责任者很多既有全称又有简称，如“北京市人大常委会”简称为“北京市人大”，“华能国际电力股份有限公司大连电厂”简称为“华能大连电厂”，对这类责任者的标引，在国家文献标准著录规则中有详细的规定，在检索时，应尽可能选用多种称谓同时进行检索。一些优秀检索系统通过建立责任者规范库或责任者款目导引等形式，使检索者从同一责任者任一名称角度进行检索均会获得全部相关责任者文献信息。

5. 序号途径

这是按照文献信息发布或出版时间编排、赋予的固有号码顺序来检索文献信息的途径。如科技报告有报告号，专利文献有专利号，标准文献有标准号等。使用序号途径检索文献时，必须要了解有关文献的相关号码。

6. 其他检索途径

其他途径是一些辅助性的检索途径，如化学物质索引、化学分子式索引、合金索引、药品名称索引等。这些途径对于检索某些专业性的文献具有特殊的作用。例如《化学文摘》的分子式索引。

检索途径的最终选择既受课题已知条件和课题检索深度的影响，同时更决定于检索工具所能提供的检索途径。如要了解某专家的近年工作动态，可从责任者途径查找；如要系统全面地检索某一课题，一般从主题或分类途径查找，或综合利用各种途径查找。在综合利用各种途径检索课题时，先用什么途径，后用什么途径，应根据检索过程的具体情况制定。

3.3.2 检索方法

信息检索方法多种多样，分别适用不同的检索目的和要求。在检索过程中，具体选用什么样的方法，由于客观情况和条件的限制不尽相同。

1. 常用法

常用法就是利用检索工具查找文献信息的方法，可分为顺查法、倒查法和抽查法。

（1）顺查法。顺查法是一种根据检索课题的起始年代，利用所选定的检索工具，由远及近地按照时间顺序逐年查找，直到满足课题要求为止的方法。顺查法查得的文献比较系统全面，漏检的可能性较小，查全率和查准率都较高。但是，这种方法比较费时费力，检索的工作量很大，一般适用于主题较复杂、研究范围较大、研究时间较久的科研课题。

（2）倒查法。倒查法与顺查法相反，是利用所选定的检索工具由近而远地按时间逆序查找的方法。它的检索目的是要获得某学科或研究课题最新或近期一定时间内所发表的文献或研究进展状况。倒查法比顺查法省时省力，灵活性大，效率高，而且检索出的都是最新文献，能了解某学科或研究课题的最新动向及发展水平。同时，在最新文献中，一般也都有引用、论证和概括早期发表的有关文献及其线索。倒查法漏检率较顺查法高，查全率和查准率都程度不同地受到影响，一般适用查新型检索、学习型检索及新兴学科研究课题的检索。

（3）抽查法。抽查法是利用检索工具对一个或若干时间段的文献信息进行重点抽样检索的方法。它是根据学科发展的脉动性特点而采用的一种有效的检索方法。任何学科从整体上看都是波浪起伏式发展的，有高峰期，也有低谷期。某学科高峰期所发表的文献数量要远远高于其低谷期的文献数量。抽查法有重点地检索学科高峰期的文献，只需付出较少的检索时间、人力和工作量，就可能获取较多的文献，收到事半功倍的检索效果。但使用抽查法的前提是事先了解该课题研究发展的历史背景，方可达到满意的检索效果。

2. 追溯法

追溯法是指不利用一般的检索工具，而是利用已经掌握的文献后所列的参考文献，反复追溯查找“引文”的一种扩大信息来源的方法。据统计，期刊论文 90%都有引文目录，且平均每篇引用参考文献 15 篇，这些参考文献必然在某些方面与这篇文献相关，如果追查到这些相关参考文献，会发现每篇参考文献后面又附有与之相关的若干篇参考文献。按照这种方法追溯扩检下去，就会一变十，十变百，产生如滚雪球般的效果，可以获得一大批相关文献。追溯法的优点是不需要利用检索工具，查找方法简单，参考文献往往都经过作者选择，质量较高；缺点是检索效率低，漏检率和误检率都较大。

例 《参考文献著录规则》（GB/T 7714—2005）示例。

1. 期刊

[1] 袁庆龙，侯文义. Ni-P 合金镀层组织形貌及显微硬度研究［J］. 太原理工大学学报，2001，32（1）：51-53.

[2] ZHU Dong-ling，REN Guang-ming，NIE De-xin，et al. Effecting and forecasting of landslide stability with the change of reservoir water level［J］. Hydrological Geology and Engineering Geology，2002，29（3）：6-9.

2. 专著

[1] 刘国钧，郑如斯. 中国书的故事［M］. 北京：中国青年出版社，1979.

[2] O' BRIEN J A. Introduction to information systems［M］. 7th ed. Burr Ridge：Irwin，1994.

3. 会议论文集

[1] 孙品一. 高校学报编辑工作现代化特征［A］. 中国高等学校自然科学学报研究会. 科技编辑学论文集（2）［C］. 北京：北京师范大学出版社，1998：10-22.

[2] ZHANG Wen-li，WANG Lin-ze，XIE Jiang-hua，et al. Hopf bifurcation of impact damper ［C］// Proceedings of the 3rd International Conference on Nonlinear Mechanics.

Shanghai：Shanghai University Press，1998：437-440.

4. 专著中析出的文献

［1］罗云. 安全科学理论体系的发展及趋势探讨［A］//白春华，何学秋，吴宗之. 21 世纪安全科学与技术的发展趋势［M］. 北京：科学出版社，2000：1-5.

［2］韩吉人. 论职工教育的特点［G］//中国职工教育研究会. 职工教育研究论文集. 北京：人民教育出版社，1985：90-99.

5. 学位论文

［1］张和生. 地质力学系统理论［D］. 太原：太原理工大学，1998.

［2］CALMS R B. Infrared spectroscopic studies on solid oxygen［D］. Berkeley：University of California，1965.

6. 报告

［1］冯西桥. 核反应堆压力容器的 LBB 分析［R］. 北京：清华大学核能技术设计研究院，1997.

［2］BREIMAN L. Using convex pseudo-data to increase prediction accuracy［R］. USA，U C Berkeley：Statistics Department，1998.

7. 专利文献

［1］姜锡洲. 一种温热外敷药制备方案［P］. 中国专利：881056078，1983-08-12.

［2］TACHIBANA R，SHIMIZU S，KOBAYSHI S，et al. Electronic watermaking method and system：US，6，915，001［P］. 2002-04-25［2002-05-28］.

8. 标准文献

［1］GB/T 16159—1996. 汉语拼音正词法基本规则［S］. 北京：中国标准出版社，1996.

［2］IEEE std 802.11 b，Wireless LAN medium access control（MAC）and physical layer（PHY） specifications：higher-speed physical layer extension in the 2.4 GHz band ［S］. New York：Institute of Electrical and Electronic Engineers，Inc，1999.

9. 报纸文章

谢希德. 创造学习的思路［N］. 人民日报，1998，12（25）：10.

10. 电子文献

［1］萧钰. 出版业信息化迈入快车道［EB/OL］.（2001-12-19）［2002-04-15］. http: //www.creader.com/ news/ 200112190019.htm.

［2］Online Computer Library Center，Inc. History of OCLC［EB/OL］.［2000-01-08］. http: //www.oclc.org/ about/history/default. htm.

（1）参考文献著录中的文献类别代码：

1）普通图书：M;

2）会议录：C;

3）汇编：G;

4）报纸：N;

5）期刊：J;

6）学位论文：D;

7）报告：R；

8）标准：S；

9）专利：P；

10）数据库：DB；

11）计算机程序：CP；

12）电子公告：EB。

（2）电子文献载体和标志代码：

1）磁带：MT；

2）磁盘：DK；

3）光盘：CD；

4）联机网络：OL。

3. 引文法

引文法是与追溯法相反，由远及近查找引文的一种检索方法。即找到一篇有价值的论文后，进一步查找该论文被哪些文献引用过，以便了解后人对该论文的评论，及与此论文相关问题的进一步研究成果与最新研究进展等。引文法的检索工具有科学引文索引（SCI）、社会科学引文索引（SSCI）等，通过引文法对某文献被引用情况的分析可以作为判断被引文献质量水平的一种重要衡量指标。

目前，利用中国知网的“引文网络”和“参考引证图谱”功能，可以便捷地获取某一文献的参考文献、引证文献信息，不断进行追溯，可进一步了解相关问题研究的发展脉络。

4. 循环法

循环法又称分段法、交替法、综合法，它是指综合运用常用法和追溯法的检索方法。即先利用检索工具查出一批相关文献，然后通过精选，选择出针对性较强、参考价值高的文章，再按其后所附的参考文献或原文中涉及的重要线索追溯查找，分期分段交替进行，如此查找可获得更多的课题相关文献。

在实际检索中，究竟采用哪种检索方法最合适，应根据检索条件、检索要求和检索背景等因素确定。检索条件是指是否有充分的检索工具可利用，在没有检索工具的情况下，可采用以追溯法为主的检索方法。检索要求是指检索的查全率、查准率及检索速度，这三者之间是互相制约的，难以兼得，若要求以“全”为主，应采用顺查法或循环法；若要求以“准”为主，可采用倒查法；若要求以“快”为主，可用抽查法。检索背景是指待查课题所属学科发展情况，即该学科从何时开始有研究、何时研究达高峰、何时研究处于低潮等，若能准确地知道此背景情况，可采取抽查法为主的检索方法。

3.3.3 检索步骤

1. 分析研究课题，明确检索目的

进行课题检索前，首先要对课题进行认真的分析研究。课题分析是一个较为专深的逻辑推理过程，既需要有与课题相关的专业知识，又需要熟练掌握检索工具，还要具备一定的外文阅读能力。课题分析时应注意以下两点。

（1）弄清课题检索的目的，是为了完成课程设计，还是为了了解某一领域或学科的发展状况，或是为了解决生产技术领域的某一问题。不同检索目的决定检索者对课题相关知识的准备程度，直接影响检索系统的选择与检索策略的制订。

（2）分析研究课题所属的学科与专业主题范围，掌握与课题有关的专业知识，了解相关主题概念、名词术语及其之间的相互关系。有时需要利用工具书，阅读相关专业书籍，咨询专家学者。此阶段的工作做得越充分，检索就越顺利，越可能获得较理想的检索结果。

2. 确定检索范围，选择检索工具

通过分析研究课题，依据检索目的，确定课题的检索范围和要求，这些要求包括：

（1）对文献水平的要求。不同的检索目的对文献水平的要求是不同的，如本科生为完成毕业论文和一个国家级基金研究项目，对检索文献的水平要求就存在较大差别。

（2）对文献范围的要求。即明确要求提供全面的相关文献，还是仅提供主要的相关文献，抑或是某一时间段的文献。

（3）对文献类型的要求。即明确需要哪一类型的文献，如会议文献、学位论文、专利文献、标准文献及期刊论文等。

（4）对文献语种的要求。即明确需要哪种语言文献，如中文、英文、日文、德文等。

（5）对检索结果提供方式的要求。是要求提供文献线索，还是要求提供具体的事实、数据或是原始文献。

明确了课题的检索范围和要求后，就要根据需要来选定检索工具。要了解哪些检索工具收录了与所查课题相关的文献信息；在哪些检索工具中该课题的文献信息较丰富、文献信息质量较高等。查找时，通常先利用综合性检索工具，然后再利用专业性检索工具。要优选本单位、本地区可以获得的检索工具。选中检索工具后，还要详细了解检索工具的特点与使用方法，数据库检索系统一般都提供详细的资源介绍、操作指南及检索帮助等服务。实施检索前，详细了解检索系统的使用方法与使用技巧，对提高检索效率事半而功倍。

3. 找出检索标识，确定检索途径

选定了检索工具，就要根据对课题的了解情况，准确地找出与课题相关的检索标识。确定检索标识时应注意以下三点。

（1）如采用分类号、标题词、叙词等规范化的检索语言作标识，则必须注意使用相应的分类表、标题词表、叙词表等检索词表，以便正确选定检索标识。

（2）如采用关键词等非规范化的检索语言作为检索标识，则对自然语言中的同义词、近义词、多义词等要有所认识和掌握，尽可能把有关的同义词、近义词等考虑周全，以免漏检。

（3）如利用计算机检索工具，需对选择的检索标识进行逻辑关系组配，形成检索表达式。

采取哪种检索途径，既依赖于检索工具提供的检索功能，又要从课题检索的要求出发，并结合课题的检索标识来确定。如果课题检索要求泛指性强，所需文献的范围较广，则最好选择分类途径；如果课题检索要求专指性强，所需文献比较专深，则最好选择主题途径；如果事先已知文献著者、分子式、专利号、标准号、报告号等条件，则利用著者途径、分子式途径、号码途径等进行检索为好。检索时往往需多种检索途径配合使用，才能收到较好的检索效果。

4. 实施文献检索，整理检索结果

确定了某种检索途径，则在计算机检索工具相应的检索选项中输入检索表达式，或利用手工检索工具的各种辅助索引，即可查询到相关文献线索。如检索结果无法满足要求，则需要对上述检索过程进行重新分析并做出调整。很多数据库检索系统在检索结果页面均提供一系列的功能选项，帮助用户分析整理检索结果，如检索结果排序方式的选择、检索结果的选定与去除、检索结果输出方式的选择等。

5. 识读文摘条目，获取原始文献

对于书目、文摘类检索工具，检索到一批相关文献线索后，要对文献条目著录的信息进行详细识读，判断文献类型，仔细阅读文摘内容，从而分析判断是否需要进一步获取原文。如需要原文，还要选择相关检索工具，将文献出处中缩略语、音译刊名等还原成全称或原始刊名。然后查找馆藏目录或联合目录，通过直接借阅、馆际互借、代购、复印、扫描等方式获取原始文献。对于全文型数据库，可在线阅读后，将有价值的文献原文下载到本地。

3.3.4 检索策略

检索策略是指为实现检索目的而制定的整体计划和方案，在整个检索实施过程中具有全面指导作用。而对于数据库检索系统，检索表达式由检索者来设计，而整个检索过程由计算机程序来自动实施，检索实施前，用户无法判断检索结果的情况。因此，事前制定充分的检索策略对成功地完成一次检索任务十分重要。常用的检索策略有如下几种方法。

1. 概念组合法

将检索课题拆分成若干个概念面，先分别对每个概念面进行检索，在每个概念面中尽可能多地找出相关词、同义词、近义词，用逻辑"或"的关系构成检索式，然后通过合适的布尔算符把所有概念面的子检索式连接起来，构成一个总检索式。概念组合法可以通过组合而成的综合检索式，一次完成检索，检索效率较高，适用于对课题知识领域有深入了解，熟悉检索技术的资深型用户。

2. 引文增长法

先选择与课题相关的少数几个相关概念进行检索，通过对检索出的部分文献的阅读分析，从中选择一些新的相关检索词补充到检索表达式中，或通过数据库的引文链接（如中国知网的知识网络功能），不断重复，逐步扩大检索范围，直至获得满意的检索结果。引文增长法获得的检索文献相关性较高、系统性强，有利于对某一学科领域相关成果的全面了解。

3. 逐次缩减法

先确定一个较大的、范围较广的初始检索对象集合，如可以先选择一个较宽的类号进行分类检索，然后通过增加主题词，运用逻辑"与"、逻辑"非"的关系逐步增加检索的限制条件，提高检索的专指度，获得一个相对较少的检索结果集合，不断重复、逐次缩减，直至取得满意的检索结果。逐次缩减法适用于对课题相关知识了解不是很深入、检索知识不是很丰富的中、初级用户。

3.3.5 文献资料的阅读技巧

信息时代，文献资料浩如烟海。对于一个检索课题，利用检索工具经常会查找到大量相关文献，大型全文数据库的广泛使用，使获取文献原文也变得十分容易。这种情况下，在完成信息检索后，面对获得的大量相关文献资料，如何快速阅读，准确地找出其中有价值的信息，则更为重要。阅读文献资料，一方面讲质量，即理解和消化；另一方面也要讲究速度和效率。文献资料的阅读通常要经过粗读、通读和精读三个阶段。

粗读的目的主要是为了决定文献的取舍和选定重点文献。在粗读阶段，应该先看目录、摘要、引言、小标题、结论，确定该文献的取舍，决定有无必要进一步阅读。粗读时，可以跳跃式阅读需要的段落和部分，经粗读筛选出的文献资料应进一步全篇通读。

通读的目的是全面掌握文献内容，分析和摘录整个文献的重点。通读的次序，最好先阅读综述、述评等评论性文章，然后再阅读专题性论文和研究报告之类文章。文献资料经通读后，要将其重点摘录下来，摘录应尽可能详细，并注明出处。另外，在通读时，应在疑难处作上标记。对于通读阶段摘录出的重点资料，还应反复加以精读。

精读是为了熟悉重点文献的内容，掌握其主要论点、论据、结论等，以便进行思考、推理和论证。精读时要善于提出问题、思考问题，要分辨真伪，要慢、细，深入领会其全部内容和精粹之处。通读时留下的疑问，有的精读时会迎刃而解，若仍然有不懂的疑难点，可以通过查阅参考书得到解决，也可向专家请教。实际上精读文献资料的过程，也就是对文献资料进行校核、鉴别、分析、归纳的过程。

第4章　中外文索引、文摘型检索工具

4.1　中文社会科学引文索引

4.1.1　概况

中文社会科学引文索引（Chinese Social Sciences Citation Index，CSSCI）是由南京大学中国社会科学研究评价中心开发研制的引文数据库，用来检索中文人文社会科学领域的论文收录和被引用情况。CSSCI 遵循文献计量学规律，采取定量与定性相结合的方法从全国 2700 余种中文人文社会科学期刊中精选出学术性强、编辑规范的期刊作为来源期刊。目前收录包括法学、管理学、经济学、历史学、政治学等在内的 28 大类的 500 多种学术期刊，收录年限从 1998 年至今。

对于社会科学研究者，CSSCI 可以从来源文献和被引文献两个方面向研究人员提供相关研究领域的前沿信息，通过不同学科、领域的相关逻辑组配检索，挖掘学科新的生长点，展示实现知识创新的途径；对于社会科学管理者，CSSCI 可以提供地区、机构、学科、学者等多种类型的统计分析数据，从而为制定科学研究发展规划、科研政策提供决策参考；对于期刊研究与管理者，CSSCI 提供多种定量数据，包括被引频次、影响因子、即年指标、期刊影响广度、地域分布、半衰期等，通过多种定量指标的分析统计，可为期刊评价、栏目设置、组稿选题等提供定量依据。

目前，CSSCI 已经成为国内社会科学领域进行学术评价的重要工具，教育部已将 CSSCI 数据作为全国高校机构与基地评估、成果评奖、项目立项、名优期刊的评估、人才培养等方面的重要指标。

4.1.2　CSSCI 数据库检索

1. 登录数据库

CSSCI 数据库提供网上包库及预付费两种服务方式，其网址为 http: //cssci.nju.edu.cn。预付费用户在网页上直接输入账号、密码即可登录使用；包库用户在授权 IP 地址范围内可直接登录使用。

2. 数据库检索

CSSCI 数据库提供来源文献检索、被引文献检索和来源期刊导航 3 种检索功能，可以检索到所有 CSSCI 来源刊中文章的收录和被引情况。

（1）来源文献检索。来源文献检索包括简单、高级两种检索方式，提供的检索项主要包括所有字段、篇名（词）、英文篇名、作者、第一作者、关键词、期刊名称、作者机构、中图类号、基金细节。在高级检索页面，用户可以选择多个字段进行逻辑组配检索，同时在页面提供了发文年代、年代卷期、文献类型、学科类别、学会分类、基金类别、排序方式等检索限制选项，供用户根据需要选择使用。CSSCI 字段检索式支持“AND”“OR”“NOT”逻辑算符，支持“*”截词算符、“SAME”临近算符、“”精确短语检索。临近算符“SAME”要求检索词必须出现在同一句子中（指两个句号之间的字符串），检索词在句子中的顺序是任意的，如在篇名检索框中输入“历史 SAME 文化”，则“历史文化”“文化历史”的来源篇名，全部检索出来。

例　检索辽宁大学 2007 年至 2017 年发表的经济学科学术论文被 CSSCI 收录情况。

进入 CSSCI 来源文献高级检索页面，发文年代选择“2007 年”至“2020 年”；选择作者机构检索字段，输入检索词“辽宁大学”，在学科类别检索项下拉列表中选择“经济学”，点击“检索”按钮，即可获得检索结果列表。在检索结果页面，点击论文记录后“查看全文”可以获得该论文在百度学术检索中的相关信息，通过万方、维普、知网或免费下载链接获取全文。CSSCI 来源文献高级检索页面和检索结果页面如图 4-1、图 4-2 所示。

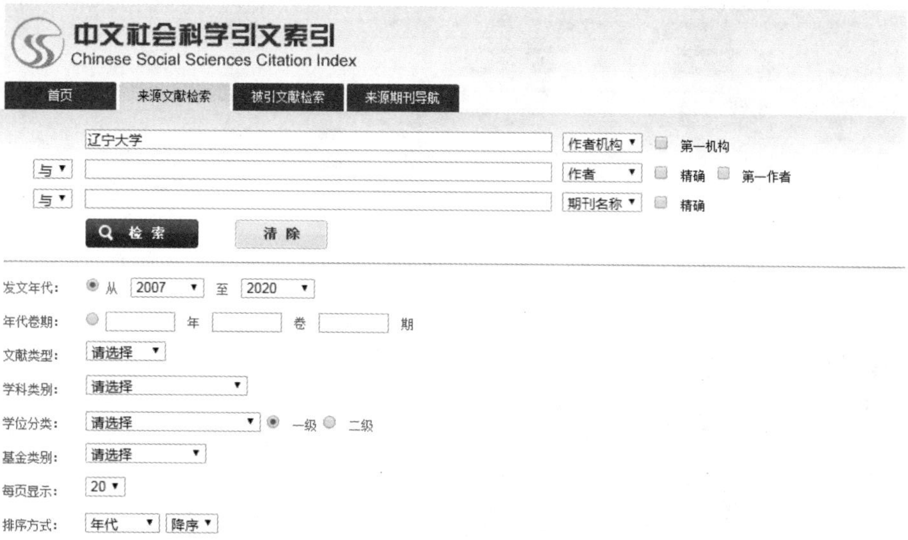

图 4-1　CSSCI 来源文献高级检索页面

图 4-2　CSSCI 来源文献检索结果页面

（2）被引文献检索。被引文献检索包括简单、高级两种检索方式。其中，高级检索可供选择的检索项主要有被引作者、被引文献篇名、被引文献期刊、被引文献细节、被引文献年代、被引年份、被引文献类型等。其中被引文献细节检索具有较强的灵活性，可对文献题录信息进行检索，如输入某人的名字，既可以对作者为某人的文献进行检索，也可以检索篇名（词）中含有某人的文献信息。被引文献类型检索项内容可通过下拉列表选择，用户可对检索项间的逻辑关系进行限定。

例　检索“戴建陆”1998 年至 2020 年发表作品被引情况。选择 CSSCI 被引文献高级检索，其检索页面及检索结果页面如图 4-3 和图 4-4 所示。

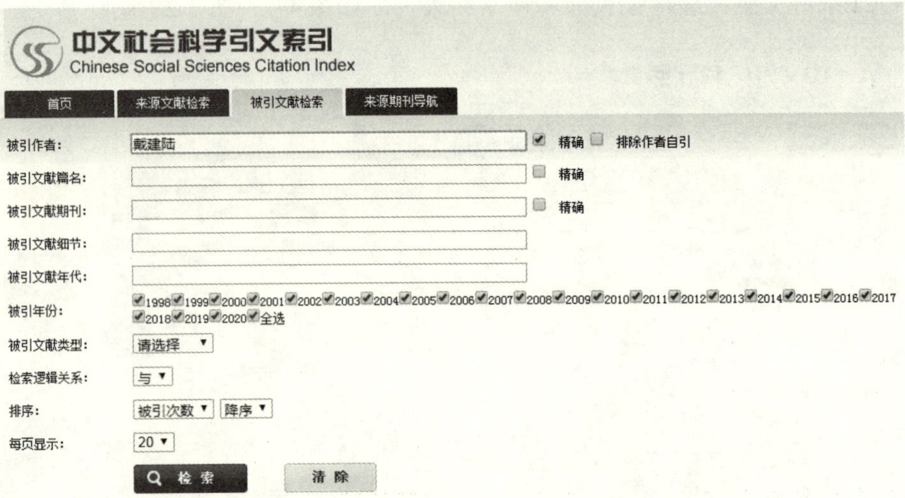

图 4-3　CSSCI 被引文献高级检索页面

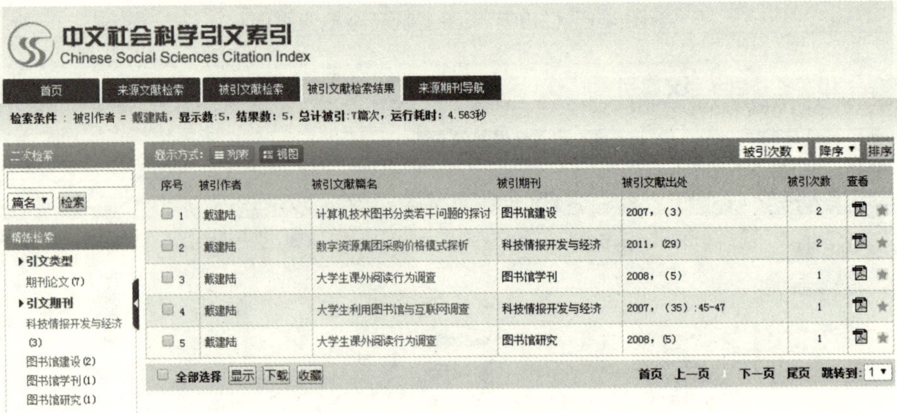

图 4-4　CSSCI 被引文献高级检索结果页面

在检索结果页面，可以根据需要进行二次检索。通过点击记录序号前小方框，对所需记录进行选择，点击页面下方“显示”或“下载”，可显示或保存选中文献被引用情况的详细信息，也可直接点击记录“被引文献篇名”链接，显示该篇文献被引用情况。CSSCI 被引文献检索结果详细页面如图 4-5 所示。

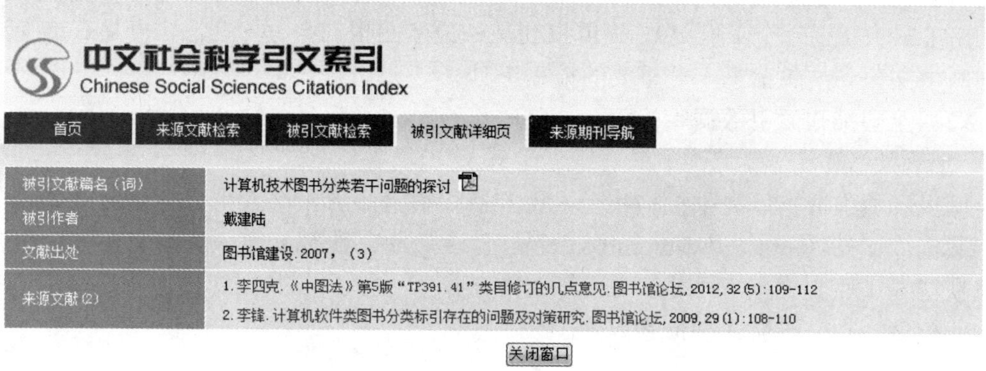

图 4-5 CSSCI 被引文献检索结果详细页面

（3）来源期刊导航。在来源期刊导航页面，可以浏览教育学、外国文学、心理学、新闻学与传播学等 28 大类 500 多种 CSSCI 来源期刊各卷期发表文章的详细信息。CSSCI 来源期刊导航页面如图 4-6 所示。

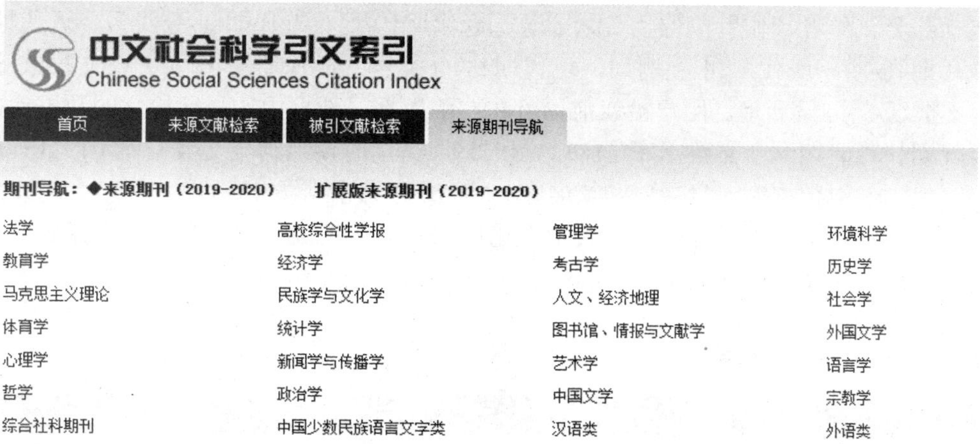

图 4-6 CSSCI 来源期刊导航页面

4.2 全国报刊索引

4.2.1 概况

全国报刊索引创刊于 1955 年，由上海图书馆编辑出版，是国内最早出版发行的综合性中文报刊文献检索工具。六十多年来，已由最初的《全国报刊索引》月刊，发展成为集印刷版与网络服务平台为一体的综合性知识服务体系，可提供 5 万余种报刊、5000 余万篇文献的一站式知识服务。目前其提供的数据库产品主要有晚清期刊全文数据库（1833—1911）、民国时期期刊全文数据库（1911—1949）、字林洋行中英文报纸全文数据库（1850—1951）、中国近代中文报纸全文数据库（1893—1949）和现代期刊索引数据库。其中，现代期刊索引数据库包含的内容有 1980 年至今国内出版的哲学社会科学、科学技术期刊篇名和 2003 年至今国内出版的哲学社会科学、科学技术期刊目次。全国报刊索引数据库是目前国内揭示中文报刊资源时间跨度最大（近一个半世纪），报道报刊品种最多的报刊数据库产品，也是查询晚清以来国内出版中文报刊文献信息十分重要的检索工具。

4.2.2 全国报刊索引数据库检索

1. 登录数据库

全国报刊索引数据库提供机构和个人用户授权检索服务，个人用户可以通过登录全国报刊索引数据库网站（https: //www.cnbksy.com），注册并订购数据库服务，个人成功注册后，可免费获得 5 篇原文文献，同时每天还可免费查看 10 幅大图。数据库提供普通检索、高级检索、专业检索、文献导航 4 种检索方式。

2. 检索方法

（1）普通检索。数据库首页面中默认为普通检索，用户在检索输入框中输入检索词，并在数据库复选栏“近代期刊”“现代期刊”“图库”3 个选项中选择欲检索的数据库，即可进行检索。普通检索默认的检索范围为近代期刊和现代期刊。

（2）高级检索。在高级检索页面，可以进行多字段组配检索，字段间可选择“与”“或”“非”逻辑关系算符，点击字段前的“＋”可以增加检索条件。在高级检索中可供选择的检索字段包括题名、作者、作者单位、文献来源、近代期刊-期、近代期刊-分类号、近代期刊-摘要、现代期刊-期、现代期刊-主题词、现代期刊-分类号、现代期刊-摘要、中文报纸-新闻来源、中文报纸-新闻发布地。用户检索前也可在左侧数据复选框中选择欲检索的数据库，选项包括近代期刊晚清期刊全文数据库（1833—1911）、民国时期期刊全文数据库（1911—1949）、现代期刊现刊索引数据库（目次库和篇名库）、特辑资源等。

例 查找近代期刊中题名包含“大学文化”或“大学精神”的文章，可选择“近代期刊数据库，其高级检索页面如图 4-7 所示。

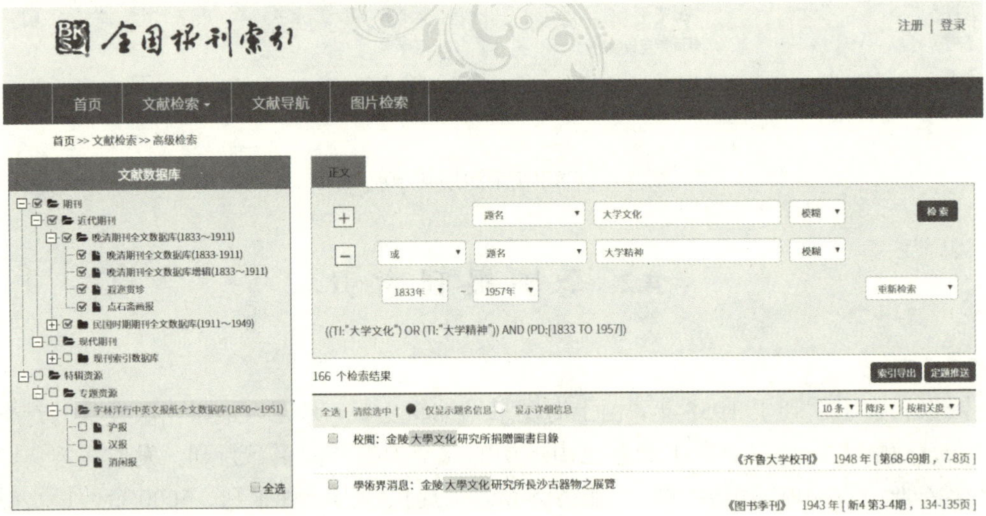

图 4-7 全国报刊索引数据库高级检索页面

（3）专业检索。在专业检索页面，用户可以通过构造检索表达式来完成较为复杂的检索功能，检索表达式支持“AND”“OR”“NOT”逻辑关系算符，运算顺序“NOT”优先级最高，“AND”次之，“OR”最低，“()”可改变优先级。各数据库通用检索字段代码为 ALL（全字段）、TI（题名）、AU（作者）、AF（作者单位）、PD（时间）、JTI（刊名/报名）。近代期刊数据库检索字段代码为 AT（正文类别）、ACOL（正文栏目）、ISS（期）、VO（卷）、CLC（分类号）、AB（摘要）。现代期刊数据库检索字段代码为 ISS（期）、VO（卷）、SU（主题词）、CLC（分类号）、AB（摘要）。在构造检索表达式时，“：”为检索值条件，例如：题名为“文化”的检索式为“TI：文化”；“[xxx TO yyy]”为检索值区间条件，例如：年份为 1980 年至 1990 年之间的检索式为“PD：[1980 TO 1990]”。

例　要查找所有文献中的题名中有“文化”，著者姓“王”，年份为“2000 年及以后”的文献，可选择所有文献标签，参照其字段代码对照表输入以下检索式：TI：文化 AND AU：王 AND PD：[2000 TO *]。全国报刊索引数据库专业检索页面如图 4-8 所示。

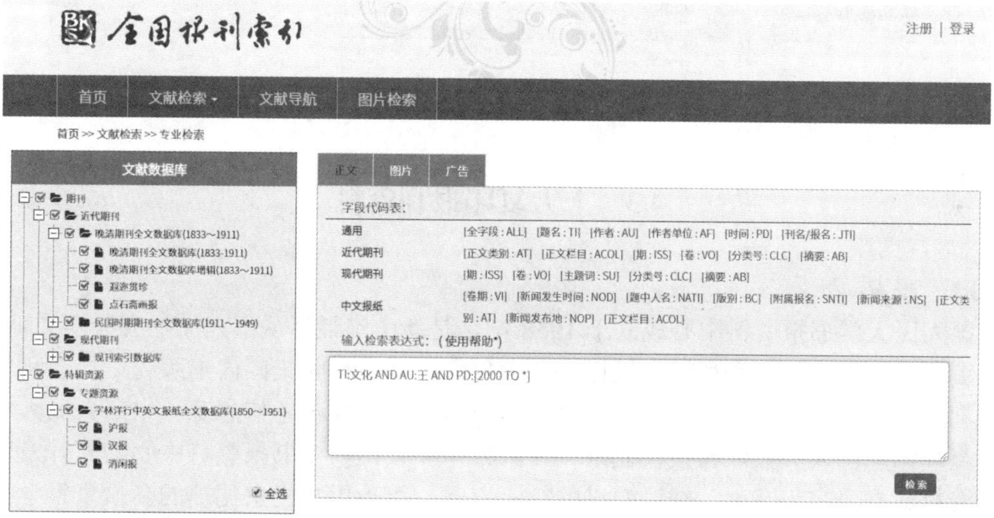

图 4-8　全国报刊索引数据库专业检索页面

（4）文献导航。在文献导航页面，可对 2 万余种近代期刊按刊名进行导航浏览，可对 1 万余种现代期刊按学科分类和刊名进行导航浏览，可对 6700 余种会议论文集按名称进行导航浏览。用户浏览到相应的刊期目次后，可根据数据库全文收录情况，选择直接浏览下载全文或付费传递全文。

（5）图片检索。近代期刊图片数据库汲取了 25000 余种近代期刊中的图片。用户可以选择检索照片、绘画、书法、木刻、手稿、漫画、地图、雕塑、歌谱、曲谱、石刻、题词、图表、拓片、篆刻等多种类型的近代期刊图片信息，检索字段包括全字段、图片标题、图片责任者和文献来源。

3. 检索结果

在检索结果页面，“聚类”功能将所有查询结果按不同方式进行了分组，用户可根据需要利用此功能对检索结果进行精简，聚类分组依据包括有无全文、近现代期刊、数据库来源、期刊来源、作者、出版时间。另外，用户也可对检索结果按照时间或相关度进行重新排序。查询现代期刊索引数据库只提供文章题录信息，用户需付费购买通过文献传递获得全文。全国报刊索引数据库检索结果详细信息页面如图 4-9 所示。

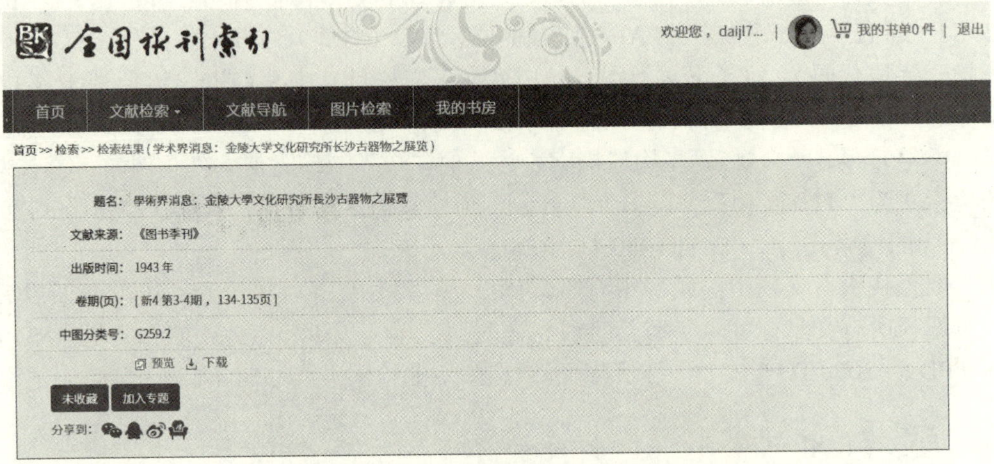

图 4-9 全国报刊索引数据库检索结果详细信息页面

4.3 人大复印报刊资料

4.3.1 概况

中国人民大学书报资料中心成立于 1958 年，是新中国最早从事人文社会科学文献搜集、整理、编辑、发布的信息资料提供机构，人大复印报刊资料收集国内出版哲学社会科学各学科权威期刊论文信息，是从事哲学社会科学学习研究的重要参考信息源。中国人民大学复印报刊资料数据库由人大数媒科技（北京）有限公司和人民大学书报资料中心共同开发，以复印报刊资料数据内容为基础，辅以先进的检索方式，可为用户提供便捷的高质量哲学社会科学期刊论文全文、题录检索服务。

人大复印报刊资料数据库产品主要包括全文数据库、报刊摘要库、报刊索引库、目录索引库、专题研究库、数字期刊库。其中，数字期刊库收录了人大复印报刊资料中心出版的 148 种期刊的数字版，包括“复印报刊资料”“文摘”“报刊资料索引”和“原发期刊”四大系列。书报资料中心“复印报刊资料”的转载量（率）被学界和期刊界普遍视为人文社科期刊领域中一个客观公正的评价标准。数字期刊以原刊形式面向读者，读者可以查看期刊封面、期号等信息。

4.3.2 人大复印报刊资料数据库检索

1. 登录数据库

人大复印报刊资料数据库提供机构和个人用户授权检索服务，个人用户可以通过中国人民大学书报资料中心网站（http: //ipub.exuezhe.com)，注册并订购数据库服务。国家图书馆网站购买了该数据库产品，并为网络注册用户提供免费检索服务。数据库提供初级检索、高级检索和数据库浏览 3 种检索方式。

2. 检索方法

（1）初级检索。数据库首页提供初级检索输入框，用户在“全文数据库”“数字期刊库”“报刊索引库”“目录索引库”中选择欲检索的数据库，选择检索字段，输入检索词即可进行检索。检索字段主要包括标题、副标题、作者、作者简介、关键词、正文、摘要、参考文献、原文出处、分类名称、分类号等。

（2）高级检索。在高级检索页面，可以进行多字段组配检索，同时可以对检索文献的学科分类进行选择，点击字段前的“＋”可以增加检索条件，时间范围选择为 1995 年至今。

例　在全文数据库中查找作者单位为“辽宁大学”、关键词中包含“一带一路”的文章，选择高级检索，其检索页面如图 4-10 所示。

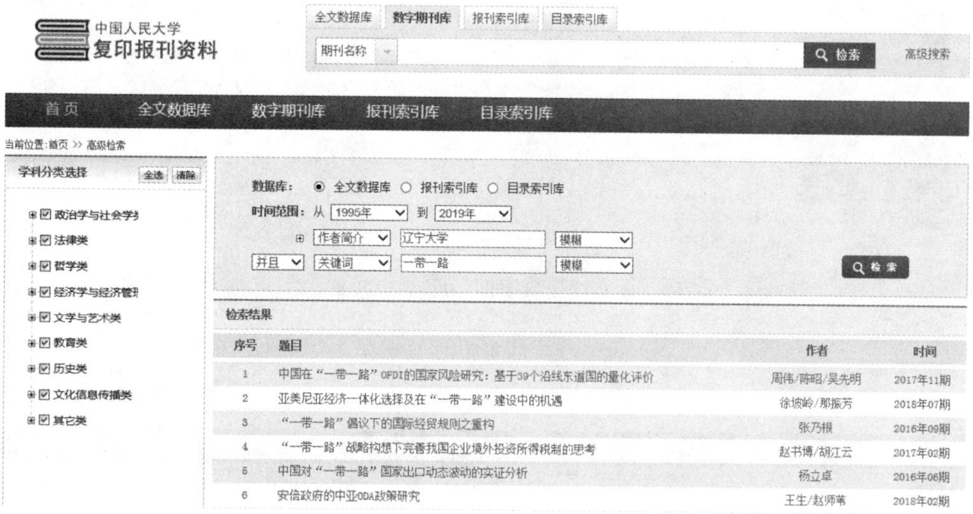

图 4-10　人大复印报刊资料数据库高级检索页面

（3）数据库浏览。“全文数据库”浏览，可按政治学与社会学类、法律类、哲学类、经济学与经济管理类、文学与艺术类、教育类、历史类、文化信息传播类、其他类 9 大类逐级分类浏览数据库收录的全文期刊论文信息。

“数字期刊库”浏览将人大复印报刊资料出版的 148 种期刊按专业学科进行分类导航，用户可根据需要浏览选择相应期刊刊期进行全文阅读，可替代传统纸质期刊阅读方式。在此页面，用户还可按刊名首字母、期刊分类号、期刊属性等查找期刊。

“报刊索引库”浏览，可按 9 大类逐级分类浏览《复印报刊资料》系列期刊每年选登的目录和未选印的文献题录信息，包括 1978 年至今的国内公开发行的人文社科报刊上有关文献的 600 余万条题录数据，每条索引题录内容包括期刊代号、分类名称、篇名、作者、原文出处及刊期、复印刊号等信息。

“目录索引库”浏览，可从 1995 年至今逐年浏览《复印报刊资料》系列期刊的全部目录，累计数据达 70 多万条。每条数据包含专题代号、类目、篇名、著者、原载报刊名称及刊期、选印在《复印报刊资料》上的刊期和页次等多项信息。

在所有数据库浏览结果页面均可进行二次检索。数字期刊库浏览页面如图 4-11 所示。

3. 检索结果

在检索结果页面，全文数据库和数字期刊库可直接链接阅读文章网页格式全文信息，报刊索引库和目录索引库只提供文章题录，用户需通过文献传递等其他方式获得全文。报刊索引库检索结果详细信息页面如图 4-12 所示。

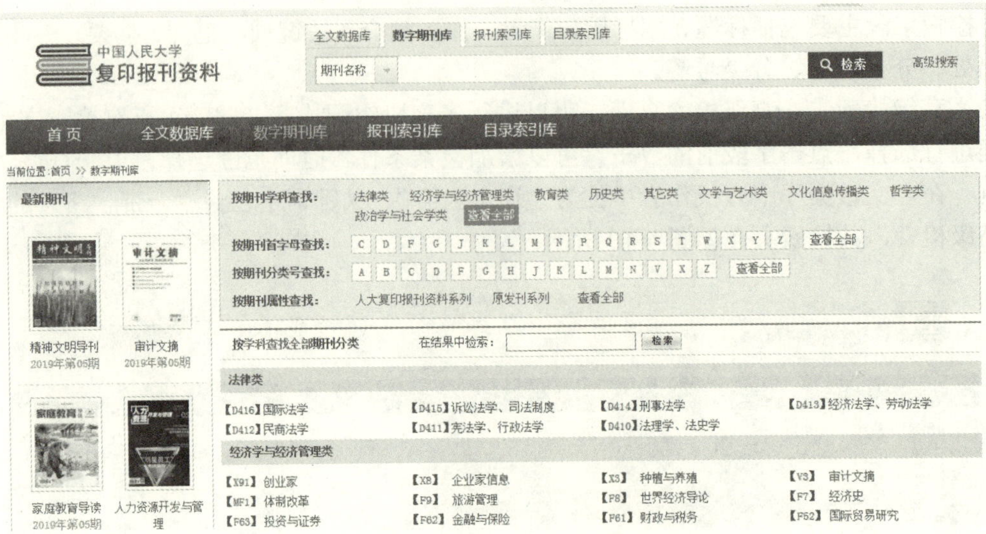

图 4-11 数字期刊库浏览页面

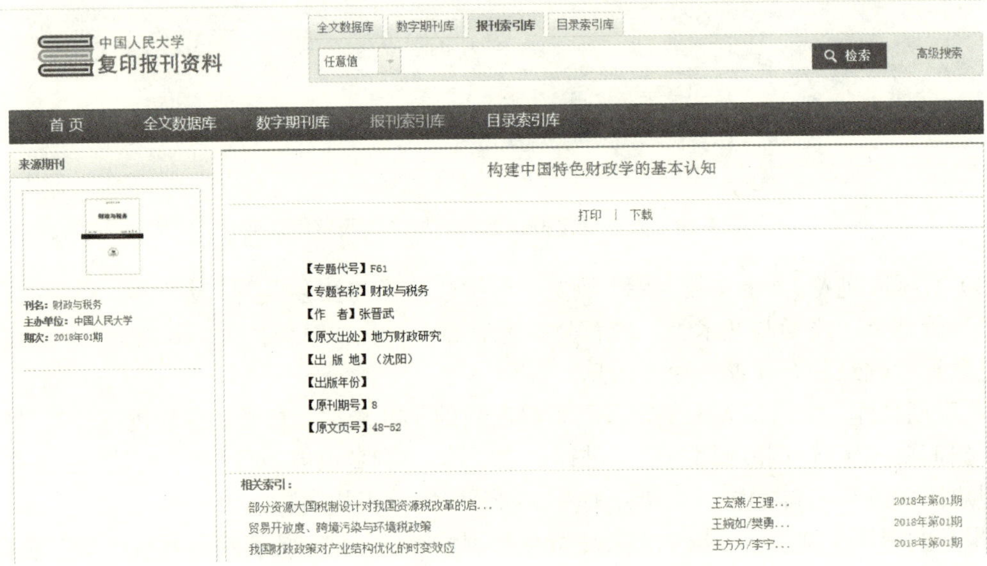

图 4-12 报刊索引库检索结果详细信息页面

4.4 科学引文索引（SCI）

4.4.1 概况

《科学引文索引》（Science Citation Index，SCI ）是由美国科学信息研究所（Institute for Scientific Information，ISI）于 1957 年创办的期刊文献引文检索工具。SCI 以文献离散律理论、引文分析理论为主要基础，通过论文被引用频次等的统计，对学术期刊和科研成果进行多方位的评价研究，从而评判一个国家或地区、科研单位、个人的科研产出绩效，来反映其在国际上的学术水平。

SCI 所收录期刊的内容主要涉及数、理、化、农、林、医、生物、天文、地理、环境、材料、工程技术等自然科学研究领域，选用刊物来源于 40 多个国家、50 多种文字，其中主要的国家有美国、英国、荷兰、德国、俄罗斯、法国、日本、加拿大等，也收录部分中国刊物。ISI 通过严格的选刊标准和评估程序挑选刊源，而且每年略有增减，从而做到 SCI 收录的文献能全面覆盖全世界最重要和最有影响力的研究成果。SCI 设置了独特的“引文索引”（Citation Index），即通过先期的文献被当前文献的引用，来说明文献之间的相关性及先前文献对当前文献的影响力。SCI 以上做法上的特点，使得其不仅作为一部文献检索工具使用，而且成为科研评价的一种依据。科研机构被 SCI 收录的论文总量，反映整个机构的科研、尤其是基础研究的水平；个人的论文被 SCI 收录的数量及被引用次数，反映他的研究能力与学术水平。

六十多年来，SCI 不断发展。目前，SCI 数据库已经成为当代世界最为重要的大型数据库，被列在国际著名检索系统之首，是国际公认的进行科学统计与科学评价的主要检索工具。另外，除 SCI 外，ISI 还陆续出版了《社会科学引文索引》（SSCI）和《艺术与人文引文索引》（A&HCI）。SCI 出版形式包括印刷版、光盘版和网络数据库。

4.4.2　SCI 数据库检索

1. 登录数据库

由 Clarivate Analytics（科睿唯安，原汤森路透科技信息服务有限公司）开发的 Web of Science 是检索 SCI 数据库的主要平台，国内很多高校图书馆均购买了该平台使用权。在内容上，Web of Science 平台包含了 Web of Science 核心合集、中国科学引文数据库、KCI 韩国期刊数据库、MEDLINE 美国国家医学图书馆数据库等多种数据库产品，其中 Web of Science 核心合集为其核心产品。Web of Science 核心合集由 Science Citation Index Expanded（SCI-EXPANDED）、Social Sciences Citation Index（SSCI）、Conference Proceedings Citation Index（CPCI）等 10 个索引组成，内容包含来自数以千计的学术期刊、书籍、丛书、报告、会议及其他出版物的信息。

Web of Science 网站地址为 https: //www.webofknowledge.com，平台提供网上包库和个人用户账号登录服务，包库用户在授权 IP 地址范围内可直接登录使用。

2. 检索方法

Web of Science 平台提供英文、简体中文、繁体中文、日文、俄文等多种语言检索页面供用户选择，在数据库平台中选择 Web of Science 核心合集即可进入数据库通用检索页面，可同时检索 SCI、SSCI、CPCI 等 10 个数据库。欲检索 SCI 数据库，可在“更多设置——引文索引”选项中选择 Citation Index Expanded（SCI-Expanded）。Web of Science 提供基本检索（Basic Search）、作者检索（Author Search）、被引参考文献检索（Cited Reference Search）、高级检索（Advanced Search）、化学结构检索（Structure Search）5 种检索方式。

（1）基本检索。在基本检索页面，用户可以选择一个或多个检索字段进行逻辑组配检索。系统提供的检索项有主题、标题、作者、出版物名称、出版年、基金资助机构、机构扩展、所有字段、入藏号、地址、作者识别号、会议、文献类型、DOI（数字对象唯一标识符）、编者、授权号、团体作者、语种、PubMed ID 等。字段检索式支持逻辑算符“AND”“OR”“NOT”、临近算符“SAME”“NEAR”和截词算符“*”。临近算符“SAME”要求检索词必须出现在同一句子中（指两个句号之间的字符串），检索词在句子中的顺序是任意的；临近算符“NEAR”

要求检索词必须出现在同一句子中(指两个句号之间的字符串),检索词在句子中的顺序不变。Web of Science SCI 基本检索页面如图 4-13 所示。

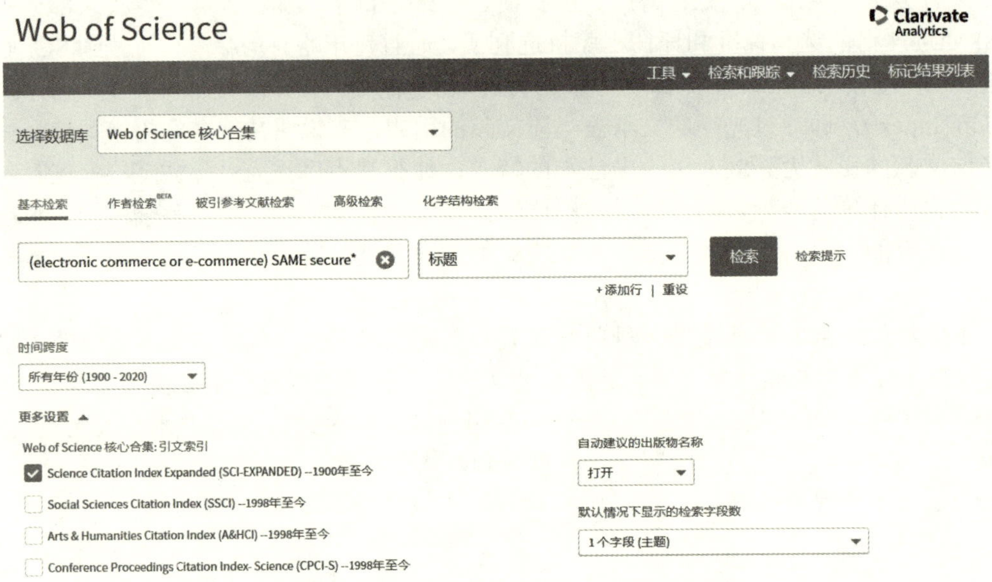

图 4-13 Web of Science SCI 基本检索页面

(2)被引参考文献检索。在被引参考文献页面,可以通过被引作者姓名、被引著作题名查询获得某位作者、某篇文章的被引情况及施引文献情况。被引作者姓名查询提供作者索引供用户浏览选择。其检索页面和检索结果页面如图 4-14、图 4-15 所示。

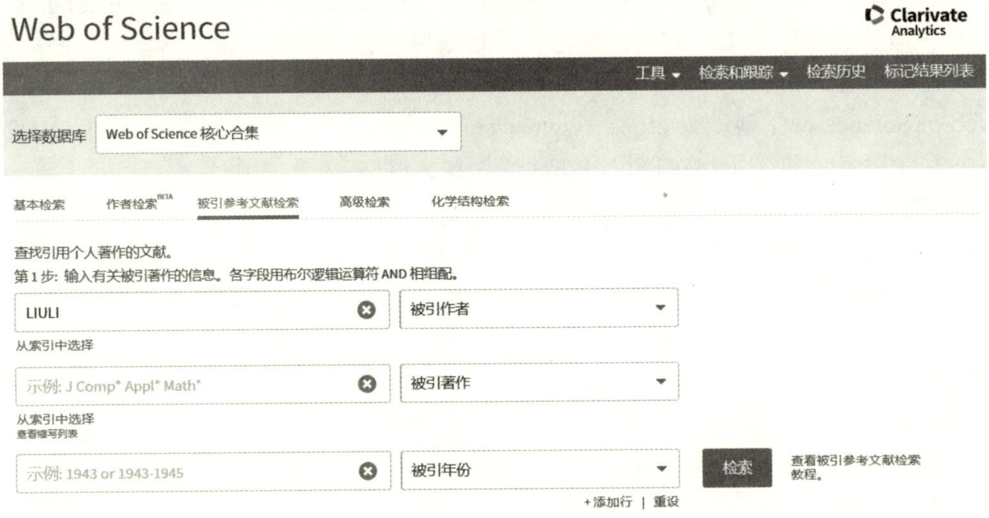

图 4-14 Web of Science SCI 被引参考文献检索页面

(3)高级检索。在高级检索页面显示各字段标识符,用户只需在检索式输入框中输入详细的检索表达式,即可完成检索。高级检索表达式支持逻辑算符“AND”“OR”“NOT”、临近算符“SAME”“NEAR”和截词算符“*”。用户可以保存当前检索或打开已保存的检索历史，同时可通过逻辑运算符对多个检索表达式进行组合检索。Web of Science SCI 高级检索页面如图 4-16 所示。

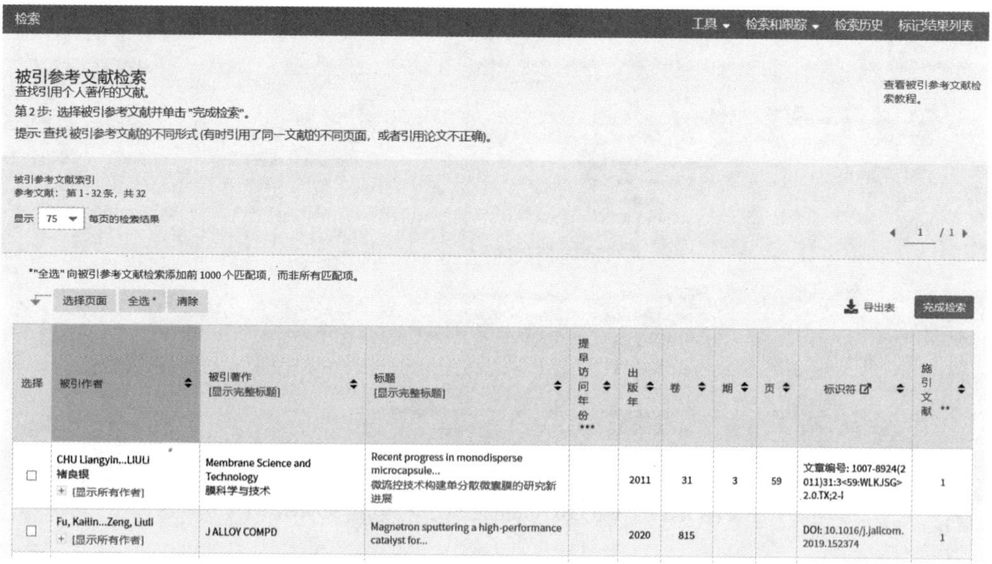

图 4-15　Web of Science SCI 被引参考文献检索结果页面

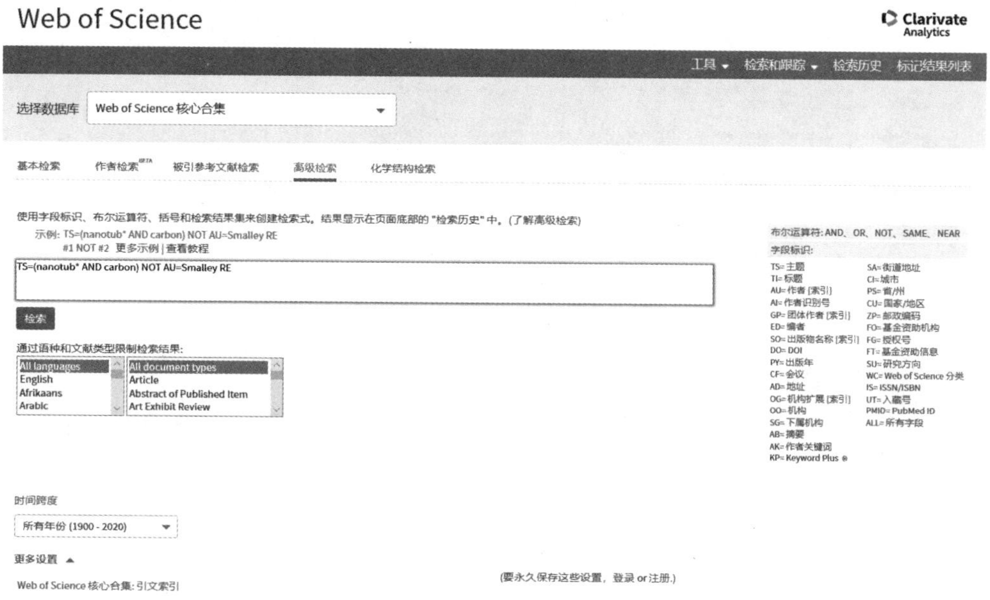

图 4-16　Web of Science SCI 高级检索页面

3. 检索结果

如图 4-17 所示，在检索结果页面中，可以根据需要对检索结果进行精炼和二次检索，还可以对检索结果重新进行排序。点击被引频次链接可以获得施引文献信息；点击题名链接可以获得该篇文献的详细信息，如果所在机构订购有该文章来源期刊的电子版或该篇文献有网络开放存取资源，便可直接链接获取原文。Web of Science SCI 检索结果详细信息页面如图

4-18 所示。

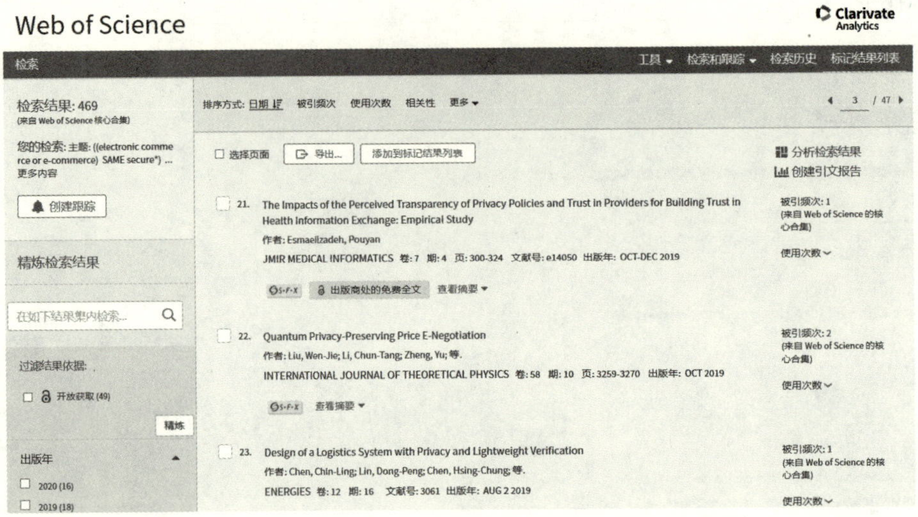

图 4-17 Web of Science SCI 检索结果页面

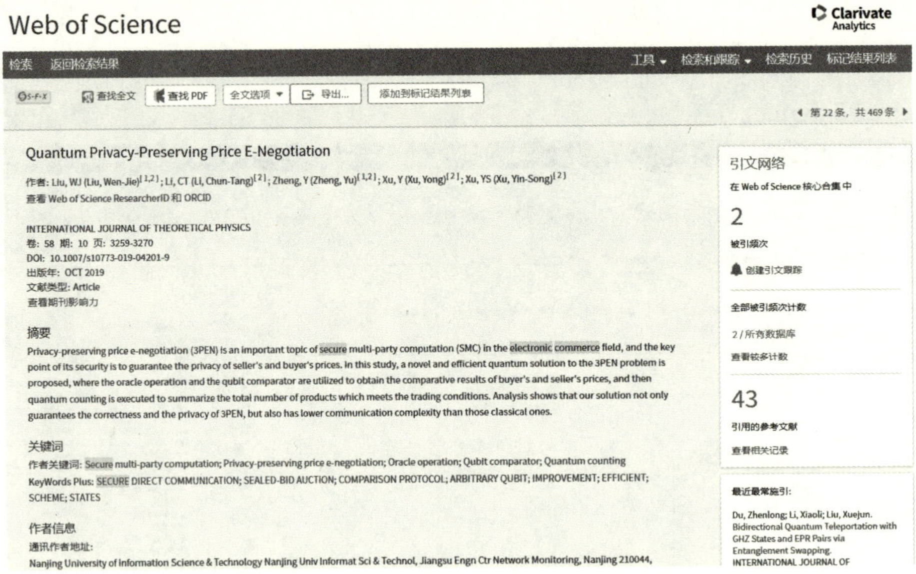

图 4-18 Web of Science SCI 检索结果详细信息页面

4.5 工程索引（EI）

4.5.1 概况

美国《工程索引》（Engineering Index，EI），1884 年由美国工程信息公司（Engineering Information Inc.）创办，是一种收录世界各国工程技术领域文献信息的大型文摘类检索系统，是国际著名的检索工具。EI 在 100 多年发展历程中，先后出版过印刷本月刊、印刷本年刊、缩微胶卷、光盘数据库等多种出版物形式。目前，网络数据库 EI Compendex 已经成为 EI 的主要服务方式。

EI Compendex 数据库内容起始于 1969 年，收录了世界上 55 个国家 15 个语种的 5600 余种工程类期刊中的技术论文、会议论文和科技报告，每年新增 65 万条记录，数据库每周更新。收录范围涵盖了机械工程、土木工程、环境工程、电气工程、材料科学、固体物理、超导体、生物工程、能源、化学、控制工程、计算机和数据处理、电子通信、石油、宇航、汽车工程等工程和应用科学领域的各学科。目前，EI 收录中国期刊 200 余种，国内工程技术领域发表的科研成果是否被 EI 所收录，已经成为衡量其学术质量的重要指标。

4.5.2　EI Compendex 检索

1．登录数据库

EI Compendex 数据库的检索服务，在许多国际著名的联机数据库系统均有提供。如 Dialog、STN、OCLC 的 First Search、Orbit、ESA 等，其检索方法也基本类似。近年，EI 公司推出了 EI Village 综合数据库检索平台，其访问地址为 https: //www.engineeringvillage.com。该平台除了检索 EI Compendex 外，还能检索 USPTO（美国专利商标局）、EPO（欧洲专利局）、INSPEC（科学文献数据库）和 NTIS（美国政府报告文摘）等数据库。EI Village 平台通过 IP 地址控制的方式为合法的机构用户提供网络检索服务，个人用户也可以直接购买 EI Compendex 的个人使用权。登录 EI Village 平台后，用户首先需对检索的数据库进行选择。

2．检索方法

进入数据库检索页面后，EI Village 平台提供 Quick Search（快速检索）、Expert Search（专业检索）和 Thesaurus（叙词表检索）等检索方式。

（1）快速检索。快速检索界面是用户最常使用的检索界面，如图 4-19 所示。

在快速检索界面完成检索功能一般需要按以下步骤进行：

1）在 Databases（数据库）选项中选择需检索的数据库，数据库选项包括“All”“Compendex”“Inspec Archive”“Knovel”等。

2）在检索字段选择菜单中选择检索项，输入检索词。用户可以通过点击“Add search field ”前的“＋”按钮，增加检索字段，进行多字段逻辑组配检索。

快速检索可供选择的检索字段有 All Fields（所有字段）、Subject/Title/Abstract（主题/题名/摘要）、Abstract（摘要）、Author（作者）、Author affiliation（作者单位）、Title（题名）、Standard ID（标准编号）、EI classification code（EI 分类号）、CODEN（图书馆所藏文献和书刊的分类编号）、Conference information（会议信息）、Conference code（会议代码）、ISSN（国际标准连续出版物编号）、EI main heading（EI 主标题词）、Publisher（出版商）、source title（来源出版物名）、controlled terms（EI 受控词）、Uncontrolled terms（EI 非受控词）、Country of origin（来源国）、Funding number（基金编号）、Funding acronym（基金简称）、Funding sponsor（基金赞助者）、Funding information（基金信息）。

快速检索界面各字段检索词输入规则如下：

a．逻辑算符：检索词不区分大小写，字段检索表达式中可以使用“AND”“OR”“NOT”逻辑关系算符。

b．词干检索：在快速检索中，除作者字段检索外，系统自动执行词干检索。如输入“management”后，系统会将“managing”“manager”“manage”“managers”等检出。欲取消该功能，可点击“autostemming off”选项。

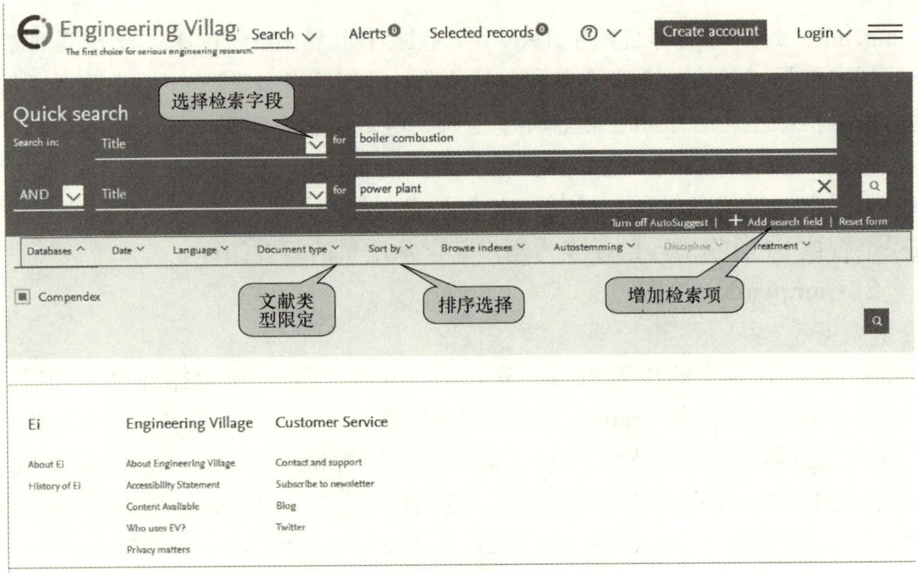

图 4-19 EI Compendex 快速检索页面

c．截词算符：检索式支持“*”“？”截词算符，“*”放置在单词的任意位置，表示替代零个或任意多个字符。如输入“comput*”，命中“computer”“computerized” “computation”“computational”等单词；“?”单字符通配符，代表 1 个字符，“??”代表两个字符，“???”代表 3 个字符等，可在 1 个单词中使用，如输入“fib??board”，命中“fiberboard”“fibreboard”。

d．特殊字符：除了 a-z、A-Z、0-9、?、*、#、( ) 或{ }等符号外，其他符号均视为特殊字符，检索时将被忽略。“AND”“OR”“NOT”“NEAR”等单词也作为检索禁用词；of、the、or、from 等虚词，某些情况下系统检索时将自动删除这些词。如需使用特殊字符、禁用词作为检索词或欲对检索语句进行精确检索，需将检索语句用引号或大括号括起，如{block AND tackle}、“block AND tackle”、{*n*<7}，这样的检索表达式中，“AND”“<”均作为合法的检索词。

e．位置算符：“NEAR/*n*”位置算符表示两词之间可插入 0～*n* 个词，前后位置任意。如输入检索式“laser NEAR/2 diode”可检出“laser diode”“diode laser”“laser under diode”“diode-pumped tunable laser”等；单独使用“NEAR”算符，表示前后两词之间最多允许插入 5 个单词，两词前后位置可互换。“ONEAR/*n*”位置算符表示两词之间可以插入 0-*n* 个词，次序不可颠倒，如输入检索式“laser ONEAR/2 diode”可检出“laser diode” “laser under diode”“laser with transverse diode pumping”等。

EI Compendex 快速检索界面提供了 5 个浏览索引（Browse Indexes），分别为 Author（作者）、Author affiliation（作者单位）、Controlled terms（受控词）、Publisher（出版商）、Source title（来源出版物）。进行以上字段检索时，可以通过查询索引，选择适宜的检索用词。当用户选择了索引中的某词后，它将自动被粘贴到检索框中，并切换到相应的字段。在索引中删除一个词语，此词语将从相应的检索框中删除。用户也可以用布尔运算符“AND”或“OR”连接从索引中粘贴到检索框中的词汇。作者索引对查询作者姓名非常有用，特别是检索姓名很普通的作者名字。EI 数据库中，机构名称在不同时期有缩写和全称多种著录方式，因此，选择作者单位检索应先使用作者单位索引进行查询。

3）在检索限定栏中选择相应的检索限定条件。检索限定包括 Date（日期）、Language（语言）、Document type（文献类型）、Sort by（检索结果排序）、Autostemming（自动取词根）、Treatments（处理类型）等。通过进一步的检索限定，可以使用户得到更为精确的检索结果。

a. 文献类型限定用于确定所检索的文献源自出版物的类型，包括 All Document types（所有文献类型）、Article in Press（预出版论文）、Book（图书）、Book chapter（图书章节）、Conference article（会议论文）、Conference proceeding（会议论文集）、Dissertation（学位论文）、Editorial（社论）、Erratum（勘误表）、Journal article（期刊论文）、Note（注释）、Patents（专利文献）、Report chapter（报告章节）、Report review（报告评论）、Standard（标准）15 个选项，系统默认为所有文献类型。Compendex 数据库从 1985 年起增加了 Document type（文件类型）字段，用户如果把检索范围限定在某特定的文件类型，将检索不到 1985 年前的文献。

b. 处理类型限定用于说明文献的研究方法及所探讨主题的类型，包括 All treatment types（全部类型）、Applications（应用）、Biographical（传记）、Economic（经济）、Experimental（实验）、General Review（一般性综述）、Historical（历史）、Literature Review（文献综述）、Management Aspects（管理方面）、Numerical（数值）、Theoretical（理论）11 个选项，系统默认为全部类型。一个记录可能有一个或几个处理类型，也可能没有处理类型。Compendex 数据库从 1985 年起增加了 Treatment Type（处理类型）字段。因而选择此限定，将仅检索 1985 年以后的文献记录。

c. 语言限定用于确定检索文献原文所使用的语言，包括 All languages（所有语言）、Chinese（中文）、English（英语）、French（法语）、German（德语）、Italian（意大利语）、Japanese（日语）、Russian（俄语）和 Spanish（西班牙语）。用户如果要检索更多的语言，可使用 Expert Search（专业检索）。不论原文使用何种语言，Compendex 数据库中的摘要和索引均用英文编写。

d. 日期限定用于限定检索文献的出版年限，从 1884 年至今。用户可以根据检索需要对检索限定进行分析和选择，检索限定应用得越多，检索结果的专指性越强。如果用户希望对某个主题做一般性的概览，处理类型可选择 General Review；如果用户对某一研究领域的历史概览感兴趣，则选择 Historical；用户也可选择 Report chapter（报告章节）、Report review（报告评论），查找研究报告中的详细信息。

（2）专业检索。EI Compendex 专业检索界面与快速检索界面相比，只设了一个检索条件输入框，减少了检索字段选择栏及文献类型、处理类型等限定栏，用户只需在检索式输入框中输入按照一定语法规则组成的检索式，即可实现快速检索所有的限制性检索功能，检索过程更为方便、灵活。专业检索适用于具有一定数据库检索知识的资深用户使用。EI Compendex 专业检索页面如图 4-20 所示。

在专业检索中，除前面介绍的截词算符和位置算符外，还包含如下若干算符：

1）wn（Within）字段选择算符：在不使用 wn 算符时，检索字段默认为 All Fields"。需要对不同字段检索时，wn 算符与字段标识符组合构成检索式。各字段标识符分别为 All fields（ALL）、Abstract（AB）、Author（AU）、Author affiliation（AF）、Controlled term（CV）、Document type（DT）、Language（LA）、Publisher（PN）、Serial title（ST）、Subject/Title/Abstract（KY）、Title（TI）、Treatment type（TR），点击 Search codes 选项，可以查看各字段标识符。

2）W/n 位置算符：检索结果同时包含此算符前后两个检索词，两词之间不超过 n 个单词，两词前后顺序不限。

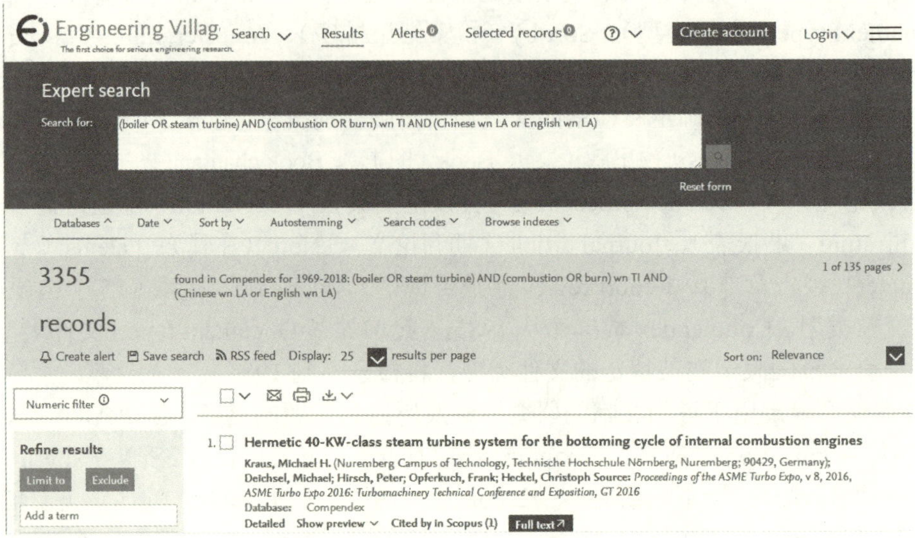

图 4-20 EI Compendex 专业检索页面

3）Adj 位置算符：检索结果同时包含此算符前后两个检索词，两词相邻，前后顺序不能颠倒。

在专业检索中，检索系统严格按照检索表达式进行检索，不自动进行词干运算，同一检索式在专业检索中可能比快速检索中检索结果更少。

检索实例

a．Gilbert，Barrie wn AU AND Analog Devices wn AF。检索结果为作者单位为“Analog Devices”，作者为“Barrie Gilbert”的相关文献。

b．（boiler OR steam turbine）AND（combustion OR burn）wn TI AND（Chinese wn LA or English wn LA）。检索结果为题名中含有“boiler”或“steam turbine”两个单词之一，且同时含有 combustion 或 burn 两个单词之一，且语种为中文或英语的文献。

c．[（air filters）wn AB] AND（JA wn DT）AND（GEN wn TR）AND（English wn LA）。检索结果为文献摘要中含“air filters”一词、文献类型为期刊论文中的一般综述性文章，文献语种为英文。

（3）叙词表检索。EI Compendex 的 Thesaurus（叙词表）检索界面提供 Vocabulary Search（词表检索）、Exact Term（精确词条）、Browse（浏览）3 个选项。

选择 Thesaurus 检索选项，在输入框中输入检索入口词，无论词表中是否含有此入口词，检索结果均会显示一组与入口词相关的主题词列表，同时在主题词列表下方显示检索表达式输入与限定框。如查询“Air filter”一词，查询结果会显示“Air filters”“Air brakes”“Air cleaners”“Air ejectors”“Air engines”“Air purifiers”等相关词，点击选定的检索词链接后，会出现包括 Broad Terms（扩展词条）、Related Terms（相关词条）和检索表达式输入框的选择界面。如“Air filters”检索词的扩展词条为“Air cleaners”和“Filters（for fluids）”，相关词条为“Filtration”“Purification”“Ventilation”，在选择框中可对检索词、扩展词和相关词进行检索选择，下方的检索表达式输入框中即会自动显示选择的检索词。

选择 Exact Term（精确词条）检索项，可对检索入口词的相关词、近义词直接进行查询。选择 Browse（浏览）项，可对叙词表进行全库浏览。利用叙词检索项进行数据库检索选词更为方便、规范，检索表达式输入更为直接，检索效率更高。

EI Compendex 叙词表检索页面如图 4-21 所示。

图 4-21　EI Compendex 叙词表检索页面

3. 检索结果

EI Compendex 各种检索形式的检索结果显示格式基本是一致的，其检索结果页面及获取全文信息页面如图 4-22、图 4-23 所示。

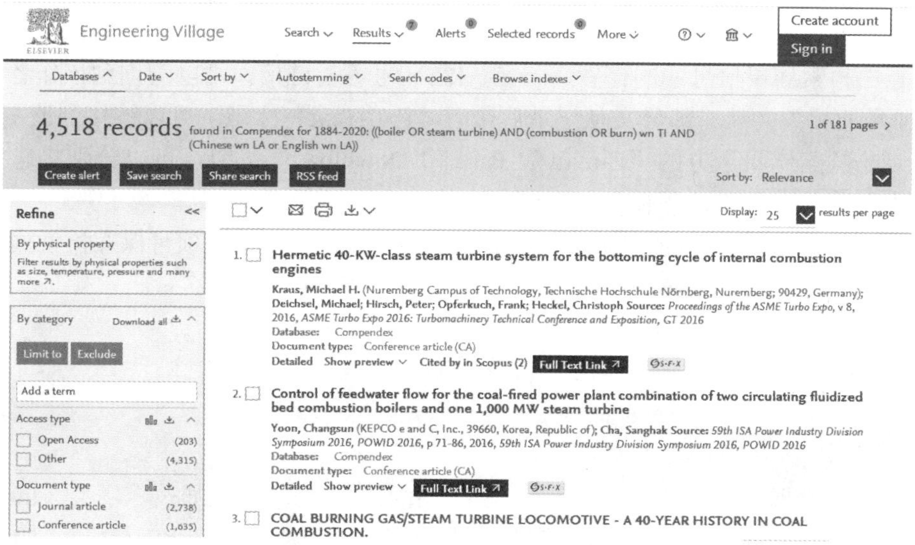

图 4-22　EI Compendex 检索结果页面

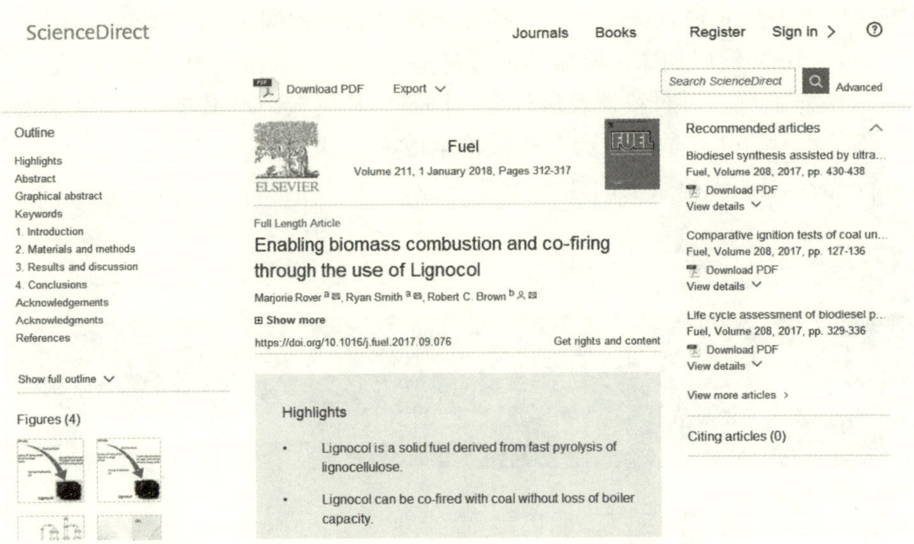

图 4-23　EI Compendex 获取全文信息页面

在检索结果页面中可以实现如下功能：

（1）在页面上方的“Display”选项中可以选择每页显示的记录数。

（2）点击记录下方的“Detailed”“Show preview”“Cited by in Scopus”等选项将获得文献更为详尽的相关信息。“Detailed”显示详细的题录信息，“Show preview”显示详细的内容摘要信息，“Cited by in Scopus”显示文章被引信息。

（3）点击“Sort on”栏目下中的 Relevance、Date、Author、Source、Publisher 选项可以实现对检索结果的重新排序。

（4）检索结果页面右侧有“Refine”栏目，栏目列出检索结果中不同主题词（Controlled Vocabulary）、不同作者（Author）、不同类目（Classification Code）等相关文献数量排序。用户可以通过复选框对作者、主题词、类目名称进行选择，检索结果列表将把与选择内容相关的文献重新排序，并显示在列表前面。

（5）点击检索结果信息中的作者、刊名、ISSN 号等超链接，可以查询到该作者、该刊名或该 ISSN 号的相关文献。部分文献记录后带有“Full-Text”标识，可以链接到该文献全文。

（6）点击检索结果上方的“E-mail”“Print”“Download”按钮，可以分别将选择的检索结果发送电子邮件、打印、下载。

（7）利用检索结果上方的“Save Search”和“Create Alert”选项可保存检索式，创建邮件定题跟踪服务，点击“Search History”可以查看检索历史。

4.6　科学文摘（SA）

4.6.1　概况

英国《科学文摘》（Science Abstracts，SA）由隶属于英国工程师技术学会（Institution of Engineering and Technology，IET）的国际物理与工程情报服务部（International Information Services for the Physics and Engineering Communities，INSPEC）编辑出版，1898 年创刊，是

国际知名的综合性文摘型检索工具。SA 收录文献来自 80 多个国家和地区，涉及 20 余种语言，报道文献类型主要有期刊、图书、会议文献、科技报告、学位论文等，一般不报道专利。SA 文献收录范围广、报道量大，各类文献都经过认真筛选，内容质量高，索引体系完善，是世界范围内检索物理学、电子学、电气工程、计算机与控制等方面文献的重要检索工具。SA 的出版形式较为丰富，目前，网络数据库检索已经是 SA 的主要服务方式，EI Village、Web of Science、STN 等均提供 SA 数据库检索服务。

4.6.2　INSPEC 数据库检索

INSPEC 是《科学文摘》数据库检索工具，是目前全球在物理和工程领域中最全面的二次文献数据库之一。国际上许多数据库商为 INSPEC 提供检索平台，其中 EI 的 EI Village 检索平台和 Clarivate Analytics（科睿唯安）开发的 Web of Science 检索平台在国内拥有较多的用户。EI Village 平台 INSPEC 数据库的检索方法与 EI Compendex 的检索方法完全相同。下面简单介绍 Web of Science 平台 INSPEC 数据库检索方法，参见 4.4 科学引文索引（SCI）。

1. 登录数据库

国内清华大学、大连理工大学等几十所院校均是 INSPEC 数据库 Web of Science 检索平台的机构用户。这些单位的用户，可以通过本校图书馆的数据库链接直接登录到 Web of Science 检索平台（https: //www.webofknowledge.com），获得 INSPEC 的检索服务。个人用户也可通过注册购买其数据库产品的方式，获取 INSPEC 数据库使用权。

2. 检索方法

（1）基本检索。登录 INSPEC 数据库后，系统默认为基本检索页面。在基本检索页面中，用户可以选择一个检索字段输入检索表达式进行检索，也可以点击“＋添加行”按钮，同时选择多个检索字段进行组配检索，检索字段间可使用“AND”“OR”“NOT”等逻辑关系算符。检索时间跨度为 1898 年至今。

基本检索页面提供了 20 个检索字段选项，部分字段含义如下：

1）主题（TS，Topic）：可以实现对标题、摘要、控制词索引、非控制词索引和分类标识的检索。所有字段均可使用检索表达式，检索表达式支持各种常用逻辑关系算符、位置算符及截词算符。与 EI Compendex Web 相比，INSPEC 增加了“SAME”位置算符，表示所连接的检索词出现在同一个句子中或者一个关键词短语里。例：想查找“有关电子通信安全性”的相关研究文章，可选择 Topic 字段，输入检索式“（electronic commerce or e-commerce）SAME secure*”。

2）标题（TI，Title）：对文章和题名进行检索。

3）作者（AU，Author）：INSPEC 中著者的姓名通常显示为姓，随后是名的首字母缩写。多名作者的文献中，所有的作者姓名都可以检索并在记录中显示。亚洲人的作者姓名通常与原文一致。可通过“author index”链接查看著者索引。

4）出版物名称（SO，Source Title）：应输入来源文献全称或截词，可以通过“journal list”链接查询收录期刊刊名，同时，可将选定的 INSPEC 来源刊添加到检索列表中进行检索。

5）出版年（PY，Publication Year）：对文献的出版年进行限定。

6）入藏号（UT，Unique Article Identifier）：文献收录唯一标识代码。

7）地址（AD，Address）：可以从作者地址角度进行查询，地址信息通常包括部门、机构名称、城市名和国家。点击“abbreviations help”链接，可以查询地址缩写形式，其中包含有很多非英语地址词和缩写形式。

8）天文学对象（AO，Astronomical Object）：对文献中的天体名称进行检索。

9）作者识别号（AI，Author Identifier）：作者身份标识代码。

10）化学数据（CH，Chemical）：对文献中涉及的重要物质和材料信息进行检索，检索某一物质可以使用化学符号。

11）分类（CL，Classification）：使用 INSPEC 分类号检索，INSPEC 依据学科分类共设 5 个一级类目，分别为 A（物理）、B（电子工程与电器）、C（计算机与控制）、D（信息技术）、E（制造与产品工程），可以通过“Inspec Classification”链接查询 INSPEC 分类号。

12）非授控索引（UI，Uncontrolled Index）：使用 INSPEC 叙词表以外的非规范自由词汇检索。

13）受控索引(CI，Controlled Index)：使用来自 INSPEC 叙词表的规范词对本字段进行检索。

14）文献类型（DT，Document Types）：检索包含在检索字段中输入的检索词和从列表中选择的文献类型的记录。具体类型包括 Journal Paper （期刊论文）、Book （书籍）、Book Chapter （书籍章节）、Conference Paper （会议论文）、Conference Proceedings （会议论文集）、Dissertation （学位论文）、Patent （专利）、Report （报告）、Standard（标准）等。

15）编者(ED，Editor)：对记录中的“编者”字段检索，机构作者也可以是编者。

16）识别码(IC，Identifying Codes)：检索字段包括 Accession Number（入藏号）、CODEN（文献标识码）、ISSN（国际标准刊号）、ISBN（国际标准书号）、Report Number（报告号）、Patent Number（专利号）等。

17）语种（LA，Language）：数据库记录中包括语种指示符，用于根据撰写文献所使用的语种对文献进行分类。要限制检索，可从列表中选择一种或多种语种，默认选择是所有语种。

18）会议信息 (MI，Meeting Information)：对会议名称、召开地点、主办者以及召开日期的检索。

19）数值数据（ND，Numerical Data）：对文献中涉及的物理量的数值进行检索，打开下拉菜单选择需要的物理量，并按照给定的物理量的国际单位制输入数值即可。

20）处理类型（TT，Treatment Type）：处理类型代码体现文献作者的研究方法。比如，描述新聚合物的合成的论文应属实验类，而描述新聚合物在绝缘材料中使用的方法的论文应属实践或应用类。用户可选择单个处理类型或多个处理类型来限制检索，选项包括 Application（应用）、Bibliography（题录）、Experimental（实验）等，默认选项是 All treatment（所有处理类型）。

INSPEC 基本检索页面如图 4-24 所示。

（2）高级检索。在高级检索页面（参见图 4-16），用户只需在检索式输入框中输入详细的检索表达式，选择语种和文献类型限制，即可完成检索。用户可以保存当前检索或打开已保存的检索历史，同时可通过逻辑运算符对多个检索表达式进行组合检索。

1）字段标识。在高级检索页面右侧提供 18 个检索字段标识，如 TS＝主题 、TI＝标题，其他字段标识详见基本检索中的字段英文缩写。

2）逻辑算符。检索表达式支持“AND”“OR”“NOT”布尔逻辑算符。

图 4-24　INSPEC 基本检索页面

3）位置算符。检索表达式可以使用“SAME”“NEAR/*x*”位置关系算符。在“地址”检索中，使用“SAME”将检索限制为出现在“全记录”同一地址中的检索词，需要使用括号来分组地址检索词。例如：AD＝（McGill Univ SAME Quebec SAME Canada）查找在“全记录”的“地址”字段中出现“McGill University”以及“Quebec”和“Canada”的记录。使用 NEAR/*x* 可查找由该运算符连接的检索词之间相隔指定数量的单词的记录。用数字取代 *x* 可指定将检索词分开的最大单词数。如果只使用“NEAR”而不使用“/*x*”，则系统将查找其中的检索词由 NEAR 连接且彼此相隔不到 15 个单词的记录。例如，“salmon NEAR virus”和“salmon NEAR/15 virus”检索式效果相同。

4）检索运算符优先顺序。如果在检索式中使用不同的运算符，则处理检索式的优先顺序为“NEAR/*x*”“SAME”“NOT”“AND”“OR”。使用括号可以改写运算符优先级。

3. 检索结果

在检索结果页面中（参见图 4-17、图 4-18），可以利用“精炼检索结果”功能对检索结果进行精简，过滤依据包括高被引论文、热点论文、开放获取；分类；文献类型；作者；国家/地区等。也可以对检索结果进行二次检索，并根据需要对检索结果重新排序，使用结果分析工具分析检索结果。点击题名链接可以获得本记录的详细信息，如果所在机构订购有该文章来源期刊的电子版，便可直接链接获取原文或从出版商处获得开放存取全文。

4. INSPEC 其他特色服务

（1）通过 Web of Science 平台强大的链接功能，将 INSPEC 的检索结果链接到全文、馆藏 OPAC 系统以及 OPENURL，最大限度地帮助读者获取原始文献。

（2）对于同时使用 Web of Science 其他数据库的用户，可以进行相关数据库产品的链接，如 web of science、current contents connect、proceedings 等，从而由一条记录获得更多的相关信息。

（3）Web of Science 平台的跨库检索和联合检索功能可以一次完成对多个数据库的同时检

索。用户可以将检索策略保存在本地计算机或者数据库服务器上，更容易管理自己的检索历史，同时对保存在服务器上的检索策略创建定题跟踪服务。

（4）通过引文网络，检索结果可以链接到参考文献（cited refs）、施引文献（citing article）、相关记录（related records），将由主题或分类方式得到的点状检索结果通过引文方式扩展为相关的结果链，获取全面的检索结果。

第5章 计算机与互联网信息检索

5.1 计算机信息检索基础

计算机信息检索是指以计算机作为技术手段，通过光盘、联机和网络等方式，从机读数据库中识别并获取所需信息的过程。广义的计算机信息检索包括信息存储与信息检索两个方面，信息存储过程将大量的信息按一定的格式输入计算机，经过计算机的加工处理，有序地存储在计算机能够识别的各种存储介质上待用；检索过程则是把用户的检索需求转变成计算机能够识别的检索指令或检索表达式输入计算机中，由计算机与已存储在数据库内的信息特征标识进行匹配运算，最后输出符合条件的检索结果。

5.1.1 计算机信息检索发展简史

1. 脱机批处理阶段（1954—1964）

1954年，美国海军兵器中心图书馆在一台IBM-701电子管计算机上建立了世界上第一个计算机检索系统，迈出了计算机信息检索的第一步。20世纪50代末，IBM公司利用一台IBM-650计算机成功编制出关键词索引，建立了世界上第一个定题情报检索（Selective Dissemination of Information，SDI）系统，并很快得到推广应用。1961年，美国化学文摘社（CAS）用计算机来编制《化学题录》。

2. 联机实时检索阶段（1965—1975）

1965年，美国系统发展公司（System Development Company，SDC）开始研制交互式联机系统，建立了著名的联机信息检索系统（On-line Retrieval of Bibliographic Information Timeshared，ORBIT）。洛克希德（Lockheed）公司也在多次改进之后于1966年推出DIALOG。1972年，荷兰飞利浦公司利用激光光束记录信息的研究取得成功。1973年，工程索引公司建成计算机生产系统，LEXIS全文数据库投入使用。我国也于1974年8月启动了“汉字信息处理系统工程”（748工程），包括精密汉字编辑排版系统、汉字情报检索系统和汉字通信系统3个子项目；1975年首次引进国外文献数据库并进行计算机检索试验。

3. 联机网络化、光盘检索阶段（1976—1990）

联机服务业和数据库产品在这一阶段迅速发展。数据库类型也日益多样化，除书目数据库外，数值数据库和全文数据库的数量不断增加，指南型数据库也已出现。1978年，激光视盘（Laser Vision Disc，LD或LVD）投放市场。1981年，光盘技术与联机检索系统实现连接。1985年，美国研制出第一个推向市场的光盘产品——“美国国会图书馆机读目录”（BIBLIOFILE）。光盘存储密度高，容量大，检索速度快，价格低，寿命长，不易老化变质，因而得以迅速发展。这一阶段一个明显的趋势是信息检索用户逐渐由专业检索人员向个人终端用户转移。

4. 网络化、多元化检索阶段（1990至今）

进入20世纪90年代，互联网风起云涌，社会信息化、网络化进程大大加快，联机检索进入一个崭新的时期——网络化检索阶段。HTML技术诞生，客户机/服务器的网络检索模式开始取代以往的终端/主机结构，基于WWW环境的各种搜索引擎系统层出不穷，联机检索服务系统和各种数据库检索系统纷纷将服务平台转移到以WWW为核心的网络应用环境中来。

2010年以来，移动互联网迅速崛起，移动端搜索是大势所趋。2019年全球人口为76.76亿人，其中手机用户51.1亿人，网民43.9亿人，有34.8亿人活跃在社交媒体上，网民中有51%是女性。中国互联网用户人数全球最多，2020年12月，中国网民规模达9.89亿人，互联网普及率达70.4%，手机网民9.86亿人，网民使用手机上网的比例达99.7%，农村网民3.09亿人。未来互联网三大发展趋势可以概括为ABC，A即Artificial Intelligence（人工智能），B即Big Dta（大数据），C即Cloud（云计算），必将给信息检索带来新的变革。信息检索同时朝着可视化、智能化方向发展。

5.1.2 计算机信息检索系统的构成

1. 硬件

硬件是计算机系统采用的各种设备的总称，主要包括服务器、终端机、外围设备以及与数据处理或数据传送有关的其他设备。服务器是检索系统的核心，应具有较高的运算速度及分时、实时操作能力。系统的检索速度和存储容量主要取决于硬件设备。

2. 软件

软件是系统中有关程序和各种文档数据的总称。软件的作用是充分发挥硬件的功能，进行信息的存储、处理、检索以及整个系统的运行管理，由系统维护软件与检索软件构成。系统维护软件包括操作系统程序、数据库管理程序、词表管理程序等，其作用是保障检索系统的高效运转。检索软件是系统与用户之间沟通的桥梁，检索软件功能的强弱决定着整个系统的检索能力。

3. 数据库

数据库是由一系列相关记录组成的有序信息集合，是检索系统中的信息源，可存储在磁盘、磁带或光盘等各种载体上，是按照数据结构来组织、存储和管理数据的仓库。

数据库类型众多，按信息存储介质可划分为磁带数据库、磁盘数据库、光盘数据库等；按提供信息的级别可分为参考数据库、源数据库、混合数据库等；按数据库的信息内容可分为文献型数据库、非文献型数据库、多媒体数据库等，其中非文献型数据库又包括数值型数据库、事实数据库、术语数据库等。

（1）文献型数据库。

1）书目数据库：书目数据库存储相关主题领域各类文献资料的书目信息，如目录、题录、索引、文摘等二次文献，为用户鉴别、筛选、获得相关文献提供必要的属性信息和来源提示，发挥向导作用。用户通过书目数据库获得的只是文献题名、作者、出处、摘要、主题等特征，是索取文献原文的线索。以图书馆联机公共检索目录（OPAC）为典型代表，科学引文索引（Science Citation Index）、EI Village、科学文摘（Science Abstracts）、中国科学引文索引（CSCI）、CALIS西文期刊目次库（CCC）等是国内外常见书目数据库的代表。

2）全文数据库：全文数据库是一种存储文献全文或其中主要部分的数据库，既有印刷文献的电子版，也有纯电子出版物。通过全文检索系统可以对文中全部字、词、句、段、节、章等进行搜索。全文数据检索系统具有收录信息的原始性、信息检索的彻底性、检索语言的自然性、信息存储的高密度、数据结构的非结构化等特点。IEEE Xplore Digital Library、爱思唯尔的 ScienceDirect、律商联讯的 Lexis Advance®，中国知网中国学术期刊（网络版）、超星数字图书馆等是国内外全文数据库的佼佼者。

（2）非文献型数据库。

1）数值型数据库：数值型数据库是相互关联的数值数据或数值化了的数据集合，数据从文献资料分析提取而来，或是从实验、观测、统计中得来，是对信息进行深度加工的产物，能够直接提供解决问题所需的数据，是进行统计分析、定量研究、管理决策和预测的重要工具。

2）事实数据库：也称指南型数据库，指存储诸如机构、人物、项目、程序、活动等实体对象的一般指示性描述的一种参考数据库，机构名录库、人物传记库、产品目录库均属此类。

3）术语数据库：术语数据库是一种计算机化的术语词典或词库，存储名词术语信息、词语信息，是反映术语工作和语言规范工作成果的数据库，如名词术语信息库、各种电子化辞书等。

（3）多媒体数据库。多媒体数据库是数据库技术与多媒体技术结合的产物，多媒体数据库中相互关联的数据集合是多媒体文档的汇集，包括文本、图像、音频、视频等内容。多媒体数据具有复杂性、时序性、冗余性和分布性特点，与其他数据库相比，多媒体数据库强调的是信息载体的多样性、交互性和集成性。如库客数字音乐图书馆。

4. 通信网络

借助于路由器、网关、调制解调器、网络适配器、光纤等通信设施，通过网络的数据传输将各个计算机连接起来，每个计算机成为网络中的一个节点，每个节点包含一个或多个数据库，网络上的每个节点和其终端只要有授权均可对网络中的数据库进行访问。

5.1.3 计算机信息检索主要技术方法

1. 文本信息检索

（1）布尔检索。布尔检索是广泛使用的检索方式，运用布尔逻辑运算符（Boolean Logic Operator）把检索词连接起来，以便较为精确地表达检索要求，正确运用布尔逻辑运算符可构造功能强大的检索表达式。

1）逻辑“与”。常用“AND”表示，或“and”“*”，逻辑“与”的含义是它所连接的两个检索词必须同时出现在结果中才能命中，即具有概念交叉关系和限定关系的一种组配。逻辑“与”可以缩小检索结果，保证较高的查准率。

例　篇名＝锅炉燃烧 AND 机构＝沈阳工程学院

education AND technology

2）逻辑“或”。常用“OR”表示，或“or”“＋”，逻辑“或”的含义是它所连接的两个检索词只要其中的任何一个出现在结果中即可，即具有概念并列关系的一种组配。逻辑“或”可以扩大检索范围，提高检索结果数量，保证较高的查全率。

例　篇名＝WTO OR 篇名＝World Trade Organization OR 篇名＝世界贸易组织 OR 篇名＝世贸组织 OR 篇名＝世贸

education OR technology urban OR city electric apparatus＋electric appliances

3）逻辑“非”。常用“NOT”表示，或“not”“ANDNOT”“-”“!”，逻辑“非”的含义

是包含第一个检索词且不包含第二个检索词才符合检索要求，即具有概念包含关系的一种组配。逻辑“非”可以去除某些检索词，因而也起到缩小检索范围的作用。

例 作者＝杨庆柏 NOT 篇名＝现场总线

education NOT technology energy NOT nuclear

（2）截词检索。截词检索也是一种常用的检索技术，即在恰当的位置截断检索用词的一个局部，检索时认为凡满足这个词局部中的所有字符（串）的文献，都为命中的文献。在实际检索中，常遇到词干相同、词义相近的检索词，或同一词的单、复数形式，动词、名词形式，英美拼写的差异等，运用诸如“*”“?”或“$”等通配符，放在检索词中合适的地方截断，这样不必输入完整的检索词却能取得良好的检索结果。截词检索是防止漏检的有效工具，尤其在西文检索中更是广泛应用。截词检索可以作为扩大检索范围的手段，具有方便用户、增强检索效果的特点，但一定要合理使用，否则会造成误检和漏检。

截词方式有多种，按截断的字符数量可分为有限截断和无限截断；按截断的位置可分为后截断、前截断、中间截断。

1）有限截断：是在检索词后截去有限的字母，常用“?”通配符。例如“201?”，可以代表 2010—2019 年；“theat??”，可检出“theater”“theatre”。

2）无限截断：使用“*”“%”等通配符，可代表若干个字符。如“comput*”，则“computer”“computers”“computing”“computerise”“computerize”全部检出；“%13877%”，包含“13877”的全部命中。

3）后截断：是将截词符放在一个字符串的后方，满足截词符左方所有字符的记录都为命中记录。从性质上讲，这是一种前方一致的检索，例如：“market*”，系统可检出 market、marketable、marketing；“pedia*”可检出“pediatric”“pediatrics”“pediatrician”等；输入“红楼梦”，则“红楼梦补”“红楼梦新补”“红楼梦人物论”“红楼梦的背景与人物”等均会检出。

4）前截断：与后截断相反，是一种后方一致检索，对汉语中的复合词组检索非常方便，输入“神经网络”可以检出“模糊神经网络”“人工神经网络”；输入“*magnetic”，能够检出“magnetic”“electromagnetic”“paramagnetic”等词；输入“?-phenyl”，可检索出“o-phenyl”“p-phenyl”。

5）中间截断：允许检索词中间某个字符位置有变化，即所谓“前后方一致”，有时也称“中间屏蔽”，输入“wom?n”可将“woman”“women”检出；输入“f??t”可检出“foot”“feet”。

截词检索实际上是一种隐含的“逻辑或”运算，能够提高查全率，扩大检索结果，是防止漏检的有效手段。

（3）短语检索（Phrase Search）。短语检索是一种固定词组检索，常用双引号（半角）将短语包含起来，检索出与检索词完全相同的记录，以提高检索的精度和准确度，因而也称为“精确检索”。

（4）邻近检索（Proximity Search）。邻近检索也称位置检索，按照检索词之间邻近关系的不同，可以有多种不同类型的位置检索，如同句检索、同段检索、同字段检索等，从而使检索出的文献更确切地满足用户要求，提高查准率。

邻近检索较短语检索更为灵活并富于变化，常用的位置算符有 W、*n*W、N、*n*N、F、S、C、L 等。

1）W 算符（with）：表示两个检索词相邻，词序不能颠倒，中间不得插入其他词、字母或代码，但允许有空格或标点符号，也可用（）表示。如，“information w retrieval”可检索出“information retrieval”“information-retrieval”。

2）*n*W 算符（*n*Words）：表示两个检索词中间可插入 *n* 个词，但它们之间的顺序不能颠倒。如，“law 2w legislative”表示“law”与“legislative”两词之间最多有 2 个词，前后顺序不能颠倒，可检索出“law and the legislative”“law on state legislative”“law on legislative”“law：legislative”等。

3）N 算符（near）：表示两个检索词必须相邻，中间不得插入其他词，词序可以颠倒。如，“law *n* legislative”，表示“law”与“legislative”两词之间最多有 1 个词，前后顺序可以颠倒，可检索出“law legislative”“legislative law”“law：legislative”等。

4）*n*N 算符（*n*Near）：表示两个检索词中间可以插入 *n* 个词，词序也可以颠倒。如，“law *n*2 legislative”，表示“law”与“legislative”两词之间最多有 2 个词，前后顺序可以颠倒，可检索出“laws on state legislative”“laws：determinants of legislative”“law under legislative”等。

5）F 算符（field）：表示两个检索词必须同时出现在同一个字段内，但两词的词序和中间插入的词数不限。

6）S 算符（subfield）：表示两个检索词必须出现在同一个子字段中，子字段是指字段中的一部分，如一个句子或一个词组、短语。

7）C 算符（citation）：表示两个检索词必须出现在同一记录中，但两词的词序和所在的字段不限。

8）L 算符（link）：表示两个检索词之间存在从属关系或限制关系，从属关系为主，限制关系为副，如果其中一个为一级主题词，另一个就为二级主题词，如“education（L）distant”。

（5）字段限制检索（Field Limiting）。字段限制检索是对检索词在数据库记录中出现的位置进行限定。数据库记录通常包含多个字段，通过将这些不同的字段组合起来可以更加精确地表达检索需求。以中文期刊全文数据库为例，通常提供篇名、关键词、分类、摘要、刊名、ISSN、参考文献、基金、机构等多个检索字段。在构造检索表达式时，不同字段均有相应的字段代码，如摘要（Abstract）字段代码为 ab，作者（Author）字段代码为 au，题名（Title）字段代码为 ti。不同数据库字段代码可能有所区别，一般在数据库使用指南中都有详细说明。

利用字段限制检索可构造各种检索表达式，如：

篇名＝模糊神经网络 AND 刊名＝中国电力

作者＝吴敬琏 NOT 篇名＝经济增长

title＝“semantic web”AND author＝“Berners Lee”

title＝WTO or keyword＝WTO

（6）全文检索（Full Text Retrieval）。全文检索是以文本数据为主要处理对象，实现内容信息存储与检索的技术。全文检索根据数据资料的内容而不是外在特征来实现信息检索，以字符代码或页面扫描图像形式存储文本信息，基于全文标引并使用自然语言进行检索。在全文检索系统中，计算机程序通过扫描文章中的每一个词，对每一个词建立一个索引，指明该词在文章中出现的次数和位置。当用户查询时，检索程序就根据事先建立的索引进行查找，并将查找的结果反馈给用户。以全文检索为核心技术的搜索引擎已成为网络时代的主流技术之一。

1959 年，美国匹兹堡大学卫生法律中心建成的法律情报检索系统是世界上第一个全文检索系统。1979 年，武汉大学计算机系和中文系联合研制的《骆驼祥子》检索系统开创了我国全文检索的先河。

2. 多媒体信息检索

文本信息以抽象、离散的字符形式存在，冗余较少，可以使用结构化查询语言（SQL）或超链接检索。多媒体信息结构复杂、规模海量、冗余性强，无法沿用传统的关键词、布尔逻辑检索方法。媒体的复合、分散、时序性质及其形象化的特点，使得查询不再只是通过字符查询，而是基于内容的，查询的结果也不仅是一张表，而是多媒体的一组“表现”。所谓基于内容检索（Content-Based Retrieval，CBR），简单地说，主要指利用模式识别、语音识别、图像理解等技术直接对媒体对象的内容及上下文语义环境进行检索，如图像中的颜色、纹理、形状，视频中的镜头、场景、镜头的运动，声音中的音调、响度、音色等，直接对图像、视频、音频内容进行分析，抽取特征和语义，利用这些内容特征建立索引并作为检索的依据，实现对多媒体信息的查询与定位。

基于内容的图像检索主要有基于颜色特征的检索、基于形状特征的检索、基于纹理特征的检索、基于空间特征关系的检索。基于内容的音频检索技术主要有基于语音技术的检索、音频检索，基于内容的音乐检索。

5.1.4 信息检索效果评价

检索效果是指检索结果的有效程度，反映了检索系统的检索性能和检索能力。评价检索效果常用的指标有收录范围、查全率、查准率、响应时间和输出形式等，其中，查全率和查准率是最重要的也是最常用的指标。

查全率（Recall Ratio，R）是指检索出的相关文献与系统中的相关文献总量之比，也称“检全率”，“命中率”，可表示为

$$\text{查全率}\ R=（\text{检索出相关文献量/系统中的相关文献总量}）\times 100\%$$

查准率（Precision Ratio，P）是指检索出的相关文献量与检索出的文献总量之比，又称“检准率”“相关率”，可表示为

$$\text{查准率}\ P=（\text{检索出相关文献量/检索出的文献总量}）\times 100\%$$

例　利用某检索系统检索某个课题，总计检出 80 篇文献，其中相关文献 60 篇，系统中相关文献总计 100 篇，由此可推：未检出的相关文献为 40 篇，误检中的非相关文献为 20 篇，查全率＝60/100×100%＝60%，查准率＝60/80×100%＝75%，漏检率＝40/100×100%＝40%，误检率＝20/80×100%＝25%。

查全率反映了系统在实施某一次检索作业时，检索相关文献的能力。在实际检索实践中，查全率是不能准确计算的。查准率则反映了系统在实施某一次检索作业时，拒绝不相关文献的能力。

影响查全率的因素从信息存储来看，主要有信息收录不全；索引词汇缺乏控制和专指性；词表结构不完整；词间关系模糊或不正确；标引不详；标引前后不一致；标引不全，遗漏了原文的重要概念或标引用词不当等。从信息检索来看，主要有检索策略过于简单；选词和进行逻辑组配不当；检索途径和方法少；检索系统不具备截词功能和反馈功能，检索时未能全面描述检索要求等。

影响查准率的因素主要有索引词不能准确描述文献信息主题和检索要求；组配规则不严密；选词及词间关系不正确；标引过于详尽；组配错误；检索时所用检索词（或检索式）专

指度不够，检索面宽于检索要求；检索式中允许容纳的词数量有限；截词部位不当，检索式中使用逻辑“或”不当等。

查全率与查准率关系密切：在同一个检索系统中当查全率与查准率达到一定阈值（即查全率为 60%～70%，查准率为 40%～50%）后，两者呈现出“鱼和熊掌不可得兼”的互逆相关关系，此时要想提高查全率，继续扩大检索范围、放宽检索条件，势必会把不相关文献检出，降低查准率；反之，采取措施提高查准率又会影响查全率。因此，检索的最佳状态就是在查全率为 60%～70%且查准率为 40%～50%时。同时保证查全率和查准率绝非易事，应视检索过程中的具体情况，根据检索要求随机应变，不断修正检索词（式）。

提高查全率可采取的措施：降低检索词的专指度，改用上位词检索；调节检索式的网罗度，减少逻辑“与”的组配面；进行族性检索，如分类检索；检索式中用逻辑“或”连接尽可能多的同义词、近义词、相关词；采用截词技术，并与通配符结合使用；字段限制不宜过严。

提高查准率可采取的措施：提高检索词的专指度，换用下位词、专指度强的规范词或自由词；增加逻辑“与”运算，严格检索条件；用逻辑“非”剔除不需要出现的语词；限定检索词所在的可检字段，用位置算符控制检索词的位置与词序；利用文献的外表特征进行限制，如时间、语种、文献类型等；使用二次检索不断缩小检索范围。

5.2　Internet 概述

5.2.1　Internet 的发展历程

Internet 的历史可以追溯到 1969 年，美国国防部高级研究计划署（ARPA）出于军事上的需要组建了由 4 个交换节点组成的分组式计算机网络系统——阿帕计算机网（ARPANet）。其核心思想是改变以往集中式网络布局的缺陷，网络必须能够经受住故障的考验而维持正常工作，一旦发生战争，当网络的某一部分因遭受攻击而失去工作能力时，网络的其他部分应当能够维持正常通信。阿帕计算机网只是一个实验性的计算机网络，但它提供了一种网络设计思想：网络的组成成分可能是不可靠的，当从源计算机向目标计算机发送信息时，应该对承担通信任务的计算机而不是网络本身赋予一种责任，保证把信息完整无误地送达目的地。这种思想始终贯穿 Internet 的发展过程之中。1974 年，IP（Internet 协议）和 TCP（传输控制协议）问世，合称 TCP/IP（Transmission Control Protocol/Internet Protocol）协议，这两个协议定义了一种在计算机网络间传送报文（文件或命令）的方法。随后，美国国防部决定向全世界无条件地免费提供 TCP/IP，即向全世界公布解决计算机网络间通信的核心技术，正是 TCP/IP 协议核心技术的公开及广泛应用最终带来了 Internet 的大发展。

Internet 得到真正发展是在 20 世纪 80 年代。1983 年，ARPANet 分裂为两部分，ARPANet 和纯军事用的 MILNet。美国国家科学基金会（National Science Foundation）建立了一个连接 6 大超级计算中心的专用网络 NSFNet，掀起了一个与 Internet 连接的高潮，用户主要是各个大学及科研机构。1986 年，NSFNet 替代 ARPANet 成为 Internet 的主干网。1988 年 Internet 开始向社会开放。

Internet 的第二次飞跃是在 20 世纪 90 年代，世界各地企业的计算机和局域网纷纷连入 Internet。Internet 的商业化，使得其在通信、信息检索、客户服务等方面的巨大潜力得以发挥。

1991 年 6 月，在连通 Internet 的计算机中，商业用户首次超过了学术界用户，这是 Internet 发展史上的一个里程碑。1993 年 9 月，美国政府宣布实施 NII（National Information Initiative）计划，即“国家信息高速公路计划”，对 Internet 的发展可谓推波助澜，在全球掀起信息高速公路建设的热潮。从最初的 NII 到 GII（全球信息基础设施），及至后来扩充到 NSDI（国家空间数据基础设施）及 DE（数字地球），Internet 的发展一浪高过一浪。

在我国，Internet 萌芽于 1986 年，北京市计算机应用技术研究所实施的国际联网项目——中国学术网（Chinese Academic Network，CANET）启动，并于 1986 年 2 月通过拨号方式在我国首次实现了与 Internet 的间接连接，揭开了中国人使用互联网的序幕；1987 年 9 月 14 日 21 时 7 分，钱天白教授通过 Internet 发出了中国有史以来的第一封 E-mail：“Across the Great Wall we can reach every corner in the world”（越过长城，走向世界）；1990 年 11 月 28 日，钱天白教授代表中国正式在 SRI-NIC（Stanford Research Institute's Network Information Center）注册登记了中国的顶级域名 CN，并在国外建立了我国第一台 CN 域名服务器，中国的网络从此有了自己的身份标识，并开通了使用中国顶级域名 CN 的国际电子邮件服务。经过 30 余年的建设发展，中国 IP 地址数量居世界前列，出口带宽大幅增长。

2019 年，我国已建成全球最大规模光纤和移动通信网络，行政村通光纤和 4G 比例均超过 98%。至 2021 年 5 月，我国累计建成 5G 基站超 81.9 万个，占全球比例约为 70%；5G 手机终端用户数达 2.8 亿户，占全球比例超过 80%。至 2020 年 12 月，在线教育用户规模达 3.42 亿户，2020 年初，全国大中小学校推迟开学，2.65 亿在校生普遍转向线上课程，用户需求得到充分释放，在线教育应用呈现爆发式增长态势。

5.2.2 Internet 的定义

何谓 Internet？提及 Internet，有“信息高速公路”“网间网”“网际网”“国际互联网”“国际计算机分组交换网”“英特网”等诸多表述方式，我国国家科学技术名词审定委员会推荐的标准译名则为“因特网”。

在百度百科中有如下解释：Internet 是由许多小的网络（子网）互联而成的一个逻辑网，每个子网中连接着若干台计算机（主机）。Internet 以相互交流信息资源为目的，基于一些共同的协议，并通过许多路由器和公共互联网而成，是一个信息资源共享的集合。

维基百科对 Internet 做了如下定义：因特网是一个全球范围的、公共访问的、互联的计算机网络，使用标准的网际协议通过分组交换传输数据，它是由数以百万个学术的、商业的、政府的网络组成，并提供各种信息与服务：诸如电子邮件、在线聊天、文件传输、互联网页及其他万维网文档等。

事实上，Internet 已经不仅仅是一个计算机网络，而是一个异常庞大的、实用的、可以共享的信息资源库。全球各地的人都可以使用 Internet 通信并共享信息资源，可以收发电子邮件，可以免费享用大量的信息资源，可以创建个人网站，可以欣赏视听资料，可以网络医疗，可以刷脸支付……。Internet 是一个全球性的论坛，世界上最大的图书馆，任何人，在任何时间、任何地点都可以加入进来，Internet 永远向你敞开大门，不管你是谁，无论你的性别、年龄、种族、宗教，无论你贫富与否，Internet 永远不会拒绝你。

从苏美尔人在泥板上写下楔形文字到现在，人类已经至少“出版”了 3.1 亿本书，14 亿篇文章和论述，1.8 亿首歌曲，3.2 万亿幅图像，327514 部电影，10 亿个小时的视频、电视节目和短片，60 万亿个公共网页。只有 40%的网络内容是以商业形式创造出来的，支撑人们创造其余部分的，不是责任，就是激情。每年人类生产出 800 万首新歌，200 万本新书，1.6 万部新电影，300 亿个博客帖子，1820 亿条推文（Tweet）信息，4 万件新产品。任何一个普通人都无需花费太多力气，最多就是抬下手腕的过程，就能召唤出包容万物的图书馆。

5.2.3　Internet 的常用工具与应用

1. WWW（World Wide Web）万维网

WWW 简称为 Web，也称万维网。WWW 是基于客户机/服务器方式的信息发现技术和超文本技术的综合，WWW 服务器通过超文本标记语言（HTML）把信息组织成为图文并茂的超文本，利用链接从一个站点跳到另一个站点。WWW 是存储在 Internet 计算机中、数量巨大的文档的集合。这些文档称为页面，它是一种超文本（Hypertext）信息，可以用于描述超媒体。图 5-1 所示为史上第一个 Web 页面。

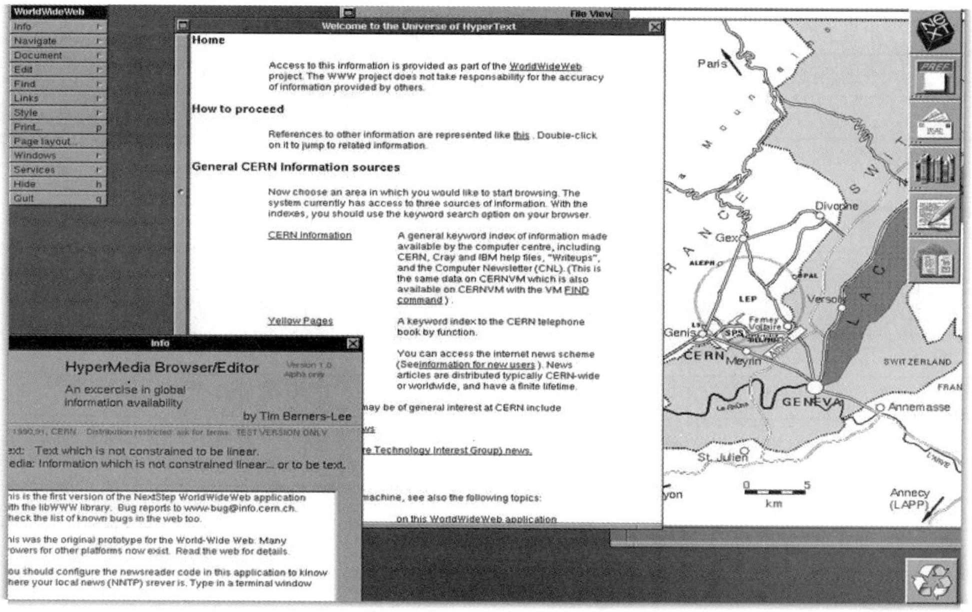

图 5-1　史上第一个 Web 页面

Internet 是基于 TCP/IP 协议的网络，网络上的每个节点（主机、服务器、客户机、路由器、个人计算机等）必须有一个唯一的地址标识，用来保证通信时的准确无误，这个标识人们习惯称之为 IP 地址。IP 地址必须是唯一的，Internet 上不能有两台主机有相同的 IP 地址。

每个 IP 地址由 32 位二进制数组成，8 位为一组共分 4 段，每段换算为小于 256 的十进制数表示，段间用小圆点分隔，如 202.118.116.1。每个 IP 地址包括网络标识和主机标识两部分。由于 IP 地址是由数字构成，难于记忆和书写，因此在 IP 地址的基础上又发展出一种符号化的地址方案，来代替数字型的 IP 地址，每一个符号化的地址都与特定的 IP 地址对应，这样网络上的资源访问起来就容易得多了，这个与网络上的数字型 IP 地址相对应的字符型地址，就被称为域名（Domain Name）。域名的构成方式为主机名．机构名．网络名．最高层域名。如沈阳工程学院的域名为 sie.edu.cn，其中 cn 代表中国，edu 代表教育机构，sie 为机构名。在 Internet 上，通过域名服务器可自动将域名地址转换为 IP 地址。

域名实行分级管理，包括顶级域名、二级域名等。顶级域名又分为两类：一是国家顶级域名，二是通用的国际顶级域名。

中文域名是含有中文的新一代域名，中文域名至少需要含有一个中文文字，可以选择中文、字母（A-Z、a-z，大小写等价）、数字（0～9）或符号（-）等命名，最多不超过 20 个字符。目前有“.CN”“.中国”“.公司”“.网络”四种类型的中文域名供用户注册，例如：中国互联网络信息中心.中国，中国互联网络信息中心.CN，中国互联网络信息中心.公司，中国互联网络信息中心.网络。常用国家或地区域名、常用通用域名分别见表 5-1 和表 5-2。

表 5-1 常用国家或地区域名

地区域名	国家	地区域名	国家	地区域名	国家	地区域名	国家
au	澳大利亚	br	巴西	ca	加拿大	cn	中国
de	德国	eg	埃及	fr	法国	gr	希腊
hk	中国香港	in	印度	jp	日本	kr	韩国
mo	中国澳门	nl	荷兰	pt	葡萄牙	ru	俄罗斯
sg	新加坡	tw	中国台湾	uk	英国	us	美国

表 5-2 常用通用域名

域名类型	含义	域名类型	含义
aero	航空运输业专用	mil	军事机构
biz	商业企业	mobi	提供移动装置网站使用
cat	加泰罗尼亚语/文化使用	museum	博物馆
cc	商业公司或中国公司	name	家庭与个人
com	商业组织，但无限制	net	互联网络、接入网络的信息中心和运行中心
coop	联合会用	org	各种非营利性的组织
edu	教育机构	pro	医生、律师等专业人士
gov	政府部门	tel	供连接电话网络与因特网的服务使用
info	信息类站点，但无限制	travel	供旅行社、航空公司、酒店及旅游协会等机构使用
jobs	求职相关网站使用	tv	与电视、电影等相关宽频站点

2. E-mail（Electronic Mail）电子邮件

通过电子邮件系统，可以在几秒钟之内将邮件发送到世界上任何目的地，电子邮件消除了时间和空间上的障碍，它可以是文字、图像、声音等多种形式，并能实现“一点多址”功能，即同一邮件可以一次发送给多个电子邮件用户。

电子邮件地址的结构为 USER@服务器名。第一部分“USER”代表用户信箱的账号，对于同一个邮件服务器来说，这个账号必须是唯一的；第二部分“@”是分隔符，其英文原文为“at”，含义是“在”；第三部分“服务器名”是用户信箱的邮件服务器域名，用以标志其所在的位置。如 library@sie.edu.cn 为沈阳工程学院图书馆的电子邮箱地址。

3. FTP（File Transfer Protocol）文件传输

在文件传输协议 FTP 的支持下，可以把文件从远程计算机拷贝到本地计算机上或把本地计算机的文件传送到远程计算机。其目的是实现文件共享，提供一种非直接使用远程计算机的方式，为用户提供透明和可靠高效传送文件数据的服务。如 ftp: //ftp.sie.edu.cn，ftp: //ftp.neu.edu.cn。

4. Remote Login 远程登录

在网络通信协议 Telnet 的支持下，用户的计算机通过 Internet 暂时成为远程计算机的仿真终端，并进行交互操作，从而访问远程计算机对外开放的全部资源。要在远程计算机上登录，首先要成为该系统的合法用户，并拥有相应的口令。

5. Blog/Blogger 博客、MicroBlog 微博、微信（WeChat）及社交媒体

Web 2.0 的兴起，开启互联网的新时代，其特点是“不仅是全民上网，而且是全民织网”。

中文“博客”一词，源于英文单词 Blog 或 Blogger。Blog 是 Weblog 的简称，就是在网络上的一种流水记录形式，简称“网络日志”或“网志”。博客是一种简易的个人信息发布方式，任何人都可以注册，完成个人网页的创建、发布和更新。

国内现有比较知名的博客网站有博客网（http: //www.bokee.com）、博客中国（http: //www.blogchina.com/）、新浪博客（http: //blog.sina.com.cn）。徐静蕾的新浪博客“老徐”（http: //blog.sina.com.cn/xujinglei），曾创下博客点击量的世界之最。博客在经历了约六年的成长期、高峰期后，在新的社交网站和微博的夹击下，进入了蛰伏期，风光不再。2010 年 11 月，微软宣布永久关闭博客服务，曾引起业内热议。

微博，即微博客（MicroBlog）的简称，其特点还在于这个“微”字，一般发布的消息只能是只言片语，每次只能发送 140 个字符，并实现即时分享。最早也是最著名的微博是美国的 Twitter（http: //twitter.com），2009 年 8 月新浪网推出“新浪微博”（http: //t.sina.com.cn）内测版，成为国内门户网站中第一家提供微博服务的网站，微博正式进入中文上网主流人群视野。人民日报微博，2019 年粉丝数量为 1.2 亿。新浪微博于 2014 年 4 月 17 日正式登录纳斯达克，成为全球范围内首家上市的中文社交媒体。

微信（WeChat）是腾讯公司于 2011 年 1 月推出的一个为智能终端提供即时通讯服务的应用程序，由张小龙所带领的腾讯研发中心产品团队打造。支持语音短信、视频、图片和文字，用户可以使用“扫一扫”“摇一摇”“看一看”“搜一搜”，同时提供公众平台、朋友圈、消息推送等功能。微信是互联网有史以来最为成功的产品，微信改变了中国网民的网络生活。时至今日，集即时沟通、娱乐社交和生活服务为一体的新移动生活方式在微信里逐步形成。到 2021 年第一季度，腾讯微信及 WeChat 的月活跃账户为 12.42 亿。2017 年 1 月微信小程序上线，2020 年数量超过 500 万，日活跃账户数超过 4 亿。

社交媒体（Social Media）指互联网上基于用户关系的内容生产与交换平台，主要包括社交网站、微博、微信、博客、论坛、播客等。社交媒体在互联网的沃土上蓬勃发展，爆发出令人眩目的能量，其传播的信息已成为人们浏览互联网的重要内容，风靡全球的社交媒体有脸书（Facebook）、领英（Linkedin）、推特（Twitter）、Instagram、YouTube、Pinterest 等。2020 年全球有超过 45 亿人使用互联网，社交媒体用户已超过 38 亿大关。全球网民平均每天在所有设备上使用社交媒体的时间为 2h 24min，占互联网访问时间的 1/3 以上。

6. 电子商务

电子商务是指以信息网络技术为手段，以商品交换为中心的商务活动；也可理解为在互联网、企业内部网和增值网上以电子交易方式进行交易活动和相关服务的活动，是传统商业活动各环节的电子化、网络化、信息化：以互联网为媒介的商业行为均属于电子商务的范畴。

电子商务包括电子货币交换、供应链管理、电子交易市场、网络营销、在线事务处理、电子数据交换、存货管理和自动数据收集系统等。

移动电子商务就是利用手机、PDA 及掌上电脑等无线终端进行的电子商务，他使人们可以在任何时间、任何地点进行各种商贸活动，实现随时随地、线上线下的购物与交易、在线电子支付以及进行各种商务活动、金融活动和相关的综合服务活动等。

阿里巴巴由马云于 1999 年创立，现今旗下业务有“阿里巴巴国际交易市场”“1688”“全球速卖通”“淘宝网”“天猫”“蚂蚁金服”“菜鸟网络”等。阿里巴巴于 2014 年 9 月 19 日登录纽交所，证券代码为“BABA”，价格确定为每股 68 美元，这项交易也成为全球范围内规模最大的 IPO 交易之一。2020 年阿里巴巴是中国市值最大的互联网公司。

中国已成为全球最大的移动支付市场。数字技术助推经济社会转型，移动互联网主导地位强化；商务交易类应用保持高速增长，促进消费带动转型升级；互联网理财市场趋向规范化；在线教育、网约车服务规模保持增长，共享单车丰富出行方式。人脸识别、刷脸支付技术日趋成熟，截至 2020 年 12 月，我国网络支付用户规模达 8.54 亿。

亚马逊是美国最大的一家网络电子商务公司，位于华盛顿州的西雅图。是网络上最早开始经营电子商务的公司之一，成立于 1995 年，一开始只经营网络的书籍销售业务，现在则扩及了范围相当广的其他产品，已成为全球商品品种最多的网上零售商和全球第二大互联网企业。AWS（Amazon Web Services，云平台）、Kindle（电子阅读器）、A9（https: //a9.com）是亚马逊的代表产品。

7. 二维码、物联网

二维码又称二维条码，常见的二维码为 QR Code，QR 全称 Quick Response，它比传统的 Bar Code 条形码能存更多的信息，也能表示更多的数据类型。二维码（2-dimensional bar code）是用某种特定的几何图形按一定规律在平面（二维方向上）分布的黑白相间的图形记录数据符号信息的；在代码编制上巧妙地利用构成计算机内部逻辑基础的“0”“1”比特流的概念，使用若干个与二进制相对应的几何形体来表示文字数值信息，通过图像输入设备或光电扫描设备自动识读，以实现信息自动处理。图 5-2 所示为沈阳工程学院微信公众号二维码。

图 5-2 沈阳工程学院微信公众号二维码

物联网（Internet of Things，IoT）是互联网基础上的应用延拓和业务扩展，物联网的组成和运作，能达到物与物、物与网络的联结。物联网是通过射频识别（RFID）、红外感应器、全球定位系统、激光扫描器等信息传感设备，按约定协议，把任何物体与因特网连接起来，进行信息交换和通信，以实现智能化识别、定位、跟踪、监控和管理的一种网络。通信感知、计算机技术和计算理论等在网络中得到广泛应用和有效融合，物与物、物与网络联结，实现对物品的智能化运作和管理，所谓万物互联。

5.3 网络信息资源检索

5.3.1 网络信息资源的特点

网络信息资源也称虚拟信息资源，是指以数字化形式记录的，以多媒体形式表达的，存储在网络计算机介质上的，并通过计算机网络进行传递的信息内容的集合。随着 Internet 发展进程的不断加快，信息资源网络化已是大势所趋。与传统信息资源相比，网络信息资源具有如下突出特点：

1. 存储数字化

网络信息资源以电磁信号或光信号存储于磁性介质或光介质之上，存储密度高、容量大，信息的存储、传递、查询更加方便，且可以无损耗地重复使用。

2009 年中国数字出版业收入首次超过传统出版业，总值达 795 亿元人民币，超越传统书、报、刊出版物的生产总值。

2. 形式多样化

网络信息资源集成了超文本、超媒体技术，除传统的文本信息，还有图表、图片、图像、动画、软件、数据库、音频、视频等多种媒体形式。

3. 内容多元化

网络信息资源几乎无所不包，覆盖了不同学科、不同领域、不同地区、不同语言的信息资源，堪称多语种、多类型的混合体。学术信息、商业信息、政府信息、个人信息一应俱全，应有尽有。

4. 共享程度高

网络信息资源的存储形式、数据结构具有通用性、开放性和标准化的特点，在网络环境下，时间和空间得到了最大程度的延伸和扩展。用户可以方便地共享同一信息资源。

5. 质量参差不齐，更迭频繁

网络信息资源来源分散、无序，很多情况下，网上的资源得不到有效的控制与约束，导致其质量良莠不齐、鱼龙混杂。此外，网络信息资源的创建、更新、删除随时可能发生，难以把握。

6. 增长迅速，分布非线性

网络信息资源的增长是呈几何级数的，没有人准确地知道 Internet 上究竟有多少网页，数以亿计的网页以分布式数据库的形式存放在不同国家、不同地区的各个服务器上，但这种利用超文本链接，按知识单元及其关系建立的知识结构网络，却使信息的查询获取变得更为方便快捷。

网络信息资源的出现是对人类信息交流渠道的巨大变革，面对日新月异的网络世界，面对浩如烟海并爆炸式增长的网络信息资源，如何纵横驰骋，将网络信息资源把握于手中，搜索引擎的出现很好地解决了这个问题。

5.3.2　搜索引擎（Search Engine）

1. 搜索引擎的工作原理

搜索引擎本质是一个计算机应用软件系统，或者说是一个网络应用软件系统。从网络用户的角度看，它根据用户提交的自然语言查询词或短语，返回一系列与该查询相关的网页信息，供用户进一步判断和选取。搜索引擎一般包括 3 个子系统，即“网页搜集系统”“预处理系统”和“查询服务系统”。

（1）网页搜集系统。借助“网络机器人”或“网络蜘蛛”程序遍历 Web 空间，或扫描一定 IP 地址范围内的网站，并沿着网络上的链接从一个网页到另一个网页，从一个网站到另一个网站，采集网页资料。为保证采集的资料最新，还会定期回访已抓取过的网页。

（2）预处理系统。由分析索引系统程序对收集系统采集到的网页进行分析，提取相关信息，包括网页所在 URL、编码类型、页面内容包含的关键词、关键词位置、生成时间、大小、与其他网页的链接关系等，根据一定的相关度算法进行大量复杂计算，得到每一个网页针对页面内容及超链中每一个关键词的相关度（或重要性），然后用这些相关信息建立网页索引数据库。

（3）查询服务系统。用户输入关键词搜索后，由查询服务系统程序从网页索引数据库中找到符合该关键词的所有相关网页，并按照预处理系统计算好的相关度数值排序，相关度越高，排名越靠前。不同的搜索引擎，网页索引数据库不同，排名规则也不尽相同，因此，当我们以同一关键词在不同的搜索引擎查询时，搜索结果也就不尽相同。

2. 搜索引擎的类型

按照信息搜集方法和服务提供方式的不同，搜索引擎主要可分为三大类：全文搜索引擎（Full Text Search Engine）、目录式搜索引擎（Search Index Directory）和元搜索引擎（Meta Search Engine）。

（1）全文搜索引擎是名副其实的搜索引擎，谷歌、百度等是最具代表性的全文搜索引擎。

（2）目录式搜索引擎的目录索引以人工方式或半自动方式搜集，由编辑人员查看信息之后，人工形成信息摘要，并将信息置于事先确定的分类框架中，提供按目录分类的网站链接列表。用户完全可以不用进行关键词（Keywords）查询，仅靠分类目录也可找到需要的信息。该类搜索引擎因为加入了人的智能，所以信息准确，导航质量高，缺点是需要人工介入，数据维护量大，信息量小，信息更新不及时。目录搜索引擎中最具代表性的是雅虎网络资源目录。

（3）元搜索引擎是在全文搜索引擎之上建立起来的，在使用元搜索引擎时，用户只需提交一次检索请求，经系统的转换处理后，检索请求可转交给多个预先选定的全文搜索引擎去查询，然后将所有查询结果汇总起来，最后以统一的格式呈现到用户桌面上。国内外都有过一些公司的尝试和探索，但未见特别成功的典范。

截至 2020 年末，我国搜索引擎用户规模达 7.70 亿，手机搜索引擎用户规模为 7.68 亿。

5.3.3 常用中文搜索引擎

1. 百度（https: //www.baidu.com）

百度是全球最大中文搜索引擎、最大中文网站。2000 年 1 月 1 日，百度的创始人李彦宏、徐勇携 120 万美元风险投资回国，创建了百度公司。2000 年 5 月，百度首次为门户网站“硅谷动力”提供搜索技术服务，之后迅速占领中国搜索引擎市场，成为最主要的网络搜索技术提供商。2001 年 10 月 22 日正式发布 Baidu 搜索引擎。百度在中国首创了“竞价排名”商业模式，所谓“竞价排名”，是一种按效果付费的网络推广方式。百度搜索引擎由蜘蛛程序、索引程序、监控程序、索引数据库四个部分构成。百度拥有超过千亿的中文网页数据库，以网络搜索为主的功能性搜索，以贴吧为主的社区搜索，针对各区域、行业所需的垂直搜索，以及门户频道、IM 等，日均响应搜索 60 亿次。

（1）百度搜索技巧。百度搜索引擎包含初级搜索和高级搜索两种检索页面。登录百度网站后进入初级搜索页面，用户可以直接在检索词输入框中输入关键词，点击“百度一下”按钮完成检索。百度搜索不对大小字母进行区分，关键词之间可以用空格间隔，系统自动进行逻辑“与”运算。

正确地运用“关键词”是保证搜索效果的关键所在。关键词源于情报检索领域，今天的搜索引擎使用的“关键词”外延大大延伸了，非常接近自然语言，关键词可以是一个字、一个词组或是一个短语，也可以是一句话，甚至是一段话（百度的查询限制在 38 个汉字以内）。从理论上讲在百度上你可以随便输入任何字、词，任何字母（如 a、b、c、A、B、C、…）、数字（1、2、3、100、…），甚至是一个电话号码。最重要的是选择能够精确概括或描述你的检索提问的关键词，关键词选择不当，搜索结果会返回大量无用的垃圾信息，或者有用的信息被淹没在大量的冗余页面之中。在检索时要学会使用多个关键词，关键词的数量没有严格的限制，但不宜使用单一关键词。尽量不要使用过长的句子或短语，而是在恰当的位置截词，拆分成若干个短小的关键词，并且通过分析搜索结果，从中找到有用的线索，不断修正你用的“关键词”。百度现已支持语音输入。

不要使用出现频率极高且无实际意义的词语，如“的”“地”“得”；不要使用容易产生歧义的多义词，如“笔记本”一词就有截然不同的双重含义，再如“Java”一词，可以指爪哇岛，或是一种著名的咖啡，还可以是一种计算机语言，搜索引擎对类似的关键词并不能加以辨别，正确的检索用词应该是“Java 印尼”“Java 咖啡”“Java 语言”。

同义词的选择，“电脑”“计算机”“PC 机”“个人计算机”是同义词，而你选择其中的任何一个输入，百度返回的结果都会完全不同，尽量使用比较常见的词语。

此外，几乎所有搜索引擎都有“相关搜索”功能，会列出与你输入的关键词类似或相关的词汇，是挑选或扩展关键词的有效途径之一。

百度的高级搜索（https: //www.baidu.com/gaoji/advanced.html）可以通过各种条件的细化、限定及组合，更为精准地描述你的检索需求，从而保证检索效果，去除冗余网页，保证较高的查准率、查全率。在百度的高级搜索中，可以通过以下多个条件的组合细化检索请求：包含以下的全部关键词（相当于逻辑与）、包含以下的完整关键词（相当于精确匹配）、包含以下任意一个关键词（相当于逻辑或）、不包含以下关键词（相当于逻辑非）；可以限定要搜索网页的时间（全部时间、最近一天、最近一周、最近一月、最近一年）、语言、文档格式、关键词的位置（网页的任何地方、仅网页的标题中、仅在网页的 URL 中），通过将检索词位置限定在网站标题和 URL 中可以提高检索的查准率。百度高级搜索的个性设置则允许对搜索语言范围、显示条数、打开方式、显示条数进行契合个人需要的设置。

（2）百度产品与特色。百度推出了丰富多彩的产品，包括百度文库、百度地图、百度知道、百度百科、百度网盘、百度推广、百度贴吧、百家号等。点击百度首页的“全部产品”（https: //www.baidu.com/more），会使人们了解更强大的百度搜索功能。百度产品大全页面如图 5-3 所示。

1）百度快照。每个被百度收录的网页，在百度上都存有一个纯文本的备份，称为“百度快照”。如果你无法打开某个搜索结果，网页被删除、不存在或速度较慢，可以点击“百度快照”解决问题。不过百度快照只保留文本内容，不包括图片、音乐等非文本信息。

2）拼音提示。只要输入查询词的汉语拼音，百度就能把最符合要求的对应汉字提示出来。如输入“qianxuesen”，百度会自动提示“钱学森”，同样适用于外来语，如输入“mokeer”，百度会显示“默克尔”。或是无法确定某一成语的正确写法，如输入“xiongdixiqiang”，百度会提示“兄弟阋墙”。百度同样支持错别字提示，如输入“谷溅商农”，百度会提示“谷贱伤农”。

图 5-3　百度产品大全页面

3）计算器和度量衡转换。百度网页搜索内嵌的计算器功能，支持实数范围内的计算，支持的运算包括加法（+或＋）、减法（-或－）、乘法（*或×）、除法（/）、幂运算（^）、阶乘（!或！），支持的函数包括正弦、余弦、正切、对数，支持上述运算的混合运算。以下这个复杂计算式“log（(sin（5））^2）-3＋pi”，百度瞬间就可以反馈计算结果。如果要搜索含有数学计算式的网页，而不是做数学计算，点击搜索结果上的表达式链接，就可以达到目的。同理，在百度的搜索框中，可以直接进行度量衡转换，包括长度、面积、体积、质量、温度、压力、功率、功/能/热、密度、力、时间、速度、数据存储、角度。格式如下：换算数量换算前单位＝?换算后单位，例如：－5 摄氏度＝?华氏度；50 公顷＝?亩。

4）百度知道（https: //zhidao.baidu.com）。百度知道是一个基于搜索的互动式知识问答分享平台。百度知道的最大特点就在于和搜索引擎的结合，让用户所拥有的隐性知识转化成显性知识，用户既是百度知道内容的使用者，同时又是百度知道的创造者，通过对回答的沉淀和组织形成新的信息库，其中的信息可被用户进一步检索和利用，是对过分依靠技术的搜索引擎的一种人性化完善。

5）百度百科（https: //baike.baidu.com）。让人类平等地认知世界，2006 年 4 月 20 日由百度发起，是一部开放的由全体网民共同撰写的在线百科全书。谁都可以创建自己的条目和修改完善他人发表的条目，体现了知识共享人人参与，免费知识服务每一个需要的人。截止到 2021 年 6 月，百度百科大约有 2172 万个词条，1.8 亿次编辑，736 万人参与。

6）百度地图（https: //map.baidu.com）。它是为用户提供包括智能路线规划、智能导航（驾车、步行、骑行）、实时路况等出行相关服务的平台。通过百度地图搜索，可以找到指定的城市、城区、街道、建筑物等所在的地理位置，也可以找到最近的餐馆、学校、银行、公园等。百度地图搜索还提供了路线查询功能，如果要去某个地点，百度地图搜索会提示如何换乘公交车，如果想自己驾车去，百度地图搜索同样会推荐最佳行驶路线，支持驾车路线规划、发起导航、查看图区与实时路况。百度地图分为地图、地球、全景三种显示方式。

7）百度文库（https: //wenku.baidu.com）。它是由百度发布的供网友在线分享文档的信息资源共享平台，于 2009 年 11 月 12 日推出，2014 年 4 月文档数量突破 1 亿，2020 年已突破 8 亿文档，知识店铺总量突破 14 万。

8）百度网盘（https: //pan.baidu.com）。它是百度公司出品的一款云服务产品，不仅为用户提供免费存储空间，还可以将视频、照片、文档、通讯录数据在移动设备和 PC 端之间跨平台同步、备份等。

近年来，百度发力移动端，推出了百度 App，网址为 http: //mo.baidu.com。百度 App 首页如图 5-4 所示。

图 5-4 百度 App 首页

（3）百度高级搜索语法。

1）专业文档搜索。百度支持对 Office 文档（包括 Word、Excel、PowerPoint）、Adobe PDF 文档、RTF 文档进行全文搜索。搜索这类文档的语法是“查询词 filetype：文档类型”，文档类型可以是以下格式：PDF、DOC、XLS、PPT、RTF。

检索示例："Data Breaches" filetype：pdf；"人工智能" filetype：ppt。

2）搜索范围的限定。

把搜索范围限定在网页标题中——intitle，网页标题通常是对网页内容提纲挈领式的归纳。把查询内容范围限定在网页标题中，通常能获得良好的效果。使用方法是把查询内容中特别关键的部分，放在“intitle：”之后（中间不要有空格）。

把搜索范围限定在特定站点中——site，利用这个命令可以把搜索范围限定在某个指定站点中，从而提高查询效率。使用方法：在查询内容的后面，加上“site：站点域名”。站点域名不要带“http: //”，“site：”和站点名之间也不能有空格。

把搜索范围限定在 url 链接中——inurl，网页 url 中的某些信息，常常有某种有价值的含义。对搜索结果的 url 做某种限定就可以获得良好的效果。使用方法：将需要在 url 中出现的关键词放在“inurl：”后面（中间不要有空格）。

检索示例：intitle：考研调剂；物联网 site：zhihu.com；基金 inurl：gov。

3）精确匹配。输入的查询词用双引号括起来，相当于进行精确匹配检索，避免百度自动拆词影响检索效果。加上书名号的查询词有两层特殊功能，一是书名号会出现在搜索结果中；二是被书名号括起来的内容，不会被拆分。

4）要求搜索结果中不含特定查询词。如果不希望某些词出现在搜索结果中，可以用减号去除所有这些含有特定关键词的网页，使用方法：“查询词-（需要去除的查询词）”。

（4）百度搜索示例。

1）在国内大学网站搜索最近一年“C 语言”课程的 PPT 文件。选择百度高级搜索，其页面如图 5-5 所示，在包含以下的完整关键词输入框中输入“C 语言”，在文档格式中选择“微软 Powerpoint（.ppt）”，时间选项为“最近一年”，关键词位置限制在“仅在网页的标题中”，站内搜索限定为“*.edu.cn”。

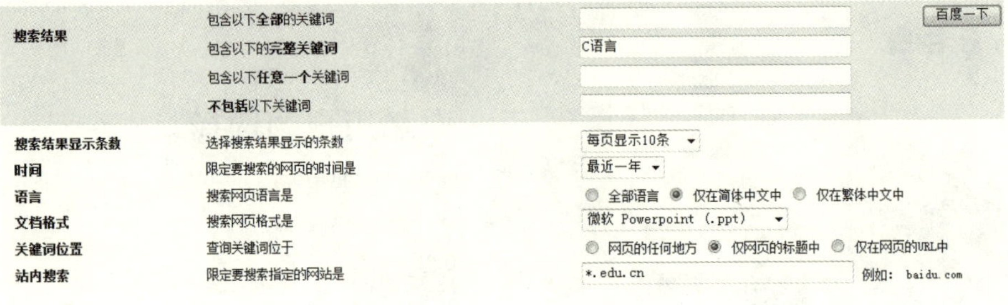

图 5-5　百度高级搜索页面

2）搜索最近一月“大学英语四级模拟试题”。选择百度高级搜索，在包含以下的完整关键词输入框中输入“模拟试题”，在包含任意一个关键词输入框中输入“四级　4 级”，时间选项为“最近一月”，关键词位置限制在“仅网页的标题中”。

3）搜索“红楼梦”的相关网页，但不包括电影或电视剧。选择百度高级搜索，在包含以下的完整关键词输入框中输入“红楼梦”，在不包括以下关键词输入框中输入“电影　电视剧　剧组”，关键词位置限制在“网页的任何地方”。也可在百度初级搜索页面直接输入“红楼梦-（电影|电视剧|剧组）”。

4）搜索台湾地区有关“数字图书馆”的网页。选择百度高级搜索，在包含以下的完整关键词输入框中输入“数位图书馆”，在语言选项中选择“全部语言”，关键词位置限制在“仅网页标题中”，站内搜索限定为“*.tw”。台湾地区使用繁体汉字，计算机编码方式为 BIG 5 码，许多词汇与大陆有差异，检索时应注意甄别，本例应输入“数位图书馆”而不是“数字图书馆”。

2. 谷歌中文（http: //www.google.cn 或 http: //www.g.cn）

Google 被公认为全球规模最大的搜索引擎，世界上最大的互联网公司。1998 年由美国斯坦福大学的两位博士研究生拉里·佩奇（Larry Page）和谢尔盖·布林（Sergey Brin）创立。Google 中文名称为“谷歌”，解作“以穀为歌”（这里“谷”是“穀”的简化字），含义是“播种与期待之歌”，亦是“收获与欢愉之歌”。Google 支持 100 多种语言的查询，搜索数十亿计的图片并详读全球最大的 Usenet 信息存档——拥有十亿多个帖子，最早可追溯到 1981 年。2002 年，谷歌还只是一家专注搜索的小公司，还未首次公开募股。近年来发展迅猛，谷歌收购了多家人工智能和机器人公司，比如 DeepMind。谷歌正利用搜索改善它的人工智能，而不是用人工智能强化它的搜索能力。2016、2017 年谷歌研发的阿尔法围棋（AlphaGo），相继战胜了世界顶级围棋选手韩国的李世石和中国的柯洁及五人棋手团队。

Google 的核心软件为 PageRank——网页级别，网页级别利用了网络独特的分散特性及其巨大的链接结构。当从网页 A 链接到网页 B 时，Google 就认为“网页 A 投了网页 B 一票”。Google 根据网页的得票数评定其重要性。然而，除了考虑网页得票数（即链接）的纯数量之外，Google 还要分析投票的网页。“重要”的网页所投出的票就会有更高的权重，并且有助于提高其他网页的“重要性”。重要的、高质量的网页会获得较高的网页级别。Google 在排列其搜索结果时，都会考虑每个网页的级别。当然，如果不能满足用户的查询要求，网页级别再高也毫无意义。因此，Google 将网页级别与完善的文本匹配技术结合在一起，找到最重要、最有用的网页。Google 所关注的远不只是关键词在网页上出现的次数，它还对该网页的内容（以及该网页所链接的内容）进行全面检查，从而确定该网页是否满足用户查询要求。PageRank（PR）值的级别从 1 级到 10 级，10 级为满分，值越高说明该网页越受欢迎。*PR* 值为 1 的网站表明这个网站不太具有流行度，而 *PR* 值为 7～10 则表明这个网站非常受欢迎。Google 把自己网站的 *PR* 值定到 9。

（1）Google 语法与搜索技巧。Google 初级检索页面和高级检索页面均与百度相近，检索表达式具体语法规则及示例，见表 5-3。

表 5-3　Google 语法规则及示例

语法规则	含义	示例
关键词 1 OR 关键词 2	逻辑或，必须大写	ld OR dvd　金庸 OR 梁羽生
关键词 1 空格＋关键词 2	逻辑与	film ＋movie　金庸＋梁羽生
关键词 1 空格-关键词 2	逻辑非	auto –car　金庸－梁羽生
～关键词 1	搜索关键词及其同义词	～elderly
～关键词空格-关键词	只搜索同义词，不要原词	～elderly -elderly
site：网址	搜索区域仅限于目标网站	site：www.sie.edu.cn
link：URL	列出链接到目标 URL 的网页	link：www.sie.edu.cn
related：URL	搜索与目标 URL 地址相关网页	Related：http: //www.informit.com
allinurl：关键词	在 URL 地址搜索全部关键词	allinurl：software download
inurl：关键词	在 URL 地址搜索第一个关键词	inurl：movie online
cache：URL	显示关于 URL 的 Google 缓存	cache：www.yahoo.com
allintitle：关键词	在网页标题搜索全部关键词	allintitle：红楼梦　林黛玉
intitle：关键词	在网页标题搜索第一个关键词	intitle：周老虎　周正龙
allintext：关键词	搜索文本，不含网页标题和链接	allintext：东边日出西边雨
allinlinks：关键词	在链接中搜索，不含文本和标题	allinlinks：typeandrun
filetype：文件类型	搜索指定类型的文件	filetype：doc　filetype：swf
-filetype：文件类型	剔除指定类型的文件	-filetype：ppt

site、link、related、cache 命令不能与关键词结合使用。“site：网址”可在某个特定的域或站点中进行搜索，如 site：www.sohu.com。“link：网址”会显示所有指向该网址的网页，如“link：www.google.com”将找出所有指向 Google 主页的网页。

在 Google 中，使用“filetype：文档类型”命令可以搜索多种非 HTML 文件，包括 PDF、Microsoft Office（doc，ppt，xls，rtf）、Shockwave Flash（swf）、PostScript（ps）和其他类型

文档。新的文档类型只要与用户的搜索相关，就会自动显示在搜索结果中。如输入“happy birthday filetype：swf”可以搜索到生日快乐的Flash动画。

在使用Google英文时，还要注意停用词/过滤词（Stop Words/Filter Words）的处理，英文中有一些词汇出现频率极高却没有实际意义或检索价值，如“a”“an”“the”“and”“what”“is”“who”等。只要在类似的这种词之前加上一个“＋”即可保留对这类词的搜索，如：想要在搜索结果中包含“how”，输入“＋how”即可，注意＋之前应有一个空格符，而不是在它之后。输入以下这些标点@、#、$、%、^、&、*、(、)、＝、＋、[、]等时也会被Google忽略。

Google支持通配符号“*”，可以用“*”来替代单个字符，如“以*治国”，中间的“*”可以为任何字符。例：只记得某首英文歌曲的部分歌词，可以输入“when I was young * to the radio”搜索。

（2）Google产品与特色。Google地球：Google地球（http: //earth.google.com）是Google于2005年6月推出的三维地图服务，采用3D地图定位技术，并与卫星图片、地图相结合，依靠强大的Google搜索技术，全球地理信息就在眼前，从太空漫游到邻居一瞥，支持目的地输入，并直接放大，提供3D地形和建筑物，以前所未有的方式查看街道，并以3D的方式浏览世界各地的树木，其浏览视角支持倾斜或旋转等。

保守估计，谷歌每月搜索高达900亿人次。除了搜索，谷歌在人工智能、无人驾驶领域都颇有建树，谷歌在2005年开始执行谷歌数字图书馆项目（Google Books Library Project）。Google Allo and Google Duo、YouTube都是谷歌旗下的网站。谷歌于2015年8月宣布，对企业架构进行调整，通过创办一家名为Alphabet的“伞形公司”（Umbrella Company），把旗下搜索、YouTube、其他网络子公司与研发投资部门分离开来。

3. 搜狗搜索（https: //www.sogou.com）

2004年8月，搜狐公司推出全球首个第三代互动式中文搜索引擎——搜狗搜索，2013年腾讯SOSO的并入，搜狗搜索重置了行业格局，成为中国第二大搜索引擎，网页数量达到百亿以上，每天5亿网页的更新。自称“搜狗——更懂网络，上网从搜狗开始”。搜狗网页评级（Sogou Rank）体系是搜狗衡量网页重要性的指标，类似于Google的PageRank，除考查网页之间的链接关系，同时考察链接质量、链接之间的相关性等特性，是机器根据Sogou Rank算法自动计算出来的，数值从0～100不等。网页评级越高在搜索中越容易被检索到。搜狗搜索首页如图5-6所示。

搜狗输入法占据国内输入法市场的头把交椅；搜狗与微信于2010年6月开始合作，搜狗微信搜索可对微信公众号搜索，一搜即达；并推出了搜狗明医、搜狗知乎、搜狗英文搜索、搜狗指数、搜狗学术等多样化的产品与服务。

检索实例

在搜狗微信中搜索“友谊的小船之座位管理系统”，其页面如图5-7所示。

4. 搜网全能搜（http: //www.sowang.com）

搜网（http: //www.sowang.com）是中文搜索引擎指南网站，通过搜索引擎目录，全方位介绍各类中文搜索引擎并提供其链接。搜网全能搜汇集了国内多个特色搜索引擎，在其检索页面下，用户可以同时实现对多个搜索引擎的检索，免去在各大搜索引擎间转换的麻烦。

此外，360搜索（https: //www.so.com）、原人民网即刻搜索和新华社与中国移动联合推出的盘古搜索合并成立的中国搜索（http: //www.chinaso.com）、移动浏览器 UC 优视与阿里巴巴组建的神马搜索（https: //m.sm.cn）、今日头条都力图拓展中文搜索引擎市场。

图 5-6　搜狗搜索首页

图 5-7　搜狗微信搜索页面

5.3.4　常用英文搜索引擎

1. 雅虎 YAHOO!（https: //www.yahoo.com）

1994 年 1 月，美国斯坦福大学电气工程专业的两位博士研究生杨致远（Jerry Yang）和大卫 • 费洛（David Filo）创建了雅虎。雅虎成为全球最知名的门户搜索网站之一，其服务主要包括搜索引擎、电子邮件、新闻、求职招聘等，业务遍及全球几十个国家和地区。1999 年 9 月，中国雅虎网站开通。2005 年 8 月，中国雅虎由阿里巴巴集团全资收购，网址为 http: //cn.yahoo.com。2008 年，微软曾开价 446 亿美元收购雅虎遭拒；2012 年 1 月 18 日，雅虎宣布杨致远辞去雅虎董事会以及公司内一切职务，彻底离开公司。当年的雅虎采用目录式搜索引擎（Yahoo! Directory）的设计思想，其核心就是通过分级类目组织全部网页。编排缜密的分类目录体系是 YAHOO!成功的重要因素。不过，2014 年雅虎已经彻底关闭了曾经的开山业务 Yahoo Directory 搜索引擎，结束了其近 20 年的历史使命。2017 年 6 月，雅虎被美国电信巨头 Verizon 收购。雅虎搜索首页如图 5-8 所示。

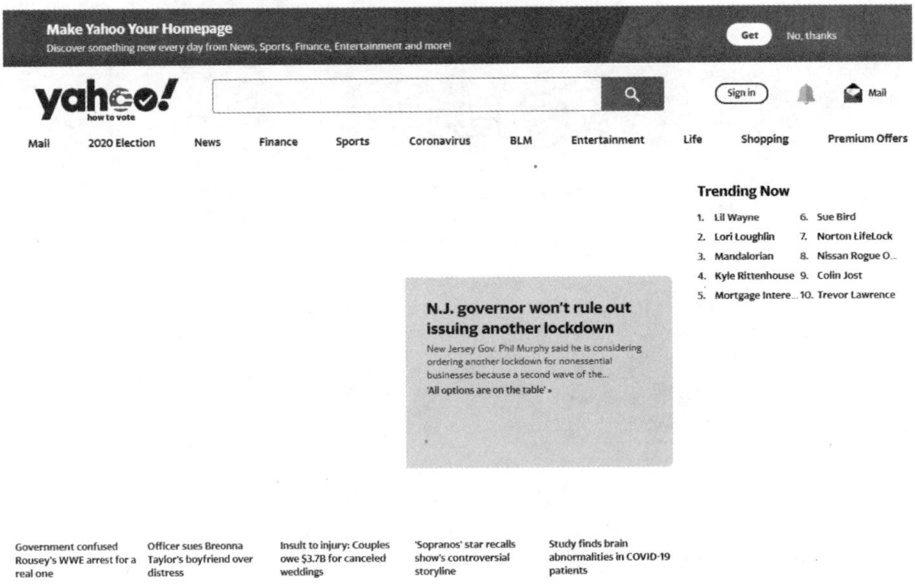

图 5-8　雅虎搜索首页

2. 微软 Bing（https: //www.bing.com）

Bing（必应）是微软公司于 2009 年 5 月 28 日推出的搜索品牌，为用户提供网页、图片、视频、词典、地图等全球信息搜索服务。

5.3.5　特殊搜索引擎

1. 学术搜索引擎

（1）谷歌学术（http: //scholar.google.com）。谷歌学术（Google Scholar）由谷歌于 2004 年 11 月推出。可广泛搜索众多学术著作出版商、专业性社团、预印本、各大学及其他学术组织的经同行评论的文章、论文、图书、摘要等。其口号为“站在巨人的肩膀上”。谷歌学术可以实现：从一个位置方便地搜索各种资源，查找报告、摘要及引用内容，通过你所在的图书馆或在万维网上查找完整的论文，了解任何科研领域的重要论文。帮助我们了解某一领域的各项研究成果，特别是新的进展，可以追踪学者的科研活动，利用引文分析又可以拓展我们的研究思路，还可了解期刊的应用与排名。谷歌学术搜索首页如图 5-9 所示。

图 5-9　谷歌学术搜索首页

（2）百度学术（http: //xueshu.baidu.com）。百度学术是提供海量中英文文献检索的学术资源搜索平台，口号为“保持学习的态度”，于 2014 年 6 月初上线。涵盖了各类学术期刊、会议论文、学位论文，旨在为国内外学者提供最好的科研体验。百度学术搜索可检索到收费和免费的学术论文，并通过时间筛选、标题、关键字、摘要、作者、出版物、文献类型、被引用次数等细化指标提高检索的精准性。百度学术首页如图 5-10 所示。

图 5-10　百度学术首页

（3）其他学术搜索引擎。知网学术搜索（https: //scholar.cnki.net）、CiteSeer^x（http: //citeseerx.ist.psu.edu）、微软 Academic（https: //academic.microsoft.com）、Refseek（https: //www.refseek.com）、Base（https: //www.base-search.net）、AMiner（https: //www.aminer.cn）都是可以搜索学术信息的搜索引擎。

2. 视频搜索

宽带互联网和 Web 2.0 技术的迅速发展，使得以 Telnet、MUD、E-mail 为代表的粗陋的互联网文本时代，一跃而至如今丰富的多媒体时代，不仅可以通过互联网欣赏到丰富多彩的视频内容，还可以通过互联网进行视频通信和网络游戏，视频成为网络上最热门的发展方向和概念。鸟叔的《江南 Style》已经被观看了 24 亿次，而且还在继续增长，在这个星球上从未出现过这种级别的观众群体。国际上的互联网巨头 Google、雅虎、AOL（美国在线）等纷纷涌入视频搜索领域。中国视频搜索市场从 2005 年开始启动，发展迅猛，传统的如土豆、优酷、我乐（56）、搜狐视频，到现今的爱奇艺、腾讯视频、哔哩哔哩、抖音、快手。截至 2020 年 12 月，中国网络视频用户规模达 9.27 亿，其中短视频用户规模为 8.73 亿。短视频异军突起，发展迅速，从 2017 年 4 月到 2019 年 4 月，中国短视频 App 日均使用时长从不到 1 亿 h，增长到了 6 亿 h。

所谓视频搜索（Video Search）是利用非结构化信息处理技术和 Spider 网络爬虫技术，对网络上的视频文件进行搜集整理，形成可供查询的数据库系统。视频搜索分为关键词搜索、内容搜索两类，通过视频搜寻、视频采集、视频分析、视频处理和视频索引五方面的技术实现。

关键词是一种 Tag 标记，可以将视频文件通过关键词进行标注，利用文本搜索技术检索拥有 Tag 标记的视频文件，并按照一定的规则将视频地址反馈给用户，通过关键词 Tag 技术搜索，将非结构化的视频文件转化成结构化的文本信息进行检索。

内容搜索是对音频、视频进行分析处理，转换成结构化视频内容索引，再通过视频内容进行检索，主要表现为通过对音频、视频文件进行数字化处理，抽取关键帧，分析其特征，然后利用语音识别技术和图像识别技术提取文件中结构化内容，最终通过视频索引展现给用户。

可以搜索一部电影的视觉索引，仔细查看可视化的目录，或者浏览全片的可视化摘要。可视化的窍门在于可检索性。

（1）百度视频（http: //video.baidu.com）。百度视频是全球最大中文视频搜索引擎，拥有海量中文视频资源，与爱奇艺、芒果 tv、央视网、1905 电影网、搜狐视频等站点合作。《互联网视频开放协议》（http: //video.baidu.com/videoop.html）是百度视频搜索制定的搜索引擎视频源收录标准，网站可将发布的视频内容制作成遵循此开放协议的 XML 格式的网页（独立于原有的视频发布形式）供搜索引擎索引，将网站发布的视频主动、及时地告知百度搜索引擎。采用了《互联网视频开放协议》，就相当于网站的视频被搜索引擎订阅，通过百度视频搜索引擎平台，网民可在更大范围内更高频率地访问到网站的视频。百度视频搜索如图 5-11 所示。

图 5-11　百度视频搜索

（2）央视网搜索（https: //search.cctv.com）。央视网搜索可以搜索中央电视台新闻联播和部分播放过的节目的视频。央视网搜索如图 5-12 所示。

（3）其他视频搜索。YouTube（http: //www.youtube.com）是 2005 年 2 月由美籍华人陈士骏等人创立的，世界上最大的视频分享网站。Netflix（https: //www.netflix.com）是世界上最大的视频供应商，Spotify 声田（https: //www.spotify.com）是国外知名的正版流媒体音乐服务平台。2019 年，美国人每天在移动端的时间达到了 226min，首次超过了电视端。移动端用户占比最高的几大应用为 Facebook、YouTube、WhatsApp、微信、Instagram、Facebook Messenger、Twitter、Snapchat、Pinterest、Twitch 等。

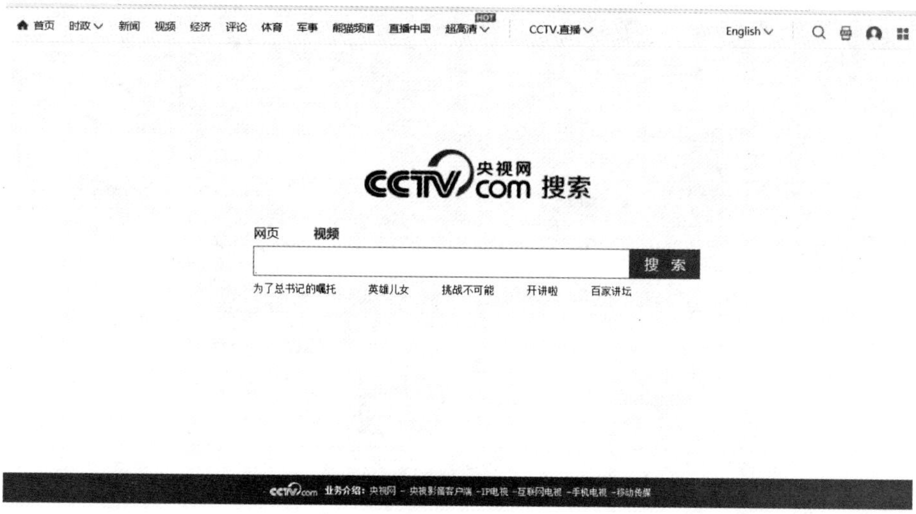

图 5-12　央视网搜索

5.4　各类信息网站

5.4.1　图书馆网站

网络的兴起改变了图书馆的服务方式，虚拟图书馆、无墙图书馆、电子图书馆、数字图书馆等概念使图书馆突破了时空局限，用户在家中即可坐拥图书馆的各种数字化资源。

1．中国国家图书馆·中国国家数字图书馆网站（http: //www.nlc.cn）

中国国家图书馆是中国的总书库、国家书目中心、国家古籍保护中心、国家典籍博物馆，目前馆舍面积 28 万平方米。国家图书馆全面入藏国内正式出版物，馆藏文献超过 4000 万册件并以每年百万册件的速度增长。馆藏总量位居世界国家图书馆第七位，其中中文文献收藏世界第一，外文文献收藏国内首位。中国国家图书馆不仅收藏了丰富的缩微制品、音像制品，还建成了中国最大的数字文献资源库和服务基地，启动国家图书馆互联网信息战略保存项目，在新浪网建立首个试点基地，对其全平台内容进行系统保存，2000 亿条微博被国家图书馆保存成为 2020 年新浪微博热议话题。馆藏丰富，品类齐全，古今中外，集精撷萃。最早的文献可远溯到 3000 多年前的殷墟甲骨，继承了南宋以来历代皇家藏书。馆藏敦煌遗书、善本古籍、金石拓片、古代舆图、少数民族文字典籍、名家手稿等珍品 280 余万册件，闻名遐迩，世界瞩目。外文善本中最早的版本为 1473—1477 年间印刷的欧洲“摇篮本”。

国家图书馆网站年度点击量超过 14 亿次。“文津搜索”（http: //find.nlc.cn）可以实现对图书、古文献、论文、期刊报纸、多媒体、缩微文献、文档、词条信息的一步获取，并可“高级检索”与“联邦检索”。文津搜索系统整合的元数据已达 2.8 亿条，月均访问量近 1000 万次。

任何人只需在国家图书馆网站上注册，登录后就可以通过“读者门户”免费使用其对外开放的海量数字资源，包括维普中文科技期刊数据库（全文版）、博士论文资源库、方正阿帕比电子图书、民国专栏资源库、数字方志资源库、ARL 学术研究图书馆等多个中外文数据库。中国国家数字图书馆读者云门户如图 5-13 所示。

图 5-13 中国国家数字图书馆读者云门户

2. 中国科学院文献情报中心（国家科学图书馆）（https: //www.las.ac.cn）

中国科学院文献情报中心立足中国科学院、面向全国，主要为自然科学、边缘交叉科学和高技术领域的科技自主创新提供文献信息保障、战略情报研究服务、公共信息服务平台支撑和科学交流与传播服务，同时通过国家科技文献平台和开展共建共享为国家创新体系其他领域的科研机构提供信息服务。馆藏图书 1145 余万册（件）。文献情报中心本着共建共享原则，集团采购网络数据库，借助国家平台开通数据库，集成开通开放获取数据库。推出“资源集成发现系统”，图书、期刊、学术论文、科技报告、国防、标准等一搜即得。同时拥有中国科学院机构知识库网格（http: //www.irgrid.ac.cn）、慧科研智能随身科研助理（https: //scholarin.cn）、科技大数据知识发现平台（https: //scholareye.cn）、中国科学院科技论文预发布平台（http: //chinaxiv.org）等系统。中国科学院文献情报中心网站首页如图 5-14 所示。

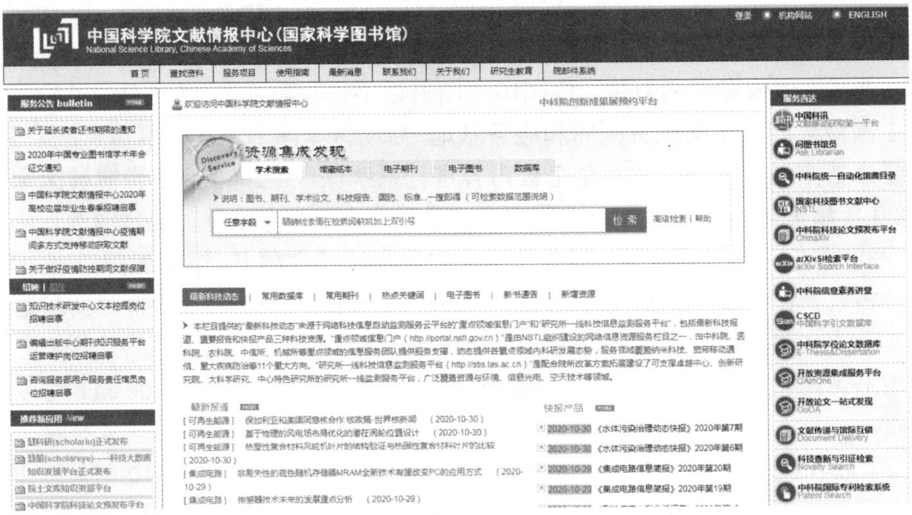

图 5-14 中国科学院文献情报中心网站首页

3. 北京大学图书馆网站（https: //www.lib.pku.edu.cn）

1898 年，京师大学堂藏书楼建立。辛亥革命后，京师大学堂藏书楼改名为北京大学图书馆。一百多年来，北京大学图书馆已发展成为资源丰富、现代化、综合性、开放式的研究型图书馆，形成了宏大丰富、学科齐全、珍品荟萃的馆藏体系。近年来还大量引进和自建了数据库、电子期刊、电子图书和多媒体资源等各类国内外数字资源。馆藏中以 150 万册中文古籍为世界瞩目，其中 20 万件 5～18 世纪的珍贵书籍，是中华民族的文化瑰宝。外文善本、金石拓片、1949 年前出版物的收藏均名列国内图书馆前茅。此外，还有燕京大学学位论文、名人捐赠等特色收藏。以 2019 年为例，全校入藏纸质文献 20.3 万册，总馆订购数据库 500 个。其中中文数据库 213 个，外文数据库 287 个，电子图书 156.7 万册、电子报刊 7.1 万种、电子版学位论文 462 万册，多媒体资源 304 件，古籍图书馆采购拓片 782 份 1082 张。

“中国高等教育文献保障系统”（CALIS）的管理中心和全国文理中心、中国高校人文社会科学文献中心（CASHL）、教育部高校图书情报工作指导委员会秘书处、中国图书馆学会高校分会秘书处等机构均设在北京大学图书馆。北京大学图书馆因此成为中国高等教育文献资源共享的重要枢纽。

未名学术搜索（http: //pku.summon.serialssolutions.com）是北京大学图书馆自 2011 年起部署上线的统一资源发现系统，提供一站式的学术文献搜索服务。已经可以同时搜索超过 2 亿条记录，包括北京大学图书馆全部馆藏书刊目录、95%以上外文电子期刊和 87%以上中文电子期刊中的学术文章，以及本馆学位论文、多媒体资源和部分其他自建数字资源。根据搜索词和限定选项揭示多来源、多类型、任意主题的相关资料集合，摘录参考文献，下载在线全文。

北京大学开放研究数据平台（https: //opendata.pku.edu.cn）、北京大学学者主页（http: //scholar.pku.edu.cn）、北京大学期刊网（http: //www.oaj.pku.edu.cn）都是依托北京大学图书馆的服务系统。

4. 清华大学图书馆网站（http: //www.lib.tsinghua.edu.cn）

1911 年，清华学堂建立。当今，清华大学图书馆已形成了以自然科学和工程技术科学文献为主体，兼有人文、社会科学及管理科学文献，包括中外文图书、期刊和报纸合订本、音像制品以及计算机文档等在内的多种类型、多种载体的综合性馆藏体系。截止到 2020 年底，清华大学图书馆（含专业图书馆及院系资料室）的实体馆藏总量约 548.5 万册（件），形成了基本覆盖全学科、包含丰富文献类型和载体形式的综合性馆藏体系。除中外文印刷型图书外，读者可使用的文献资源还包括古籍线装书 22.2 万多册；期刊合订本约 60.8 万册；校馆统筹年订购印刷型中外文报刊 2466 种；本校博士、硕士论文 16.8 万余篇；缩微资料 2.8 万种；各类数据库 913 个；电子期刊 17.2 万种；电子图书 696.8 万册，电子版学位论文 1252.0 万篇。

水木搜索是一站式的文献资源检索系统，帮助用户快速、高效地从海量学术资源中查找并获取所需信息，支持匿名使用。

5.4.2　国内主要文献系统

1. 国家科技图书文献中心·国家科技数字图书馆（https: //www.nstl.gov.cn）

国家科技图书文献中心（National Science and Technology Library，NSTL）是 2000 年 6 月 12 日成立的一个基于网络环境的科技文献信息资源服务机构，突出特点是众多文献的全文提供服务。根据国家科技创新发展的需要，全面收藏和开发理学、工学、农学、医学四大领域的科技文献，集中外文学术期刊、学术会议、学位论文、科技报告、科技文献专著、专利、标准和计量规程等于一体，形成了印本和网络资源互补的保障格局，资源丰富、品种齐全的国家科技文献信息资源保障基地，面向全国提供公益的、普惠的科技文献信息服务。

国家科技图书文献中心特色资源有外文现刊库（https: //cds.nstl.gov.cn）、外文回溯数据库（http: //archive.nstl.gov.cn/Archives）、开放资源集成获取系统（http: //oar.nstl.gov.cn）、外文科技图书（http: //bookreviews.nstl.gov.cn）等。外文印本文献品种稳定在 2.4 万～2.6 万余种，其中外文期刊 1.6 万多种，外文会议录等文献 8000 余种。开放资源集成获取系统收录期刊 8000 余种、期刊文献 500 多万篇，以及 2500 多个课件等资源。国家科技图书文献中心网站首页如图 5-15 所示。

图 5-15　国家科技图书文献中心网站首页

2. 中国高等教育文献保障系统（http: //www.calis.edu.cn）

中国高等教育文献保障系统（China Academic Library & Information System，CALIS）是教育部“九五”“十五”和“三期”“211 工程”中投资建设的面向所有高校图书馆的公共服务基础设施，通过构建基于互联网的“共建共享”云服务平台——中国高等教育数字图书馆、制定图书馆协同工作的相关技术标准和协作工作流程、培训图书馆专业馆员、为各成员馆提供各类应用系统等，支撑高校成员馆间的“文献、数据、设备、软件、知识、人员”等多层次共享。

CALIS 从 1998 年 11 月正式启动建设，建成以 CALIS 联机编目体系、CALIS 文献发现与获取体系、CALIS 协同服务体系和 CALIS 应用软件云服务（SaaS）平台等为主干，各省级共建共享数字图书馆平台、各高校数字图书馆系统为分支和叶节点的分布式“中国高等教育数字图书馆”。CALIS 目前注册成员馆逾 1800 家，成为全球最大的高校图书馆联盟，为高等院校教学、科研和重点学科建设提供高效率、全方位的文献信息保障与服务。图 5-16 所示为 CALIS 辽宁省文献信息服务中心网站首页。

CALIS 拥有以下资源发现系统：开元知海 • e 读学术搜索（http: //www.yidu.edu.cn）、外文期刊网（http: //ccc.calis.edu.cn）、“学苑汲古”高校古文献资源库（http: //rbsc.calis.edu.cn：8086）、学位论文数据库（http: //etd.calis.edu.cn）、高校教学参考资源库（http: //cr.calis.edu.cn）。

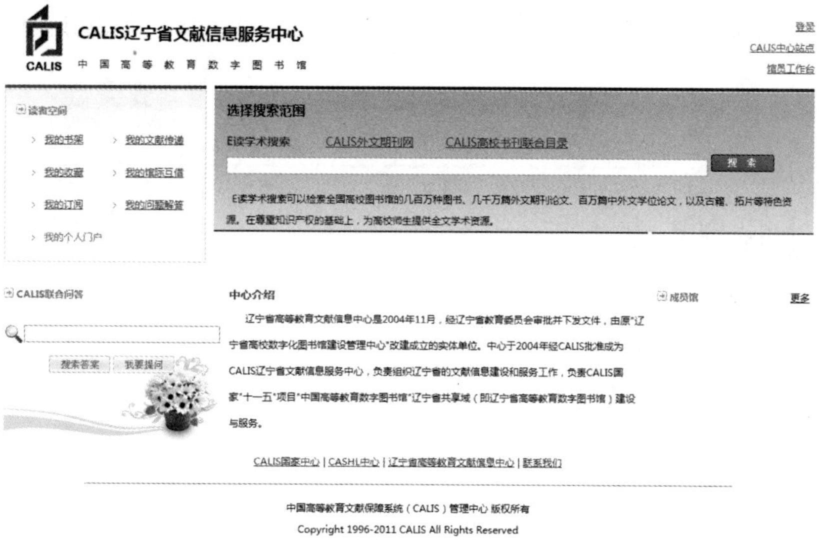

图 5-16　CALIS 辽宁省文献信息服务中心网站首页

开元知海·e 读学术搜索旨在全面发现全国高校丰富的纸本和电子资源，它与 CALIS 文献获取（e 得）、统一认证、资源调度等系统集成，打通从“发现”到“获取”的“一站式服务”链路，为读者提供全新的馆际资源共享服务体验。e 读学术搜索拥有海量数据：包括期刊、学位论文、普通图书、工具书、年鉴、报纸等资源，目前已逾 3 亿。本馆纸本资源可直接链接至图书馆书目检索系统查阅在架状态，电子资源可直接在线阅读，提供章节试读；本馆没有馆藏的资源可通过文献传递获取。全国高校成员馆均可免费阅读 36 万册 CALIS 购买的方正电子书。知识服务功能，在海量数字资源揭示基础上，建立全领域的知识脉络。通过知识图谱、关联图、领域细分等功能帮助读者挖掘知识节点背后的隐含信息。开元知海·e 读首页及检索结果页面如图 5-17、图 5-18 所示。

图 5-17　开元知海·e 读首页

文献传递与馆际互借：文献传递（Document Delivery）是将用户所需的文献复制品以有效的方式和合理的费用，直接或间接传递给用户的一种非返还式的文献提供服务，具有快速、高效、简便的特点。由于馆舍和经费的限制，任何一个图书馆都无法完全满足读者对文献的需求，馆际互借（Interlibrary Loan）是图书馆之间根据事前订立并保证共同遵守的互借规则，相互利用对方藏书，以满足读者需要的一种服务方式。CALIS 对文献传递和馆际互借进行补贴。

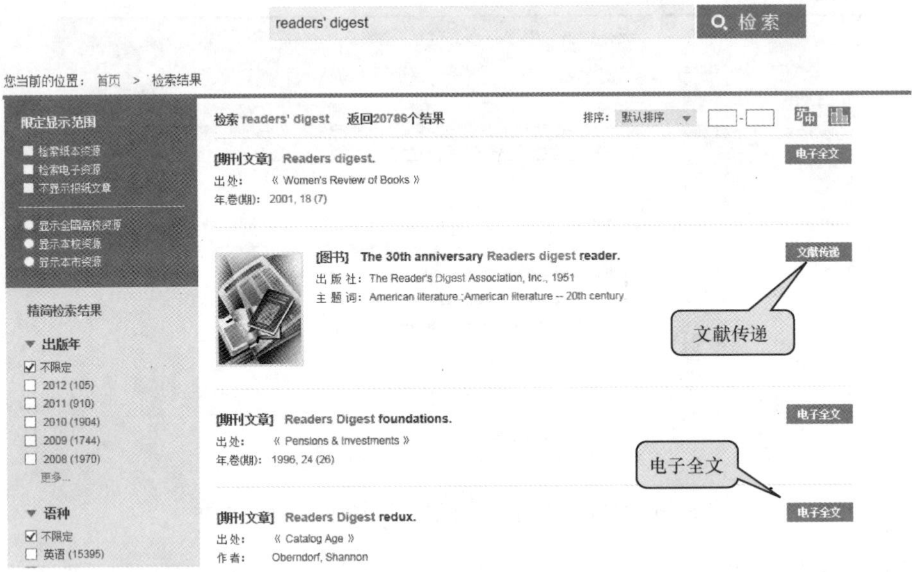

图 5-18 开元知海 • e 读检索结果页面

3. CASHL 开世览文 • 中国高校人文社会科学文献中心（http: //www.cashl.edu.cn）

中国高校人文社会科学文献中心（China Academic Social Sciences and Humanities Library，CASHL）是在教育部领导下，为我国哲学社会科学教学科研提供外文文献及相关信息服务的最终保障平台，其建设目标是“国家人文社会科学文献信息资源平台”。

CASHL 于 2004 年 3 月 15 日正式启动并开始提供服务。截止到 2020 年 9 月，可提供服务的人文社科核心期刊和重要期刊达到 2.46 万余种、印本图书达 200 余万种、电子资源数据库达 12 种。除此之外，CASHL 还提供“高校人文社会科学外文期刊目次库”和“高校人文社会科学外文图书联合目录”等数据库，提供数据库检索和浏览、书刊馆际互借与原文传递、相关咨询服务等。CASHL 目前已拥有 881 家成员单位，个人注册用户逾 13.6 万多个，服务惠及上千万用户。CASHL 首页如图 5-19 所示。

图 5-19 CASHL 首页

4. CADAL 数字图书馆（http: //cadal.edu.cn）

大学数字图书馆国际合作计划（China Academic Digital Associative Library，CADAL）前身为高等学校中英文图书数字化国际合作计划（China-America Digital Academic Library，CADAL）。始于 2002 年 9 月，CADAL 项目建设的总体目标是构建拥有多学科、多类型、多语种海量数字资源的，由国内外图书馆、学术组织、学科专业人员广泛参与建设与服务，具有高技术水平的学术数字图书馆，成为国家创新体系信息基础设施之一。由国家投资建设，作为教育部“211”重点工程，由浙江大学联合国内外的高等院校、科研机构共同承担。

CADAL 项目建设的数字图书馆，提供一站式的个性化知识服务，将包含理学、工学、农学、医学、人文社会科学等多种学科传统文献和书画、建筑工程、篆刻、戏剧、工艺品等在内的多种类型媒体资源进行数字化整合，通过互联网向参与建设的高等院校、学术机构提供教学科研支撑。CADAL 资源导航页面如图 5-20 所示。

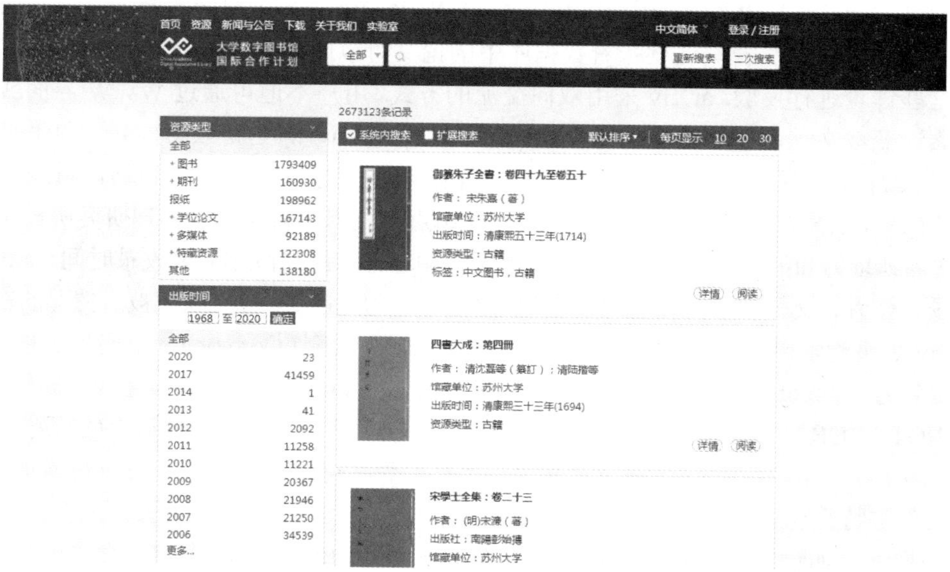

图 5-20　CADAL 资源导航页面

5.4.3　开放获取（Open Access）

信息和知识是学术研究最重要的基础，能够对信息免费地、不受时空和其他任何限制，方便而自由地获取和利用，一直是每个学者和全社会共同的愿望和理想。“开放获取”（Open Access，OA）正是为实现对信息平等、公开地获取而产生的一种学术出版与交流模式，是国际学术界、出版界、图书情报界为了推动科研成果利用互联网自由传播而采取的运动。

“布达佩斯开放获取计划”（BOAI）对“开放获取”给出以下完整定义：“对某文献的‘开放获取’即意味着它在 Internet 公共领域里可以被免费获取，并允许任何用户阅读、下载、复制、传递、打印、搜索、超链接，也允许用户将其遍历并为之建立索引，用作软件的输入数据或其他任何合法用途。用户在使用该文献时不受财力、法律或技术的限制，而只需在获取时保持文献的完整性，这是对其复制和传递的唯一限制。”

开放获取迎合了网络时代信息交流的新特点，开创了一种新的、高效的交流模式，它打破了商业出版商对信息的垄断，建立了一种新的学术与信息交流机制。

开放获取资源主要有：预印本系统、开放获取期刊、开放获取机构库。

1. 预印本系统

预印本是指科研工作者的研究成果还未在正式出版物上发表，出于和同行交流目的，自愿先在学术会议上或通过网络发布的科研论文、科技报告等文献。与正式出版物相比，预印本有利于学术争鸣、交流速度快、可靠性高。电子预印本（e-print）文库包括的文献种类有期刊文章、论文、会议或简报资料、灰色文献、学术报告及草稿资料等不同的类型。

（1）arXiv（https: //arxiv.org）。arXiv 是一个包括物理、数学、非线性科学、计算机科学、定量生物学、统计学等领域的电子预印本服务网站，始建于 1991 年。作为第一个出现的电子预印本文献库，arXiv 归康奈尔大学（Cornell University）所有，其文献内容符合康奈尔大学学术标准，并得到美国国家科学基金会的资助。

arXiv 的最大特色在于科学研究人员的共同参与。研究者将自己的论文按一定的格式编排后，可通过 E-mail、FTP 等方式将论文按学科类别上传至 arXiv 相应的数据库中。而这些论文可能有时并未正式发表，这意味着数据库中的论文可以随时受到同行的评论，论文作者也可以对这些评论进行反驳。arXiv 采用双向交流的方式，用户不但可通过 WWW 界面或 E-mail 方式检索、获取文献，而且还能随时上传文献，因此 arXiv 的更新频率很高，几乎是每日更新。截至 2021 年 6 月初，累计文献已达 189 万篇，仅康奈尔大学主站每日访问量就达数十万次。除美国外，arXiv 在世界各地还有 14 个镜像站点，我国中科院理论物理研究所设有其镜像站点，访问地址为 http: //cn.arXiv.org。每篇电子预印本都按照文献出处、收录时间、arXiv 存档号、标题、作者、文摘、学科主题分类顺序进行著录，并提供参考文献和被引情况的链接。

arXiv 高级检索提供作者（Authors）、题名（Titles）、评论（Comments）、期刊信息（Journal refs）、报告号（Report nums）、摘要（Abstracts）、全文（Full text）等检索途径，提供“AND”“AND NOT”“OR”三种布尔逻辑运算符。一般，标点符号或计算机键盘上的特殊字符未建索引而无法检索，但为诸如“^”“_”“{”“}”“+”等字符建立了索引，可以检索如“K^+”或“nu_e”等特殊检索表达式，未建索引的字符会被从检索提问剔除出去。大多数字段进行词干自动搜索，如输入“superconductors”，“superconducting”也会命中。允许使用“*”通配符但不能用在词首，支持双引号的精确匹配检索，但速度较慢，建议用布尔逻辑运算符“AND”代替。连字符“-”被从大多数短语中去除，如“domain-wall”变成了“domain wall”，提供 PS、PDF 等格式的原文。其他国外预印本系统见表 5-4。

表 5-4　　其他国外预印本系统

名称	网址	学科
bioRxiv	https: //www.biorxiv.org	生物学
ChemRxiv	https: //chemrxiv.org	化学
Cogprints	http: //cogprints.org	认知科学
engRxiv	https: //www.engrxiv.org	工程
LawArXiv	http: //lawarxiv.info	法律
MedArXiv	https: //yoda.yale.edu/medrxiv	医学
Social Science Research Network	https: //papers.ssrn.com	财经、会计、法律、经济、管理等社会科学学科
PhilSci Archive	http: //philsci-archive.pitt.edu	哲学

（2）中国科学院科技论文预发布平台（http: //chinaxiv.org）。中国科学院科技论文预发布平台面向全国科研人员，建设可靠、规范的自然科学领域的中国科研论文开放仓储库，接收中英文科学论文的预印本存缴以及有条件地接收已发表科学论文的开放存档，提供免费阅读并且维护科技论文的永久访问，促进中国高水平科研论文的快速预发布。ChinaXiv 于 2016 年 6 月正式上线提供服务，是国内第一个按国际通行模式规范运行的预发布平台。截止到 2021 年 6 月，平台上有论文 14000 余篇。其他国内预印本系统见表 5-5。

表 5-5　其他国内预印本系统

名称	网址	学科
中国心理学预印本平台	http: //psych.chinaxiv.org	心理学
中国生物工程预印本出版平台	http: //biotech.chinaxiv.org	生物工程
岩土力学与工程预印本平台	http: //geotech.chinaxiv.org	岩土力学
中国语音乐律预印本平台	http: //phonomuse.chinaxiv.org	语音乐律

（3）中国科技论文在线（http: //www.paper.edu.cn）。中国科技论文在线是经教育部批准，由教育部科技发展中心主办，针对科研人员普遍反映的论文发表困难，学术交流渠道窄，不利于科研成果快速、高效地转化为现实生产力而创建的科技论文网站。利用现代信息技术手段，打破传统出版物的概念，免去传统的评审、修改、编辑、印刷等程序，给科研人员提供一个方便、快捷的交流平台，提供及时发表成果和新观点的有效渠道，从而使新成果得到及时推广，科研创新思想得到及时交流。

根据文责自负的原则，作者所投论文遵守国家相关法律，为学术范围内的讨论，有一定学术水平，基本理论正确，且符合中国科技论文在线的基本投稿要求，一般可在 7 个工作日内发布。专业领域按自然科学国家标准学科分类与代码分为 43 类。

2. 开放获取期刊

（1）DOAJ（https: //www.doaj.org）。DOAJ（Directory of Open Access Journals）是由瑞典隆德大学图书馆 2003 年 5 月推出的开放获取期刊检索系统，截至 2021 年 6 月，DOAJ 支持 80 种语言、124 个国家、16427 种开放获取期刊的访问，总共 615.2 万条文章。系统提供检索、浏览两种查询方式。DOAJ 将期刊及文章按美国国会图书馆分类法的子集分类，共 20 类，包括农业（Agriculture）、历史辅助科学（Auxiliary sciences of history）、目录学/图书馆学/信息资源（Bibliography. Library science. Information resources）、教育（Education）、美术（Fine Arts）、总类（General Works）、地理学/人类学/娱乐（Geography. Anthropology. Recreation）、一般历史与欧洲历史［History（General） and history of Europe］、美国历史（History America）、语言与文学（Language and Literature）、法律（Law）、医药（Medicine）、军事科学（Military Science）、音乐与音乐相关作品（Music and books on Music）、海军学（Naval Science）、哲学心理学宗教（Philosophy. Psychology. Religion）、政治学（Political Science）、科学（Science）、社会科学（Social Sciences）、技术（Technology）。DOAJ 首页如图 5-21 所示。

（2）J-STAGE 日本电子科技信息服务（https: //www.jstage.jst.go.jp）。J-STAGE（Japan Science and Technology Information Aggregator，Electronic）是日本最大的科技信息平台，是一个科技信息电子期刊出版平台，向全世界及时发布日本科学技术研究的杰出成果和进展。

通过提供一个在线出版平台，支持日本的学会与研究组织，已经高速低价出版了 2000 余种期刊、会议录和其他学术出版物。出版的期刊涉及各个学科领域。文献多为英文，少数为日文。截至 2021 年 6 月，文章总数为 523.8 万篇，其中 497.2 万篇可开放获取，共 25 个学科领域。可按期刊、学科领域、出版者浏览或直接搜索。

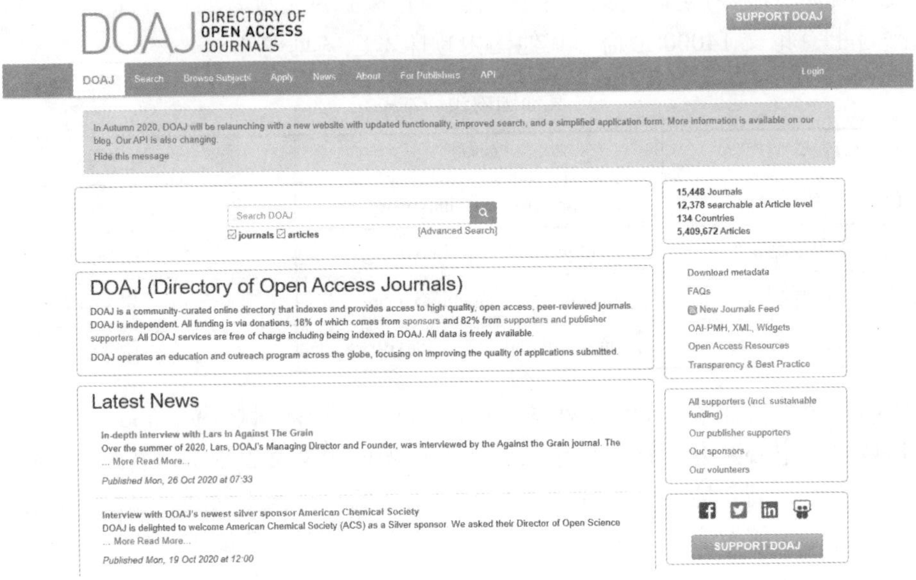
DOAJ DIRECTORY OF OPEN ACCESS JOURNALS
SUPPORT DOAJ
DOAJ
Search
Browse Subjects
Apply
News
About
For Publishers
API
Login
In Autumn 2020, DOAJ will be relaunching with a new website with updated functionality, improved search, and a simplified application form. More information is available on our blog. Our API is also changing.
Hide this message
Search DOAJ
journals articles
[Advanced Search]
15,448 Journals
12,378 searchable at Article level
134 Countries
5,409,672 Articles
DOAJ (Directory of Open Access Journals)
DOAJ is a community-curated online directory that indexes and provides access to high quality, open access, peer-reviewed journals. DOAJ is independent. All funding is via donations, 18% of which comes from sponsors and 82% from supporters and publisher supporters. All DOAJ services are free of charge including being indexed in DOAJ. All data is freely available.
DOAJ operates an education and outreach program across the globe, focusing on improving the quality of applications submitted.
Download metadata
FAQs
New Journals Feed
OAI-PMH, XML, Widgets
Open Access Resources
Transparency & Best Practice
Latest News
In-depth interview with Lars in Against The Grain
Over the summer of 2020, Lars, DOAJ's Managing Director and Founder, was interviewed by the Against the Grain journal. The ... More Read More...
Published Mon, 26 Oct 2020 at 07:33
Interview with DOAJ's newest silver sponsor American Chemical Society
DOAJ is delighted to welcome American Chemical Society (ACS) as a Silver sponsor. We asked their Director of Open Science ... More Read More...
Published Mon, 19 Oct 2020 at 12:00
All supporters (incl. sustainable funding)
Our publisher supporters
Our sponsors
Our volunteers
SUPPORT DOAJ

图 5-21　DOAJ 首页

（3）SOCOLAR（http: //www.socolar.com）。SOCOLAR 是开放获取资源一站式检索平台。近年来，OA（开放存取）资源得到了空前的发展，OA 期刊和 OA 仓储成为研究人员获取学术资源的新途径，但 OA 资源分散存放在世界各地不同的服务器和网站上，用户很难直接全面地检索到这些资源。基于用户的信息需求和信息检索方面考虑，中国教育图书进出口公司启动了 SOCOLAR 这个非营利性项目，旨在实现学术文献资源集成一站式服务。

SOCOLAR 整合了国内外多个数据库，全学科资源覆盖，文献内容多语种，截止到 2020 年 9 月，中外文期刊文章逾 4500 万，中外开放获取文章逾 1000 万。

（4）国家哲学社会科学学术期刊数据库（http: //www.nssd.cn）。国家哲学社会科学学术期刊数据库（National Social Sciences Database，NSSD），简称国家期刊库，是由全国哲学社会科学规划领导小组批准建设，中国社会科学院承建的国家级、开放型、公益性哲学社会科学信息平台，2012 年 3 月正式启动，系统平台于 2013 年 7 月 16 日上线开通。

国家期刊库旨在建设成为我国国内最大的公益性社会科学精品期刊数据库，最大的社会科学开放获取平台，实现学术资源的开放共享，为学术研究提供有力的基础条件。收录精品学术期刊 2000 多种，论文超过 1000 万篇以及超过 101 万位学者、2.1 万家研究机构相关信息。其中，国家社会科学基金重点资助期刊 187 种，中国社会科学院主管主办期刊 80 多种，三大评价体系（中国社会科学院、北京大学、南京大学）收录的 600 多种核心期刊，回溯到创刊号期刊 700 多种，最早回溯到 1920 年。可免费在线阅读和全文下载，部分期刊实现与纸本期刊同步出版。

国家期刊库提供人性化、多样化的功能服务，论文检索方式有题名、关键词、机构、作者、摘要、刊名、年份、分类号、ISSN、基金资助、全文检索。期刊导航方式有同步上线期刊导航、学科分类导航、核心期刊导航、社科基金资助期刊导航、中国社科院期刊导航、地区分类导航等。检索结果可进行聚类统计分析、多种排序、多种分面显示、导出等。并有多种用户定制功能：历史记录查询、定制推送、收藏订阅等。

（5）中国科技期刊开放获取平台（http: //www.coaj.cn）。中国科技期刊开放获取平台（China Open Access Journals，COAJ）由中国科学院主管，中国科技出版传媒股份有限公司主办，北京中科期刊出版有限公司承办。COAJ 的前身中国科学院科技期刊开放获取平台（CAS-OAJ）是一个开放获取、学术性、非营利的科技文献资源门户，于 2010 年 10 月上线运行。在此基础上，将建设成为一站式的中国科技期刊 OA 集成平台和门户，集中展示、导航中国开放获取科技期刊。截至 2020 年 9 月，收录期刊 660 种，可检索论文的期刊数量 340 种，论文数量 142 万篇。

3. 开放获取机构库（也称开放获取仓储）

（1）OpenDOAR（http: //www.opendoar.org）。OpenDOAR 是由英国的诺丁汉大学和瑞典的隆德大学在 OSI、JISC，CURL、SPARCEurope 等机构的资助下于 2005 年 2 月共同创建的开放获取仓储检索系统，提供全球全面和权威的开放获取信息资源库列表。用户可以通过机构名称、国别、学科主题、资料类型等途径检索和使用这些仓储，它和 DOAJ、ROAR（http: //roar.eprints.org）一起构成当前网络开放获取学术信息资源（期刊论文、学位论文、会议论文、技术报告、专利、多媒体、预印本等）检索的主要平台。OpenDOAR 首页如图 5-22 所示。

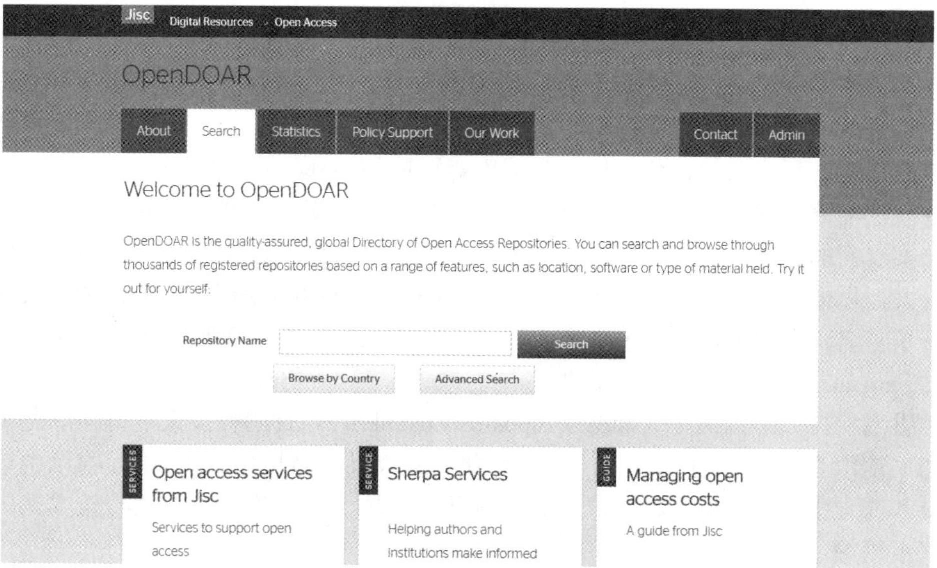

图 5-22　OpenDOAR 首页

（2）DSapce@MIT · 麻省理工学院机构收藏库（http: //dspace.mit.edu）。麻省理工学院机构收藏库（MIT Dspace）是使用 Dspace 软件开发的一个数字化成果存储与交流知识库，收录该校教学科研人员和研究生提交的会议论文、图片、同行评审学术文章、预印本、技术报告、学位论文、工作报告等，可以按院系机构（Communities & Collections）、提交日期（By Issue

Date）、作者（Authors）、题名（Titles）和主题（Subjects）浏览。也可以对收藏的内容进行高级检索。Dsapce@MIT 首页如图 5-23 所示。

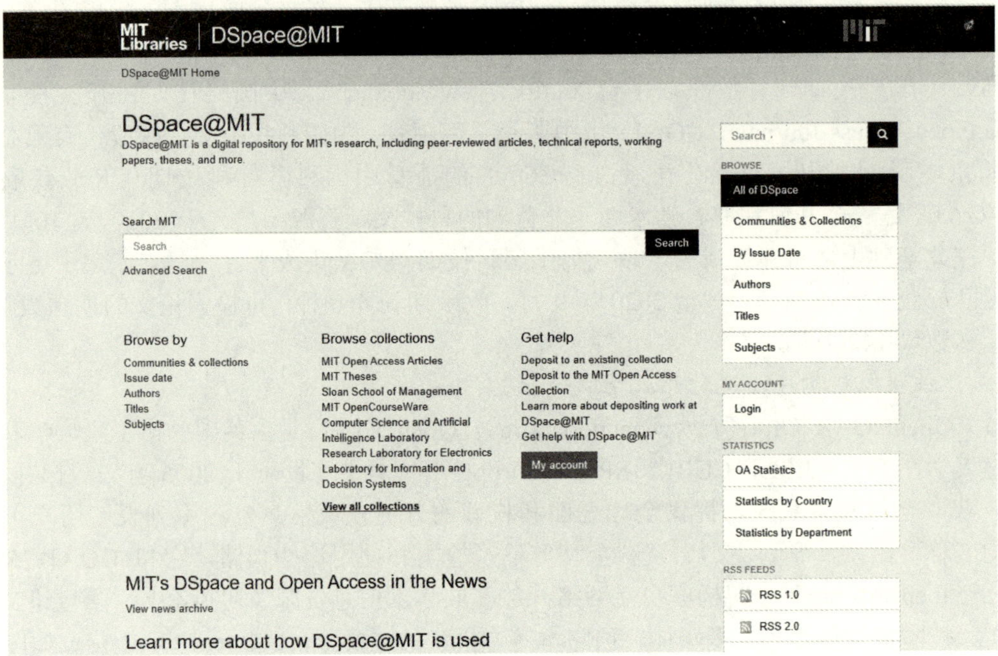

图 5-23 Dsapce@MIT 首页

（3）Apollo·剑桥大学知识库（https: //www.repository.cam.ac.uk）。英国剑桥大学知识库系统被命名为阿波罗（Apollo），用于存储剑桥大学图书馆自己数字化的资料和本校其他机构产生的数字资源，如学术交流资料（论文和预印本）、学位论文、技术报告、各个学部的档案等，以多媒体、交互式课件、数据集、数据库等不同的格式形式存储。

开放获取能够为学术研究提供支持，通过消除人与知识间的屏障，科学、医学和技术各领域能够实现新的突破。从 2017 年 10 月起，所有剑桥大学的博士毕业生都被要求提交电子版博士论文，以便保存。2017 年 10 月 23 日为庆祝“开放获取周”，剑桥大学首次在其知识库上公开了著名物理学家斯蒂芬·威廉·霍金的博士论文《宇宙膨胀的性质》（https: //www.repository.cam.ac.uk/handle/1810/251038）。

（4）香港科技大学机构库（https: //repository.ust.hk/ir）。香港科技大学机构库是由香港科技大学图书馆用 Dspace 软件开发的一个数字化学术成果存储与交流知识库，收录由该校教学科研人员和博士生提交的论文、会议论文、预印本、博士学位论文、研究与技术报告、工作论文和演示稿等。

此外，佛罗里达州立大学机构收藏库（D-Scholarship，http: //diginole.lib.fsu.edu）、加利福尼亚大学机构收藏库（eScholarship Repository of California University，https: //escholarship.org/repository）、香港大学学术库（http: //hub.hku.hk）均为开放获取机构。

第 6 章　常用中文全文数据资源系统

6.1　中国知网（CNKI）中国知识资源总库

中国知网（https: //www.cnki.net）是中国学术期刊（光盘版）电子杂志社、同方知网（北京）技术有限公司共同创办的网络知识出版平台。其前身为 1995 年立项的中国学术期刊（光盘版）及 1996 年开通的中国期刊网。2004 年，中国期刊网更名为中国知网，确立了建设“中国知识基础设施工程（China National Knowledge Infrastructure，CNKI）”的目标。中国知网采用自主开发的数字图书馆技术，全方位整合多种媒体形式的知识资源，构建标准化、规范化、集成化、具有国际领先水平的网络出版平台，建成了世界上全文信息量规模最大的“CNKI 数字图书馆”，截止到 2020 年，文献量逾 4 亿篇，时间跨度数百年，是实现一站式获取学术信息的数据基础。平台整合出版中文学术文献资源约 2.2 亿篇（条），最早回溯至 1915 年，基本把有文字记载的学术文献资源收集完备。每日更新 1 万～3 万篇（条），覆盖 12 种资源类型，包括学术期刊、博硕士学位论文、工具书、会议论文、年鉴、专著、报纸、专利、标准、科技成果、知识元、引文数据库等。同时整合出版外文文献数据库，涉及 5.74 万种期刊，86.6 万种图书，2 亿余条外文文献。外文文献最早回溯至 1665 年，外文图书最早可回溯至 1777 年。中国知网产品见图 6-1。

6.1.1　中国学术期刊（网络版）

1. 中国学术期刊（网络版）简介

中国学术期刊（网络版）是国家新闻出版广电总局批准的网络连续型出版物（ISSN 2096-4188，CN 11-6037/Z），是目前全球最大的连续动态更新的中国学术期刊全文数据库，以学术、技术、政策指导、高等科普及教育类期刊为主，内容覆盖自然科学、工程技术、农业、哲学、医学、人文社会科学等各个领域。收录国内学术期刊 8000 多种，含北京大学核心期刊 1960 余种，网络首发期刊 1860 余种，最早回溯至 1915 年，共计 5660 余万篇全文文献。

中国学术期刊（网络版）产品分为十大专辑，分别是基础科学、工程科技 I 辑、工程科技Ⅱ辑、农业科技、医药卫生科技、哲学与人文科学、社会科学 I 辑、社会科学Ⅱ辑、信息科技、经济与管理科学。十大专辑下分为 168 个专题和近 3600 个子栏目。

2020 年，改版后的学术期刊库实现了中外文期刊整合检索，外文学术期刊包括来自 60 多个国家及地区 650 余家出版社的期刊 57400 余种，覆盖 JCR 期刊的 94%、Scopus 期刊的 80%，最早回溯至 19 世纪，共计 1.1 亿余篇外文题录，可链接全文。

2. 中国学术期刊（网络版）检索

中国学术期刊（网络版）共有“高级检索”“专业检索”“作者发文检索”“句子检索”“一框式检索”及“期刊导航”等多种检索方式。检索时可首先在左侧文献分类目录对欲检索的学科领域进行选择。

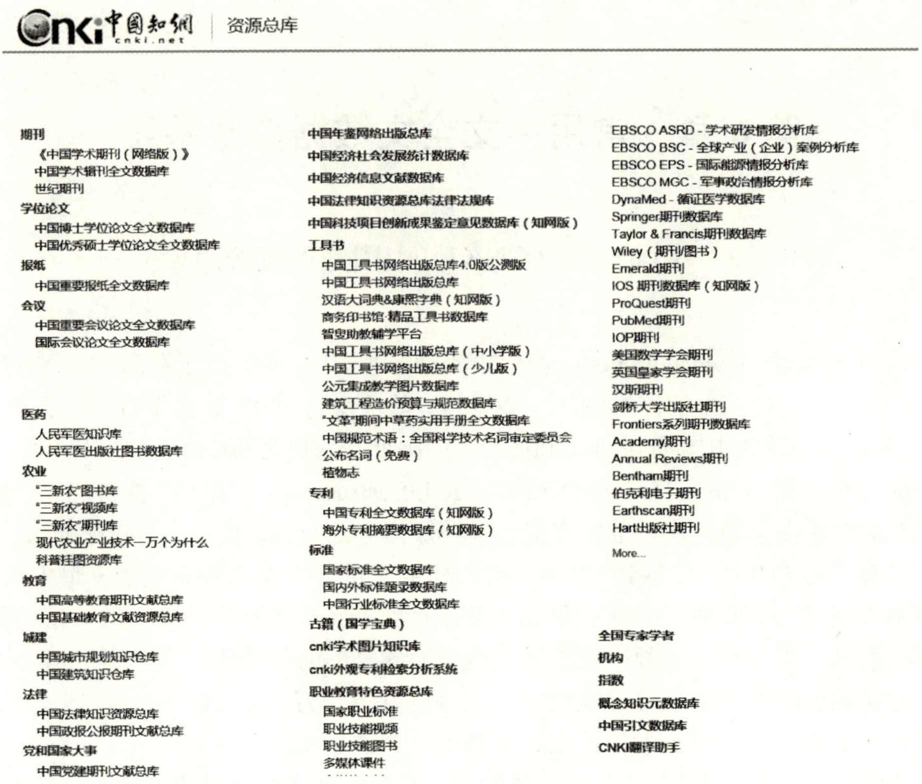

图 6-1　中国知网产品

（1）一框式检索。一框式检索提供了类似搜索引擎的检索方式，只需要输入所要查找的关键词，就能查到相关文献。

（2）高级检索。逻辑组合检索可输入多个检索条件，逻辑是指检索项之间可使用“并且”“或者”“不包含”三种逻辑关系进行项间组合，点击“＋”“－”按钮增加或减少逻辑检索行。中国学术期刊（网络版）高级检索页面如图 6-2 所示。

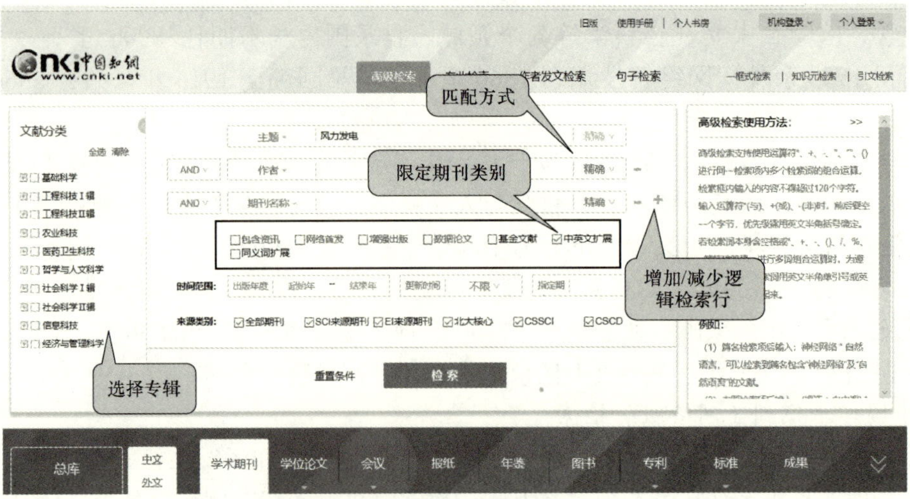

图 6-2　中国学术期刊（网络版）高级检索页面

1）检索条件。中国学术期刊（网络版）提供了主题、作者、期刊名称等近 20 个检索条件选项。各检索选项含义如下。

a．主题：默认检索字段，在中英文篇名、中英文关键词、机标关键词、中英文摘要中检索。

b．篇名：在中文篇名、英文篇名中检索。

c．关键词：包括中文关键词、英文关键词、机标关键词。机标关键词是由计算机根据文章内容，依据一定的算法自动赋予的关键词，与作者自拟关键词有所区别。

d．摘要：在中文摘要、英文摘要中检索。

e．全文：在文章的正文中检索，可输入一个词、一个短语或一句话，如“锄禾日当午汗滴禾下土”，可以选择“并且”“或者”“不包含”“同句”“同段”几种关系。

f．参考文献：在文章后所列“参考文献”中综合检索，而不是按条目、题名、作者分别检索。

g．中图分类号：采用《中国图书馆分类法》对文献进行内容分析，并依照文献学科属性和特征，分门别类地组织文献，所获取的分类代号。如“B”“TP”。

h．DOI：数字对象唯一标识符。如“10.19445/j.cnki.15-1103/g3.2015.06.005”。

i．作者：出现于文章中由作者提供的中英文作者名称。

j．作者单位：作者发表文章时所任职的机构，照录在文章中规定位置出现的机构名称。检索时不宜使用简称，如输入“北京大学”而不是“北大”。

k．期刊名称：中文刊名和英文刊名。英文刊名中包括中文期刊的英文名称和英文期刊的名称。如有刊名发生变更的情况，无论输入曾用名、当前名，均可检出。例：输入“新世纪图书馆”，则“新世纪图书馆”“江苏图书馆学报”均检出。

2）时间范围。用来限定检索文献的出版时间。

a．出版年度：选择或输入起始年和结束年，以阿拉伯数字表示，如“2020”。

b．指定期：以 2 位字符表示，2 位阿拉伯数字表示规则的刊期，如“01”表示第 1 期，“12”表示第 12 期；增刊以“s”表示，如“s1”表示增刊 1，“s2”表示增刊 2，以此类推；合刊以“z”表示，如“z1”表示某刊在某年度的第一次合刊，“z2”表示某刊在某年度的第二次合刊。

c．更新时间：限定数据更新日期，包括不限、最近一周、最近一月、最近半年、最近一年、今年迄今、上一年度。

3）匹配方式。匹配方式分为“精确”“模糊”两种。

a．精确：检索结果完全等同或包含与检索字/词完全相同的词语，为默认选项。

b．模糊：检索结果包含检索字/词或检索词中的词素。

例如，通过作者检索时，输入“王选”选择“精确”匹配方式，只有“王选”被检出，反之选择“模糊”匹配，“王选明”“王选庆”“王选深”“王选杰”等均可检出，如不能确定作者姓名，可以只输入名字中的一个或两个字，选择“模糊”方式可以检出。

4）来源类别。六个选择：全部期刊、EI 来源期刊、SCI 来源期刊、北大核心、CSSCI、CSCD。

5）显示。检索结果单个页面显示记录条数，共有 10、20、50 三个选项。

6）分组浏览。可按主题、期刊、来源类别、学科、作者、机构、基金等分组浏览。

7）排序。可按相关度、发表时间、被引、下载进行排序。

检索实例

检索 2015—2020 年发表在 SCI 来源期刊、EI 来源期刊或核心期刊上主题包含“风力发电”并且作者单位为“华北电力大学”的文章，步骤为选择“主题”检索项，输入“风力发电”；时间设定为从“2015”到“2020”；选中“SCI 来源期刊、EI 来源期刊、核心期刊”；“作者单位”输入“华北电力大学”。中国学术期刊（网络版）高级检索示例如图 6-3 所示。

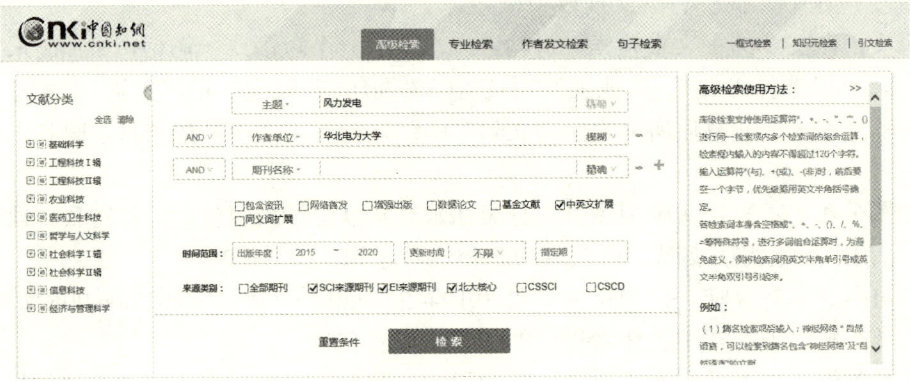

图 6-3 中国学术期刊（网络版）高级检索示例

（3）专业检索。专业检索用于图书情报专业人员查新、信息分析等工作，使用逻辑运算符和关键词构造检索式进行检索。构造专业检索式步骤如下：

1）选择检索项。专业检索支持对以下检索项的检索：SU＝主题，TI＝篇名，KY＝关键词，AB＝摘要，FT＝全文，AU＝作者，FI＝第一作者，AF＝作者单位，LY＝期刊名称，RF＝参考文献，FU＝基金，CLC＝中图分类，SN＝ISSN 国际标准刊号，CN＝统一刊号，CF＝被引频次，FAF＝第一单位。

2）使用运算符构造表达式。中国知网跨库专业检索语法详见表 6-1。

表 6-1　中国知网跨库专业检索语法

运算符	检索功能	检索含义	举例	适用检索项
='str1'*'str2'	并且包含	包含 str1 和 str2	TI='转基因'*'水稻'	所有检索项
='str1'+'str2'	或者包含	包含 str1 或者 str2	TI='转基因'+'水稻'	
='str1'-'str2'	不包含	包含 str1 不包含 str2	TI='转基因'-'水稻'	
='str'	精确	精确匹配词串 str	AU='袁隆平'	作者、第一责任人、机构、中文刊名、英文刊名
='str/SUB N'	序位包含	第 *n* 位包含检索词 str	AU='刘强/SUB 1 '	
%'str'	包含	包含词 str 或 str 切分的词	TI%'转基因水稻'	全文、主题、题名、关键词、摘要、中图分类号
='str'	包含	包含检索词 str	TI='转基因水稻'	
=' str1 /SEN N str2 '	同段，按次序出现，间隔小于 *N* 句		FT='转基因 /SEN 0 水稻'	
=' str1 /NEAR N str2 '	同句，间隔小于 *N* 个词		AB='转基因 /NEAR 5 水稻'	主题、题名、关键词、摘要、中图分类号
=' str1 /PREV N str2 '	同句，按词序出现，间隔小于 *N* 个词		AB='转基因 /PREV 5 水稻'	

续表

运算符	检索功能	检索含义	举例	适用检索项
=' str1 /AFT N str2 '	同句，按词序出现，间隔大于 *N* 个词		AB='转基因 /AFT 5 水稻'	主题、题名、关键词、摘要、中图分类号
=' str1 /PEG N str2 '	全文，词间隔小于 *N* 段		AB='转基因 /PEG 5 水稻'	
=' str $ N '	检索词出现 *N* 次		TI='转基因 $ 2'	

3）使用“AND”“OR”“NOT”等逻辑运算符，“()”符号将表达式按照检索目标组合起来。所有符号和英文字母，都必须使用英文半角字符。“AND”“OR”“NOT”三种逻辑运算符的优先级相同；如要改变组合的顺序，使用英文半角圆括号“()”将条件括起；逻辑运算符“AND”“OR”“NOT”前后要空一个字节；使用“同句”“同段”“词频”时，需用一组西文单引号将多个检索词及其运算符括起，如'流体#力学'。

检索实例

a．检索钱伟长在清华大学或上海大学时发表的文章。检索式为 AU=钱伟长 AND（AF=清华大学 OR AF=上海大学）。

b．检索钱伟长在清华大学期间发表的篇名或摘要中都包含“物理”的文章。检索式为 AU=钱伟长 AND AF=清华大学 AND（TI=物理 OR AB=物理）。

c．检索“厉以宁”为第一作者，署名单位不是“北京大学”，篇名中包含“经济”“改革”的文章。检索式为 FI=厉以宁 AND TI=（经济*改革）NOT AF=北京大学。

（4）期刊导航。中国学术期刊（网络版）提供了多种导航方式，其页面如图 6-4 所示，可点击浏览查询所需期刊，同时提供“刊名（曾用刊名）”“主办单位”“ISSN”“CN”4 种途径检索。

图 6-4　中国学术期刊（网络版）导航页面

（5）检索结果。检索结果首先为概览页，即显示检索文献记录的简单内容。在概览页，可以选择并保存检索的题录信息，也可在结果中进行二次检索，用来进一步精选文献。点击选中文献题名链接，可以进入该文献细览页面。

在细览页面，除显示文献题名、作者、中文摘要等详细内容外，还显示参考文献、引证文献、共引文献、同被引文献、相似文献、相关期刊等知网节信息，供用户参考。在概览页面和细览页面均可直接点击相应按钮下载或浏览文献全文。其全文显示页面如图 6-5 所示。

中国知网的全文有 CAJ、PDF 和 HTML 三种格式。CAJViewer 浏览器是中国知网专用全文阅读器，功能强大：原文 25%～6400%的缩放，高亮线、下划线、删除线、注释等标注功能，页面缩略图导航、目录导航，文本、图像摘录，PDF、CAA、CAJ、TEB、NH、KDH 多种格式文档阅读，知识元搜索，个人数字图书馆及书架管理等。

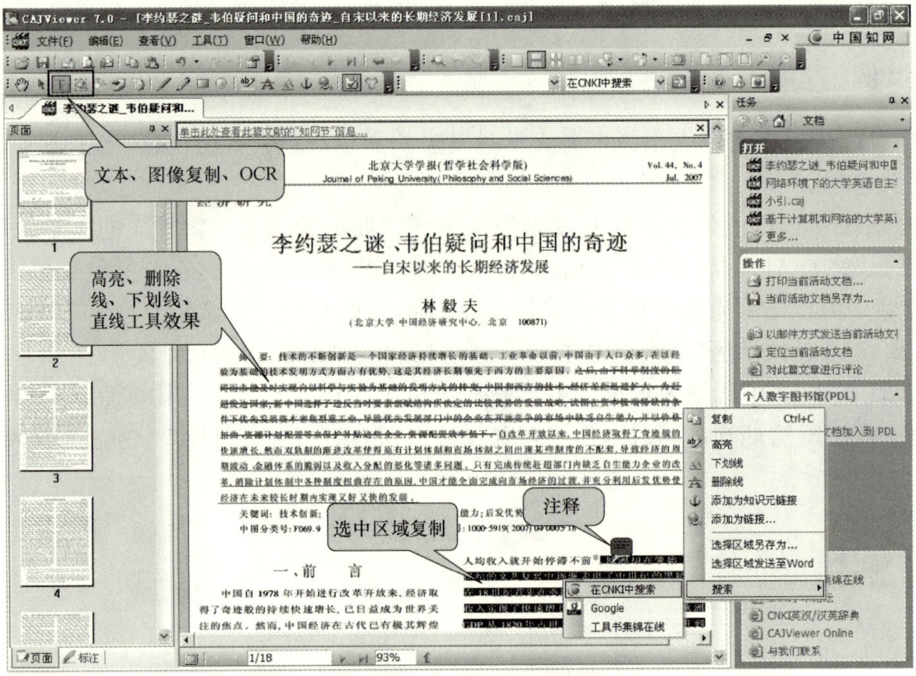

图 6-5 中国学术期刊（网络版）CAJViewer 全文显示页面

检索实例

1）检索发表在《沈阳工程学院学报》2020 年第 3 期的全部文章，检索示例页面如图 6-6 所示。

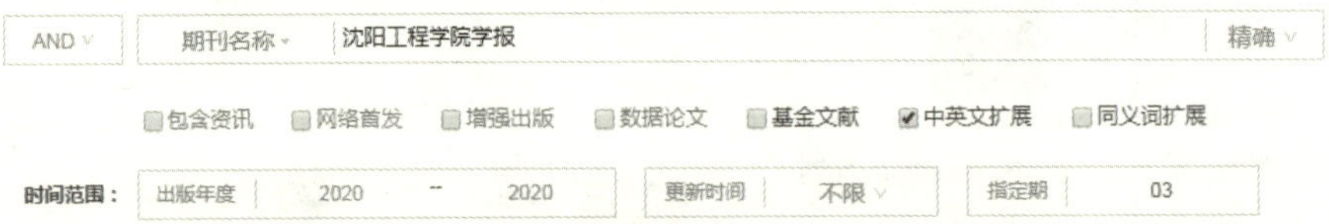

图 6-6 中国学术期刊（网络版）检索示例页面（一）

2）在某些检索条件无法确定的情况下，通过有限线索的正确运用，同样能够完成检索。

无法确定篇名、作者，只能提供刊名的局部、文中的某一句话，可构造以下检索式。在《求是》杂志中检索全文包含“不忘初心”的文章，检索示例页面如图 6-7 所示。

图 6-7　中国学术期刊（网络版）检索示例页面（二）

3）检索数学方面的期刊。

方法 1：依次点击“期刊导航”→“基础科学”→“数学”，即可浏览到全部数学类期刊。

方法 2：在“期刊导航”中，选择“刊名”检索项，输入“数学”，按下“检索”按钮，所有刊名包含“数学”的期刊全部检出。

6.1.2　中国知网世纪期刊检索

“世纪期刊”回溯收录我国正式出版发行的创刊至 1993 年的重要核心期刊，最早回溯至 1915 年，4000 种期刊回溯到创刊，与中国学术期刊（网络版）1994 年至今的数据形成年限上的无缝连接，极具馆藏价值和参考价值，是查询 1915—1993 年国内期刊的首选。“世纪期刊”拥有与中国学术期刊（网络版）统一的产品体系、检索界面和导航结构，也可合成为一个数据库使用。

数据库收录最早的期刊是 1915 出版的《清华学报》（《清华大学学报》前身）第 1 期第 2 号，第一篇文章题目为《小引》，写于 1915 年 11 月。世纪期刊首篇文章《小引》如图 6-8 所示。

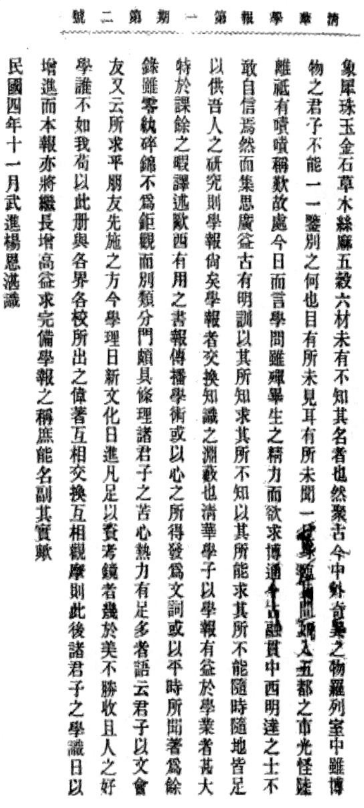

清華學報　第一期　第二號

小引

象犀珠玉金石草木絲麻五穀六材未有不知其名者也然聚古今中外奇異之物羅列室中雖博物之君子不能一一鑒別之何也目有所未見耳有所未聞一[illegible]入五都之市光怪陸離祗有嘖嘖稱歎故處今日而言學問雖殫畢生之精力而欲求博通今古融貫中西明達之士不敢自信焉然而集思廣益古有明訓以其所知求其所不知以其所能求其所不能隨時隨地皆足以供吾人之研究則學報尙矣學報者交換知識之淵藪也淸華學子以學報有益於學業者甚大特於課餘之暇譯述歐西有用之書報傳播學術或以心之所得發爲文詞或以平時所聞著爲餘錄雖零紈碎錦不爲鉅觀而別類分門頗具條理諸君子之苦心熱力有足多者語云君子以文會友又云所求乎朋友先施之方今學理日新文化日進凡足以資考鏡者幾於美不勝收且人之好學誰不如我苟以此册與各界各校所出之偉著互相交換互相觀摩則此後諸君子之學識日以增進而本報亦將繼長增高益求完備學報之稱庶能名副其實歟

民國四年十一月武進楊恩湛識

小引　一

图 6-8　世纪期刊中的首篇文章《小引》

中国知网中国博士学位论文全文数据库、中国优秀硕士学位论文全文数据库、中国重要会议论文全文数据库、中国重要报纸全文数据库等其他数据库单库检索界面、检索方法与中国学术期刊（网络版）相似。

6.1.3　中国知网知识发现网络平台（KDN）

知识发现网络平台不同于传统的搜索引擎，它利用知识管理的理念，实现了知识汇聚与知识发现，结合搜索引擎、全文检索、数据库等相关技术达到知识发现的目的，可在海量知识及信息中发现和获取所需信息，简洁高效、快速准确。具有“一框检索”“智能提示”“在线预览”“平面式分类导航”等新特性。KDN 可在一个检索界面下同时完成对多个数据库的检索。KDN 提供各数据库通用的检索字段选项，即全文、主题、篇名、作者、单位、关键词、摘要、参考文献、中图分类号、文献来源等。中国知网知识发现网络平台首页如图 6-9 所示。

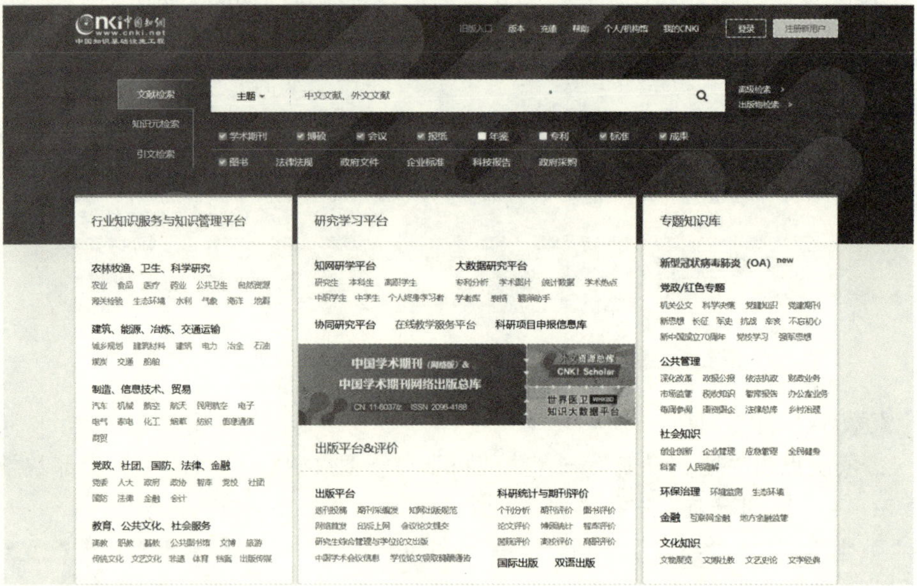

图 6-9　中国知网知识发现网络平台首页

检索实例

（1）检索“2015—2020”年出版的主题包含“一带一路”并且作者单位为“北京大学”的文献，检索页面如图 6-10 所示。

图 6-10　中国知网跨库高级检索示例页面（一）

（2）检索篇名包含“房地产调控”或“楼市调控”的文献，检索页面如图 6-11 所示。

图 6-11　中国知网跨库高级检索示例页面（二）

图 6-12　全球学术快报主页面

6.1.4　全球学术快报

中国知网推出了“全球学术快报”这一手机应用。基于 CNKI 网站，为用户提供定制服务，个性化推送，简约搜索亿万文献，实时掌握最新科技动态。图 6-12 所示为全球学术快报主页面。

6.1.5　中国知网特色功能

1. 知网节

知网节是知识网络节点的简称，其示意图如图 6-13 所示。知网节分为“单库知网节”和“跨库知网节”，单库知网节只能链接到同一库内的相关文献，跨库知网节实现多库相关文献的各种超链接。

知网节是提供单篇文献的详细信息和扩展信息的浏览页面，它以一篇文献作为节点，不仅包含了单篇文献题名、作者、机构、来源、时间、摘要等详细信息，还提供各种扩展信息，如知识元链接、参考文献、引证文献、共引文献、相似文献、读者推荐文献、作者与机构的链接以及分类导航等的入口汇集点，通过概念相关、内容相关等方法揭示知识之间的关联关系，达到知识扩展的目的，有助于新知识的学习和发现。

“参考文献”是主体文献引用或参考的文献，能够发现主题研究的背景和依据，即“来龙”。

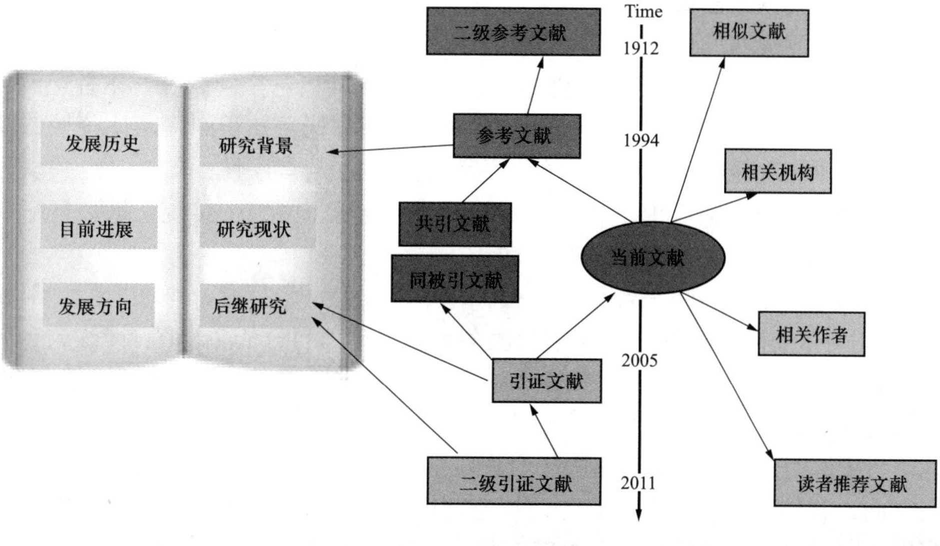

图 6-13　知网节示意图

“引证文献”是其他文献对主体文献的引用或参考，能够发现主题研究工作的继续、发展、渗透、融合，即“去脉”。

“共引文献”与主体文献有共同参考文献，可以发现主题研究工作的内容交叉、相似、相关，“同被引文献”与主体文献共同被引。

“相似文献”根据内容相似度计算而得，内容上与主体文献最接近。“推荐文献”根据用户操作日志计算而得，与主体文献相关，属“意外发现”。

2. 相似词

在各数据库检索页面，对于题名、关键词等字段输入的检索词，系统会通过后台知识处理，在检索结果页面自动提示若干相似词，供用户参考选择使用。如输入“变压器”，会有以下相似词：弧焊变压器、换流变压器、自耦变压器、变压器铁芯、回扫变压器、变压器套管、差动变压器等。同时，检索结果页面还会提示该检索词在中国知网工具书数据库各种工具书的解释链接，点击相关链接可以获得该检索词的详细解释信息。

3. 知网空间、翻译助手、增强出版

知网空间（http: //search.cnki.net）是以学术文献为搜索内容的搜索引擎，搜索范围包括期刊文献、学位论文、会议论文、报纸文献、工具书、年鉴等。包括全文搜索、工具书搜索、数字搜索、学术定义搜索、图形搜索、翻译助手等诸多功能，简单易用，实现实时的知识聚类、多样化的检索排序和丰富的知识链接。其检索结果全部来源于 CNKI 知识库，内容更为专业，突出学术性；CNKI 翻译助手（http: //dict.cnki.net）是专业领域全面的科技术语在线英汉、汉英词典，能提供双语例句、英文例句、文摘，是翻译专业文献的极佳辅助工具；增强出版这种全新的出版模式包含根文献和附加内容，经过组织和封装，形成一个有内在联系的复合数字作品的数字出版物，是全部学术成果的出版。其中，根出版物指与印刷版出版物内容一致的数字化出版物形式，或者并无印刷版相对应的纯粹数字化出版物；附加内容又叫增强材料，伴随根文献一起进行数字化出版，其内容包括文本、数据表格、图像、音频、视频、软件程序、手稿等，通常仅通过网络呈现。

6.1.6 中国知网数字出版平台

为了将中国知网丰富的资源整合，使之得到充分利用，达到 1＋1＞2 的效果，中国知网研发了“数字出版平台”。通过统一学科分类、统一关键词概念空间、统一作者空间、统一机构空间、统一时间尺度、统一基金、统一文献层次标识，构建知识网络，使各种资源可以在统一的度量空间中相互融合、重组，实现了资源的系统性与有序性；支持多维关联分析、多维排序、多维聚类以及反馈评价，其系统的文献分析与挖掘区别于传统文献数据库；通过跨库检索、统一导航、知网节等将资源深入整合。

借助于中国知网数字出版平台，每个人、每个单位、每个行业、每个地区，都可以利用“中国知网”的海量文献资源和个性化增值服务平台，创建自己的数字图书馆。

1. 机构数字图书馆

能够按需配置，订购“数字出版平台”上出版的各类数字资源；并整合机构自有的数字资源；自动为机构用户推送“数字出版平台”新出版的资源和新推出的功能；设计科研专题，追踪热点方向，开展科研课题文献服务，加速国内外最新科研成果在本单位工作、经营、管理中的应用；同时跟踪本单位作者发表的文献，开展本单位作者文献评价。图 6-14 所示为沈阳工程学院机构馆。

2. 个人数字图书馆

能够订购“数字出版平台”上出版的各类数字资源，方便地添加自己的数字资源；可以自动定制期刊论文、学位论文、会议论文等各类信息资源，了解最新的研究成果，跟踪感兴趣的学者、机构和项目，与同领域学者或好友探讨学术问题。可以加入机构图书馆，分享其中资源。

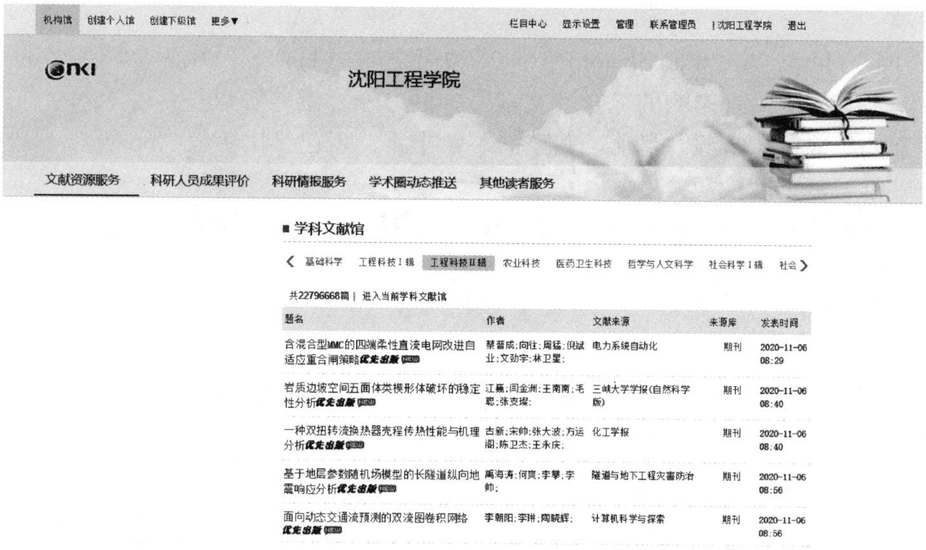

图 6-14　沈阳工程学院机构馆

6.1.7　中国知网旗下网站

中国医院数字图书馆：http: //www.chkd.cnki.net；

CNKI 中小学数字图书馆：http: //www.cfed.cnki.net；

中国城市规划知识仓库：http: //www.ccpd.cnki.net；

中国法律数字图书馆：http: //law.cnki.net；

中国工具书库：https: //gongjushu.cnki.net/rbook；

知网研学：http: //elearning.cnki.net；

CNKI 学者库：http: //papers.cnki.net；

互联网学术资源：http: //webinfo.cnki.net；

CNKI 学术图片库：http: //image.cnki.net；

CNKI 翻译助手：http: //dict.cnki.net；

CNKI 概念知识元库：https: //concept.cnki.net；

CNKI 学术搜索：https: //scholar.cnki.net。

6.2　维普资讯数据系统

重庆维普资讯有限公司的前身是中国科技情报所重庆分所数据库研究中心，是中国第一家进行中文期刊数据库研究的机构。1989 年，维普中文科技期刊篇名数据库研建成功，收录期刊 2000 余种，以软盘形式开始向全国用户发行，开创了中国信息产业数据库建设的先河；1992 年，研究开发出我国第一张中文数据库光盘，不仅在中文信息存储介质中有重大突破，在中文数据处理、盘片制作、软件开发及光盘数据库的推广应用等方面为业界提供了可借鉴的经验，推动了我国信息产业的发展；1998 年，维普中文科技期刊篇名数据库收录期刊达 7000 余种，年数据加工量 60 万条，成为国内最具权威和最受欢迎的期刊数据库之一，一度在国内独领风骚。到 2020 年 9 月，维普资讯数据系统累计收录期刊 14000 余种，现刊 9000 余种，文献 7025 万条。

“维普网”（http: //www.cqvip.com）于 2000 年建成，目前已经成为全球著名的中文信息服务网站，也是中国最有影响的综合性文献服务网之一。维普资讯与百度学术合作，成为百度学术搜索的主要信息来源。目前，其产品不断丰富，现已推出手机 App 版。

6.2.1 维普资讯网检索

维普资讯网提供一框式检索和高级检索两种检索方法。在一框式检索中，用户可按“文献、期刊、学者、机构”四种方式搜索。

检索实例

查找“深圳经济特区”方面的文献，选择“文献搜索”，选中“标题/关键词”，输入“深圳经济特区”。图 6-15 所示为维普资讯网首页。

图 6-15 维普资讯网首页

维普资讯网检索支持“AND”“OR”“NOT”三种逻辑运算符，“AND”“OR”“NOT”必须大写，且前后必须空一格；逻辑运算符优先级顺序为“NOT”“AND”“OR”，可通过英文半角“()”进一步提高优先级。

在维普资讯网高级检索页面，可供选择的检索字段和字段代码分别是题名或关键词（M）、任意字段（U）、题名（T）、关键词（K）、文摘（R）、作者（A）、第一作者（F）、机构（S）、刊名（J）、分类号（C）。在构造检索式时，字段标识符必须为大写字母，每种检索字段前，都须带有字段标识符，相同字段检索词可共用字段标识符。如检索式“K=CAD+CAM”，表示检索关键词包含“CAD”或“CAM”的文献；检索式“S=维普资讯 AND A=范兴丰”“S=维普资讯* A=范兴丰”，表示检索机构中含有“维普资讯”，并且作者为“范兴丰”的文献；检索式“(K=（CAD OR CAM）OR T=雷达）AND R=机械 NOT K=模具”，表示检索文摘中含有“机械”，并且关键词中含有“CAD”或“CAM”，或者题名中含有“雷达”，但关键词不包含“模具”的文献。

检索实例

检索最近一个月有关“人工智能”的文章。选择高级检索，进行同义词扩展，更新时间选择为一个月内，检索页面如图 6-16 所示。

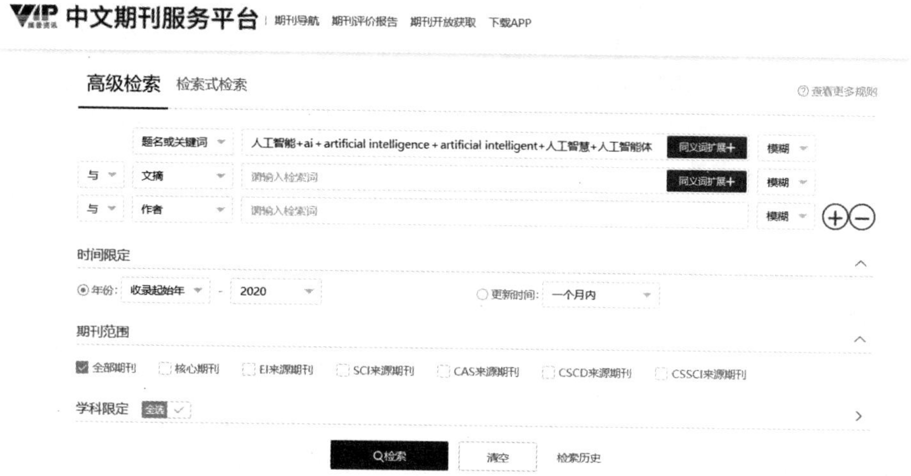

图 6-16　维普中文期刊服务平台高级检索页面

6.2.2　智立方知识资源服务平台

维普智立方是一个大数据知识服务平台，整合了期刊、学位论文、会议论文、专利等十种类型文献，总计 2 亿条数据。平台提供各种一站式检索、分析、挖掘和全文保障服务。其检索页面如图 6-17 所示。

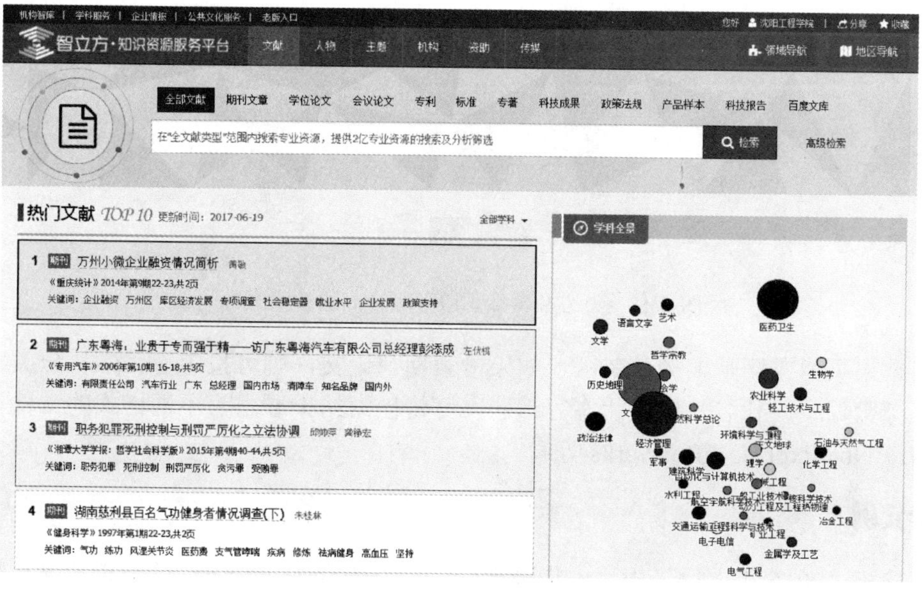

图 6-17　维普智立方知识资源服务平台检索页面

6.3 万方数据知识服务平台

万方数据股份有限公司是国内较早以信息服务为核心的股份制高新技术企业，是互联网领域集信息资源产品、信息增值服务和信息处理方案为一体的综合信息服务商。

万方数据知识服务平台提供期刊论文、学位论文、会议、专利、科技报告、成果、标准、法规、地方志、视频等文献类型的60余个数据库检索服务，总站地址为http: //www.wanfangdata.com.cn或http: //g.wanfangdata.com.cn。并通过馆内镜像、网络包库等形式为用户提供检索服务。2018年推出了手机应用“万方数据”。

万方数据知识服务平台首页可以选择单个数据库检索或多个数据库跨库检索，跨库检索常用字段有题名、作者、作者单位、中图分类号、关键词、摘要，支持“与”“或”“非”逻辑运算（点击⊞增加一组检索条件框，⊟删除一组检索条件框），时间范围为1900年至今，检索结果的排序方式有相关度、出版时间、被引频次、下载量等。

检索实例

查找“手足口病”方面的文献。选择“主题”检索字段，输入“手足口病”，时间限定为“2015年至今”，文献类型全部选中，并进行中英文扩展、主题词扩展，按下检索按钮。万方数据知识服务平台高级检索页面和检索结果页面如图6-18、图6-19所示。

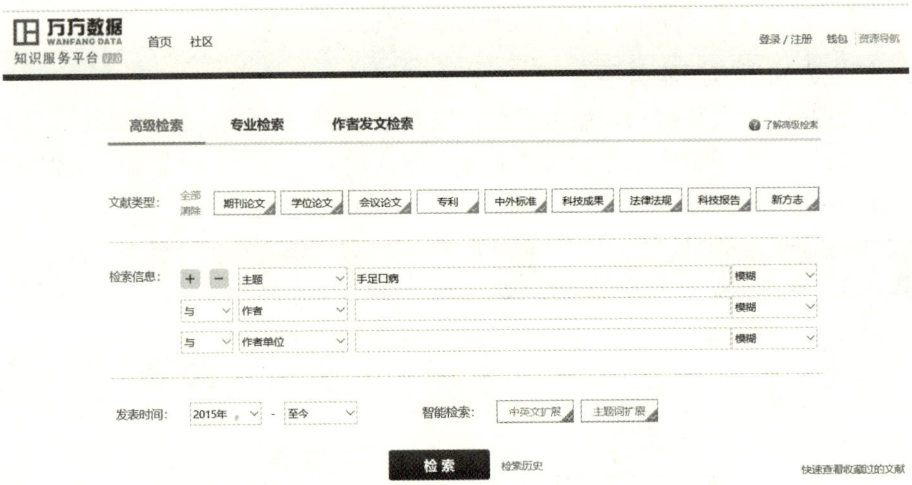

图6-18 万方数据知识服务平台高级检索页面

检索结果页面左侧是聚类导航区，如果检索期刊论文，则可按年份、学科分类、核心、语种、来源数据库、刊名、出版状态等筛选，可将检索结果导出为不同格式的文件（参考文献、XML、NoteExpress、RefWorks等）。

检索实例

（1）检索“2015年之后”由“中华医学会”主办的有关“肝炎”的会议论文，检索页面如图6-20所示。

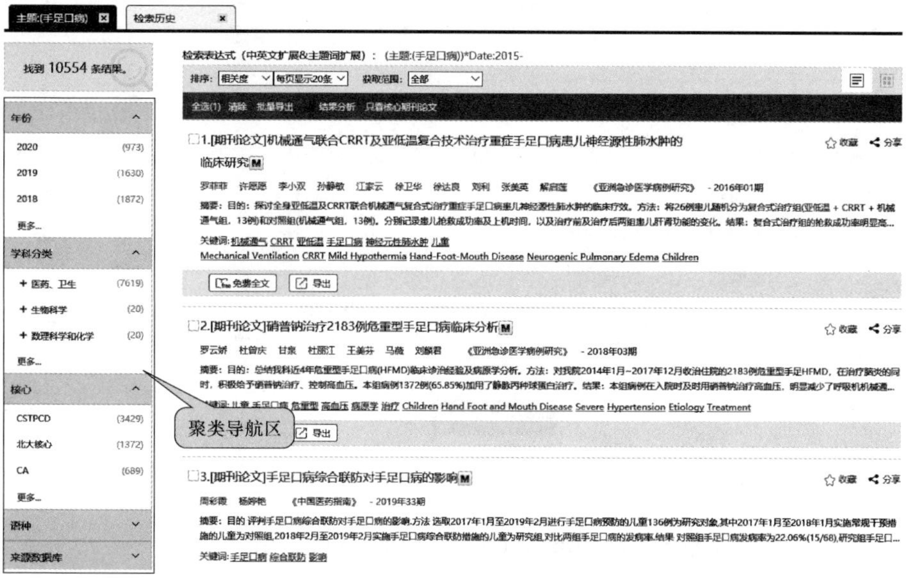

图 6-19　万方数据知识服务平台高级检索结果页面

图 6-20　万方数据知识服务平台会议论文检索页面

（2）检索 2015 年以后“负荷预测”方面的学位论文，并且要求关键词出现“模型”，摘要中出现“电力”。选择高级检索，检索页面如图 6-21 所示。

2017 年推出万方智搜——学术资源发现系统，整合数亿条全球资源，实现海量学术文献的统一发现。通过与国内外数十家机构、出版社等进行深度合作，集成期刊、学位、会议、科技报告、专利、视频等十余种资源类型，覆盖多语种文献。期刊资源包括中文期刊 8000 余种，其中核心期刊 3200 种左右，同时收录了 1995 年以来世界各国出版的 40000 余种重要学术期刊。

万方数据相关网站如下：

万方医学网：http: //med.wanfangdata.com.cn;

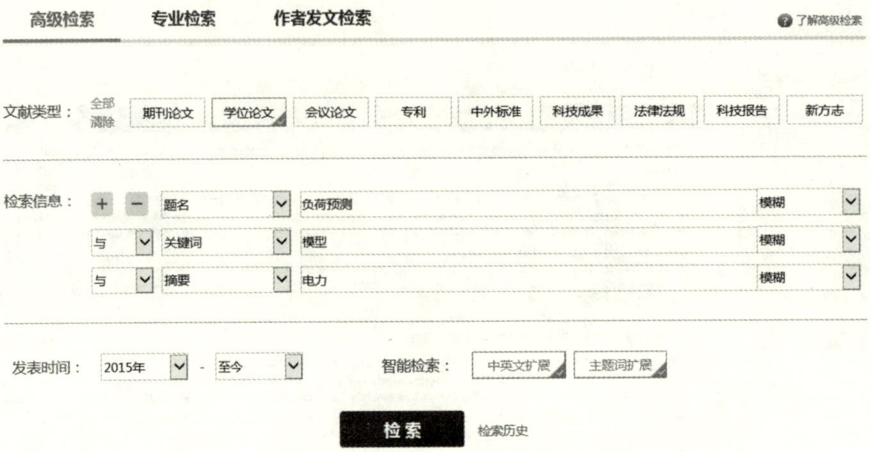

图 6-21 万方数据知识服务平台学位论文高级检索页面

万方数据技术创新服务平台：http: //et.wanfangdata.com.cn；

万方地方志：http: //fz.wanfangdata.com.cn；

万方视频：http: //video.wanfangdata.com.cn；

万方中小学数字图书馆：http: //edu.wanfangdata.com.cn；

发现・地球：http: //earth.wanfangdata.com.cn；

万方创新助手：https: //webstads.sciinfo.cn。

6.4 超星集团数字资源产品

超星公司成立于 1993 年，2000 年创办超星数字图书馆，长期从事图书、文献、教育资源数字化工作，是国内专业的数字图书资源提供商和学术视频资源制作商之一，经过 20 余年的发展，已经形成超星集团。其在数字资源加工、采集、管理以及应用平台等方面具有许多创新及实用的思想和技术，电子图书、教育视频、数字试题等系列产品在我国高等教育、基础教育、终身教育、社区教育、行业信息服务领域具有相当的市场占有率和社会影响。

6.4.1 镜像站点方式访问超星数字图书馆

超星集团图书资料数字化生产线年加工数字图书 20 万种以上，学科涵盖《中图法》22 大类。可通过登录镜像站点、访问超星网站（http: //www.sslibrary.com）、手机 App、歌德电子书借阅机等多种方式获得超星中文电子图书服务。

镜像站点（mirror site）是能够忠实复制某个原始信息源的另外一个站点，当网络用户与镜像站点的“电子距离”比原始站点更近时，镜像站点就可以为用户提供更有效的存取服务，本地镜像是国内图书馆自购数据库的常见做法。超星数字图书镜像站点检索平台提供“图书分类目录”查询及快速检索、高级检索三种查询方式。分类目录按照《中图法》设置类目，逐层递进，可以全面获得某一学科、专业的电子图书信息。

检索实例

（1）查找“汽轮机”相关图书。

分类浏览：通过分类逐级点击查找，类目依次为“工业技术”→“能源与动力工程”→“蒸汽动力工程”→“蒸汽轮机（蒸汽透平、汽轮机）”。

（2）查找书名包含“计算机”并且作者为“谭浩强”的图书。

高级检索提供书名、作者、主题词三个检索字段，选择“书名”，输入“计算机”，选择逻辑“并且”，选择“作者”，输入“谭浩强”。超星数字图书镜像站点检索页面如图 6-22 所示。

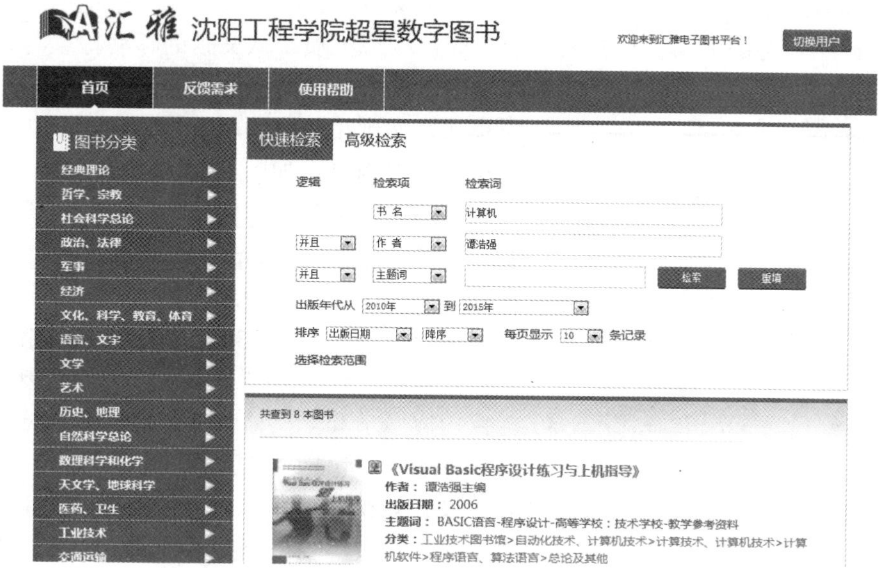

图 6-22　超星数字图书镜像站点检索页面

点击检索结果列表中的书名可在线阅读选中图书，超星的特色在于可将图书整本下载，在安装有超星阅读器（SSreader）的计算机上离线阅读。超星数字图书全文有阅读器阅读和 PDF 阅读两种格式供用户选择，其阅读器全文显示页面如图 6-23 所示。

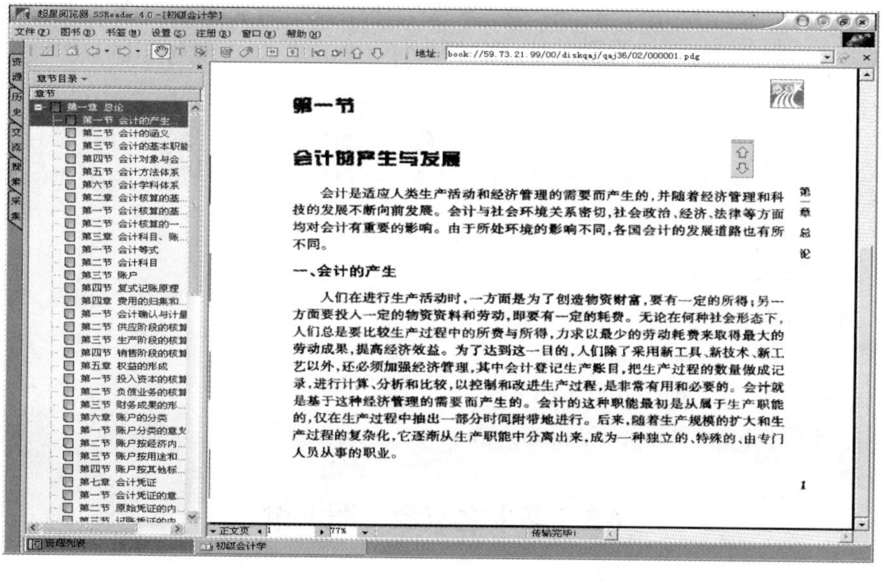

图 6-23　超星数字图书阅读器全文显示页面

在超星数字图书平台中创建“我的图书馆”，将选中图书收藏在“我的图书馆”中有序地组织起来，可随时登录进入“我的图书馆”，阅读收藏的电子图书。

6.4.2 超星移动图书馆

超星移动图书馆是为图书馆制作的移动阅读平台，用户在手机、平板电脑等移动设备上安装超星移动图书馆客户端后，可以自助进行馆藏查询、个人借阅查询、图书馆最新公告浏览等，同时拥有超过百万册电子图书、海量报纸文章以及中外文献元数据供用户自由选择。超星移动阅读平台与图书馆书目检索系统集成，实现纸质馆藏文献的移动检索与自助服务；与数字图书馆门户集成，实现电子资源的一站式检索与全文移动阅读；与全国共享云服务体系集成，实现馆外资源联合检索与文献传递服务。超星移动图书馆页面如图 6-24 所示。

图 6-24 超星移动图书馆页面

6.4.3 读秀学术搜索

读秀学术搜索（http: //www.duxiu.com）是一个学术搜索引擎和文献资源服务平台，其后台建构在超星公司多年来数字化的 630 万种中文图书组成的超大型数据库基础上，以 16.5 亿页中文资料为基础，为读者提供内容章节和全文检索、部分文献试读、文献传递等多种服务，包括 315 万种图书的在线试读和知识搜索，设有知识、图书、期刊、报纸、讲座、专利、标准、科技成果等 21 个搜索频道。读秀学术搜索可以和图书馆纸质图书与电子图书资源整合，实现馆藏纸质图书与电子图书的统一检索。

6.4.4 超星期刊

超星公司大力拓展期刊市场，2017 年超星域出版期刊上线（http: //qikan.chaoxing.com）。收录中外文期刊 88000 余种，其中全文收录中文期刊 7400 余种（核心期刊超过 1300 种），实现与上亿条外文期刊元数据联合检索，内容涉及理学、工学、农学、社会科学、文化、教育、哲学、医学、经管等各学科领域。涵盖《中图法》22 大类，采用流式媒体阅读呈现，多终端自适应阅读。可与超星“学习通”结合使用，实现移动端的在线学习。

6.4.5 超星相关网站

超星读书：http: //book.chaoxing.com；

超星百链：http: //www.blyun.com；

超星发现：http: //www.chaoxing.com；

超星网络课程：http: //fanya.chaoxing.com。

6.5 书生之家数字图书馆

书生之家数字图书馆由北京书生公司（http: //www.sursen.com）于 2000 年推出。“第三代数字图书馆”系统共包括“图书”“高级检索”“软件下载”“帮助”四个部分。查询到的图书可通过“借阅”功能实现整本下载阅读。

书生之家数字图书馆图书检索页面如图 6-25 所示，点击“图书”进入图书模块，共有 5 种查询图书的方式：

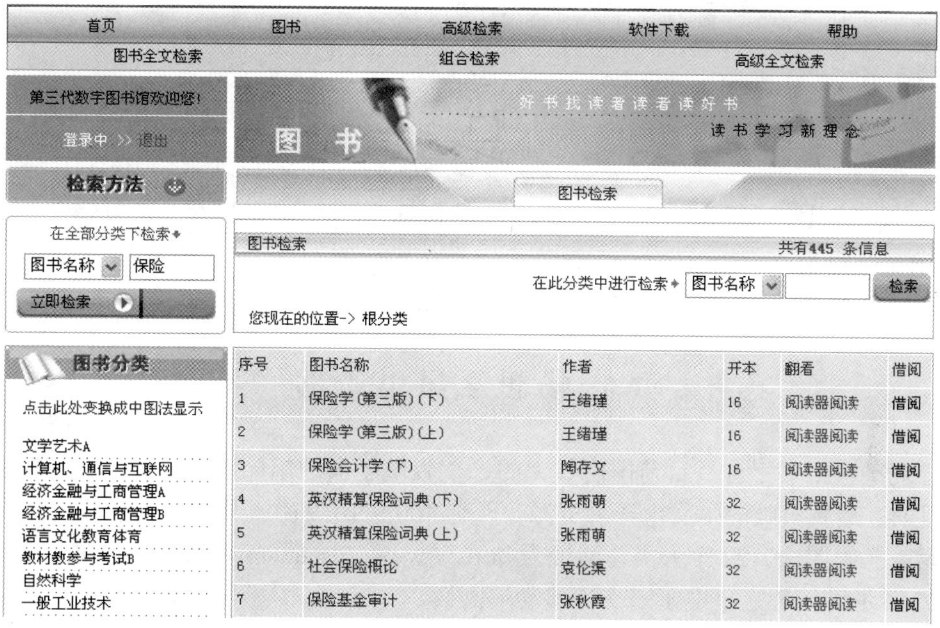

图 6-25 书生之家数字图书馆图书检索界面

（1）分类浏览。全部图书按书生分类显示，也可按《中图法》显示，可通过分类方式层层点击进入，查询所需图书。如计算机通信与互联网→数据库→数据库理论，提供图书名称、作者、出版机构、开本等简要书目信息。

（2）通过“图书名称”“作者”“丛书名称”“主题”“摘要”五种检索途径查询所需图书，采用模糊匹配方式。如检索《电子电路计算机辅助分析与辅助设计》一书，输入“电子电路计”即可。

（3）图书全文检索。可按图书内容、图书目录进行查找，可对查找图书所属类目进行限定。

（4）组合检索。用逻辑“与”“或”将不同的检索途径连接起来进行组配检索。

（5）高级全文检索。书生之家数字图书馆高级全文检索页面如图 6-26 所示，通过单词检索、多词检索、位置检索、范围检索等条件的限定实现对图书全文、目录的搜索，检索条件的选项设置非常详尽，逻辑运算符除“与”“或”“非”外，增加了“异或”；对上位词、下位词、等同词、同义词、反义词、替代词、外文等同词都可处理；可根据需要选择对输入的检索词是否拆分，同时对输入的字母、数字也提供了半角、全角转换检索等设计。

阅读书生电子图书全文必须下载并安装书生阅读器，书生阅读器提供文件工具、缩放工具、翻页工具、基本布局、基本工具、网页浏览工具，借助于这些工具能够实现多种操作功能。点击检索结果列表某种图书后“全文”链接按钮，即可阅读电子图书全文。

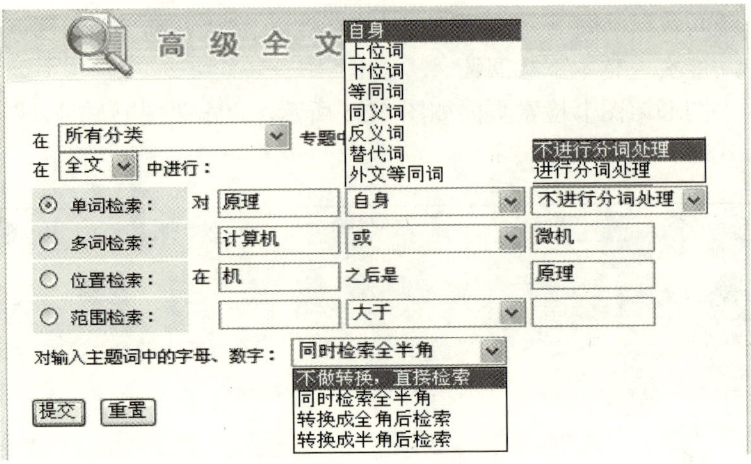

图 6-26　书生之家数字图书馆高级全文检索页面

6.6　畅想之星电子书

畅想之星电子书平台是目前国内最大的、正版电子书的馆配电子书大中盘，旨在为读者提供海量的、最新出版的中文电子书资源，现有 400 家出版社加盟，新书电子书 50 万种。图书种类涵盖《中图法》22 个大类，网址为 https: //www.cxstar.com。畅想之星电子书平台首页如图 6-27 所示。畅想之星电子书支持移动端阅读。

图 6-27　畅想之星电子书平台首页

6.7　中国资讯行

中国资讯行（China InfoBank）于 1995 年在香港成立，是一家专门收集、处理及传播中国商业、经济信息的香港企业，其产品数据量超过 100 亿汉字，日新增数据量逾 2000 万汉字，通过网络、光盘、纸版等多种媒体提供信息服务。其数据库适合经济、工商管理、财经、金融、法律、政治等专业使用，尤其是包含有各类报告、统计数据、法律法规、动态信息等内容。中国资讯行网址为 http: //www.infobank.cn，高校财经数据库访问地址为 http: //www.bjinfobank.com，总计 14 个数据库，1000 多种主流媒体，2000 多万篇专业报道，提供以下数据库服务：中国经济新闻库、中国商业报告库、中国法律法规库、中国统计数据库、中国上市公司文献库、中国医疗健康库、INFOBANK 环球商讯库，以及如下参考资料库：中国人物库、English Publications（英语出版物）、中国中央及地方政府机构库、中国拟建在建项目数据库、中国企业产品库、香港上市公司资料库、名词解释库。

检索实例

（1）检索中国经济新闻库中标题出现“人民币”的信息，如图 6-28 所示。图 6-29 所示为其检索结果页面。

图 6-28　中国经济新闻库检索页面

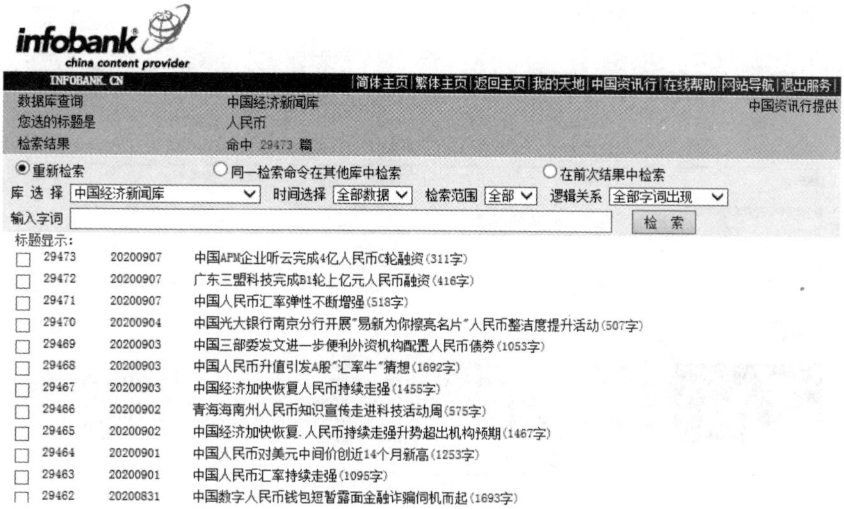

图 6-29　中国经济新闻库检索结果页面

（2）在中国商业报告库中检索有关“出口”“口罩”的文献。检索范围选择“标题”，输入字词“出口”“口罩”；逻辑关系设为“全部字词命中”。其检索页面如图 6-30 所示。

图 6-30　中国资讯行中国商业报告库检索页面

（3）在中国统计数据库中检索最近一年“全国 70 个大中城市”的统计数据。其检索页面如图 6-31 所示。

图 6-31　中国资讯行中国统计数据库检索页面

6.8　中国经济信息网

中国经济信息网（简称中经网），1996 年 12 月 3 日正式开通，是国家信息中心组建的、以提供经济信息为主要业务的专业性信息服务网站。中经网问世以来，经过了几次重大的网站结构调整和技术升级，目前已建成日更新量几百万汉字，覆盖宏观、金融、行业、区域、企业、国际、视频等多个频道的，国内互联网上最大的中文经济信息库，是监测和研究中国经济的权威网站群。中国经济信息网地址为 https: //www.cei.gov.cn，专网地址为 http: //ibe.cei.cn。

中国经济信息网包含综合频道、宏观频道、金融频道、行业频道、区域频道、国际频道六个板块。

检索实例

（1）检索有关我国“消费者信心指数”的数据，依次点击“宏观频道”→“宏观指数”→“更多”。中经网首页页面如图 6-32 所示。

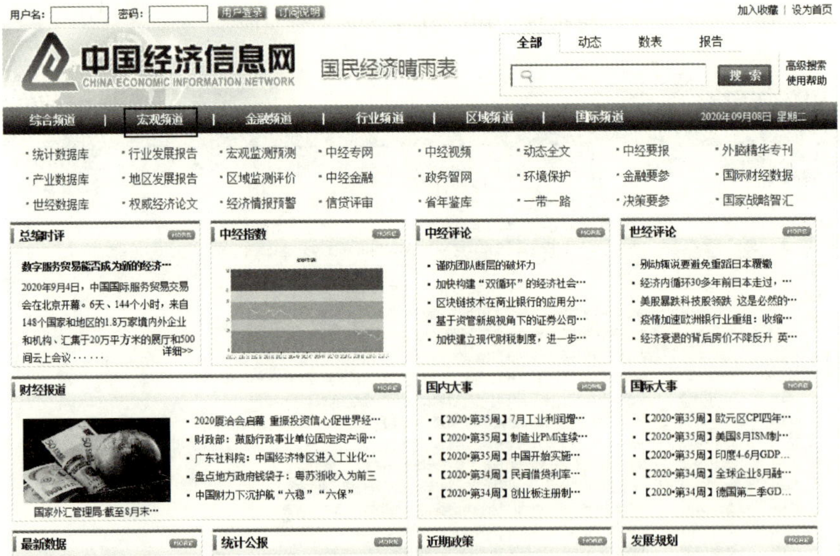

图 6-32　中经网首页页面

（2）检索 2019 年 1 月一年以来有关 CPI 的信息。点击首页的“高级检索”，在输入框中输入“CPI”，时间设置为 2019-01-01 至 2020-01-01，如图 6-33 所示。

图 6-33　中经网高级检索页面

第 7 章　常用外文全文数据资源系统

7.1　EBSCO 西文数据库

7.1.1　EBSCO 概况

EBSCO 公司成立于 1944 年，是全球性的集成数据库出版商和期刊代理商。EBSCO 数据库覆盖自然科学、社会科学、人文和艺术、教育学、医学等多学科领域，文献类型丰富，包括文章、书目、传记、图书评论、个案研究、公司报告、工业综述、会议录、专利等，还包括采访、书信、讣告、报告、演讲、诗歌等，甚至还有食谱。最早的文献回溯至 19 世纪，数据每日更新，部分文献提供 HTML 或 PDF 格式全文。

EBSCO 现有数据库中以 ASP、BSP 最为著名。ASP（Academic Source Premier）是综合学科参考类全文数据库，涵盖多元化的学术研究领域，包括物理、化学、航空、天文、工程技术、教育、法律、医学、语言学、农学、人文、信息科技、通讯传播、生物科学、公共管理、社会科学、历史学、计算机、军事、文化、健康卫生医疗、艺术、心理学、哲学、国际关系、各国文学等，收录 17100 多种刊物的摘要，4700 多种全文期刊（近 4000 种为同行评审）及 370 多种非期刊类全文出版物，全文期刊最早回溯到 1887 年。BSP（Business Source Premier）涵盖商管财经相关领域，如金融、银行、国际贸易、商业管理、市场营销、投资、房地产、经济学、企业经营、财务、能源管理、信息管理、知识管理、工业工程管理、保险、法律、税收、电信通讯等，收录 6300 多种期刊的摘要，2100 种全文期刊（近 1100 种同行评审期刊）及 25400 多种非刊全文出版物（如案例分析、专著、国家及产业报告等），其中不乏《哈佛商业评论》（Harvard Business Review）、《管理科学季刊》（Administrative Science Quarterly）等知名刊物，还同时收录 1400 多种知名出版社出版的国家/地区报告，全文可追溯至 1886 年。EBSCO 另有 10 个附赠数据库，如表 7-1 所示。EBSCO 的检索平台访问地址为 http: //search.ebscohost.com，其数据库登录页面如图 7-1 所示。

表 7-1　　EBSCO 附赠数据库

数据库名称	类型	简介
ERIC	文摘	美国教育部教育资源信息中心教育学书目数据库
MEDLINE	文摘	美国国家医学图书馆医学文献联机数据库
Newspaper Source	全文	近 300 多种各类报刊传媒
Library，Information Science and Technology Abstracts	文摘	图书馆、信息科学与技术数据库
GreenFILE	全文	环境保护数据库
Teacher Reference Center	文摘	教师参考中心

续表

数据库名称	类型	简介
European Views of the America 1493 to 1750	文摘	从欧洲看美洲，1493 年至 1750 年按年代编写的欧洲印制的有关美国的文献
Regional Business News	全文	美加地区 100 多种商业期刊、报纸和新闻专线
American Doctoral Dissertations™（OpenDissertations）	文摘	美国博士论文数据库
EBSCO eClassics	全文	25 种电子书

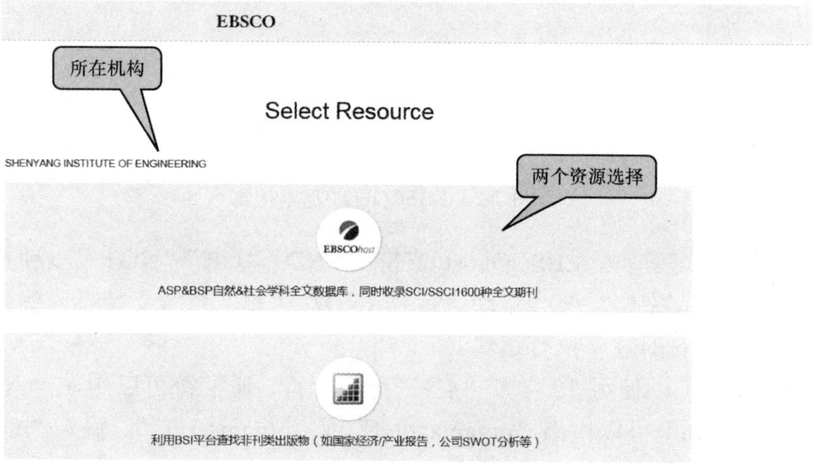

图 7-1　EBSCO 数据库登录页面

7.1.2　EBSCOhost 检索方法

EBSCOhost 可根据需要选取单库检索或多个数据库跨库检索。单库检索时不同数据库检索字段有差异，如 MEDLINE 的一些检索字段就非常专业。EBSCOhost 提供了丰富的检索字段，常用的有 TX（全文）、AU（作者）、TI（标题）、SU（主题词）、SO（来源）、AB（摘要）、IS（国际标准连续出版物编号）、IB（国际标准书号）等。EBSCOhost 还提供了一些特殊检索字段：IC（NAICS Code or Description），NAICS 是 North American Industry Classification System 的简称，即美国工业分类系统，EBSCO Publishing 的期刊与杂志按其内容有相应的 NAICS 代码；DN（DUNS Number），邓氏编码，全称是 Data Universal Numbering System，是一个得到国际认可的、常用的公司识别符号，使用 DN 检索可以了解某一公司的基本情况，如公司名称、地址、所在省市、电话、业务范围、雇员人数、销售额等信息；TK（Ticker Symbol）的含义是股票代码，AN（Accession Number）是入藏编号。

如图 7-2 所示，EBSCOhost 提供搜索引擎风格的“基本检索”界面，只需输入外文关键词即可检索。亦可进行各种检索选项的设置，提高检索的准确性。

1. EBSCOhost 的检索语言

（1）EBSCOhost 使用的语言。EBSCOhost 的默认语言是英语，使用的其他语言还有西班牙语、法语、德语、葡萄牙语、俄语、韩语、日语、简体（繁体）中文、土耳其语、希腊语等近 30 种语言。EBSCOhost 配有自动翻译软件，可进行多种语言互译，如将英文文献翻译成简体中文。HTML 格式文章朗读功能，提供英音、美音和澳大利亚口音，并可下载音频。

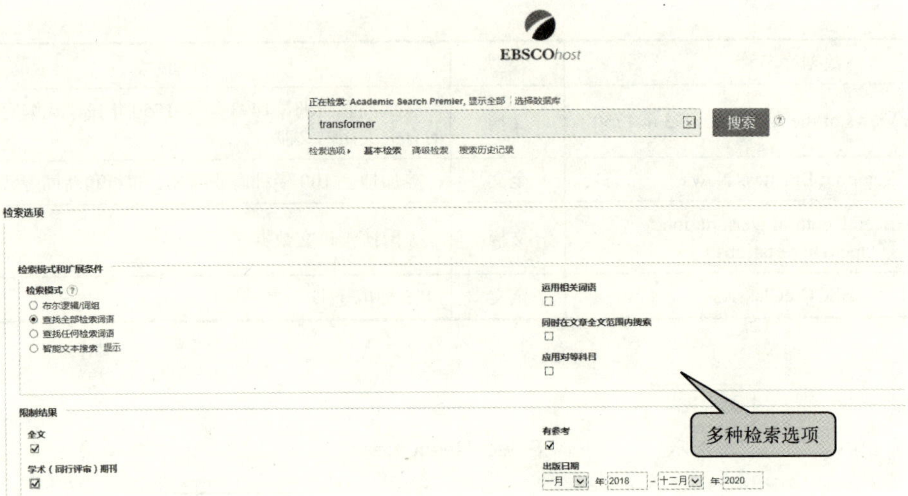

图 7-2　EBSCOhost 基本检索页面

（2）布尔逻辑运算符。EBSCOhost 支持“AND”“OR”“NOT”三种布尔逻辑运算符，若输入的检索词间有空格系统会自动进行“AND”运算，系统支持括号优先算符，如不加括号，会按照从左至右的顺序执行运算。

（3）通配符。可以使用“?”“*”“#”三种通配符，通配符可以用在检索词的尾部或中间，如输入“organi?tion”可以检出“organization”或“organisation”，输入“electric*”则可以检出“electric”“electricity”“electrical”“electrically”“electrified”等词，“behavio#r”可以检出“behavior”或“behavior”英美拼写差异，但不允许在检索词前面使用通配符，如“?one”“*magnetic”会被视为错误的表达式。

（4）位置运算符。位置运算符“n”和“w”用于计算检索词之间能容纳的最大单词数。“n”或“w”与阿拉伯数字组合，“n”只限定检索词之间的单词数，而不限制检索词的顺序，“w”既限定检索词之间的单词数，又要求命中记录用词顺序与输入检索词顺序完全一致，如：输入“law n3 legislative”，则表示“law”与“legislative”两词之间最多有 3 个词，前后顺序不限，输入“law w1 legislative”，表示“law”与“legislative”两词之间最多有 1 个词，前后顺序不能颠倒。

（5）双引号与精确匹配检索。查询词组时，可用双引号将词组括起来进行精确匹配查询，如输入“"power plant"”，选择“TI Title”，只有文章题目中完全包含“power plant”的记录才会命中，并且词序、位置均不变。但不能使用停用词，若词组中包括停用词，检索结果只能是无。

（6）EBSCOhost 的停用词表。停用词表因数据库的不同而变化，在检索过程中应避免使用停用词，EBSCOhost 常用的停用词有 a、an、and、are、as、at、be、because、been、but、by、for、however、if、in、is、not、of、on、or、so、the、there、to、was、were、whatever、whether、would 等。

（7）其他规则。

1）大小写字母的处理：EBSCOhost 对大小写字母不加以区别，输入“yao ming”“Yao Ming”“YAO MING”检索结果都是一样的。并且在输入人名时，一般应该是姓在前，名在后。

2）名词单复数的处理：对多数名词，输入单、复数形式均可，如输入“woman”，“woman”“women”都会命中，甚至对于复数形式不规则的名词，如输入“children”，“children”“child”均可检出，建议输入名词的单数形式，检出的概率更大。此外，对同一词拼写的地区差异，如“color”“colour”或是“fiber”“fibre”，系统会将其全部检出，对同义词、缩略语，系统也会返回一定数量的近似词，如“TV”“T.V.”。

3）标点符号的处理：若输入的检索表达式带有标点符号，如输入“television: talk show”，系统对标点符号将不予考虑，会将“television talk-show”“television talk show”，以及“TV talk show”全部命中，输入“coca-cola”，则“coca-cola”“Coca Cola”“Coca-Cola”全部会被检出。

2. EBSCOhost 检索

（1）高级检索。高级检索的检索选项有布尔逻辑/词组（Boolean/Phrase）、查找全部检索词语（Find all my search terms）、查找任何检索词语（Find any of my search terms）、智能文本检索（SmartText Searching）及应用相关字词、也可以在文章的全文范围内搜索。智能文本检索是 EBSCOhost 2.0 推出的新功能，可以防止零检索结果的产生，如果输入的检索式返回零检索结果，智能文本检索将自动进行所输入关键词的相关搜索，避免检索结果为零。智能文本检索可以输入一个短语、一个句子、一段话，甚至整篇文章，所以其另一个作用是可对抄袭剽窃等学术不端行为进行检测，这也是其非常值得称道的一个特色功能。

检索实例

检索标题包含“self driving”（自动驾驶）或者“driverless”（无人驾驶）的文献，具体检索步骤如下：

1）从右侧下拉式列表中选择检索字段：TI 标题；

2）在左侧文本框输入检索词：self driving；

3）从右侧下拉式列表中选择检索字段：TI 标题；

4）在左侧文本框输入检索词：driverless；

5）选择逻辑运算符 OR；

6）在下方设定限制条件，选中“全文”前面的复选框。EBSCO 并非所有文献都有全文，同行评审（Peer Reviewed Journals）是国际流行的期刊审查程序，即把一篇学术著作交由同一领域的其他专家学者加以评审，使之符合一般的科学与学科领域的标准。几乎所有知名期刊都采用“同行评审”的方式来确保论文的质量，并作为决定稿件录取的重要参考。图 7-3 所示为 EBSCOhost 高级检索页面。

EBSCOhost 检索结果页面如图 7-4 所示，检索结果可按相关性、最近日期、最早日期三种方式排序。检索结果可以共享，创建“电子邮件快讯”和“RSS 源”，更可以复制检索永久链接，分享到 Twitter、Facebook 及 Gmail。EBSCOhost 的原文格式有两种，PDF 格式或 HTML 格式，点击检索结果最下方的“HTML 全文”或“PDF 全文”即可查看。另一特色功能是如果文中有图像，会预览显示。

由于纸质文献出版社对 EBSCOhost 的限制，很多期刊、杂志的全文都有一定的滞后，即“embargo”。点击任何一条检索结果的题名可以查看详细引文信息，并可将引文信息打印、保存、导出或添加至指定文件夹。

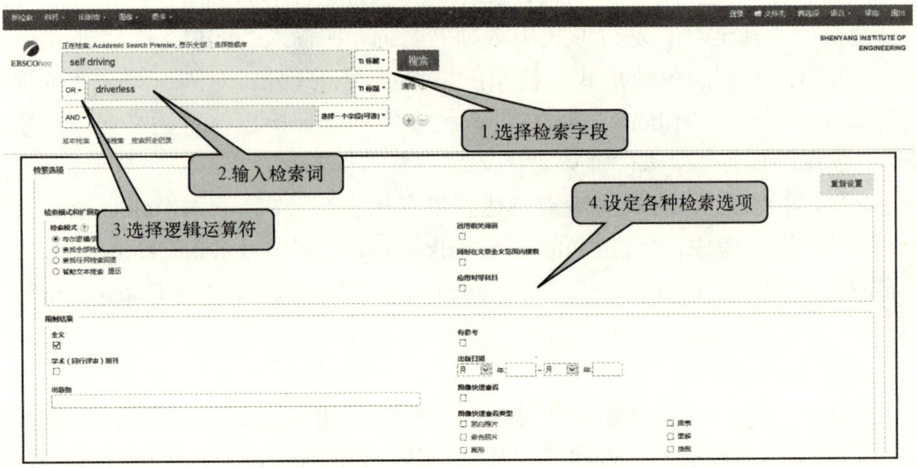

图 7-3　EBSCOhost 高级检索页面

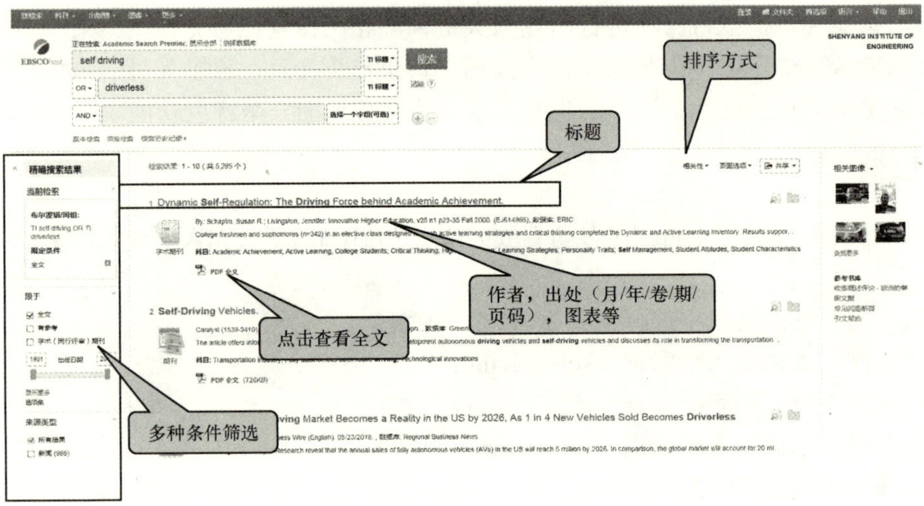

图 7-4　EBSCOhost 检索结果页面

（2）其他检索。除基本检索、高级检索外，EBSCOhost 还提供科目（针对 ASP 提供主题词 Subject Terms 查询，针对 BSP 提供商业叙词 Business Thesaurus 查询）、出版物、图像、公司概况、索引等功能。“出版物”检索可分别按字母顺序、主题和说明、匹配任意关键字三种方式浏览，在不确定出版物名称的情况时选择此种方式可以实现整刊浏览的功能，如选中 ASP 数据库，输入“IEEE”，选择“按字母顺序”，可检索出 ASP 中所有题名以“IEEE”开头的出版物，点击命中记录的题名即可查看该出版物的详细信息。EBSCOhost 出版物检索页面如图 7-5 所示。

EBSCOhost 提供了完备的索引，包括 Author（作者）、Author-supplied Keywords（作者提供的关键词）、Document Type（文献类型）等十八种。如选择“Author-supplied Keywords”，输入“big data”，则所有与“big data”相关的词语均被检出，是扩展检索用词的有效途径。EBSCOhost 索引检索页面如图 7-6 所示。

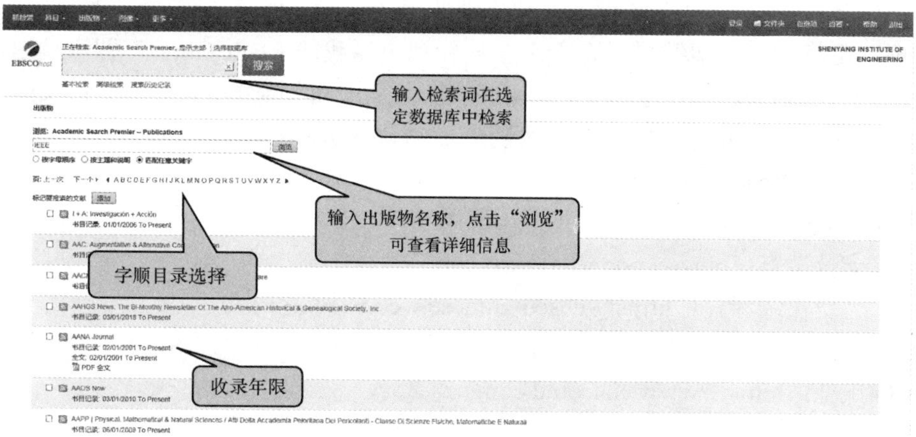

图 7-5　EBSCOhost 出版物检索页面

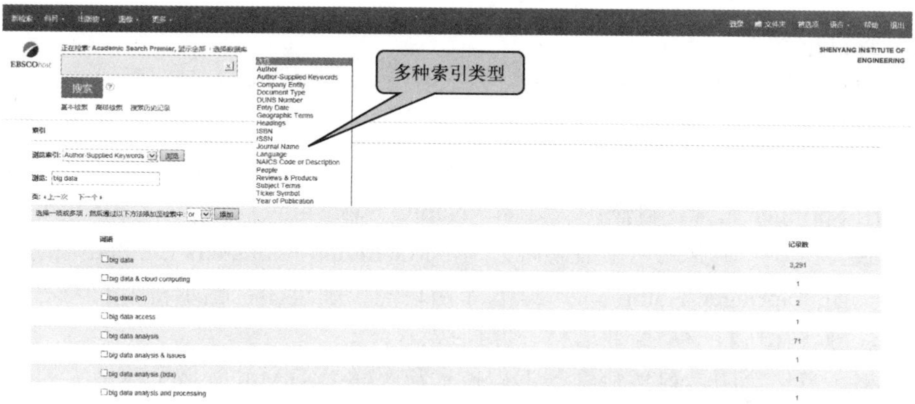

图 7-6　EBSCOhost 索引检索页面

3. EBSCOhost 的特色功能

EBSCOhost 提供移动端访问专用站点，并且有苹果与安卓两种移动端应用程序。EBSCOhost 手机应用检索页面如图 7-7。

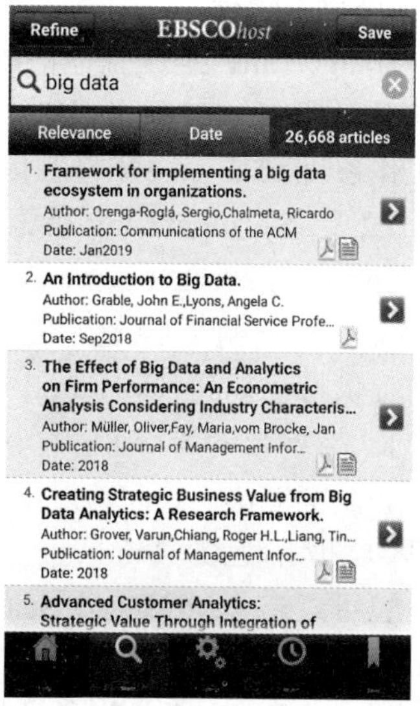

图 7-7　EBSCOhost 手机应用检索页面

充分利用“检索模式和扩展条件”选项，扩大检索范围；或是利用“限制结果”选项缩小检索范围。可以灵活地对结果进行“全文”“有参考”“学术（同行评审）期刊”“出版日期”“出版物类型”等条件的限制。特别是出版日期，EBSCOhost 的很多期刊允许在检索时将出版时间提前数月甚至半年。举例说明，现在是 2020 年 9 月，在检索时完全可以将“出版日期”上限设定为“2021 年 12 月”，提前了解一些期刊的出版动态，获得即将发表文章的二次文献。

使用“我的 EBSCOhost”：只要在 EBSCOhost 注册后，即可在任何有权限访问 EBSCOhost 数据库的地方享受个性化的 EBSCOhost 服务，可对图像、视频检索的永久链接、保存的检索、检索快讯、期刊快报分别管理，可将某次检索结果保存下来，只要登录“我的 EBSCOhost”即可调出。特别是检索快讯，只要预设好检索表达式，系统会自动将最新出版的符合检索表达式的文献以 E-mail 的形式发送，相当于 SDI 定题服务，并可随时取消该服务。

7.1.3 EBSCOhost 相关网站

EBSCO 公司网站：https: //www.ebsco.com；

EBSCO 支持站点：https: //connect.ebsco.com；

EBSCO 免费在线课程：https: //ebsco-chinese.webex.com；

EBSCOhost 中文教程下载：https: //connect.ebsco.com/s/article/EBSCO；

EBSCO 工业：https: //www.ebscoind.com。

7.2 SpringerLink 数据库系统

7.2.1 SpringerLink 概况

施普林格科学与商业媒体（Springer Science＋Business Media，简称“施普林格”）是世界上最大的科技出版社之一，成立于 1842 年，以出版学术性出版物而闻名于世，也是最早将纸本期刊做成电子版发行的出版商。原施普林格与 Kluwer Academic Publisher 于 2004—2005 年整合，采用 Springer 品牌。自然出版集团（Nature Publishing Group）于 1999 年成立，是著名的科学出版公司——麦克米兰出版有限公司（Macmillan Publishers Limited）的成员。施普林格·自然集团（Springer Nature）于 2015 年由自然出版集团、帕尔格雷夫·麦克米伦、麦克米伦教育、施普林格科学与商业媒体合并而成。

施普林格·自然集团是自然科学、工程技术和医学（STM）领域全球最大的图书和学术期刊出版社之一，每年出版 12000 余种学术图书和 3000 余种科技期刊，出版的期刊涵盖自然科学、技术、工程、生物学和医学、法律、行为科学、经济学等 11 个学科，其中 60%以上被 SCI 和 SSCI 收录。

SpingerLink 是施普林格的检索平台，提供科学技术和医学类全文数据库服务，至 2021 年 6 月已拥有 1427 万份文档，文章总数为 762.1 万，章节 486.3 万，会议文献 124.8 万，参考工作条目 65.2 万，实验室指南（Protocols）6.32 万，每年新增 10 万篇最新科研成果。

7.2.2 SpringerLink 检索方法

SpringerLink 访问地址为 https: //link.springer.com。SpringerLink 首页提供“Browse By Discipline”（按学科浏览）的浏览方式，总共划分为 24 个学科，每天都有新书与新刊上网，同时提供特色期刊（Featured Journals）与特色图书（Featured Books）服务。

1. 输入检索词检索

如图 7-8 所示，在 SpringerLink 首页的输入框可直接输入检索词进行检索，如输入“cloning”（克隆），所有包含“cloning”的文献都会检出。

也可点击“Advanced Search”，构造复杂的检索表达式，如图 7-9 所示，“with all of the words”的含义是包含以下全部单词，“with the exact phrase”的含义是精确短语匹配，“with at least one of the words”的含义是至少包含以下一个单词，“without the words”的含义是不包含以下单词，还可通过标题与著者/编者检索，对文献出版年代做出限定。该检索含义为标题包含“big data”（大数据）同时包含“cloud computing”（云计算）并且至少要出现“China Japan Korea”（中国、日本、韩国）三词中的一个，且出版日期在“2017 年”至“2020 年”的文献。

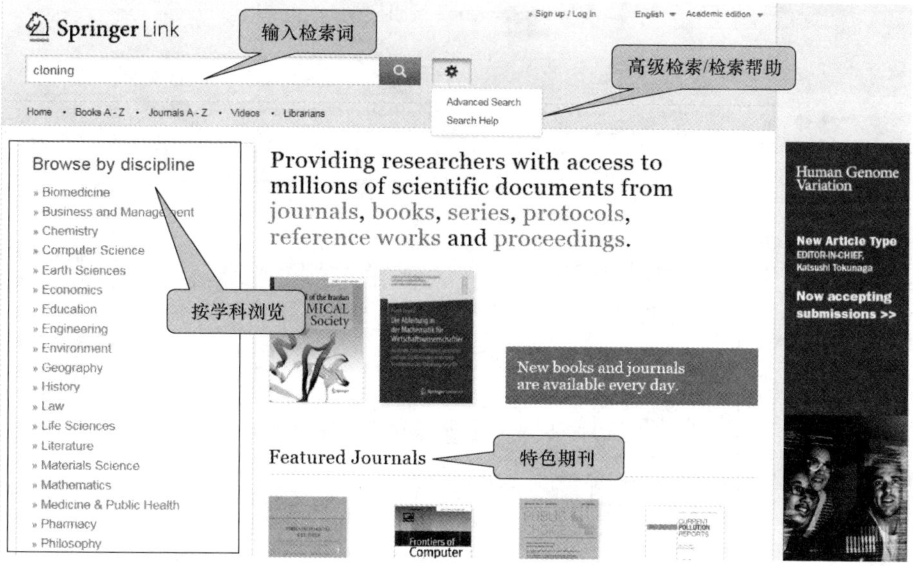

图 7-8　SpringerLink 首页

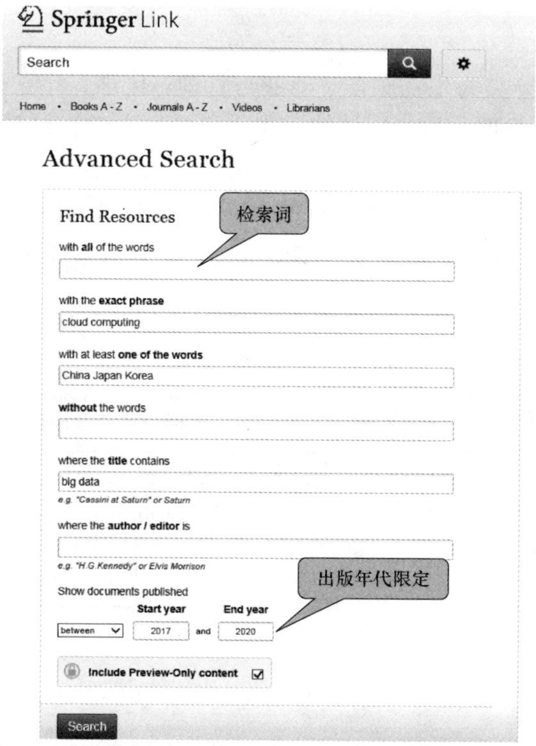

图 7-9　SpringerLink 高级检索示例

SpringerLink 检索结果页面如图 7-10 所示。SpringerLink 除提供检索到文献的题名、作者、出处等常规信息外，还提供内容类型（Content Type）、学科（Discipline）、分支学科（Subdiscipline）、语言（Language）等多种方式优化检索结果。SpringerLink 支持全文在线查看和下载阅读两种方式，全文有 PDF 和 HTML 两种格式。

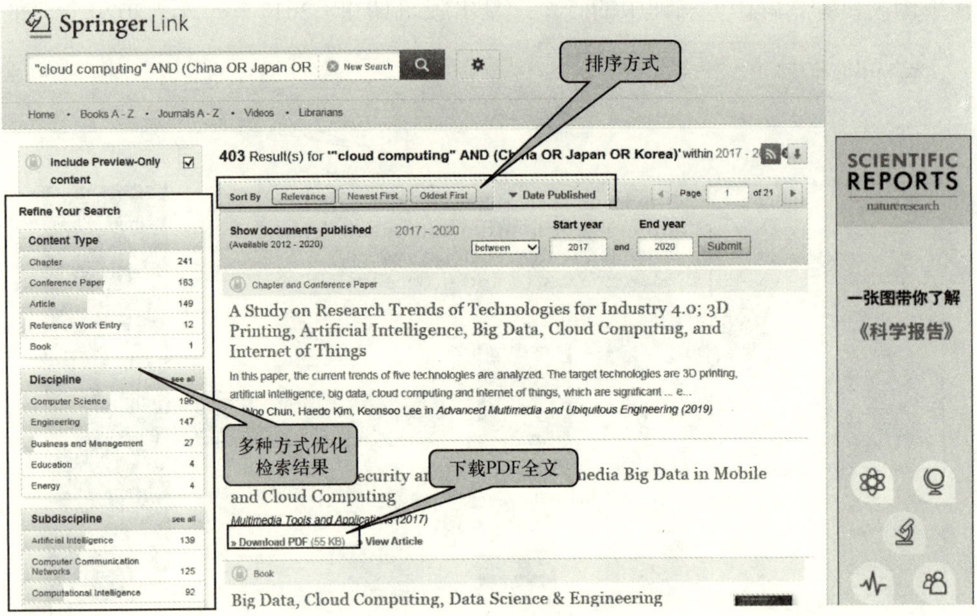

图 7-10 SpringerLink 检索结果页面

2. 按学科浏览

SpringerLink 的学科分类为生物医学、商业与管理、化学、计算机科学、地球科学、经济学、教育、工程、环境、地理、历史、法律、生命科学、文学、材料科学、数学、医药卫生、制药学、哲学、物理学、政治科学与国际关系、心理学、社会科学、统计学。

检索“生物材料”方面的文献，在首页的“Browse By Discipline”（按学科浏览）下，依次选择“Engineering”→“Materials”→“Biomaterials”，其检索结果页面如图 7-11 所示。

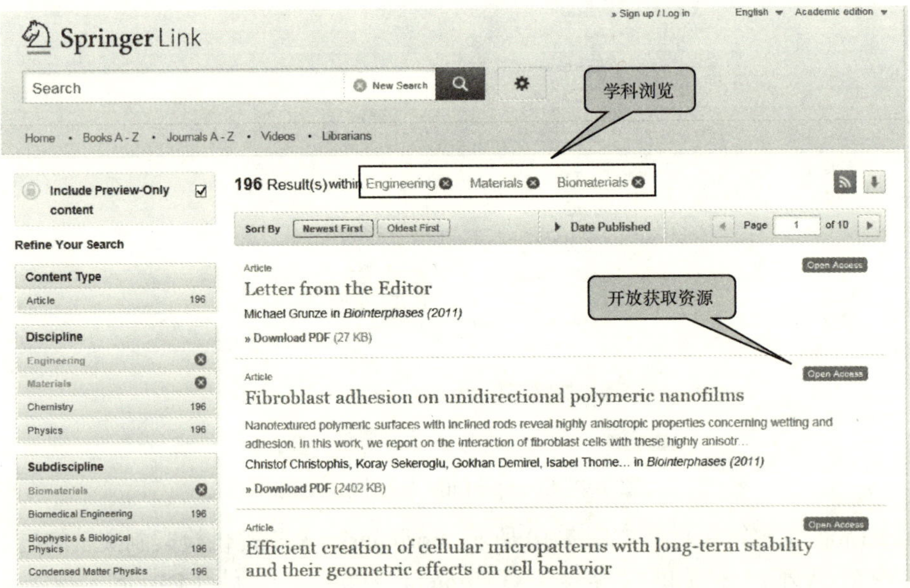

图 7-11 SpringerLink 按学科浏览检索结果页面

3. 特色期刊（Featured Journals）与特色图书（Featured Books）

SpringerLink 两个特色栏目分别是特色期刊（Featured Journals）与特色图书（Featured Books），在网站上循环推介特色期刊与特色图书两类文献，如期刊“Frontiers of Computer Science”（计算机科学前沿）的显示页面如图 7-12 所示。

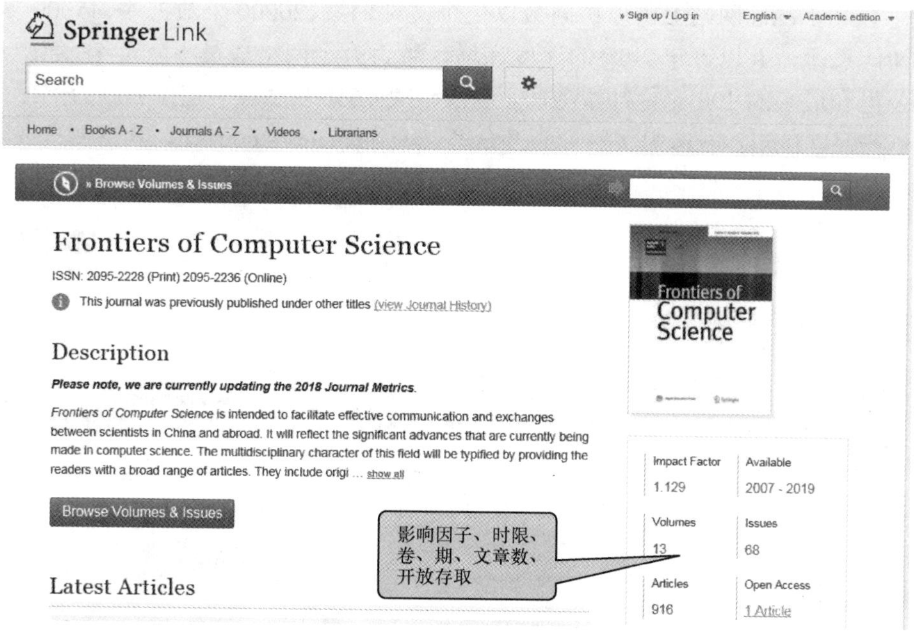

图 7-12　SpringerLink 期刊“Frontiers of Computer Science”（计算机科学前沿）的显示页面

4. SpringerLink 的个性化服务

个性化服务需注册，即 My SpringerLink，注册成功登录后可使用的功能主要有回顾检索历史、在系统中保存检索结果、个人收藏夹（未注册用户也可以使用该功能）、电子通告服务等。

7.2.3　SpringerLink 相关网站

施普林格网站：https: //www.springer.com；

施普林格中国微博：https: //weibo.com/springerchina；

施普林格・自然实验：https: //experiments.springernature.com；

施普林格物质：https: //materials.springer.com；

施普林格药物研发数据库：AdisInsight：https: //adis.springer.com。

7.3　LexisNexis 数据库系统

7.3.1　LexisNexis 概况

LexisNexis（律商联讯）成立于 1818 年，是励讯集团（RELX Group PLC）旗下公司。1966 年，LexisNexis 的前身 Data 公司在美国俄亥俄州达顿市（Dayton）创立，它为美国空军研发了第一套全文检索系统；1969 年，Data 公司与 Mead 公司合并，继而成立 Mead Data Central 公司；1973 年，LexisNexis 在 Mead Data Central 公司旗下成立；1994 年末，励德·爱思唯尔

（Reed Elsevier）集团并购了 LexisNexis，并在中国香港成立代表处；2001 年开始进行中国本地业务的拓展。在全球拥有超 10000 名员工，为 175 个国家和地区的客户提供世界领先的法律内容和技术解决方案，帮助法律、企业、税务、政府、学术和非营利性组织的专业人员做出知情决策，实现更好的业务发展。

今天在 LexisNexis 网站上可以访问数以亿个文件档案、20000 个数据库、45000 多个法律、商业和新闻信息源，并以每年 40%的速度递增，数百万个网络成员/用户。在美国 97%的财富 500 强公司和最大的 100 家律师事务所，以及全美 1650 所大学，超过 800 万名学生正在使用律商联讯产品。LexisNexis 中文网址为 http: //www.lexisnexis.com.cn。其主要产品与服务见图 7-13 与表 7-2。

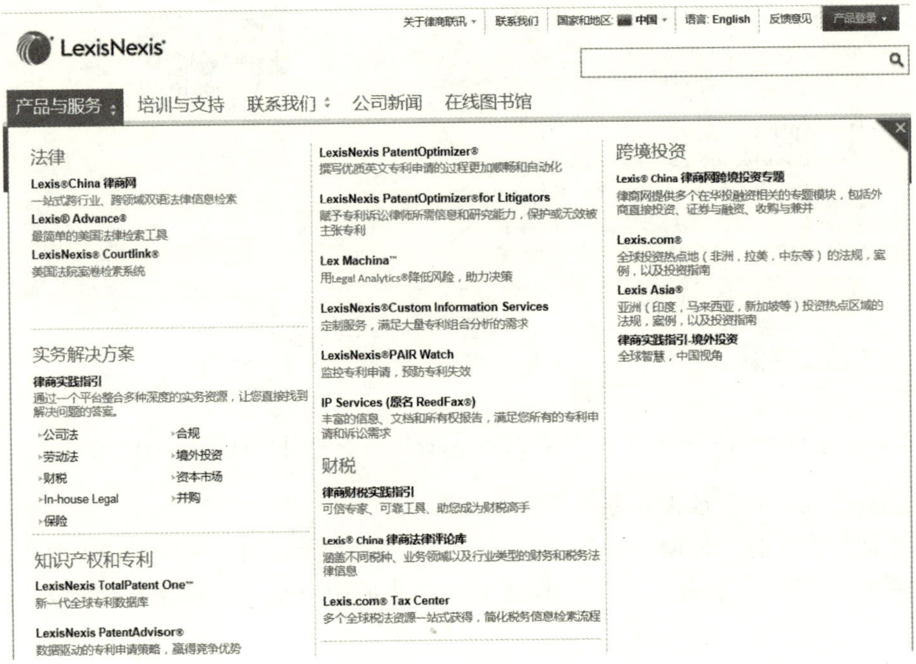

图 7-13　LexisNexis 主要产品与服务

表 7-2　**LexisNexis 主要产品网址**

数据库名称	网址
知识产权	https: //www.lexisnexisip.com
律商网	http: //hk.lexiscn.com
Lexis	https: //www.lexis.com
Nexis	https: //www.nexis.com

7.3.2　LexisNexis 检索方法

1. LexisNexis 算符

（1）逻辑运算符“AND”（与）、“OR”（或）、“NOT”（非）。LexisNexis 的逻辑运算符为“AND”“OR”“NOT”。“OR” 可用于连接同义词、反义词、同一词不同的拼写方式或是缩略语，如“lawyer OR counsel OR attorney”“regulated OR deregulated”“takeover OR take over”“international business machines OR i.b.m. OR ibm”。

（2）位置算符 W/*n*、PRE/*n*。W/*n*：两个检索词间隔不超过 *n* 个字，但不限定检索词出现的顺序。理论上 *n* 可以是任何大于 1 小于 255 的数字，但最好不要大于 100，如检索式“william W/3 hearst”可以检出“William Randolph Hearst”“William R. Hearst”“Hearst，William R.”。

当 *n* 出现两次且数值相同时，如“airport W/5 noise W/5 abat!”，从左向右运算，数值不同时，如“lease W/8 assign! W/5 collateral”，数值小的先运算。

NOT W/*n* 的含义为第一个词必须在文章中出现，第二个词也可以出现，但是不可以在包含第一个词在内的 *n* 个词中出现。如检索式“rico NOT W/5 puerto”表示不在包含 puerto 在内的 5 个词中查找 rico，但 puerto rico 可以在文章中任何地方出现。

一般说来，W/3～W/5 在同一个词组或短语中检索，W/15 在同一个句子中检索，W/50 在同一段话中检索，也可使用 W/s 或 W/p。W/s 在同一句话中检索，如“doctor w/s malpractice”，在包含有“malpractice”的同一句话中查找“doctor”；W/p 在同一段话中检索，如“doctor w/p malpractice”，在包含有 malpractice 的同一段话中查找 doctor。W/s、W/p 与 W/*n* 不可同时使用。

AND 与 W/*n* 使用中的注意事项：“AND”如果作为词组或短语的一部分出现在检索词中，如“profit and loss”，应将其去除并用“W/1”替代，即“profit W/1 loss”；在文摘（AB）中搜索多词时应使用 AND 而不是 W/*n*，如“satellite AND launch”；同一检索词出现两次，如案件双方当事人的姓氏均为 marvin，不要使用“marvin AND marvin”，而应改为“marvin W/5 marvin”或“marvin W/s marvin”。

PRE/*n*：两个检索词间隔距离不超过 *n* 个字，第一个词必须出现在第二个词之前。如检索式“southwest PRE/2 air or airline”可以检出“Southwest Air”或“Southwest Airlines”。

（3）通配符“*”“!”。“*”代替检索词中的字符，但不可以代替检索词的首个字符。“!”代替一个词根后面多个字符，只可以在词尾使用一次。如“book!”可检出“book”“bookkeeper”，“legis!”可检出“legislate”“legislator”“legislation”。

（4）Atleast、Plural、Singular、Allcaps 函数。AtleastN（*）表示括号中的词在文中至少出现 *N* 次，如“atleast3（accident）”表示 accident 这个词至少出现 3 次；“Plural（job）”表示检索结果中要出现 job 的复数形式；“Singular（job）”表示检索结果中要出现 job 的单数形式；“Allcaps（csr）”表示检索结果中 csr 必须全为大写字母。

2. LexisNexis Academic 检索

以 LexisNexis Academic（律商联讯“学术大全”）为例，介绍 LexisNexis 的检索方法。LexisNexis Academic 页面如图 7-14 所示。LexisNexis Academic 由美国图书馆界专家委员会设计，资源经过专业图书馆员评估、筛选，是收录学科齐全的新闻、商业和法律等人文学科的综合型全文事实和数值型联机数据库之一。美国《图书馆期刊》如此评价学术大全数据库：“一个精心选择的全文出版物大全。没有其他一个可以比拟的系统提供如此深度和广度的商业、新闻和法律信息。用户享受着每周 7 天/24 小时的远程访问服务。值得推荐给所有的学术图书馆。”

LexisNexis Academic 数据库收录文献来源于全球 95%的主流媒体，其中美国资源约占 77%，非美国资源约占 23%；除英语以外，数据库还收录包含西班牙语、法语、德语、意大利语和荷兰语等 6 种语言文献。数据库文献资源类型丰富，包括全球性权威法律资源、各种原始统计数据、公司的财务报告、证监会的披露报告、民意测验的统计报告、年鉴、专利、博客和在线出版物等各类参考文献；另外，还提供 4000 余种灰色文献，其中大量为未公开文献，全文率高达 95%。数据库信息更新及时，搜索界面友好，每天更新约 25%的信息，每一个检索步骤都有相应的提示和帮助，方便使用，无并发用户限制。

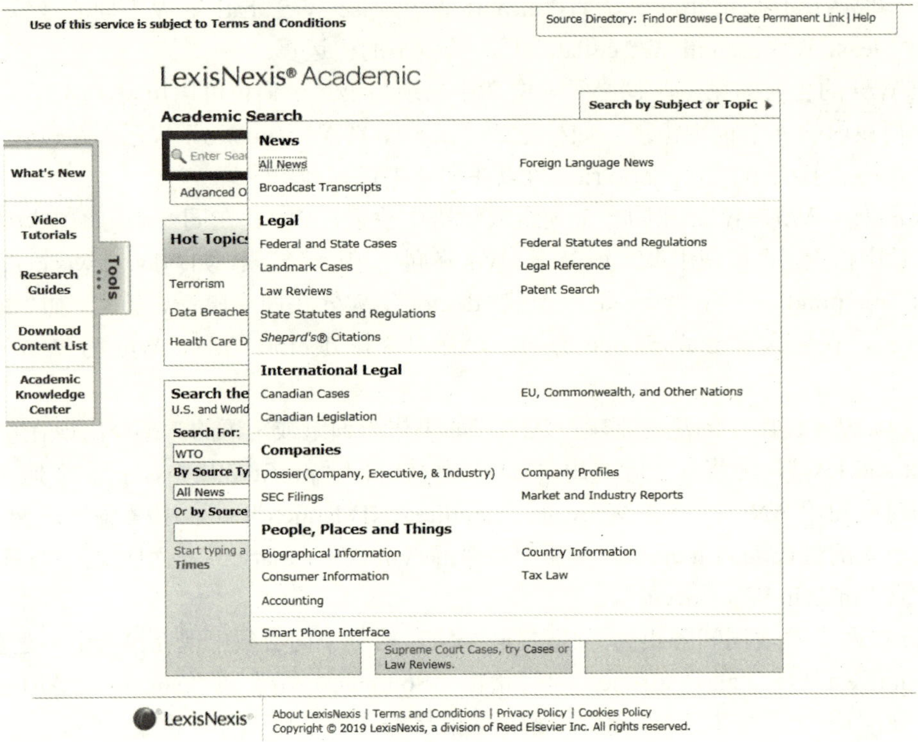

图 7-14 LexisNexis Academic 页面

检索分为“简易检索”与“高级检索”。检索内容分为“新闻检索”“法律检索”“国际法律检索”“公司资讯检索”“人物、地点及事物检索”。并提供直接“搜新闻”“搜案例”“搜公司信息”的检索入口。LexisNexis 学术大全提供各行业的人物信息资源，包括人物传记、与人物相关的新闻、故事、讣告、索引目录等。所涉人物包括大型公司高层人员、名人、各法律领域的著名法学家、政治人物等。文献来源（Source）包括美国及世界主要出版物、世界主要非英语出版物、新闻专线服务、电视及广播、博客、网络出版物、公司、美国证券管理委员会档案、法律等。

（1）综合检索。综合检索通过“关键字”查询，实现对世界新闻、亚太新闻、企业资讯、美国证交会档案资料、美国判例、英联邦案例的全部或组合检索。

（2）新闻搜索。LexisNexis 的新闻来自美国和全球各地出版的 700 余种报纸、期刊、杂志，如《纽约时报》《华尔街日报》《泰晤士报》《费加罗报》《美国新闻评论》《商业周刊》《经济学家》《新共和》《新科学家》《新闻周刊》等，其中许多报纸在出版当天即可检索，此外还拥有以下报纸最为全面的过刊回溯：《金融时报》（回溯至 1982 年）、《纽约时报》（回溯至 1980 年）、《华盛顿邮报》（回溯至 1977 年）；包括全世界七种语言的主流媒体和通讯社文稿，通过其他途径难以获取的电视台和广播电台的文字新闻稿，超过 50 家通讯社的服务，每天多次进行更新，如全国公共广播电台（NPR）、ABC 新闻、CBS 新闻、CNN 等，来自美国新闻署的政治新闻稿，以及著名的合众国际社、法新社、美国商业新闻通讯社和美国企业新闻通讯社的文稿等。

LexisNexis Academic 新闻检索示例如图 7-15 所示，其含义为搜索前一周有关世界贸易组织（WTO）的全部新闻。

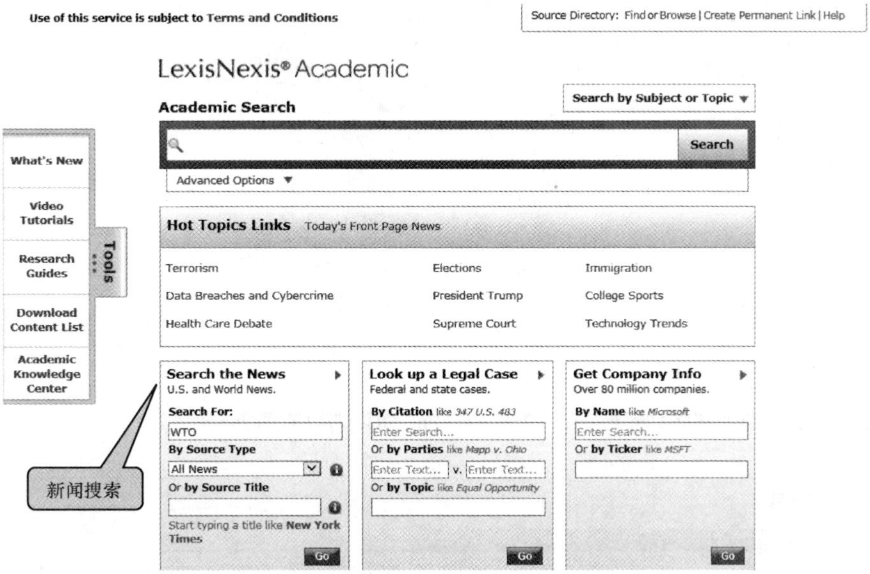

图 7-15　LexisNexis Academic 新闻检索示例

（3）法律搜索。法律搜索包含“判例检索”“英联邦案例检索”“专利检索”等。学生可通过 LexisNexis Academic 获得原始的资源材料，包括案例法、条例和规章制度，同时也可获得二次资源文献，比如法律新闻，某个法律主题的法学评论和分析。他们同样可以通过引用号或当事人名字，搜索法律批注，搜索律师和法官的名字来获取案例信息。学术大全提供的法律研究资源包括来自 500 多种出版物的法律评论文章，300 多种法律报刊、杂志和新闻简报的法律新闻；1790 年 1 月至今美国最高法院判决结果（可以按照多数意见、少数意见、共存意见、辩护意见或判决提要等项目进行检索）；美国巡回法院及各类法院的判决结果；美国法院关于破产、国际贸易、税务、关税、专利上诉的决定，以及退役军人、商事和军事法院的决定；所有 50 个州及地域内所有审级法院的决定；从 1988 年至今的所有联邦法律，《美国法典》《美国宪法》《联邦法院规章》以及所有联邦法规、各州法典等；《谢泼德美国最高法院判例摘引》所收录的案例（可以追溯至 1789 年）；丰富的国际法律资料，包括加拿大联邦法律、成文法和条例、通过 CELEX 数据库获得的欧盟法律；来自澳大利亚、爱尔兰等不同国家的国际判例法；法学院目录，包括《Martindal-Hubbell 法学院名录》和《NALP 全国法学院名录》等；自 1971 年以来的所有专利资料。

检索实例

检索轰动全美辛普森杀妻案的“联邦与州判例”，只需在“当事人名称”后输入双方当事人的姓氏，原告为“Rufo”，被告为“Simpson”即可检索。LexisNexis Academic 判例检索页面如图 7-16 所示。

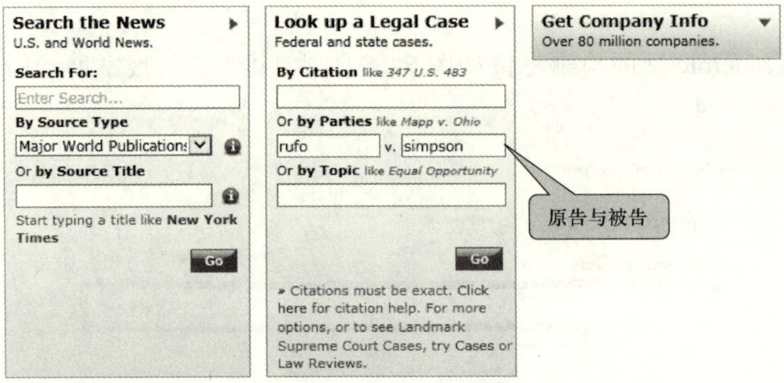

图 7-16 LexisNexis Academic 判例检索页面

检索实例

检索有关“西红柿”的植物专利，其检索页面如图 7-17 所示。

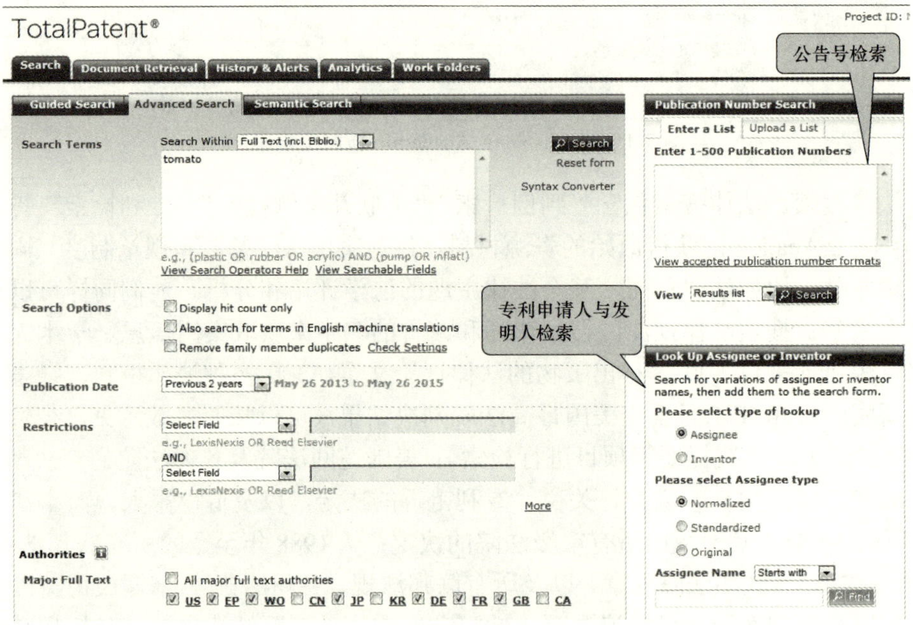

图 7-17 LexisNexis Academic 专利检索页面

（4）公司资讯搜索。公司资讯搜索涵盖 8000 万家企业资讯，可通过公司名称股票代码进行检索，全面提供商业新闻、市场研究、行业报告、美国证券交易委员会资料、公司财务信息等各种商业信息，具体包括：

1）商业新闻期刊，例如《会计时代》《全球广告时代》《品牌营销》《收购》《消费潮流》

《公司上市报告》《电信市场》等知名期刊。

2）公司财务信息：有关美国和外国公司的行政和财务信息、公司破产情况，以及关联公司信息等。资源包括《标准普尔公司报告（Standard & Poor’s Corporate）》《胡佛公司报告（Hoovers Company Reports）》《公司披露报告（Disclosure Reports）》《国际公司报告（International Company Reports）》《股票市场报告（Stock Reports）》等。

3）美国证券交易委员会备案材料。

4）范围广泛的会计资料，如《米勒公认会计准则指南（Miller GAAP Guide）》。

5）各种目录集，包括《SIC（标准行业分类）目录和大事记》，收集了有关各种会议、研讨会及大型体育赛事等方面的目录信息。

7.4　WSN 全文数据库系统

7.4.1　WSN 概况

WSN 是世界科技出版公司（World Scientific Publishing Co Pte Ltd）检索系统 WorldSciNet 的简称。世界科技出版公司是一家总部位于新加坡的国际知名科技出版机构，成立于 1981 年，每年出版 600 余种不同主题的新书和 140 多种学术期刊，并获得诺贝尔基金会独家授权，出版诺贝尔奖获得者的演讲文集，超过 75%的科学期刊被 Web of Science 和 SCOPUS 收录。以工程、医学、信息科技、环境科技和管理科学类书刊见长。WorldScinNet 电子期刊覆盖的学科有物理、化学、数学、环境科学、材料科学、计算机科学、经济与管理科学、医学与生命科学、工程及混沌与非线性科学等。

7.4.2　WSN 检索方法

世界科技网址为 https: //www.worldscientific.com，WSN 首页如图 7-18 所示。

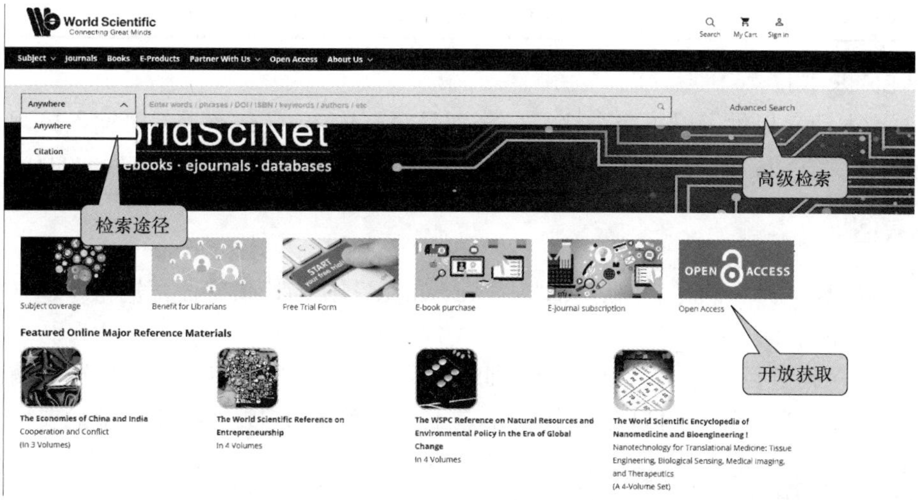

图 7-18　WSN 首页

1. WSN 算符与禁用词表

WSN 算符与禁用词表分别见表 7-3 和表 7-4。

表 7-3 **WSN 算符**

符号	示例	含义
AND	Internet AND programming	Internet 与 programming 同时出现
OR	Internet OR Intranet	Internet 或 Intranet
NOT	Internet NOT programming	包含 Internet 不包含 programming
?	Int??net	可检出 Internet、Intranet
*	inter*	可检出 inter、internet、international
DOI 搜索	10.3366/code.2016.0000	无需输入 http: //dx.doi.org
Field＝数字	year＝2020	字段指定数字查询

表 7-4 **WSN 禁用词表**

a about after all also an and any are as at	be because been between both but by
can could	Do
each even	first for from
had has have he her his how	i if in into is it its
just	last like
many may more most much	new no not now
of on one only or other our out over	said says she should so some such
than that the their them there these they this those three through to two	
up use	was we well were what when which while who will with would

2. WSN 基本搜索

WSN 基本搜索提供了以下两个途径，分别是 Anywhere（任意处，可输入单词、词组、DOI、ISBN、关键词、作者等）、Citation（引文，可输入刊名、年、卷、期、页码）。

检索实例

检索“新冠病毒”方面的文献，选择“Anywhere”作为检索字段，输入“COVID-19”，搜索结果页面如图 7-19 所示。

检索结果包括题目、作者、出处（卷/期/年/页码）等简单信息，并可预览文摘。检索结果可按相关性或日期排序。可以在一个 PDF 文件中下载整本书。WSN 详细摘要信息页面如图 7-20 所示。

3. WSN 高级搜索

检索实例

检索作者为“Hawking”（霍金）且文章题目包含“big bang”（大爆炸），出版时间为 1973 年到 2018 年的文献，高级检索页面如图 7-21 所示。

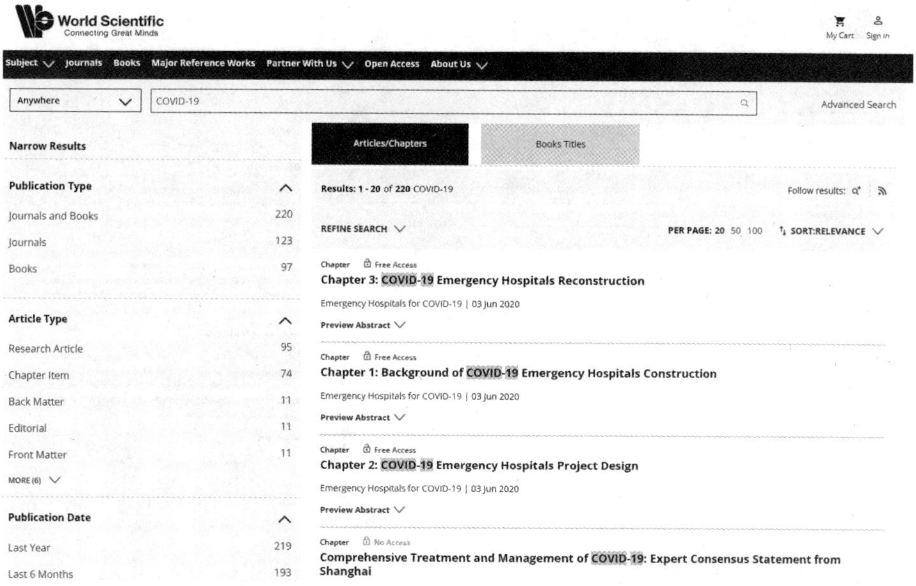

图 7-19　WSN 搜索页面

图 7-20　WSN 详细摘要信息页面

通过“作者”字段检索时，对于能够确定作者姓名的，输入顺序为姓氏在前，名字在后，中间加逗号间隔。如输入“White，Robert”，系统会将逗号前面确定为姓，逗号后面确定为名。对于不能确定作者姓名的，在输入时中间不加逗号，如“Robert White”，只要 Robert 和 White 同时在姓名中出现，即可检出。也可只输入能够确定的姓氏或名字，如只输入“Robert”，只要姓名中出现 Robert，无论 Robert 是姓，还是名都能够检出。

对复姓及有前缀的姓名，中间也不加逗号，如：输入“J. P. van der Meer”，只要每个字都出现在姓名里即可检出。

姓名中间允许加“*”通配符表示截断，如输入“M* Smith”、Mark Smith、Michcale Smith、M. L. Smith 都会检出。

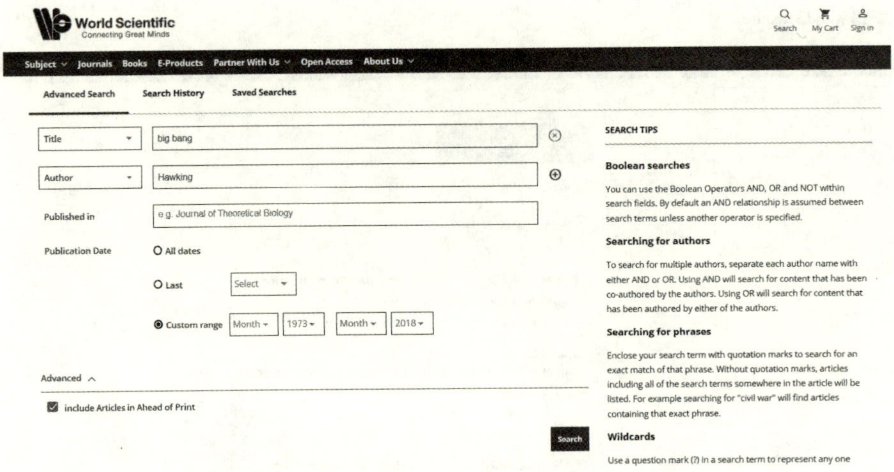
World Scientific
Connecting Great Minds
Search
My Cart
Sign in
Subject
Journals
Books
E-Products
Partner With Us
Open Access
About Us
Advanced Search
Search History
Saved Searches
Title
big bang
Author
Hawking
Published in
e.g. Journal of Theoretical Biology
Publication Date
All dates
Last
Select
Custom range
Month
1973
Month
2018
Advanced
include Articles in Ahead of Print
Search
SEARCH TIPS
Boolean searches
You can use the Boolean Operators AND, OR and NOT within search fields. By default an AND relationship is assumed between search terms unless another operator is specified.
Searching for authors
To search for multiple authors, separate each author name with either AND or OR. Using AND will search for content that has been co-authored by the authors. Using OR will search for content that has been authored by either of the authors.
Searching for phrases
Enclose your search term with quotation marks to search for an exact match of that phrase. Without quotation marks, articles including all of the search terms somewhere in the article will be listed. For example searching for "civil war" will find articles containing that exact phrase.
Wildcards
Use a question mark (?) in a search term to represent any one

图 7-21　WSN 高级检索页面

7.4.3　WSN 特色功能

可将检索结果分享到推特、脸书等社交网站，也可发送至电子邮箱，比如 Gmail。将鼠标悬停在 Amscore 图标上可以看到一篇文章在脸书和其他社交媒体平台上被分享的次数。在 WSN 上注册个人账号，登录后可使用 WSN 的特色功能：“搜索历史”可直接运行执行过的搜索，“搜索存档”（Saved Searches）可将检索式保存起来，得到电子邮件更新的搜索结果。

7.5　ScienceDirect 数据库系统

7.5.1　ScienceDirect 概况

爱思唯尔是一家全球性信息分析公司。创办于 1880 年，它已经从一家致力于古典学术的小型荷兰出版社发展成为一家国际性的多媒体出版公司，向全球教育、科学技术与医学领域提供 20000 余种产品。主要包括 Scopus（迄今全球最大的二次文献数据库）、ScienceDirect（全学科全文数据库）、Mendeley（免费的参考文献管理器和学术社交网络）、Evolve（学习门户网站）、Knovel（工程信息与数据分析）、Reaxys（化学及生物活性综合数据库）及 ClinicalKey（临床知识解决方案）等。

ScienceDirect（SDOL）是爱思唯尔的一个分支，是全球最大的科学、技术、医学信息提供与出版机构，每年出版 2000 多种期刊、图书、数据库出版物。截至 2021 年 6 月，总共 1800 万篇文档，3065 种完全开放获取出版物，140 万开放获取文章，2500 种同行评审期刊，42000 种电子书，35 万多篇主题网页，覆盖 24 个学科。SDOL 的特色在于提供参考工具书、手册及系列丛书等高质量图书；“在编文章”（Articles in Press）可捕获最新学术信息；数据库中最早的期刊 LANCET 回溯至 1823 年，大部分期刊回溯至 1994 年。

ScienceDirect 访问地址为 https//www.sciencedirect.com，爱思唯尔网站为 https: //www.elsevier.com，爱思唯尔中国区网站为 https: //www.elsevier.com/zh-cn。

7.5.2　SDOL 检索方法

1. SDOL 的检索语言

SDOL 常用运算符见表 7-5。除常用的布尔逻辑运算符、通配符、位置算符外，SDOL 的短语检索提供了精确短语检索、宽松短语检索两种方式。

表 7-5　**SDOL 常用运算符**

名称	表达方式	举例	含　义
布尔逻辑运算符	AND	lesion AND pancreatic	并且
	OR	kidney OR renal	或者
	NOT	tumor AND NOT malignant	不包含
通配符	*	wom*n	可检出 woman、women
		transplant*	可检出 transplanted、transplantor
	!	behav!	behave、 behaviour、 behavioural
短语检索	“ ”	“heart-attack”	宽松短语检索，标点符号、连字符、停用词会被自动忽略
	{ }	{information integration}	精确短语检索，所有符号都被作为检索词严格匹配
位置算符	W/*n*	pain W/15 morphine	两词相隔不超过 15 词，词序不定
	PRE/*n*	behavioural PRE/3 disturbances	两词相隔不超过 3 词，词序固定

2. SDOL 检索技巧

（1）尽可能多地选取与检索主题密切相关的近义词、同义词，如 kidney disease OR renal failure。

（2）缩略语与全称的使用，如 mri OR magnetic resonance imaging。

（3）避免使用过于宽泛的词汇，如 influence。

（4）使用名词的单数形式，如输入“city”可以检索到“city”“cities”“city’s”“cities’”等词。

（5）巧用位置运算符 W，如用“W/3”“W/4”或“W/5”运算符来检索同一短语词组中的词，用“W/15”运算符来检索同一句话中的词，用“W/50”运算符来检索同一段落中的词。

SDOL 的禁用词表与 WSN 禁用词表相近。代词、副词、连词等没有检索意义的词为 SDOL 的禁用词，但“and”“or”“not”“in”“a”等不是 SDOL 的禁用词。如“not”的使用方式为{not}，当“not”用在短语中时，“not contested”应采取{not contested}的形式；同样，当“a”出现在短语中时，如“one in a million”应变成{one in a million}，如无法确定某词是否为禁用词最好不用，可以将该词从检索词中去除并使用“W/*n*”或“PRE/*n*”位置运算符避开，如“profit pre/2 loss”可检出“profit and loss”。

此外，SDOL 能够处理英美不同的拼写形式，无论输入“behavior”还是“behaviour”，或是“psychoanalyze”“psychoanalyse”系统都会全部检出。

3. SDOL 浏览（Browse）与检索（Search）

SDOL 设有一级学科主题 4 个，分别为物理科学与工程、生命科学、卫生科学、社会科学与人文科学，二级学科主题共 24 个，可逐一点击浏览，查看热门文章（Popular Articles）和最近出版物（Recent Publications）。Journals & Books 可按字顺浏览 4000 多种期刊和近 3 万种图书。

SDOL 首页如图 7-22 所示。

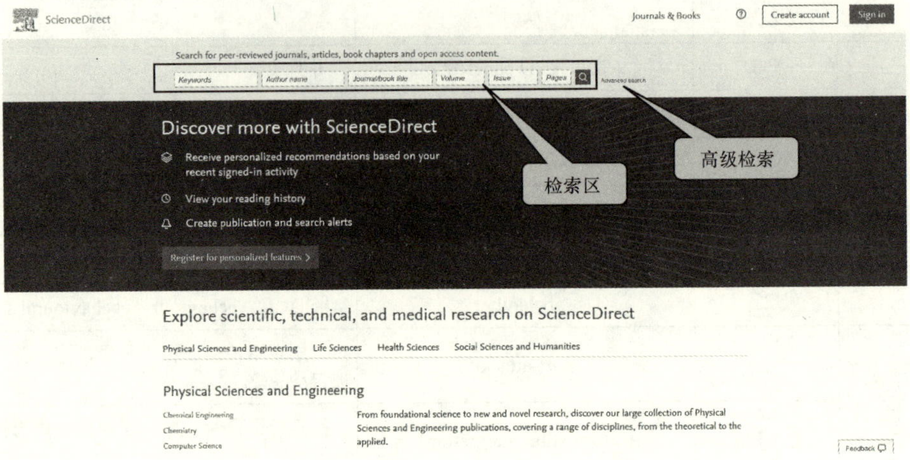

图 7-22　SDOL 首页

SDOL 首页提供关键词（Keywords）、作者名字（Author name）、刊名/书名（Journal/book title）、卷（Volume）、期（Issue）、页（Page）等检索字段。

检索实例

检索与“核电厂”相关的文献。在“Keywords”检索框中输入“nuclear power plant”，所有任意位置包含“nuclear power plant”的文献均命中。SDOL 检索结果页面如图 7-23 所示。

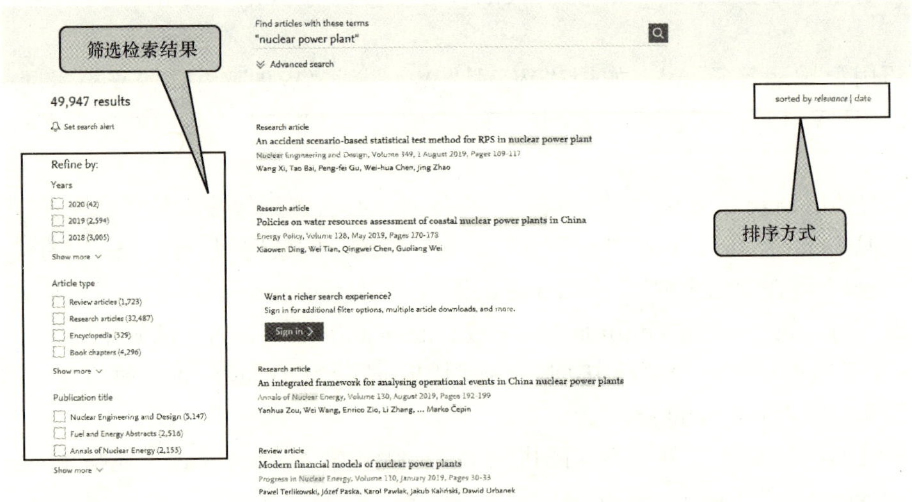

图 7-23　SDOL 检索结果页面

检索结果可按日期（Date）或相关性（Relevance）两种方式排序，包括题名、出处（刊名、卷、期、月、年、页码）、作者等引文信息。SDOL 全文有 HTML 和 PDF 两种格式。

4. SDOL 高级检索（Advanced Search）

SDOL 的高级检索提供文摘/题名/关键词（Abstract、Title、Keywords）、作者（Authors）、特定作者（Specific Author）、来源名（Source Title）、题名、关键词、文摘、参考文献（References）、ISSN、ISBN、机构（Affiliation）等检索途径。时间跨度从 1823 年至今，默认时间为最近 10 年。作者与特定作者检索的区别在于作者检索只要检索词出现在 Author 字段中即命中，但可能来自不同人的名字，如输入“J Smith”检索结果可能是“Sally E Smith and David J Read”，而特定作者检索“J Smith”必须出现在同一个人的名字中。输入 ISSN 号码时可不加连字符，输入“0305-0548”或“03050548”均可，同样适用于 ISBN 号码，“978-0-444-52259-7 ”或“9780444522597”等同。同时提供开放获取文献过滤（Open Access articles only）。

检索实例

检索机构为“Tsinghua University”（清华大学）并且题目包含“solar engergy”（太阳能）“2015—2020”年发表的“评论”或“研究性”文献。选择 SDOL 高级检索，检索页面如图 7-24 所示。

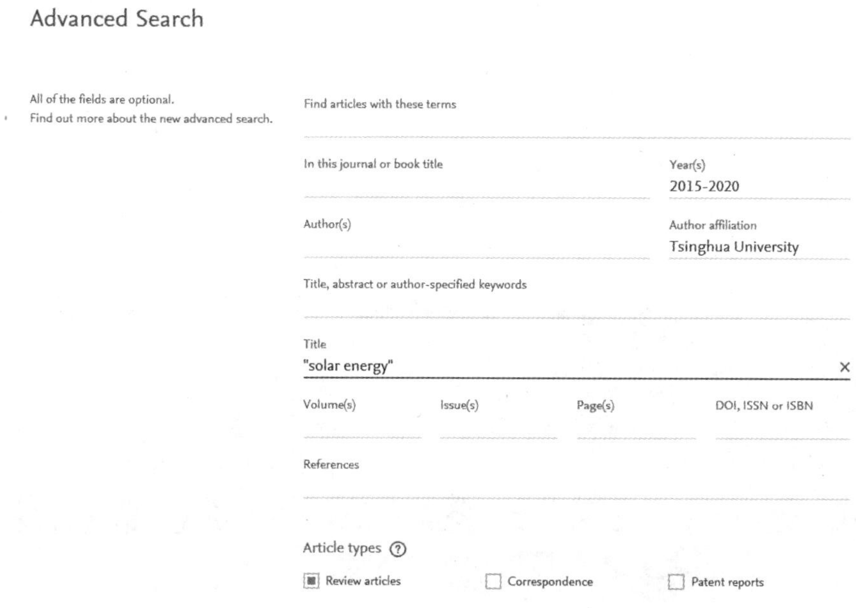

图 7-24　SDOL 高级检索页面

开放存取的文献会在检索结果中用特殊的标识显示出来。如图 7-23 所示，在 SDOL 高级检索页面可通过左侧的“Refine by”优化检索结果，通过年份（Years）、文章类型（Article type）、出版物名称（Publication title）等条件缩小检索结果范围。

7.5.3　SDOL 的个性化服务

SDOL 提供了多角度、多层次的个性化服务，用户可以注册、登录自己的个性化服务界面，查看近期操作及保存的检索式，定制自己喜爱的期刊、图书，还可以从期刊目次、主题检索、文献引文多角度定制文献通报（Alerts）服务。文献通报服务主要有检索通报（Search Alerts）、专题通报（Topic Alerts）、引文通报（Citation Alerts）、期刊目次通报（Volume/Issue

Alerts）等。

7.6 IEEE Xplore Digital Library

7.6.1 IEEE Xplore Digital Library 概况

美国“电气与电子工程师学会”（Institute of Electrical and Electronics Engineers，IEEE）成立于 1884 年，是全球最大的专业技术组织，也是在电气电子与信息技术领域最具影响力的跨国学术组织。英国“电气工程师学会”（Institution of Electrical Engineers，IEE）成立于 1871 年，是欧洲规模最大、历史最悠久的专业工程师协会，2006 年 4 月 1 日起正式更名为“英国工程技术学会”（Institution of Engineering and Technology，IET）。

IEEE 和 IET 是电气电子、计算机、信息技术等领域国际公认的两大学术机构，它们的出版物几乎都属于有关领域的核心文献，是科技工作者的主要参考源。The IEEE/IET Electronic Library（IEL）是其所有出版物的电子版全文数据库，内容涵盖前沿科技领域，几乎占到世界当代电气工程、通讯与计算机科学文献的 1/3；提供 1872 年至今约 527 余万份文档的全文，192 种 IEEE 期刊、杂志、汇刊，30 余种 IET 期刊、杂志及 25 种 IET 会议，超过 1700 种 IEEE 和 IET 年会的会议录，逾 3900 种 IEEE 关键技术领域标准。数据每日更新，每月大约新增 20000 份新文献。

IEL 通过 IEEE Xplore Digital Library 提供服务，IEEE Xplore Digital Library 访问地址为 https: //ieeexplore.ieee.org，首页提供智能一框式检索，可自动推荐检索词，查找关键字的变体形式，最多可以同时输入 10 个检索词，检索结果显示 and 关系。IEEE Xplore Digital Library 首页如图 7-25 所示。

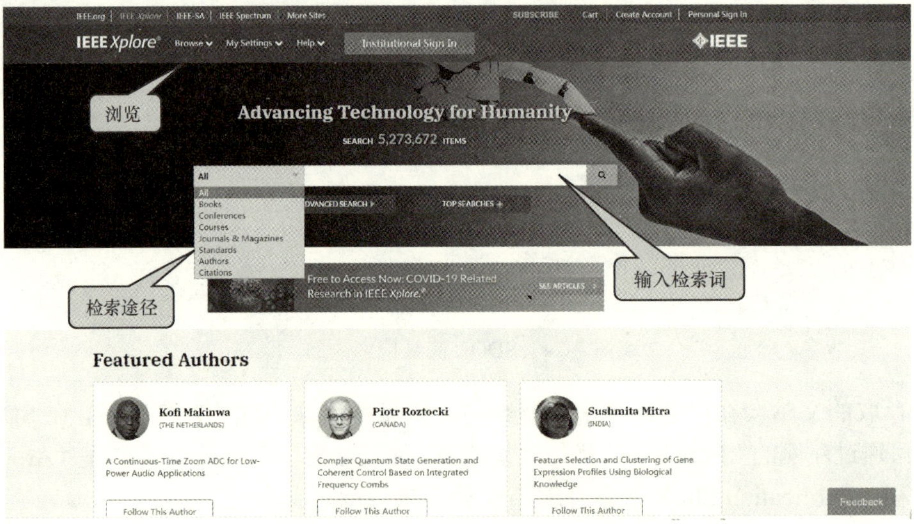

图 7-25　IEEE Xplore Digital Library 首页

7.6.2 IEEE Xplore Digital Library 检索方法

1. 浏览（Browse）、最新出版（Just Published）、最受欢迎（Most Popular）

IEEE Xplore Digital Library 出版物分为期刊与杂志（Journals & Magazines）、会议

(Conferences)、标准（Standards）、图书（Books）、课程（Courses）五种类型，可以按需浏览（Browse），以图书为例，70%的电子书出版自 2000 年后，最早回溯至 1943 年，近 4000 种图书可按书名（By Title）、主题（By Topic）、出版者（By Publisher）浏览，最新出版（Just Published）与最受欢迎（Most Popular）则提供浏览文献的特殊角度。IEEE Xplore Digital Library 页面如图 7-26 所示。

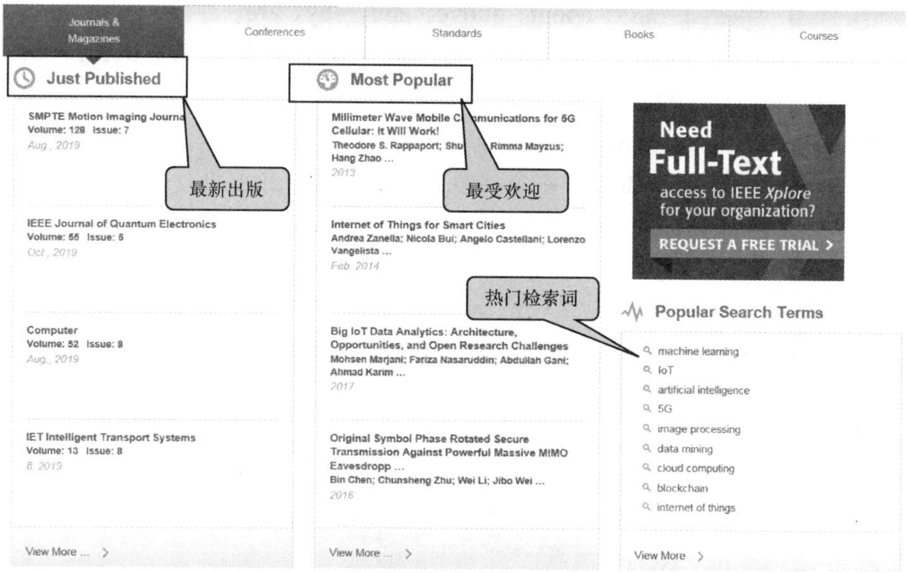

图 7-26　IEEE Xplore Digital Library 页面

2. 检索字段与检索算符

IEEE Xplore Digital Library 常用检索字段见表 7-6。

表 7-6　**IEEE Xplore Digital Library 常用检索字段**

名称	含义	名称	含义
Metadata	元数据	Document Title	文献题名
Authors	作者	Publication Title	出版物名
Abstract	文摘	Index Terms	索引词
Accession Number	入藏号	Article Number	文章号
Article Page Number	文章页码编号	Author Affiliation	作者机构
Author Keywords	作者关键词	Author ORCID	作者 ORCID
DOI	数字对象标识符	Funding Agency	资助机构
IEEE Terms	IEEE 术语	INSPEC Controlled Terms	INSPEC 控词
INSPEC Non-Controlled Terms	INSPEC 非控词	ISBN	国际标准书号
ISSN	国际标准连续出版物号	Issue	期
Mesh_Terms	Mesh 术语	Publication Number	出版物号
Parent Publication Number	母出版物编号	Standards Dictionary Terms	标准字典术语
Standards ICS Terms	标准 ICS 术语	Standard Number	标准编号

IEEE Xplore Digital Library 检索式支持“AND”“OR”“NOT”逻辑运算符，位置算符 NEAR、ONEAR。截词符有“*”和“?”,“*”表示任意多个字符,“?”表示一个字符。“electro*”可以检出“electron”“electrons”“electronic”“electronics”“electromagnetic”“electromechanical”“electrostatic”;“*optic”可以检出“optic”“fiber-optic”“electrooptic”“acoustooptic”;“me*n”可以检出“men”“mean”“median”;“wom*n”可以检出 “woman”或“women”。IEEE Xplore Digital Library 停用词包括 a（an）、about、above、and、any、are、as、at、can、do、find、for、from、have、how、I、in、is、me、not、of、on、or、over、show、the、under、what、when、where、why、with、you、your。

3. 高级检索（Advanced Search）

高级检索分为高级关键词/短语、命令、引文检索三种。并可进行个人检索设置，检索时可仅指定元数据，也可在元数据和全文中同时检索。

检索实例

检索发表在《Power Delivery》期刊以外的文章名或文摘中包含“relay protection”（继电保护）的文献，具体步骤如下：

（1）选择“Document Title”检索字段，输入检索词“relay protection”。

（2）选择逻辑运算符“OR”。

（3）选择“Abstract”检索字段，输入检索词“replay protection”。

（4）选择逻辑运算符“NOT”。

（5）选择“Publication Title”检索字段，输入检索词“power delivery”。

（6）出版日期限定为 2015 年至今（Present）。

（7）按下“Search”按钮检索。

出版年可以限定为最近一年，指定年限及全部年限。IEEE Xplore Digital Library 高级检索页面如图 7-27 所示。

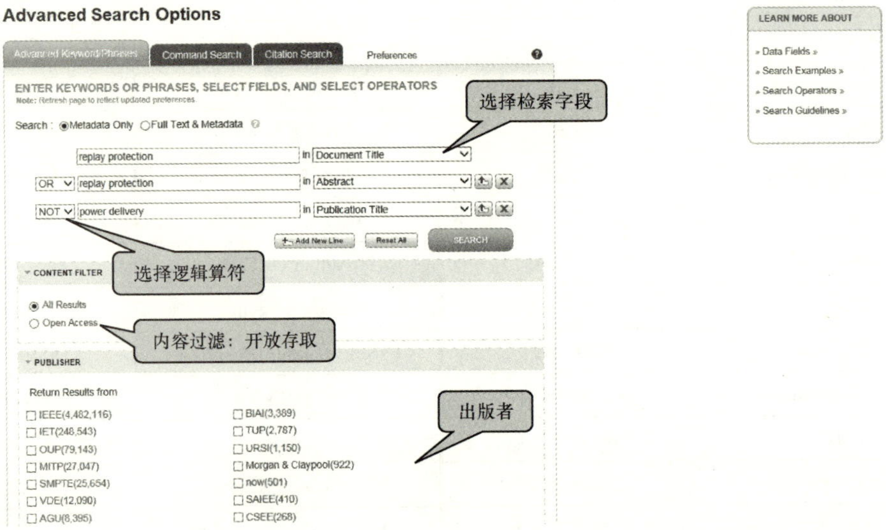

图 7-27 IEEE Xplore Digital Library 高级检索页面

全文有 PDF 格式与 HTML 格式两种。检索结果提供多种排序方式，相关性、最先优先，最旧优先，被引最高论文、被引最高专利、出版物名 A-Z 顺序，出版物名 Z-A 顺序。IEEE Xplore Digital Library 检索结果页面如图 7-28 所示。

使用命令检索时，运算符 AND、OR、NOT、NEAR 必须用大写，最多输入 40 个词。

命令检索示例：

"Abstract"：ofdm AND "Publication Title"：communications

"Author"："Suzuki，T"

（java OR XML）AND "software engineering"

security NEAR/5 "cloud computing"

"Fast" ONEAR/5 "Statistic" AND "Document Title"："Fast"

（（"Abstract"：java）OR "Publication Title"："computer technology"）AND "Document Title"：rfid

（UAV OR "unmanned aerial vehicle"）AND（"trajectory tracking" OR "target tracking"）

（"hybrid electric vehicle" NEAR/10 "plug-in"）OR（HEV NEAR/10 "plug-in"）

（"hybrid electric vehicle" ONEAR/10 "plug-in"）OR（HEV ONEAR/10 "plug-in"）

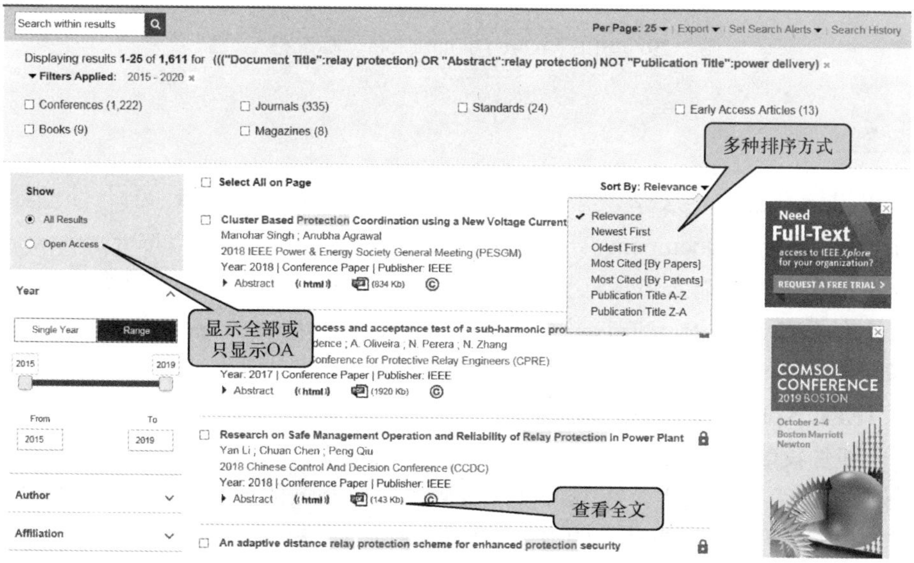

图 7-28　IEEE Xplore Digital Library 检索结果页面

4. 标准、会议检索

IEEE Xplore Digital Library 涵盖 IEEE 和 SMPTE 两种标准体系，可以通过 Collection（类）、Number（号码）、Topic（主题）、ICS 码（国际标准分类码）四种方式浏览。IEEE 标准状态分别为未生效（Inactive）、生效（Active）、替代（Superseded）及起草（Draft）、批准（Approved），时间跨度从 1890 年至今。IEEE Xplore Digital Library 标准检索页面如图 7-29 所示。

IEEE Xplore Digital Library 的会议文献时限从 1936 年至今，可以按标题（By Title）、主题（By Topic）两种方式浏览。

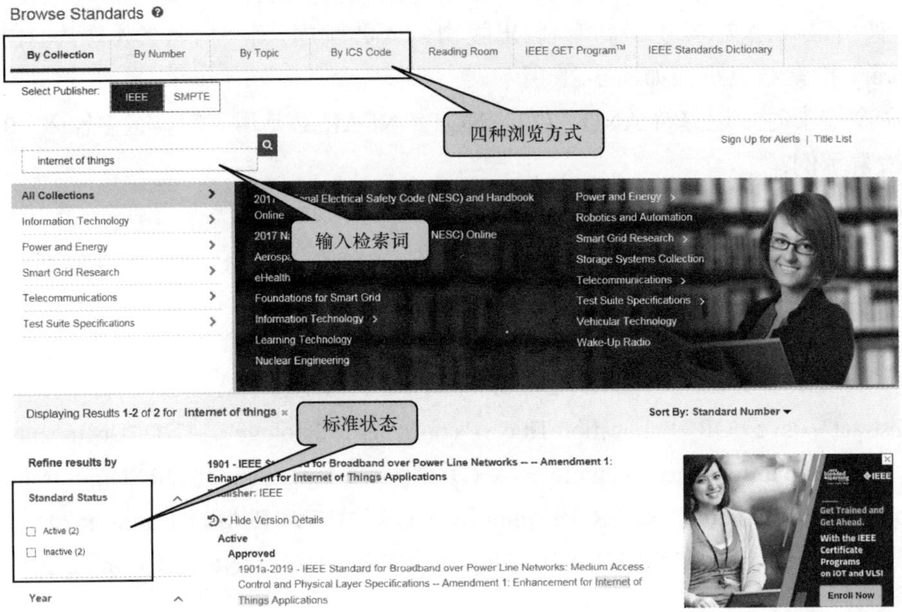

图 7-29　IEEE Xplore Digital Library 标准检索页面

检索实例

检索机构为“华北电力大学”并且题名包含“电力”的会议文献。具体步骤如下：在高级检索页面中，选择“Document Title”检索字段，输入检索词““electric power””；选择“Affiliation”检索字段，输入检索词“north china electric power”；两个字段间选择逻辑运算符“AND”；在下方“Content Types”选中“Conference”前面的复选框；点击“Search”按钮开始检索。

7.6.3　IEEE Xplore Digital Library 特色功能

1. 电子邮件提醒

电子邮件提醒可以帮助用户在第一时间看到其研究领域的最新研究成果，通过建立 IEEE Xplore 的 120 种学报、期刊或杂志的电子邮件提醒，当用户所关注领域有新的文献时，可以即时收到有关通知，其电子邮件中将包含一个连接到当期刊物目录的直接链接。

2. OPAC 链接

图书馆可以建立其在联机公共检索系统（OPAC）到 IEL 的任一出版物的稳定链接。IEEE Xplore 允许链接建立到学报、期刊、杂志、会议录和标准的出版物级别或是期刊、杂志的目录级别。

3. MyXplore 应用

IEEE Xplore 推出了手机应用 MyXplore，可分别到苹果应用商店与 Google Play 下载。

4. 我的设置（My Settings）

注册个人账号后即可使用 My Settings，可以保存检索式（Saved Searches），及时追踪某个领域、研究者、机构的新动态，一次最多可以保存 15 个检索式。

5．相关网站

IEEE 网站：https: //www.ieee.org；

IEEE 中国网站：https: //cn.ieee.org；

IEEE-SA：https: //standards.ieee.org；

IEEE SPECTRUM：https: //spectrum.ieee.org；

IEEE 相关网站大全：https: //www.ieee.org/sitemap.html。

第8章 专利文献检索

8.1 专 利 概 述

8.1.1 专利的基本概念

专利与法律密切相关，其本身是一种法律制度，是指一个国家对本国或外国科学技术领域的发明创造用法律的形式予以保护，凡获得此种保护的发明创造，则称之为专利。专利是一项重要的知识产权保护制度，是一种利用法律和经济手段鼓励人们进行发明创造，以推动科技进步、促进经济发展的一种保障制度，专利制度的核心是专利法。

1474年，威尼斯颁布的《发明人法规》(Inventor Bylaws)可以称作专利保护制度的发端。1624年，世界上第一部真正意义的专利法——《垄断法》(Statute of Monopolies)在英国开始实施，标志着专利制度的诞生。1985年4月1日，《中华人民共和国专利法》正式实施，全国人大常委会分别于1992年、2000年、2008年对专利法进行过三次修订。

在日常生活中，专利除指受专利法保护的发明创造外，一般还包括专利权和专利文献两方面含义。

狭义的专利文献是指记载专利技术的专利说明书，专利说明书是发明人或申请人在申请专利时，向专利主管机关提交的用以详细说明自己发明创造的技术内容、要求保护技术范围的文字及相关附图说明材料等。广义的专利文献是指一切与专利制度有关的文献，包括专利说明书、专利分类表、专利检索工具、专利法等。

8.1.2 专利与专利权

1. 专利的类型

(1) 发明专利。发明是指人们在某一技术领域取得的改造客观世界的创造性成果。例如人们在生产实践领域研制出的新产品、创造出新的工作方法，或对新设备及现有技术提出的新的改进方案都可申请发明专利。发明专利可分为两大类型，一是开辟一个全新技术领域，从无到有，对生产、生活有重大影响的专利，如我国古代四大发明、蒸汽机、电灯、电话均属此类；二是改造性发明，即对现有技术或产品进行的改进与发展。现代申请的发明专利，绝大多数属后者，如中国国家知识产权局授予的专利“一种用移动电话作为鼠标的方法、装置及系统（公开号：CN106550091A）”即为发明专利。

(2) 实用新型专利。实用新型是指对产品的形状、构造或者其结合所提出的适于实用的新的技术方案。较发明专利相比，实用新型专利的技术水平较低。如“用于连接移动电话与无绳电话系统的移动扩展器（公开号：CN202772919U）”即为实用新型专利。

(3) 外观设计专利。外观设计是指对产品的形状、图案或者其结合以及色彩与形状、图案的结合所做出的富有美感并适于工业大批量生产应用的新设计。如“移动电话（2067AⅡ）（公开号：CN3394619）”即为外观设计专利。外观设计专利说明书更多的是对产品外观、图案的说明。

(4) 植物专利。在美国有此种专利，即对人工培育的谷物、蔬菜、水果、花卉等植物新品种，可通过申请植物专利的形式予以保护。

2. 申请专利的条件

一项发明创造必须具备如下条件，才可能被授予专利。

（1）新颖性。指该发明或者实用新型不属于现有技术，也没有同样的发明或者实用新型由他人向国家专利行政部门提出过申请或者记载在申请日以前公布的专利申请或公告文件中。中国专利法规定，申请专利的发明创造在申请日以前六个月内，在中国政府主办或者承认的国际展览会上首次展出的，在规定的学术会议或者技术会议上首次发表的，未经申请人同意而被他人泄露其内容的，均不影响其新颖性。

（2）创造性。是指与现有技术相比，该发明或实用新型对所属领域的技术人员而言具有突出的实质性特点和显著的进步。

（3）实用性。是指该发明或者实用新型能够制造或者使用，并且能够产生积极效果。

中国专利法规定，有些技术创新不授予专利权，具体包括科学发现、智力活动的规则和方法、疾病的诊断和治疗方法、动物和植物品种、用原子核变换方法获得的物质等。

3. 专利权的特点

专利权是由国家专利主管机关依照法律规定，根据法定程序赋予专利权人对其发明、创造的专有权利。它是无形财产权的一种，与有形财产相比，具有以下主要特征。

（1）独占性。所谓独占性亦称垄断性或专有性。专利权是由政府主管部门根据发明人或申请人的申请，认为其发明成果符合专利法规定的条件，而授予申请人或其合法受让人的一种专有权。它专属权利人所有，专利权人对其权利的客体（即发明创造）享有占有、使用、收益和处分的权利。任何单位或者个人未经权利人许可，都不得实施其专利，即不得为生产经营目的制造、使用、许诺销售、销售、进口其专利产品或专利技术。

（2）时间性。所谓时间性，即指专利权具有法律规定的保护期限，一旦保护期满，任何人均可使用该专利技术。每年世界各国都会公布大量的过期及失效专利，其中部分失效专利仍具有一定的使用和借鉴价值。我国《专利法》第四十二条规定："发明专利权的期限为 20 年，实用新型和外观设计专利权的期限为 10 年，均自申请日起计算。"

（3）地域性。所谓地域性，即指专利权具有一定的空间限制。它是指一个国家或一个地区所授予和保护的专利权仅在该国或地区的范围内有效，对其他国家和地区不发生法律效力，其专利权是不被确认与保护的。如果专利权人希望在其他国家享有专利权，那么，必须依照其他国家的法律另行提出专利申请。除非加入国际条约及双边协定另有规定之外，任何国家都不承认其他国家或者国际性知识产权机构所授予的专利权。

1970 年 6 月，在华盛顿签订的专利合作条约（Patent Cooperation Treaty，PCT），旨在通过国际专利合作，简化同一专利在多国申请的繁杂程序，目前有 140 余个成员国。中国于 1994 年 1 月 1 日加入 PCT，中国国家知识产权局成为 PCT 条约规定的国际申请的受理局、国际检索局单位和国际初步审查单位。PCT 只是专利国际申请的途径，只负责接受国际专利申请，专利权仍然只能由寻求专利保护的各个国家的专利局或相关机构授予。但是，由于国际申请在国际阶段已经经过了统一的程序，所以简化了国家阶段的处理程序，指定局参考受理局的初审和检索情况，能够比较快地决定是否授予专利权。

4. 专利审查制度

在专利申请过程中，我国专利法对不同专利类型采取了不同的审查制度。对发明专利申请采用早期公开、延迟审查制度；对实用新型和外观设计专利申请则采用初步审查的制度。

（1）发明专利申请的早期公布请求审查制。专利局受理发明专利申请后，首先进行初步审查，合格后，自申请日起满十八个月即行公布。申请人可以自申请日起三年内请求实质审查，该请求生效后，专利局即对专利申请的实质条件进行严格审查。申请人逾期未提出实质审查请求的，该专利申请即被视为撤回。经实质审查合格的，专利局做出授予发明专利权的决定，发给专利证书，并予以登记和公告。

（2）实用新型和外观设计专利申请的初步审查制。专利局受理实用新型和外观设计专利申请后，进行初步审查，包括格式审查、明显的实质性缺陷和保护范围的审查，合格的不再进行实质审查，即做出授予实用新型或外观设计专利权的决定，发给相应的专利证书，并予以登记和公告。

8.1.3 专利文献

不同国家的专利法具有不同的特点，但都反映了专利制度的两大基本功能：即法律保护和技术公开。以出版专利文献的形式来实现发明创造向社会的公开和传播是专利制度走向成熟的最显著特征。专利文献集技术、法律和经济信息于一体，通过查找专利文献可以了解发明技术的实质、专利权的范围和时限，还能根据专利申请活动的情况，觉察正在开拓的新技术市场以及它对经济发展的影响。

1. 专利文献的特点

（1）技术新颖，内容广泛。因为专利是对技术领域首创者技术专有权的保护，因而技术领域最先进的、最有价值的创新成果总是最早在专利文献上公开发表，专利文献也成为查找某一领域最新进展最简便、最迅速的工具。同时，专利文献涉及领域之广远远超出了其他技术文献，从日常生活用品到高精尖技术几乎无所不包，专利文献已经成为一个取之不尽、用之不竭的技术知识宝库。

（2）内容详尽，实用性强。我国专利法第 26 条规定："说明书应当对发明或者实用新型做出清楚、完整的说明，以所属技术领域的技术人员能够实现为准；必要的时候，应当有附图。摘要应当简要说明发明或者实用新型的技术要点"。因此，专利文献一般都叙述详尽并有具体应用举例，大部分专利文献还有详细的附图，对技术方案的理解有重要参考价值。由于专利申请的单一性原则，一项产品的全部设计和生产技术，有时往往包含在一系列的多项专利之中，只有全面获得该产品的相关专利信息，才能完整地了解该产品新技术的全貌。

（3）报道迅速，时效性强。由于专利的先申请原则，即分别就同样发明内容申请专利的，专利权将授予最先申请者，这就促使发明人一旦取得科研成果必然要抢先申请专利。同时，一些国家相继采用了早期公开制，发明专利说明书自申请之日起满 18 个月即公布于众，这大大加快了发明内容公开化的进程。

（4）格式统一，分类科学。依据各国专利法的要求，各国专利说明书在格式上都基本相同。例如，发明专利说明书主要由题录、摘要、权力要求书、说明书和附图组成。专利文献格式的统一为查阅各国专利文献提供了极大的方便。随着国际专利分类法（IPC）的普及，各国专利都使用统一的分类体系，从而为利用统一的专利分类号检索专利文献提供了方便。

（5）载体多样，查阅方便。专利文献的载体类型随着科技的进步而发展。目前，美国、日本、欧盟、中国等世界上很多国家和地区都建立了专利文献数据库，通过互联网可以免费查阅到大量专利文献。

（6）重复报道，多种选择。由于专利保护的地域性，同一专利可能在多个国家申请，因此，各个国家专利存在大量重复报道；另外，由于发明专利与实用新型专利的审查制度及保护时间的差异，在国内有许多专利技术持有者首先申请实用新型专利，以较早获得专利权，然后再申请发明专利以获得较长的保护期，同时对同一发明专利，由于早期公开和延迟审查，也会造成一项专利的多次公布。虽然专利文献的大量重复给收藏、检索带来不便，但用户可以从重复公布的专利中选择自己熟悉的语言，从而能够克服语言的障碍，另外，也可以从专利文献的重复量上判断某项专利技术的应用价值，一般而言，投入较多，在某一领域有较大影响的创新型成果，往往要在多个国家申请专利。

2. 专利文献的作用

（1）传播发明创造，促进技术进步。专利制度规定专利申请人在申请专利时须提交描述发明创造技术内容和限定专利保护范围的文件，专利机构则以保护为条件将该文件公之于众。全世界每年公布的专利文献达数百万件，据统计，95%的发明创造被记录在专利文献之中，80%的发明创造仅在专利文献中记载，专利文献与其他文献相比在传播发明创造方面作用突出。世界主要国家都在互联网上公告专利文献，使得公众可以在第一时间获得最新授予专利权的发明创造信息，人们由此可以获得最新技术信息，扩大利用新技术的概率，进而起到促进全社会技术进步的作用。专利一旦有效期满，即成为公知的技术，同时也有相当一部分专利由于持有人不再续交年费而变成无效专利，通过对专利保护期的跟踪及对失效专利的检索与利用，有时候会取得意想不到的效果。

（2）警示竞争对手，保护知识产权。人们申请专利的目的是寻求对其发明创造的保护。专利制度承认人们的智力劳动成果，承诺保护专利权人的专利权，因此，技术发明人可以在专利制度的保护下，通过实施其受专利保护的发明成果获得最大化商业利益。然而，专利权人最担心的是竞争对手侵犯其专利权，所以专利权人寄希望于通过专利文献信息公布，向竞争对手传达一种警示信息。专利文献不仅向人们提供了发明创造技术内容，同时也向竞争对手展示了专利保护范围。甚至许多专利权人在其专利产品上注上专利标记，使该产品的使用人可以轻而易举地找到该专利的说明书，了解其专利保护的内容，从而达到保护知识产权的目的。

（3）借鉴权利信息，避免侵权纠纷。任何竞争对手都要尊重他人的知识产权，杜绝恶意侵权行为，避免无意侵权过失，以形成良好的市场竞争氛围，专利文献可以起到这方面的借鉴作用。专利文献中含有每一件专利的保护范围信息（权利要求书）、专利地域效力信息（申请的国家、地区）、专利时间效力信息（申请日期、公布日期）。专利文献信息类似一部法律文书，宣布着专利所有人的权利，有利于他人实现自我约束，避免侵权纠纷发生。

（4）提供技术参考，启迪创新思路。企业是创新的主体，专利是创新的成果。企业在参与市场竞争、推进技术创新过程中，不能闭门造车，要借鉴前人的智慧，站在巨人的肩膀上，进行再创造，专利文献可以起到这方面的借鉴作用。专利文献中含有每一件申请专利的发明创造的具体技术解决方案（说明书），研究本领域专利文献中记载的发明创造，不仅可使企业避免重复研究，节约研究时间和经费，同时还可启迪企业研究人员的创新思路，提高创新的起点，实现创新目标。另外，如果在产品研发过程中能够密切关注本领域的专利信息，有的时候可以通过购买成熟的专利技术来解决生产中的技术难题，但这种技术引进一般不适用尖端、创新型核心技术。

（5）跟踪专利技术，了解发展方向。通过对专利文献的查询与检索，企业可以及时了解相关技术的最新发展方向、成果及整个行业的发展趋势。专利申请的活跃程度及拥有专利的数量多少是衡量一个企业技术实力的标志，通过对竞争对手专利申请活动的跟踪，可以了解其发展动向，从而做到知己知彼，并对市场变化进行预测，及时调整企业战略，制定新的研发计划，提高企业竞争力。

3. 专利说明书的内容结构

专利说明书记载了专利成果的详细内容，是专利文献的核心部分。目前各国的专利说明书正在逐渐趋向统一化，通常一件专利说明书包括专利文献著录项目、权利要求书、说明书、附图、摘要等若干部分，有些专利说明书还附有检索报告。

（1）专利文献著录项目。它一般刊在专利说明书的扉页上，通常包括专利名称、发明人姓名、申请人名称、地址、申请日期、申请号、国际专利分类号、专利号、文摘等内容。在每一个著录项目的前面都标有统一的 INID 代码（国际通用的标记专利著录项目的代码），利用 INID 代码，即使文字不通，也能识别专利著录项目的内容。

（2）权利要求书。它提供了该专利请求保护的技术特征范围，是确定专利权范围及判定侵权的依据。权利要求书中至少有一项独立权利要求，还可以有从属权利要求。

（3）说明书。它是对申请专利的发明创造作出清楚完整说明的文件，它包括发明创造名称、所属技术领域、已有技术水平、发明的目的、发明创造描述、发明创造的效果、附图说明、最佳实施方案等部分。

（4）附图。它是用于补充说明书文字部分的文件。一些国家把附图看成是专利申请文件中的一个独立部分。在中国，附图则属于说明书的一部分。

（5）摘要。它是对说明书所述发明创造的重点内容或主要技术特征的简明介绍，通常刊于专利说明书的扉页上。

（6）检索报告。它是审查（检索）员在对专利申请文件中描述的发明创造进行有关技术水平的文献检索后，报告检索结果的文件。少数国家或专利组织出版的专利说明书附有检索报告；多数国家则将检索报告的内容在专利文献著录项目中以“相关技术的文献”或“已发表的有关技术水平的文献”为名列出。

4. 专利文献的编号体系

（1）专利编号种类。专利文献编号是指各国专利局为每类专利申请编制的在不同场合下使用的各种序号，专利编号一般包括申请号和文献号两种。其中文献号又可分为公开号、公告号、专利号等，公告号的构成较复杂，它由申请公告号和审查公告号等组成，审查公告号又表现为公告号、展出公告号、审定公告号等形式。公告号的种类主要受专利类型、专利审批制度等因素的影响。

申请号主要有两种编号方式，一是按年编号，如 CN85100463.6、JP2007000018 等；二是连续编号，如 US4243663 等。

文献号的编号方式也有两种，一是沿用申请号，包括一号多用、延迟审查制中的公开号沿用申请号等多种情况；二是重新编号，包括连续编号、按年编号、混合编号三种，如 US3276099、WO83/03394 等。

（2）中国专利文献编号。自 1985 年中国专利法实施以来，中国专利说明书的编号体系分别做过三次修改，形成了四个阶段各自不同的编号制度：

1）1985—1988 年的编号体系。申请号、专利号、公开（公告）号、审定号共用一套号码。发明专利、实用新型专利、外观设计专利分别编号，其申请号都由八位数字组成，前两位表示申请年份；第三位数字表示专利种类，其中“1”代表发明专利，“2”代表实用新型专利，“3”代表外观设计专利；后五位数字是序号，序号每年自 1 号开始。如 1988 年申请的名称为“自行车防盗保险锁”的实用新型专利，申请号为“88212152”。

公开号、审定号、公告号是在申请号前冠以国别代码 CN，后面标注专利文献类型代码：“A”为发明专利申请公开号，“B”为审定号，“C”为授权公告号，“U”为实用新型专利申请公告号，“S”为外观设计专利申请公告号。如上例专利公告号为“CN88212152U”。

2）1989—1992 年的编号体系。申请号、专利号、公开（公告）号、审定号由八位数字变成九位，小数点后的第九位数是计算机校验码。

公开号、审定号、公告号分别采用了七位数字号码，按流水序号重新编排，七位数字的首位代表专利种类，后六位数字为文献序号，编号前冠以国别代码 CN，编号最后的字母代表专利文献类型。

如 1989 年申请的名称为“一种可控硅触发装置”的发明专利，申请号为“89103794.2”，其专利公开号为“CN1039335A”。

3）1993—2004 年 6 月 30 日编号体系。随着专利法的修改，专利编号出现新的变化，即发明专利、实用新型专利、外观设计专利的审定公告号或申请公告号改为授权公告号，编号序列沿用原审定号或公告号，但文献种类代码分别改为“C”“Y”和“D”，即“C”为发明专利授权公告号，“Y”为实用新型专利授权公告号，“D”为外观设计专利授权公告号。

如 2000 年申请的名称为“用于显示通过摄影机摄录的图像的装置”的发明专利，申请号为“CN00816845.8”，其专利公开号为“CN1408074A”，专利授权公告号为“CN1221833C”。

4）2004 年 7 月 1 日以后的编号体系。为满足专利申请量急剧增长的需要，国家知识产权局制定了新的专利文献号标准，专利申请号由 12 位数字和 1 个圆点以及 1 个校验位组成，其前四位数字表示申请年代，第五位数字表示专利的申请类型，“1”代表发明专利，“2”代表实用新型专利，“3”代表外观设计专利，“8”代表指定中国发明专利的 PCT 申请，“9”代表指定中国实用新型专利的 PCT 申请。专利授权公告号改为“CN”国别代码和 9 位数字以及文献种类代码组成，第一位数字代表专利申请类型，文献种类代码分别改为“B”“U”和“S”，“B”为发明专利授权公告号，“U”为实用新型专利授权公告号，“S”为外观设计专利授权公告号。

如 2016 年申请的名称为“基于反馈电流的直流电机过热保护方法及其实现步骤”的发明专利，申请号为“CN201610780700.6”，其专利公开号为“CN106998170A”，专利授权公告号为“CN106998170B”。

8.1.4 《国际专利分类法》

1. 概况

《国际专利分类法》又称为《国际专利分类表》（International Patent Classification，IPC），是目前国际领域普遍采用的专利分类方法。虽然英、美等国仍在采用自己的专利分类法，但其说明书及相应的检索工具的著录中都附有国际专利分类号。《国际专利分类法》使各国专利文献实现了统一分类，现在包括中国在内已有 90 余个国家使用 IPC 进行专利文献分类。为适应新技术发展的需要，《国际专利分类法》诞生以来进行了多次修订，2006 年第 8 版以前每 5

年修订一次，从第 8 版开始每年修订，同时改用年、月标识其版本号。在使用国际专利分类号进行专利检索时，要使用与所查专利年代相应的分类表版本。如检索 1989 年的专利文献要使用第 4 版分类表，而检索 1990 年的专利文献则要使用第 5 版分类表。世界知识产权组织网站（https: //www.wipo.int）提供各版本 IPC 查询服务。

2. 类目结构

《国际专利分类法》根据专利应用的技术领域及实用功能，将所有类目分成 5 个等级，分别为部、大类、小类、主组、分组，共设 8 个部，总计小类达 7 万余个。

（1）部（Section）。部是 IPC 分类的最高等级，8 个部分别由 8 个大写英文字母来表示，各部分别如下：

1）A 部：人类生活需要（Human Necessities）。

2）B 部：作业、运输（Performing Operations; Transporting）。

3）C 部：化学、冶金（Chemistry and Metallurgy）。

4）D 部：纺织、造纸（Textiles and Paper）。

5）E 部：固定建筑物（Fixed Construction）。

6）F 部：机械工程、照明、采暖、武器、爆破（Mechanical Engineering、Lighting、Heating、Weapons、Blasting）。

7）G 部：物理（Physics）。

8）H 部：电学（Electricity）。

在 IPC 的 8 个部中除 H 部电学外，其他部下均设有不同的分部。分部只有标题，起到将某一大部内容进一步划分的作用，方便用户检索使用，而不作为分类的一个等级，也不设分类符号。

如："A 部人类生活需要" 下设有"农业""食品与烟草""个人或家用物品""保健娱乐" 4 个分部。

（2）大类（Class）。大类是 IPC 的二级类目，是对部的进一步细分，大类的类号由部的类号与两位数字组成。

如：H 电学，H02 发电、变电或配电。

（3）小类（Subclass）。小类是 IPC 的三级类目，由大类号加一个大写字母组成。

如：H02B 供电或配电用的配电盘、变电站或开关装置。

在 IPC 中某些小类名后附小类索引，如"H01F 磁体；电感；变压器；磁性材料的选择"小类索引如下：

薄膜 10/00

固定电感器或变压器

    信号类型的 17/00，19/00

    除信号类型之外的 30/00，37/00

    制造 41/00

可变电感器或变压器

    信号类型的 21/00

    除信号类型之外的 29/00

    制造 41/00

变压或电感器的一般零部件 27/00

（4）主组（Main Group）。主组是 IPC 的四级类目，由小类号加 1～3 位数字及“/”和数字“00”表示。

如 H02B 1/00 框架、盘、板、台、机壳；变电站或开关装置的零部件。

（5）分组（Sub Group）。分组是最后一级类目，是由主组类号“/”后除“00”以外的最小两位数字组成，分组类号还可划分若干等级，但其不遵循层累制，在类号中无法分辨小组的等级，在 IPC 中，分组文字标题前通过加注圆点来表示其类目等级，圆点越多，其类目级别越低。

IPC 类目片段示例：

H 部 电学

H01 基本电气元件

H01B 电缆；导体；绝缘体；导电、绝缘或介电材料的选择

……

H01F 磁体；电感；变压器；磁性材料的选择

……

H01F7/00 磁体（超导磁体入 H01F6/00；用于从固体材料或液体分离固体材料的入 B03C 1/00；用于工作台或类似的工件夹具的入 B23B31/28，B23Q3/00；工件夹持装置入 B25B11/00；提升用磁铁入 B66C1/00；用于电表的入 G01R；用于继电器的入 H01H；用于电动机的入 H02K）

H01F7/02 • 永久磁体

H01F7/04 •• 解除吸引力的装置

H01F7/06 • 电磁铁；含有电磁铁的制动器

H01F7/08 •• 有衔铁的

H01F7/10 ••• 专用于交流电的

H01F7/11 •••• 减小或消除涡流效应的

H01F7/12 •••• 有抗震装置的

H01F7/121 ••• 衔铁的导向或定位，如将衔铁保持在其端点位置上

H01F7/122 •••• 用永久磁体的

H01F7/123 •••• 用辅助线圈

H01F7/124 •••• 用机械闭锁，如插销

H01F7/126 ••• 支承或安装

H01F7/127 ••• 组装

……

国际专利分类号在专利文献上著录的 INID 代码是（51），第 8 版以前专利号标注为 $Int.CL^n$******。其中 Int.CL 表示国际专利分类，n 表示修订的版次。如 $Int.CL^7$B62M1/02 是第 7 版 IPC 分类号；第 8 版以后专利版本号标注在分类号后并加括号，如 Int.CL.G09B25/02（2011.01）是 2011 年 1 月版 IPC 分类号。利用 IPC 分类号检索时，只需输入类目号码。

3. 分类原则

IPC 采取了功能分类与应用分类相结合、功能分类优先的原则。如“数控机床主轴变速

逻辑控制方法”依功能分类，类号为 B23Q5/04（2011.01），属“作业、运输”部下的“机床”大类；而“教学数控机床”则依应用分类，类号为 G09B25/02（2011.01），属“物理”部下的“教学用具”大类。在检索时应根据技术的功能性和应用性，同时兼顾几个类目。目前很多专利检索系统都提供国际专利分类表导航服务，使用起来较为方便。在检索过程中，如无法找到欲检索题目所属技术领域的 IPC 分类号，可以首先利用主题词检索，然后通过检索到的相关专利的 IPC 分类号，进行比对分析。IPC 分类检索具有族性检索特征，检索范围广，检全率高，对专利分类系统较为熟悉的用户，是一种非常好的检索途径。

8.2　中国专利检索系统

8.2.1　《中国专利公报》

1. 概况

《中国专利公报》是国家知识产权局每周定期公开出版的专利受理、审查和授权公告的唯一法定刊物，共分《发明专利公报》《实用新型专利公报》《外观设计专利公报》三种，分别出版。每周每种公报出版两期，主要包括专利申请公布、专利权授予、专利权无效审查结论公布、专利事务、申请公布索引、授权公告索引等多项内容。《中国专利公报》是查询专利文献，及时、准确地掌握相关领域专利动态的重要资料，也是专利申请人、专利权人及时、准确了解自己专利的法律状态和处理专利相关事务（专利转让、许可、实施等）的重要工具。中国国家知识产权局网站“专利公报”栏目提供 2010 年以来的《中国专利公报》电子版全文。

2. 检索方法

《发明专利公报》的发明专利申请公布部分，按专利申请公布号排序。刊后附申请公布索引，申请公布索引包括四部分：IPC 索引——按 IPC 分类号排序，提供 IPC 分类号与申请公布号对照；申请号索引——按申请号排序，提供申请号与申请公布号对照；申请人索引——按申请人名称排序，提供申请人与申请公布号对照；授权公告号/专利号对照表。因此，发明专利申请公布部分具有 IPC 分类号、申请号、申请人、申请公布号四种检索途径。《发明专利公报》发明专利申请公布及 IPC 索引分别如图 8-1 和图 8-2 所示。

(51) Int.Cl.　A01C　7/20　(2006.01)
　　　　　　A01C　7/18　(2006.01)
(10) 申请公布号　CN 111602491 A
(21) 申请号　201910139799.5
(22) 申请日　2019.02.26　(43) 申请公布日　2020.09.01
(71) 申请人　西北农林科技大学
　地址　712100 陕西省咸阳市杨凌示范区邰城路3号
(72) 发明人　黄玉祥　高鹏洋　张恒榜
(54) 发明名称　一种凸轮推杆式精量排种器
(57) 摘要　本发明公开了一种凸轮推杆式精量排种器，其特征在于：包括入种管、固装底壳、凸轮盘、推杆总成、取种器、排种轮、排种口和排种轴。其中，入种管设置在固装底壳上并与之贯通，固装底壳上设有出种口，凸轮盘通过固装底壳中心的螺栓固定并在其中心位置设有定凸轮槽对推杆总成进行限位导引，取种器周向固定于排种轮的内壁表面上并将其导种板设计为具有一定倾角的斜板，以改变种子间的接触点的位置，便于清种过程的顺利进行，取种器上

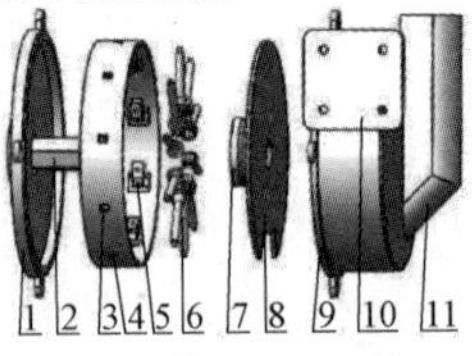

(71) 申请人　齐婷婷
　地址　310000 浙江省杭州市上城区南山路218号中国美术学院
(72) 发明人　不公告发明人
(54) 发明名称　一种用于农业种植的施肥装置
(57) 摘要　本发明公开了一种用于农业种植的施肥装置，属于农业种植领域。另一种用于农业种植的施肥装置，包括底板，所述底板的顶部外壁连接有搅拌箱，所述搅拌箱的内部连接有搅拌杆；所述第二转动轴的外壁连接有转盘，所述转盘上设有放置槽；所述底板的底部连接有支撑板，所述支撑板上转动连接有第五转动轴，所述第五转动轴的外壁通过连接杆连接有圆弧块，所述圆弧块内设有圆弧槽；所述底板的底部外壁还连接有下料板；所述底板的底部外壁固定连接有固定板，所述固定板上连接有第一转动轴，所述第一转动轴的外壁连接有滚轮；本发明劳动强度低，能够提高工作效率，且可使肥料落在挖好的坑内，提高了肥料的利用率，避免造成浪费，降低了使用成本。

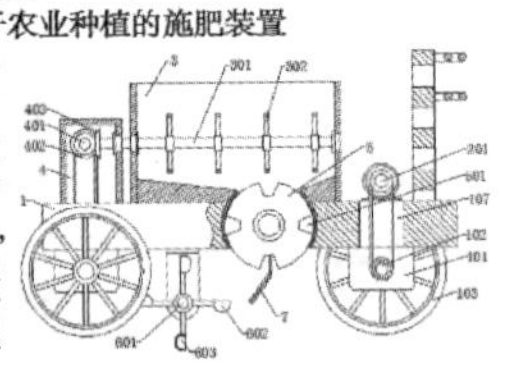

图 8-1　《发明专利公报》发明专利申请公布

1.IPC索引

IPC	申请公布号	IPC	申请公布号
A01B 33/02 (2006.01)	CN 111602474 A	A01C 1/00 (2006.01)	CN 111602551 A
A01B 33/08 (2006.01)	CN 111602474 A	A01C 1/00 (2006.01)	CN 111602587 A
A01B 43/00 (2006.01)	CN 111602475 A	A01C 1/00 (2006.01)	CN 111604262 A
A01B 49/02 (2006.01)	CN 111602477 A	A01C 1/06 (2006.01)	CN 111602487 A
A01B 49/02 (2006.01)	CN 111602478 A	A01C 1/08 (2006.01)	CN 111602487 A
A01B 49/02 (2006.01)	CN 111602479 A	A01C 1/08 (2006.01)	CN 111602551 A
A01B 49/02 (2006.01)	CN 111602561 A	A01C 1/08 (2006.01)	CN 111602587 A
A01B 49/04 (2006.01)	CN 111602476 A	A01C 5/04 (2006.01)	CN 111602488 A
A01B 49/04 (2006.01)	CN 111602477 A	A01C 5/04 (2006.01)	CN 111602489 A
A01B 49/04 (2006.01)	CN 111602561 A	A01C 5/04 (2006.01)	CN 111602490 A
A01B 49/06 (2006.01)	CN 111602478 A	A01C 5/04 (2006.01)	CN 111602494 A
A01B 49/06 (2006.01)	CN 111602479 A	A01C 5/06 (2006.01)	CN 111602495 A
A01B 59/042 (2006.01)	CN 111602480 A	A01C 5/06 (2006.01)	CN 111602571 A
A01B 59/06 (2006.01)	CN 111602481 A	A01C 5/08 (2006.01)	CN 111602488 A
A01B 59/06 (2006.01)	CN 111605619 A	A01C 7/04 (2006.01)	CN 111615328 A
A01B 63/10 (2006.01)	CN 111615327 A	A01C 7/08 (2006.01)	CN 111615328 A
A01B 69/00 (2006.01)	CN 111615327 A	A01C 7/10 (2006.01)	CN 111615328 A
A01B 77/00 (2006.01)	CN 111602483 A	A01C 7/18 (2006.01)	CN 111602491 A

图 8-2 《发明专利公报》申请公布索引之 IPC 索引

《实用新型专利公报》的专利权授予部分，按授权公告号排序。刊后附授权公告索引，授权公告索引包括四部分：IPC 索引——按 IPC 分类号排序，提供 IPC 分类号与授权公告号对照；专利号索引——按专利号排序，提供专利号与授权公告号对照；专利权人索引——按专利权人名称排序，提供专利权人与授权公告号对照；授权公告号/专利号对照表索引。因此，实用新型专利授权部分具有 IPC 分类号、专利号、专利权人、授权公告号四种检索途径。《实用新型专利公报》专利权授予如图 8-3 所示。

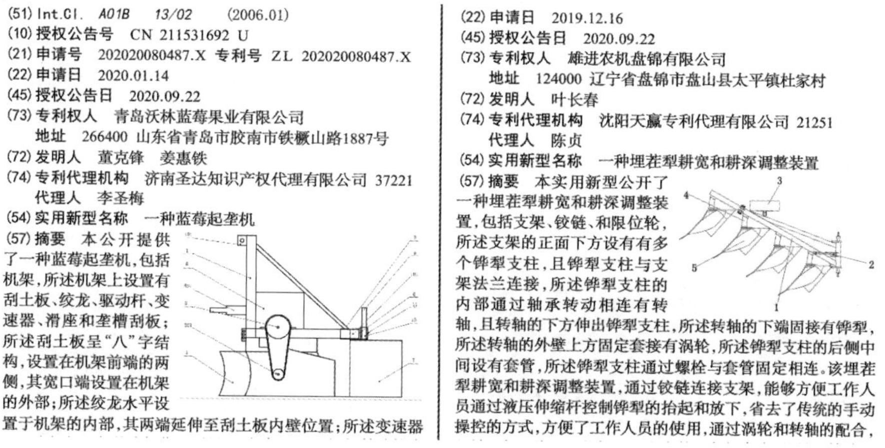
(51) Int.Cl. A01B 13/02 (2006.01)
(10) 授权公告号 CN 211531692 U
(21) 申请号 202020080487.X 专利号 ZL 202020080487.X
(22) 申请日 2020.01.14
(45) 授权公告日 2020.09.22
(73) 专利权人 青岛沃林蓝莓果业有限公司
地址 266400 山东省青岛市胶南市铁橛山路1887号
(72) 发明人 董克锋 姜惠铁
(74) 专利代理机构 济南圣达知识产权代理有限公司 37221
代理人 李圣梅
(54) 实用新型名称 一种蓝莓起垄机
(57) 摘要 本公开提供了一种蓝莓起垄机，包括机架，所述机架上设置有刮土板、绞龙、驱动杆、变速器、滑座和垄槽刮板；所述刮土板呈“八”字结构，设置在机架前端的两侧，其宽口端设置在机架的外部；所述绞龙水平设置于机架的内部，其两端延伸至刮土板内壁位置；所述变速器

(22) 申请日 2019.12.16
(45) 授权公告日 2020.09.22
(73) 专利权人 雄进农机盘锦有限公司
地址 124000 辽宁省盘锦市盘山县太平镇杜家村
(72) 发明人 叶长春
(74) 专利代理机构 沈阳天赢专利代理有限公司 21251
代理人 陈贞
(54) 实用新型名称 一种埋茬犁耕宽和耕深调整装置
(57) 摘要 本实用新型公开了一种埋茬犁耕宽和耕深调整装置，包括支架、铰链、和限位轮，所述支架的正面下方设有有多个铧犁支柱，且铧犁支柱与支架法兰连接，所述铧犁支柱的内部通过轴承转动相连有转轴，且转轴的下方伸出铧犁支柱，所述转轴的下端固接有铧犁，所述转轴的外壁上方固定套接有涡轮，所述铧犁支柱的后侧中间设有套管，所述铧犁支柱通过螺栓与套管固定相连。该埋茬犁耕宽和耕深调整装置，通过铰链连接支架，能够方便工作人员通过液压伸缩杆控制铧犁的抬起和放下，省去了传统的手动操控的方式，方便了工作人员的使用，通过涡轮和转轴的配合，

图 8-3 《实用新型专利公报》专利权授予

8.2.2 中国国家知识产权局网站

1. 概况

中国国家知识产权局网站是政府网站，是了解国内知识产权方面方针政策、法律法规及查询国内知识产权及专利信息的权威媒体，其网址为 http: //www.cnipa.gov.cn。国家知识产权局网站设有多个与知识产权相关的信息服务栏目，其中信息公开栏目公开了大量国家知识产权局在履行政府职能过程中产生的应当让公众知晓的，以及按照专利法和相关法规规定应当主动公开的信息，包括组织机构、政策法规、发展规划、专利管理、专利审批等；专利申请

指南详细介绍了专利申请前、审查中、授权后的业务程序规范，及专利申请人实施专利申请过程中需了解的有关知识，同时提供专利申请实施中的相关信息查询。

中国专利数据库是国家知识产权局网站最主要的信息产品，数据库收录1985年9月10日以来公布的全部中国专利信息，并可浏览到各种说明书全文及外观设计图形，该数据库随《中国专利公报》的出版每周更新两次。国家知识产权局政务服务平台除提供专利检索、专利公布公告查询服务外，还开展一系列其他特色服务，主要有专利申请指南、专利电子申请、专利事务服务、专利审查信息查询等。

2. 专利检索

中国国家知识产权局网站专利检索需要用户进行实名注册登录。

（1）常规检索。进入国家知识产权局网站后，通过“政务服务平台”或专利栏目的“专利检索”链接可直接进入“专利检索及分析入口”页面，可直接实现专利数据库的常规检索，常规检索共提供7个字段选项，分别为自动识别、检索要素、申请号、公开（公告）号、申请（专利权）人、发明人、发明名称。在常规检索界面，用户只能进行单字段检索，检索词支持“AND”“OR”“NOT”逻辑算符，如选择“检索要素”字段，则在标题、摘要、权利要求和分类号中同时检索。用户也可对检索数据的国家地区范围进行筛选，具体包括中国及EPO、WIPO、美国、日本等17个其他主要国家、地区、组织。

（2）高级检索。

1）检索入口。国家知识产权局网站专利高级检索页面如图8-4所示。在高级检索页面，首先需在范围筛选中选择“发明专利”“实用新型专利”“外观设计专利”等专利类型和要检索的国家和地区，如不进行选择，系统默认为全部检索。检索界面共有14个字段选项，分别为申请号、申请日、公开（公告）号、公开（公告）日、发明名称、IPC分类号、申请（专利权）人、发明人、优先权号、优先权日、摘要、权利要求、说明书、关键词，用户也可对检索界面进行配置，以选择增加其他检索字段。部分字段允许输入逻辑表达式，各字段间为逻辑“与”的运算关系。

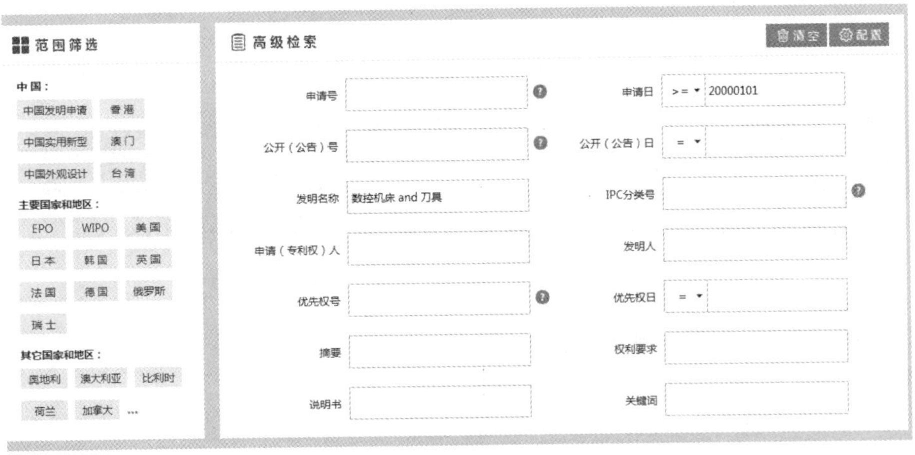

图8-4 国家知识产权局网站专利高级检索页面

2）检索算符。

a. 逻辑算符：在摘要、名称、分类号、申请（专利权）人、发明人等字段中均可使用“AND”

“OR”“NOT”等逻辑关系算符构建检索表达式。两个检索词之间空格代表“OR”逻辑关系，如果输入空格，需加英文双引号。

b. 优先级算符：用“()”（半角）来改变运算优先级，括号内表达式优先运算，括号可以多层次。

（3）检索结果。命中的检索结果可选择“搜索式”“列表式”“多图式”多种方式显示。点击检索结果上方“过滤”选项，可对检索结果的“显示字段”“文献类型”“日期筛选”“显示语言”进行重新限定筛选。用户也可根据需要对检索结果按照申请人、发明人、技术领域、申请日、公开日等进行统计筛选。国家知识产权局网站专利检索结果搜索式页面如图 8-5 所示。

图 8-5 国家知识产权局网站专利检索结果搜索式页面

在检索结果列表中，点击“详览”操作按钮，即可显示该专利的详细信息，并进一步选择查看“著录项目”“全文文本”或“全文图像”，亦可直接下载 PDF 格式的专利说明书全文压缩文件。国家知识产权局网站专利检索结果详细信息页面如图 8-6 所示。

图 8-6 国家知识产权局网站专利检索结果详细信息页面

3. 专利公布公告查询

专利公布公告查询系统提供中国专利公布公告信息、实质审查生效、专利权终止、专利权转移、著录事项变更等事务数据信息查询服务，数据与《中国专利公报》同步每周更新两次。通过国家知识产权局“政务服务平台”栏目可直接进入专利公布公告查询系统，检索页面有初级检索、高级查询、IPC 分类查询、LOC 分类查询、事务数据查询等多种检索方式供用户选择。

（1）高级查询。高级查询界面提供公布公告、申请信息、分类、文本、专利代理、优先权、分案、生物保藏、PTC 等相关内容检索项 23 个，各检索项间为逻辑“与”关系。在检索时，首先需在页面上方选择“发明公布”“发明授权”“实用新型”“外观设计”等专利类型，如不进行选择，系统则同时检索四种专利文献。国家知识产权局网站中国专利公告高级检索页面如图 8-7 所示。

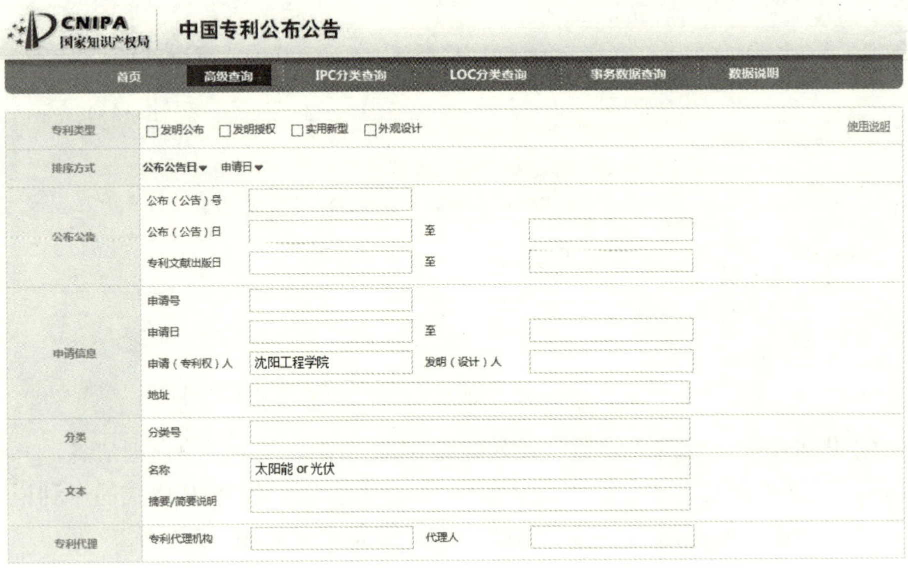

图 8-7 国家知识产权局网站中国专利公布公告高级检索页面

高级检索各字段检索方法及实例：

1）公布公告号。支持?代替 1 个字符，%代替多个字符的查询。例：102853527、102853527A、10285、%285352%、102?53?27。

2）公布公告日。输入 20131002 或通过日历选择，输入 201310 或通过日历选择 20131001 和 20131031。至少应输入完整的年份。

3）专利文献出版日。输入 20131002 或通过日历选择，输入 201310 或通过日历选择 20131001 和 20131031。至少应输入完整的年份。专利文献出版日一般指公布公告日；对于更正专利，指其更正文献出版日；对于解密专利，指其解密公告日。

4）申请号。支持?代替 1 个字符，%代替多个字符的查询。例：2005101185097、2005?0118509、%10118%。

5）申请日。输入 20130301 或通过日历选择，输入 201303 或通过日历选择 20130301 和 20130331。至少应输入完整的年份。

6）申请（专利权）人。支持?代替 1 个字符，%代替多个字符的查询。例：浙江大学、惠普、董?君、马克%公司。

7）发明人。支持?代替 1 个字符，%代替多个字符的查询。例：朱云杰、云杰、朱?杰、A%尔布赖。

8）地址。支持?代替 1 个字符，%代替多个字符的查询。例：北京市海淀区、北京市海?区、北京市%西直门。

9）分类号。支持?代替 1 个字符，%代替多个字符的查询。例：B61G3/04、26-05、B61G、B61G?/04、%3/04%。还可通过“IPC 分类查询/LOC 分类查询”获得分类号后直接查询。

10）名称。可进行 AND、OR、NOT 运算，AND、OR、NOT 前后应有空格。例：数控机床、数控机床 AND 刀具。

11）摘要/简要说明。可进行 AND、OR、NOT 运算，AND、OR、NOT 前后应有空格。例：电梯、电梯 OR 起重机。

12）专利代理机构。支持?代替 1 个字符，%代替多个字符的查询。例：中国国际贸易促进委员会专利商标事务所、国际贸易%专利%事务所。

13）代理人。支持?代替 1 个字符，%代替多个字符的查询。例：张华辉、张?辉。

14）优先权。支持?代替 1 个字符，%代替多个字符的查询。例：102011008792.3、102011008792、102011008792.3 2011.01.18 DE。

15）本国优先权。支持?代替 1 个字符，%代替多个字符的查询。例：2012100663195、201210066319、2012100663195 2012.03.14 CN。

16）分案原申请。支持?代替 1 个字符，%代替多个字符的查询。例：2012100840734、201210084073、2012100840734 2012.03.28。

17）生物保藏。支持?代替 1 个字符，%代替多个字符的查询。例：%7640%、CGMCC NO.7640、CGMCC NO.7640 2013.05.24。

18）PCT 进入国家阶段日。至少输入完整的年份。例：20130709、201307。

19）PCT 申请数据。支持?代替 1 个字符，%代替多个字符的查询。例：PCT/EP2011/005305、20111021、PCT/EP2011/005305 20111021。

20）PCT 公布数据。支持?代替 1 个字符，%代替多个字符的查询。例：WO2012/062406、DE、20120518、WO2012/062406 DE 20120518。

（2）事务数据查询。专利事务是专利局依照《中华人民共和国专利法》《中华人民共和国专利法实施细则》以及《专利审查指南（2010）》的规定，基于专利审批全流程中的文件、期限、费用、审批进程、法律状态等信息。专利事务数据可供查询的事务类型主要有实质审查的生效，专利权的无效、部分无效宣告，专利权的终止，专利申请或权利的恢复，专利申请权、专利权的转移，专利权的保全及其解除，著录事项变更等。该检索系统可查询 1985 年至今公告的中国专利法律状态信息。需注意的是检索系统法律状态信息存在一定的滞后，有的信息不能反映专利的实时法律状态。

事物数据查询提供申请号、事务数据公告日、事务数据信息三个检索字段，可对三种专利类型进行选择。通过专利事务查询，用户可以获得某一时间范围内，某种法律状态的专利有哪些，尤其通过对因未缴年费而在近期公告失效专利的查询，可以获得专利授权时间较短，尚存在新颖性的大量有价值失效专利信息。

检索实例

检索内容与“电动自行车”相关，法律状态为“ 专利权的终止”，状态公告日在2020年的专利信息。国家知识产权局网站专利公布公告事务数据查询页面如图 8-8 所示。检索结果显示命中记录的申请号、事务数据公告号、事务数据等信息，用户可以通过专利数据库对选中专利的申请号进行查询，以获得该专利相关说明书的全文信息。

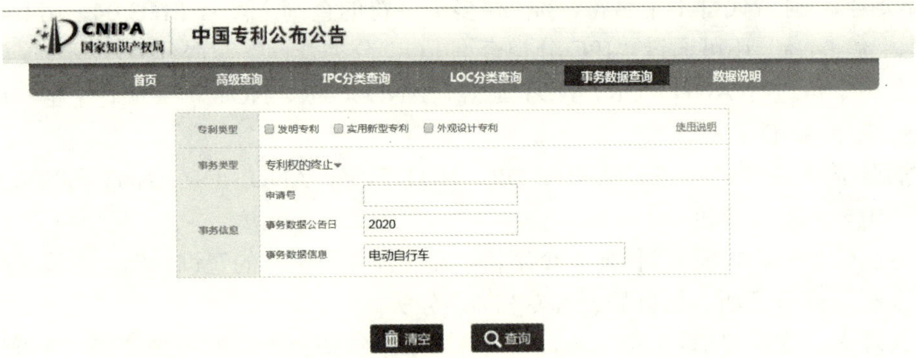

图 8-8 国家知识产权局网站专利公布公告事务数据查询页面

4. 专利数据服务

国家知识产权局专利数据服务试验系统，于 2014 年 12 月正式开通，系统将面向社会公众提供国内外专利基础数据更新数据的 FTP 下载服务，目前主要有中国、美国、欧洲、日本和韩国的各类专利基础数据资源，具体包括中国发明专利申请公布、发明专利授权、实用新型专利授权公告标准化全文图像数据；中国发明专利申请公布、发明专利授权、实用新型专利授权公告标准化全文文本数据；欧洲专利全文文本数据；日本发明专利申请公布、发明专利授权公告、实用新型专利授权公告、外观设计专利授权公告全文数据；韩国发明专利、实用新型专利、外观设计专利全文数据；美国专利申请公布、授权公告全文文本数据等。试验系统提供的所有更新数据目前在系统中只保存 30 个自然日。

用户在系统中进行实名注册、选择资源、打印并签署协议后，即可获得数据下载权限，下载所选择的数据资源。数据更新消息将以电子邮件的方式通知用户。

5. 国家重点产业专利信息服务平台

国家重点产业专利信息服务平台是国家知识产权局为配合国务院十大重点产业调整和振兴规划而建设的重点专题数据库，十大重点产业主要有汽车产业、电子信息产业、纺织产业、有色金属产业、石油化工产业、钢铁产业、物流产业、装备制造产业、轻工业产业、船舶产业。信息平台在内容上，涵盖国务院十大重点产业调整和振兴规划中有关技术创新重点领域的国内外数十个国家专利文献信息；在功能上，针对科技研发人员和管理人员，提供集一般检索、分类导航检索、数据统计分析、机器翻译等多种功能于一体的集成化专题数据库系统。利用信息平台，行业和企业可以了解竞争对手的技术水平、跟踪最新技术发展动向、提高研发起点、加快产品升级和防范知识产权风险，为自主创新、技术改造、并购重组、产业或行业标准制定和实施“走出去”战略发挥重要作用。

在国家知识产权局网站系统平台的专利信息利用栏目中，提供国家重点产业专利信息服务平台链接。该平台主要可以检索中国专利和国外（美国、日本、英国、德国、法国、EPO、WIPO、瑞士、俄罗斯等国）专利，收录的专利数据范围可点击界面左侧数据范围选项查看。平台共提供 5 种检索方式：表格检索、逻辑检索、行业分类导航、IPC 分类导航、中国专利法律状态检索。一些检索方式还提供二次检索、过滤检索、同义词检索等辅助检索手段。逻辑检索构造检索表达式时，用检索词加“/”和特定的字段代码（如/TI 代表题名，可通过字段列表查询），实现检索词与检索字段匹配限定，两个检索词或检索式之间可以进行逻辑组配。国家重点产业专利信息服务平台检索页面如图 8-9 所示。

检索实例

检索 2017 年公开的，“汽车发动机冷却”内容相关的专利，选择“汽车产业”检索，限定在发明名称或文摘字段中包含“发动机”和“冷却”关键词，逻辑检索表达式为“((发动机 AND 冷却）/TI OR（发动机 AND 冷却）/AB）AND 2017/PD”。“TI”为专利名称字段代码，“AB”为文摘字段代码，“PD”为公开（告）日字段代码。

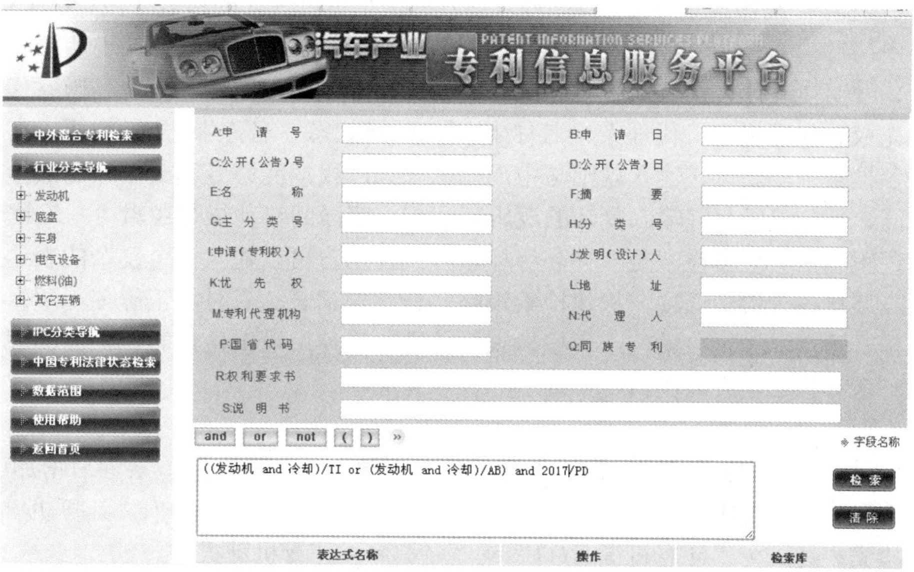

图 8-9　国家重点产业专利信息服务平台检索页面

针对用英文表述的专利，国家重点产业专利信息服务平台特别开发了机器翻译模块，能对检索到的英文专利进行即时翻译，帮助用户理解专利内容。平台还开发了专利信息分析功能，对专利数据进行深度加工及挖掘，并分析整理出其所蕴含的统计信息或潜在知识，以直观易懂的图或表等形式展现出来，便于用户全面深入地挖掘专利资料的战略信息。

8.2.3　中国知识产权网

1. 概况

中国知识产权网（http: //www.cnipr.com）是国家知识产权局知识产权出版社于 1999 年 6 月创建的知识产权综合性服务网站。中外专利信息服务平台（CNIPR）是该网站专利信息服务的核心产品，平台提供中国大陆、中国台湾、中国香港及美国、日本、欧洲专利局、世界知识产权组织等近百个国家、组织及地区的海量专利检索服务，另外提供经过深度加工标引的中国药物专利数据库检索服务。CNIPR 实现了在同一中文界面下对世界各国专利信息的统一检索和浏览，全部国外专利均提供文摘或专利说明书全文链接，方便用户使用。

2. *检索方法*

CNIPR 提供中外专利混合检索、IPC 分类导航检索、中国专利法律状态检索、运营信息检索等多种检索功能，在检索方式上，除了表格检索、逻辑检索外，还提供二次检索、过滤检索、同义词检索等辅助检索手段。平台开发了机器翻译、分析预警、个性化服务等辅助服务功能。中国知识产权网对免费注册用户、普通付费用户和高级付费用户给予不同的服务授权，付费用户的检索方式更加多样化，检索内容更丰富。如 TIF 格式专利全文下载，免费注册用户每日限 100 条，每次只允许下载一件；付费用户每日限 200 条，单页内可以批量下载。

（1）简单检索。简单检索位于平台的检索首页。简单检索提供最常用的字段供用户进行检索，包括关键词、申请（专利）号、公开（公告）号、申请（专利权）人、发明（设计）人、申请日、公开（公告）日、IPC 分类号等。可检索范围包括全部中国专利、国外及港澳台专利。

（2）高级检索。高级检索页面以表格形式提供 22 个可供选择的检索字段，分别为申请（专利）号、申请日、公开（公告）号、公开日、名称、摘要、权利要求书、说明书、申请（专利权）人、发明（设计）人、国际专利主分类号、国际专利分类号、地址、国省代码、同族专利、优先权、代理机构、代理人、名称/摘要、法律状态、名称/摘要/权利要求书、最新法律状态。各检索字段表达式输入规则与中国国家知识产权局网站专利数据库高级检索输入规则完全相同，部分字段允许输入复杂的逻辑表达式，字段间自动执行逻辑“与”运算。

（3）逻辑检索。逻辑检索是一种高级检索方式，用户可以输入一个复杂的表达式，用布尔算符组合连接各个检索选项，构建检索策略。构建检索表达式时，正确使用逻辑算符和字段标识符是其重点。逻辑检索位于表格检索框下方，当使用逻辑检索时，上面的表格检索框失效，此时所有检索结果以逻辑检索框里的输入为准。

1）检索算符。

a．字段标识符：利用字段标识符构建表达式简捷方便，只需在检索词后增加“/”和字段标识符即可，各字段代码标识符见表 8-1。例如：检索专利名称中含有“计算机键盘”的相关专利，检索表达式为“计算机键盘/TI”或“名称＝（计算机键盘）”。

表 8-1　各字段代码标识符

名称/TI	申请（专利）号/AN	申请日/AD
公开（公告）号/PNM	公开日/PD	申请（专利权）人/PA
发明（设计）人/IN	主分类号/PIC	分类号/SIC
地址/AR	摘要/AB	优先权/PR
代理机构/AGC	代理人/AGT	同族专利/FA
国际申请/IAN	国际公布/IPN	颁证日/IPD
分案原申请号/DAN	国省代码/CO	权利要求书/CLM
说明书/FT		

b．逻辑、位置算符：检索表达式支持“AND”“OR”“NOT”“xor”“( )”“adj”“equ/n”

“xor/n”“pre/n”等逻辑和位置关系算符。“AND”“OR”“NOT”是常见逻辑关系算符，其他算符含义如下：

a）xor（逻辑异或）。例如：在摘要中检索含有“变速”或“装置”，但不能同时含有“变速”和“装置”的专利，应输入“（变速 xor 装置）/AB”或“（变速 OR 装置）/AB NOT（变速 AND 装置）/AB”。

b）adj（两者邻接，次序有关）。例如：在摘要中检索含有“变速”和“装置”，且“变速”在“装置”前面的专利，应输入“（变速 adj 装置）/AB”。

c）equ/*n*（两者相隔 *n* 个字，次序有关，默认相隔 10 个字）。例如：在摘要中检索含有“方法”和“装置”，且“方法”在“装置”前面，“方法”和“装置”相隔 8 个字的专利，应输入“（方法 equ/8 装置）/AB”。

d）xor/*n*（两者在 *n* 个字之内不能同时出现，默认相隔 10 个字）。如“（方法 xor/8 装置）/AB”。

e）pre/*n*（两者相隔至多 *n* 个字，次序有关，默认相隔 10 个字）。如“（方法 pre/10 装置）/AB”。

另外，在日期型字段检索时，可以使用“<”“>”“to”三个限定时间区间的算符，“<”表示检索此日期之前的信息，“>”表示检索此日期之后的信息，“to”表示前后两个日期之间的信息。

2）检索表达式输入方法。在逻辑检索页面中，检索表达式共有三种输入方法：

a．在表格检索界面的相关字段中输入检索式后，点击字段名称按钮，对应的检索式自动显示在下面的逻辑检索输入框中，用户可以点击逻辑关系按钮对检索式进行组配。

b．直接在逻辑表达式输入框中输入检索表达式。可利用输入框上方的逻辑关系按钮及字段按钮提高输入效率。

检索实例

检索与“汽车雨刷器”有关，申请人地址为“沈阳”或“大连”，公开（公告）日在 2000 年之后的相关专利，可输入的检索表达式为“((汽车 AND 雨刷器）/TI OR（汽车 and 雨刷器）/AB）AND（沈阳 OR 大连）/AR and PD>2000”，也可将“汽车”和“雨刷器”两词同时出现的间隔限制在 10 个字以内，则检索表达式为“((汽车 pre/10 雨刷器）/TI OR（汽车 pre/10 雨刷器）/AB))AND（沈阳 OR 大连）/AR AND PD>2000”

c．利用历史表达式构建新的检索表达式。在表格检索的上方有“保存检索表达式选项”，选择此选项，则所有使用过的检索表达式都将存储在历史表达式页面，并分别标有@1、@2、@3 等序号，在历史表达式的右侧提供了“重命名”“删除”等历史表达式的维护操作按钮，用户可在逻辑检索输入框中输入若干历史表达式序号，并用逻辑算符组成新的检索式，如“@1 and@2”，用户也可点击某历史表达式，将其置入输入框，通过编辑修改构建新的检索表达式。

中国知识产权网专利表格检索、逻辑检索页面如图 8-10 所示。

（4）其他检索。在表格检索、逻辑检索的基础上，系统还提供同义词检索、二次检索、过滤检索。选择同义词检索选项，除检索到满足表达式条件的专利信息外，还将检索出与检索词同义的相关专利。如在名称字段中输入“汽车 AND 雨刷器”，并选择“同义词检索”选项，则会检出名称为“车辆平扫雨刷器”的专利。

二次检索是对前次检索结果再次进行检索，其目的是缩小检索范围，提高检索专指性。在本次检索结果的基础上，选择“过滤检索”并输入新的检索条件，新的检索结果会将第一次出现过的检索结果过滤掉。

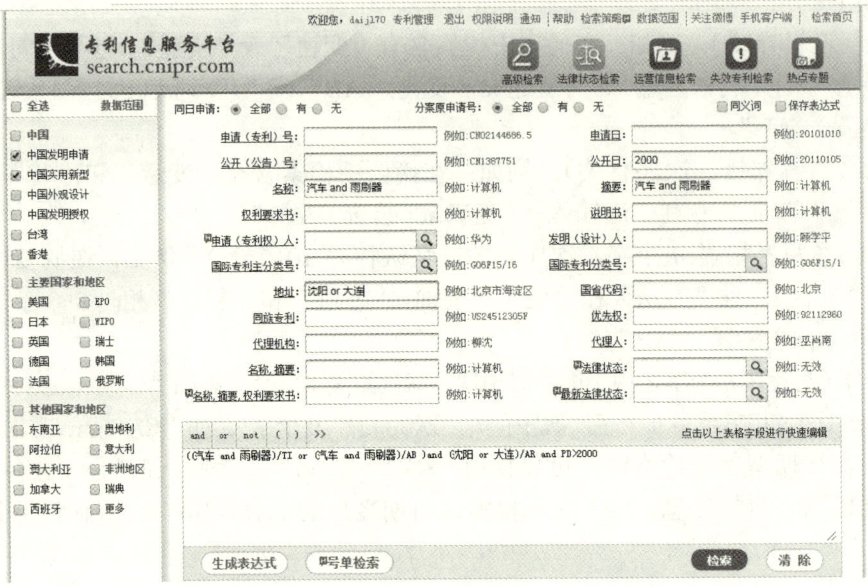

图 8-10　中国知识产权网专利表格检索、逻辑检索页面

3. 检索结果

在检索结果页面可以查看发明专利、实用新型、外观设计等不同类型专利及美国、日本等不同国家专利检索数量，点击某种专利，将显示此种专利的检索结果。在检索结果页面下方还有“下载”“定期预警”“法律状态预警”“分析”等功能选项，供用户选择使用。点击某项专利的“专利名称”或“申请号”链接可以获得该专利更为详细的信息，在专利详细信息页面，用户可以通过“申请公布”链接获取专利说明书全文及法律状态等信息，也可下载、打印、翻译该项专利信息。中国知识产权网专利检索结果简要信息页面如图 8-11 所示。

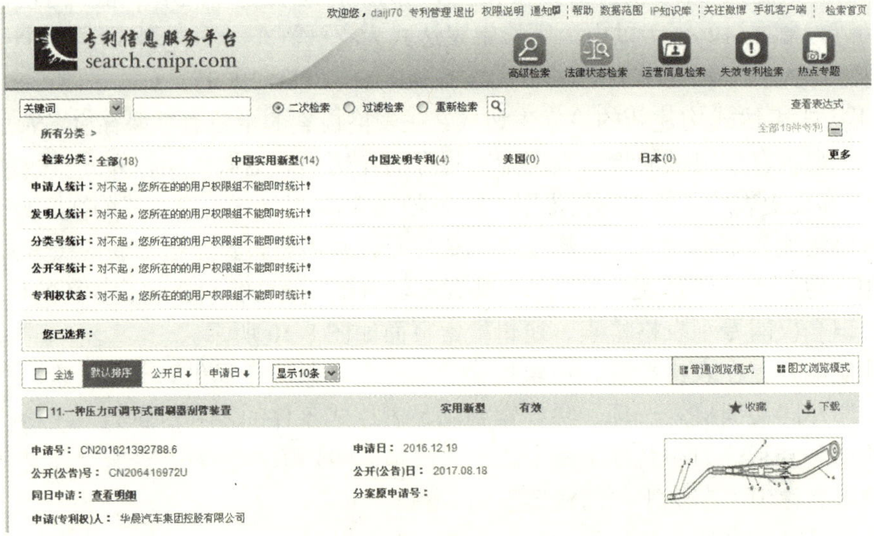

图 8-11　中国知识产权网专利检索结果简要信息页面

4. 国外专利检索

中国知识产权网专利信息服务平台提供国外专利检索服务，可以检索到美国、日本、英国、德国、法国、瑞士、EPO（欧洲专利局）、WIPO（世界知识产权组织）等国家、组织的专利信息。国外专利检索方法与中文专利检索基本相同，主要检索项有申请（专利）号、申请日、公开（公告）号、公开日、名称、摘要、主分类号、分类号、申请（专利权）人、发明（设计）人、优先权等。检索国外专利时，检索词可输入英文，检索结果摘要信息页面具有英译汉自动翻译功能，检索结果提供国外专利数据库专利说明书全文链接。中国知识产权网国外专利检索专利说明书全文如图 8-12 所示。

检索实例

检索 2018 年在美国申请的、优先权为日本，与“变压器”或“整流器”相关的专利，可在检索页面上方专利国别选项中选择“美国”，在逻辑检索框中输入检索表达式“(transformer OR commutator OR rectifier) /TI AND JP/PR AND 2018/AD”。

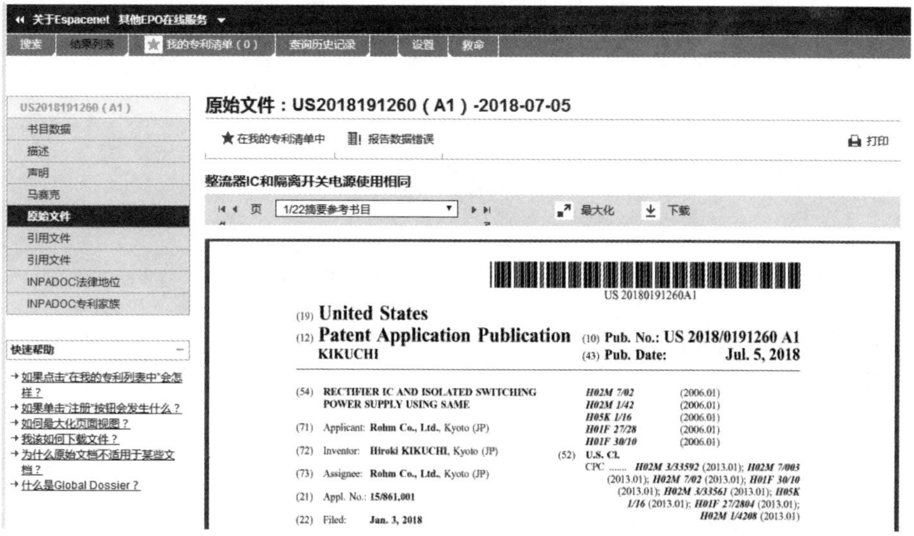

图 8-12 中国知识产权网国外专利检索专利说明书全文

8.2.4 中国专利信息中心

1. 概况

中国专利信息中心成立于 1989 年，是国家知识产权局直属事业单位，国家级大型专利信息服务机构，拥有国家知识产权局赋予的专利数据库管理权、使用权。中国专利信息中心网站（https: //www.cnpat.com.cn）CPRS 专利之星检索系统收录了 1985 年以来的全部中国专利，用户只需实名注册，审核通过后即可免费检索并获得专利说明书的全文。该系统检索途径丰富，功能强大，提供了详细的检索使用说明。

2. 检索方法

专利之星检索系统提供了智能检索、表格检索、专家检索、号单检索、分类检索等检索方式。在检索页面用户可以选择检索中国专利或世界专利。

（1）智能检索。智能检索仅提供一个检索式输入框，直接输入专利关键词、申请人、专利权人、专利号等信息即可实现快速检索，系统对数据库中所有字段进行匹配运算。

（2）表格检索。表格检索提供了 22 个可供配置选择的检索字段列表，分别为标题、摘要、主权利要求、关键词、申请人、分类号、申请号、申请日等。在各字段输入框后，显示该字段检索式的应用示例。表格检索下方提供检索式输入框，用户可以通过在表格中选择检索项，输入检索词，点击“生成检索式”按钮，调整检索式字段间的逻辑关系和优先运算顺序，构造逻辑检索表达式，完成复杂的检索。

检索实例

在世界专利中检索 TCL 公司 2015 年以后申请的液晶电视技术方面的专利。选择表格检索，表格检索及检索式页面如图 8-13 所示。

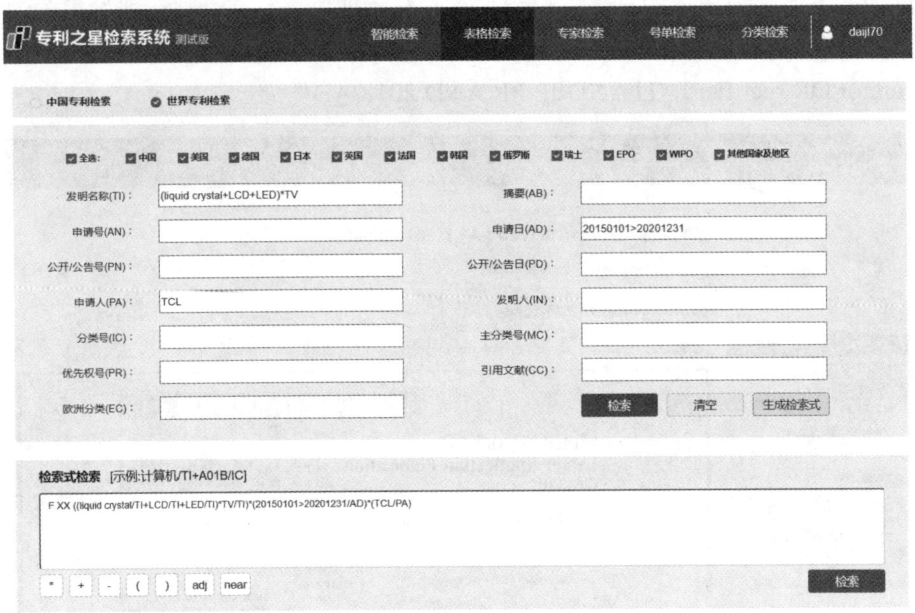

图 8-13 中国专利信息中心专利表格检索及检索式页面

（3）专家检索。专家检索针对中国专利提供了 22 个检索项，针对世界专利提供了 13 个检索项，每个检索项均有检索式应用示例，其中，发明名称、申请人等字符型检索项支持“*”“+”“－”逻辑算符和“()”优先算符，用户可以自行构造逻辑表达式，完成检索。

（4）号单检索。号单检索适用于对已知申请号的多个专利进行检索，单次最多可以输入 3000 条申请号，每个申请号单独成行。

3. 检索结果

点击检索结果列表的专利名称链接，可以获得专利著录项目、PDF 格式全文、法律状态等详细的专利信息。中国专利信息中心专利检索详细信息页面如图 8-14 所示。

8.2.5 其他中国专利检索系统

1. 中国专利信息网

中国专利信息网（http: //www.patent.com.cn）由国家知识产权局专利检索咨询中心主办，是面向公众提供专利信息服务的网站，是目前国内科技及知识产权领域提供专利信息检索分析、专利事务咨询、专利及科技文献翻译、非专利文献数据加工等服务的权威机构。其专利检索分析服务的主要内容包括查新检索、现有技术/现有设计检索、专题检索、授权专利检索、香港短期专利检索、法律状态检索、同族专利检索、跟踪检索、国际联机检索侵权分析等。目前，该网站不提供网络数据库远程检索服务，用户需实名注册登录后，通过网络向检索咨询中心提交检索委托书并缴纳检索费用，以文件传递或邮寄的方式获得检索报告。

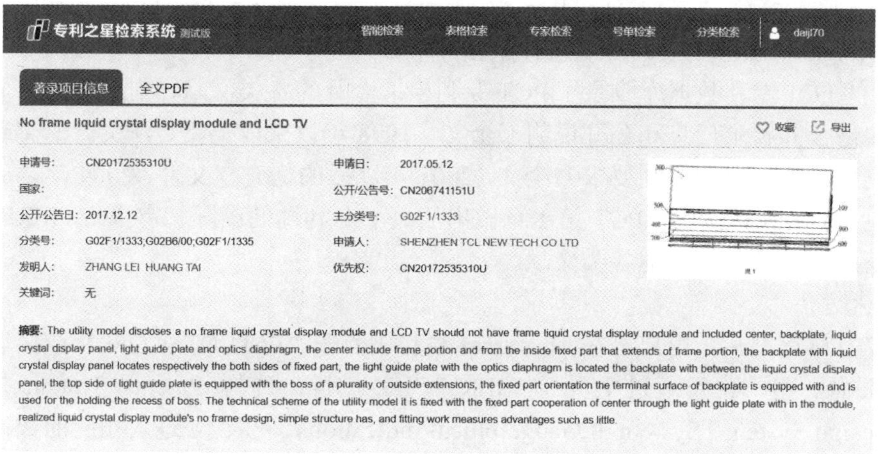
专利之星检索系统 测试版
智能检索
表格检索
专家检索
号单检索
分类检索
daiji70
著录项目信息
全文PDF
No frame liquid crystal display module and LCD TV
收藏
导出
申请号: CN20172535310U
申请日: 2017.05.12
国家:
公开/公告号: CN206741151U
公开/公告日: 2017.12.12
主分类号: G02F1/1333
分类号: G02F1/1333;G02B6/00;G02F1/1335
申请人: SHENZHEN TCL NEW TECH CO LTD
发明人: ZHANG LEI HUANG TAI
优先权: CN20172535310U
关键词: 无
摘要: The utility model discloses a no frame liquid crystal display module and LCD TV should not have frame liquid crystal display module and included center, backplate, liquid crystal display panel, light guide plate and optics diaphragm, the center include frame portion and from the inside fixed part that extends of frame portion, the backplate with liquid crystal display panel locates respectively the both sides of fixed part, the light guide plate with the optics diaphragm is located the backplate with between the liquid crystal display panel, the top side of light guide plate is equipped with the boss of a plurality of outside extensions, the fixed part orientation the terminal surface of backplate is equipped with and is used for the holding the recess of boss. The technical scheme of the utility model it is fixed with the fixed part cooperation of center through the light guide plate with in the module, realized liquid crystal display module's no frame design, simple structure has, and fitting work measures advantages such as little.

图 8-14 中国专利信息中心专利检索详细信息页面

2. 香港知识产权署网站

香港知识产权署网站（https: //www.ipd.gov.hk）知识产权检索系统提供中国国家知识产权局及香港特别行政区授予专利的检索服务。其检索系统共有英文、繁体中文、简体中文三种页面供用户选择使用，检索入口包括简易检索、进阶检索两种检索方式，其中简易检索页面的检索字段有专利类别、香港申请编号、香港专利/发表编号、申请人/专利所有人姓名或名称、专利名称、送达地址（姓名或名称）、香港提交日期等。在检索结果相关专利详细信息页面，可以选择“已发表文件”链接获得专利说明书的全文图像。

3. 万方数据知识服务平台中外专利数据库

中外专利数据库是万方数据知识服务平台（http: //www.wanfangdata.com.cn）的重要专业数据库，目前共收录了中国专利 2200 万余条，国外专利 8000 万余条，年增 200 万条，包含了中国、美国、澳大利亚、加拿大、瑞士、德国、法国、英国、日本、韩国、俄罗斯 11 个国家和世界专利组织、欧洲专利局 2 个国际专利组织的专利信息。数据库提供高级检索、IPC 分类导航、专利分析、个性化订阅等服务功能。

8.3 国外专利检索系统

通过国内很多专利检索系统的国外专利数据库，可以实现对国外专利的检索，在前文已多有介绍。这里介绍若干国外知识产权机构的专利检索系统。

8.3.1 世界知识产权组织网站

1. 概况

世界知识产权组织（World Intellectual Property Organization，WIPO）是一个致力于促进

使用和保护人类智力作品的国际组织，是联合国组织系统中的15个专门机构之一，总部设在瑞士日内瓦。它管理着涉及知识产权保护各个方面的24项（16部关于工业产权，7部关于版权，加上《建立世界知识产权组织公约》）国际条约。目前WIPO网站（https: //www.wipo.int）可供检索的数据库资源主要有国际专利合作组织（Patent Cooperation Treaty，PCT）专利数据库、马德里协定（Madrid Agreement Concerning the International Registration of Marks）国际注册商标数据库、海牙协定（The Hague Agreement concerning the International Deposit of Industrial Designs）国际工业品外观设计数据库等。

WIPO的PCT专利数据库收录了PCT专利申请涉及的各类文献，包括1978年至今的PCT国际专利申请公开题录信息和公开说明书全文，1998年以来以英文、法文、德文或西班牙文公开的专利申请说明书和权利要求书全文，2001年以后的优先权文件，2004年以后国际检索局书面意见（WO-ISA），根据PCT第1章做出的关于专利性的国际初审报告（IPRP Chapter I）和专利申请过程中涉及的其他各类文献。

2. *检索方法*

进入WIPO网站后，用户可在Resources栏目中点击"PATENTSCOPE"链接进入专利数据库检索页面。用户也可通过主页IP SERVICES栏目，选择Patents System、Trademark System、Design System、System of Geographical Indications等资源，进入相应的数据库检索页面。PCT专利数据库提供Simple Search（简单检索）、Advanced Search（高级检索）、Field Combination（字段组合检索）和Cross Lingual Expansion（跨语言扩展检索）四种检索方式，检索界面提供英文、日文、中文等多种语言选择，方便中国用户检索国外专利。

（1）简单检索。简单检索仅提供一个检索词输入框，可供选择的检索项有Front Page（首页关键词）、Any Field（任意字段）、Full Text（全文）、ID/Number（识别码/编号）、Int. Classification（国际专利分类号）、Names（专利名称）、Publication Dates（专利公布日）。

（2）字段组合检索。字段组合检索界面以表格的方式提供了7个检索输入框，每个检索输入框前方都有包含150余个不同语言专利检索字段下拉列表供用户选择，系统提供的逻辑组配关系包括"AND""OR"。检索字段主要包括Front Page（首页关键词）、WIPO Publication Number（公开号）、Application Number（申请号）、Publication Date（公开日期）、Title（题名）、Abstract（文摘）、Applicant Name（申请人）、International Class（国际专利分类号）、Inventor Name（发明人）、Office Code（专利机构代码）、Description（专利说明书）、Claims（权利要求书）等。

在检索时，输入框中的词组将以单词为单位自动以逻辑与的关系进行组配检索，即在检索结果中输入的检索词组很有可能被拆分，如在"Title"字段中输入"automobile engine"，则检索结果中将包含名称为 "Starting device for a combustion engine mainly for an automobile vehicle"的专利，为避免输入的词组在检索时被拆分，可在输入框中将检索词加上双引号。

检索实例

检索丰田公司2010年以后申请的关于"汽车发动机"的相关专利，可在"Title"字段中输入"automobile engine"，在"Applicant Name"字段中输入"Toyota"，在"Application Date"中输入"[01.01.2010 TO 12.31.2020]"，各字段选择"AND"逻辑关系。PCT字段组合检索页面如图8-15所示。

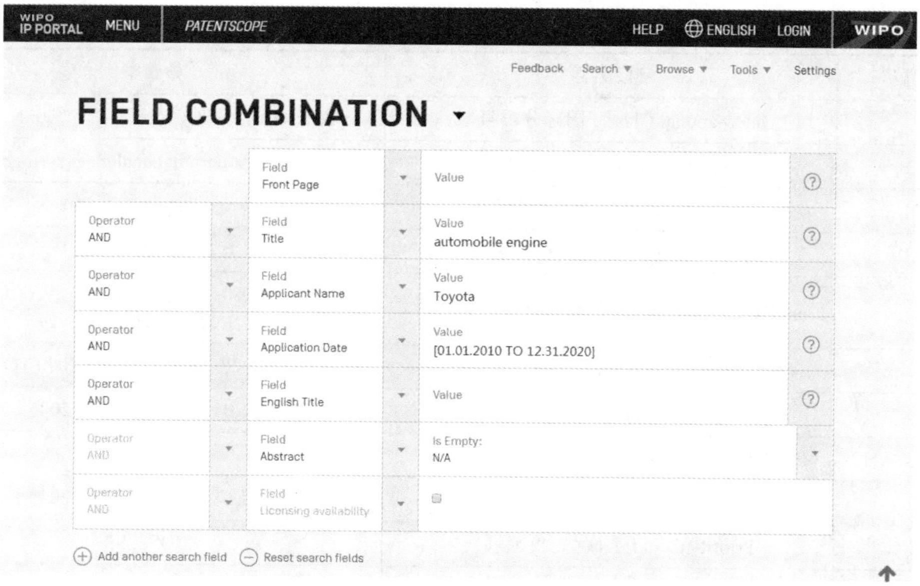

图 8-15　PCT 字段组合检索（Structured Search）页面

（3）高级检索。在高级检索页面，用户可以构建检索表达式，一次完成较为复杂的检索。

1）布尔逻辑算符：PCT 专利数据库支持的布尔逻辑算符主要有“AND”“OR”“NOT”。

2）相邻算符与截词算符：高级检索表达式支持相邻算符“NEAR”和截词算符“*”“？”，其中使用“NEAR”相邻算符的两词，必须是邻近的（默认 5 个词以内）。

检索实例

检索“辐射检测”相关专利，检索表达式为“radiation NEAR detect*”。

3）词组检索：如检索表达式中包含具有独立检索意义的词组，可以将词组加上双引号，则检索时词组会被视为一个词汇，而不进行拆分。

检索实例

检索“发电机”或“电动机”的相关专利，检索表达式为“generator OR "electric motor"”。

4）字段标识符：高级检索表达式可以实现对所有字段的限制检索，检索式为字段标识符、“:”、检索词。所有字段标识符代码可以通过检索界面右上方“help”栏目中“How to Search”“Fields Definition”选项查找，主要字段标识符及检索举例见表 8-2。

表 8-2　　主要字段标识符及检索举例

字段代码	字段名称	检索举例
ALLNAMES	All Names（所有人名）	Smith OR Klein
ALLNUM	All Numbers and IDs（所有号码）	98/12*，98/12；1998/12*；1998/000012；US200500*；23412 CU
WO	Publication Number（公开号）	01/12*；01/12；2001/12*；2001/000012
AN	Application Number（申请号）	US2000*
EN_TI	English Title（英文名称）	"electric car"～50

续表

字段代码	字段名称	检索举例
IC	International Class（国际分类号）	A ； C07 ； "G01N 33" ； "G06K 21/00"
EN_AB	English Abstract（英文文摘）	"hypodermic needle" ； syringe
EN_DE	English Description（英文说明书）	"electric car"～50
EN_CL	English Claims（英文权利要求书）	"electric car"～50
FP	Front Page Bibliographic Data（首页目录数据）	"electric car"～50；Smith or Klein；WO2010000001；"sol* panel"～5；elect?icit?；electric^10 and car^3
DP	Publication Date（公开日）	2010；201007；20100715；01.01.2000 TO 01.01.2005
AD	Application Date（申请日）	[01.01.2000 TO 01.01.2005]
PRIORPCTAN	Prior PCT Application Number（优先权号）	US2003*
PD	Priority Date（优先权日）	[01.01.2000 TO 01.01.2005]
PCN	Priority Country（优先权国家）	US；FR
DS	Designated States（指定国）	US；FR
IN	Inventor Name（发明人名称）	"Smith，John"
PA	Applicant Name（申请人姓名）	"General Mot*；Ford
ANA	Applicant Nationality（申请人国籍）	GB
LGP	Publication Language（公开语种）	EN；JA
LGF	Language of Filing（申请语种）	LGF/EN OR LGF/FR
ICI	International Class（inventive）（国际分类号 独创）	A；C07 ；"G01N 33" ；"G06K 21/00"
ICN	International Class（non-inventive）（国际分类号 非独创）	A；C07 ；"G01N 33" ；"G06K 21/00"
NPCC	National Phase Country Code（国家阶段专利局代码）	AU
NPED	National Phase Entry Date（国家阶段申请日期）	US 2000
NPAN	National Phase Application Number（国家阶段申请号）	JP-1996515
NPET	National Phase Entry Type（国家阶段申请类型）	US E

5）日期范围限制符：对于申请日、公开日、优先权日等日期型字段的检索，可将日期限定在一定的时间范围内，日期范围限制符为“to”。日期型字段表达式有多种输入形式，如2018 年 12 月 5 日可输入为“20181205”或“05.12.2018”。

检索实例

检索申请日为 2010 年 1 月 1 日至 2018 年 12 月 31 日的“发电机”或“电动机”的相关专利，检索表达式为“（EN_TI：generator OR EN_TI："electric motor"）AND AD：[20100101 to 20181231]”。

（4）专利公报按周浏览。进入 PCT 专利公报按周浏览（Browse by week）页面，可以选择浏览某一期的专利公报，在浏览页面可按题名、申请号、国际专利分类号等对浏览结果排序。

3. 检索结果

在检索结果页面，可以选择“sort”选项，根据需要对检索结果进行重新排序，选中专利号链接，进入该专利文献详细信息内容页面，在该页面可通过标签选择查看下载“National Biblio. Data（目录数据）”“Description（专利说明书）”“Claims（权利要求书）” “Full Text（专利全文）”“Documents（专利文献）”“Drawings（专利图形）”等专利信息详细内容。PCT 专利检索结果简要信息页面如图 8-16 所示。

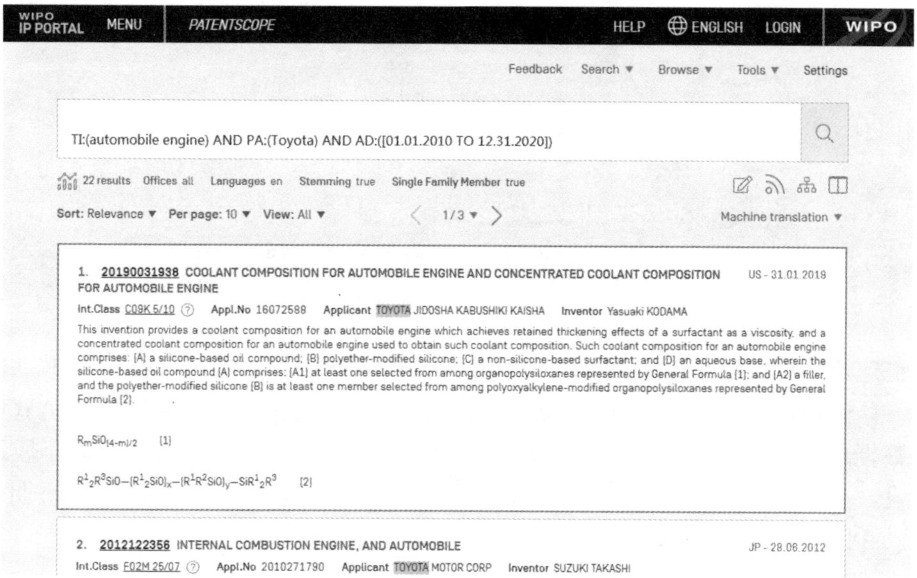

图 8-16 PCT 专利检索结果简要信息页面

8.3.2 美国专利商标局网站专利检索

1. 概况

美国专利商标局网站（https: //www.uspto.gov）面向公众提供全方位的专利信息服务，其中除了专利数据库检索服务外，还提供丰富的其他专利相关信息，如专利申请、文献公布程序、US 专利分类体系等。专利数据库可以免费检索从 1790 年到最近一周公开日的全部授权专利文献，其中 1790—1975 年的数据只有全文图像页（full-image），检索途径只有专利授权日期、专利号和 US 分类号。

2. 检索方法

USPTO 网站专利检索入口如图 8-17 所示。进入美国专利商标局网站后，点击 Patents 栏目下 Search for Patents 链接，进入专利检索页面，页面共有 USPTO 专利全文和图像数据库（USPTO Patent Full-Text and Image Database，PatFT）、 USPTO 专利申请全文和图像数据库（USPTO Patent Application Full-Text and Image Database，AppFT）、专利公报（Patent Official Gazette）等数据资源链接。USPTO 专利全文和图像数据库提供 1976 年至今的专利全文检索，共有 Quick Search（快速检索）、Advanced Search（高级检索）、Patent Number Search（专利号检索）三种检索方式。

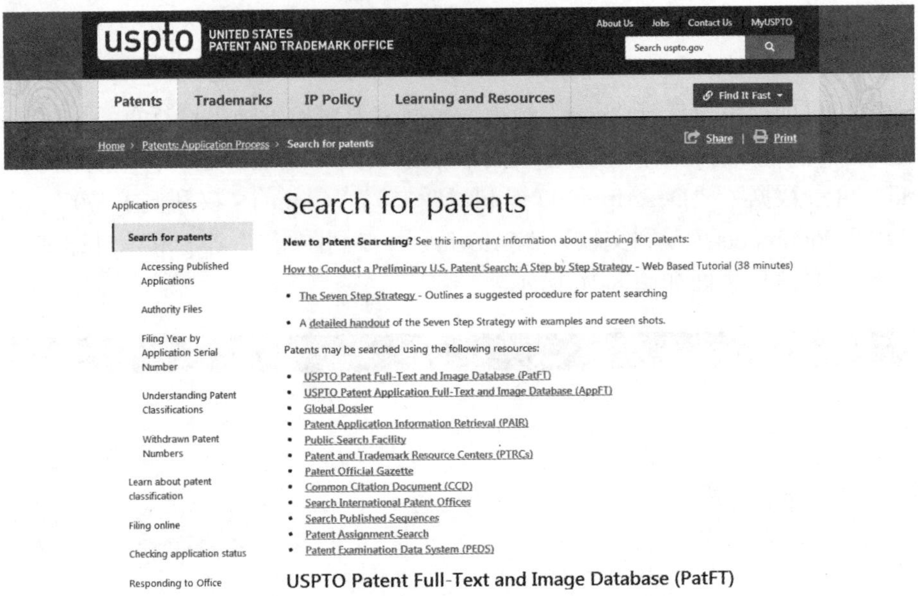

图 8-17 USPTO 网站专利检索入口

（1）快速检索。快速检索页面仅提供两个检索选项，用户可以在 Field1 和 Field2 中选择检索字段，并分别在对应的 Term1 和 Term2 中输入检索表达式，同时对两个表达式的逻辑组配关系及数据库检索年代做出选择，点击“Search”按钮即可完成检索。检索字段选项默认为所有字段，如检索 1790—1975 年间的专利，检索字段仅有 Issue Date（授权日期）、Patent Number（专利号）和 Current US Classification（美国专利分类号）三个选项。

检索实例

检索 1976 年以后西门子公司接受转让的有关洗衣机的专利，检索方法为：在 Field1 中选择 Assignee Name 字段，在 Term1 输入“Siemens”；在 Field2 中选择 Title 字段，在 Term2 输入“Washing machine”；两个字段间选择“AND”逻辑组配关系，检索年代选择“1976 to present [full-text]”。USPTO 网站专利快速检索页面如图 8-18 所示。

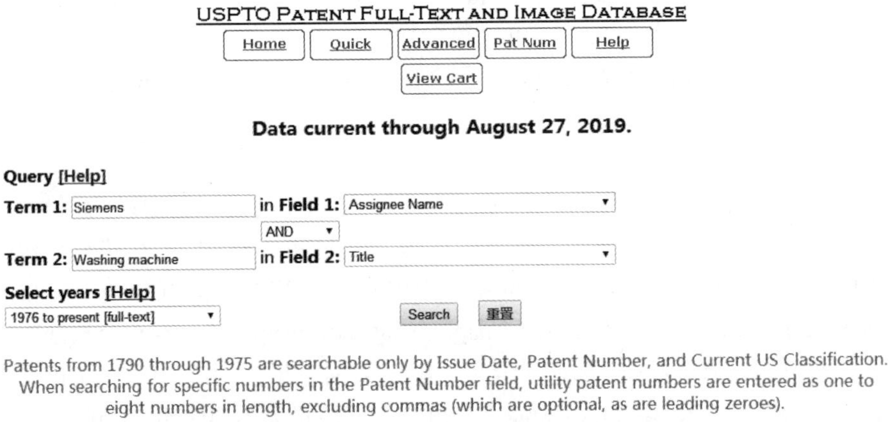

图 8-18 USPTO 网站专利快速检索（Quick Search）页面

（2）高级检索。高级检索页面包括检索表达式输入框、检索年代范围选择框和检索字段代码选择对照表三部分。用户可以在检索表达式输入框中构建由布尔逻辑算符、字段标识符和检索词组成的检索式，同时选择专利检索的年代，完成复杂的检索。点击字段代码对照表中的字段名链接，可以详细了解该字段检索式输入说明。数据库字段标识符见表 8-3。

表 8-3　数据库字段标识符

字段代码	字段名	字段代码	字段名
PN	Patent Number（专利号）	IN	Inventor Name（发明人姓名）
ISD	Issue Date（公布日期）	IC	Inventor City（发明人所在城市）
TTL	Title（专利名称）	IS	Inventor State（发明人所在州）
ABST	Abstract（文摘）	ICN	Inventor Country（发明人国籍）
ACLM	Claim（s）（权利要求书）	LREP	Attorney or Agent（律师或代理人）
SPEC	Description/Specification（说明书）	AN	Assignee Name（受让人姓名）
CCL	Current US Classification（当前美国分类）	AC	Assignee City（受让人所在城市）
ICL	International Classification（国际分类）	AS	Assignee State（受让人所在州）
APN	Application Serial Number（申请号）	ACN	Assignee Country（受让人国籍）
APD	Application Date（申请日期）	EXP	Primary Examiner（主要审查员）
PARN	Parent Case Information（原始案例信息）	EXA	Assistant Examiner（助理审查员）
RLAP	Related US App. Data（相关 US 申请数据）	REF	Referenced By（被引用）
REIS	Reissue Data（再次公布数据）	FREF	Foreign References（外国参考文献）
PRIR	Foreign Priority（外国优先权）	OREF	Other References（其他参考文献）
PCT	PCT Information（PCT 信息）	GOVT	Government Interest（政府权益）
APT	Application Type（申请类型）		

检索实例

检索 1976 年以后西门子公司接受转让的有关“洗衣机”或“电冰箱”的专利，检索方法为在检索年代选项中选择“1976 to present [full-text]”；在检索表达式输入框中输入表达式“TTL/"Washing machine" OR TTL/Refrigerator AND AN/Siemens”。

（3）专利号检索。在专利号检索页面，用户可以一次输入一个或多个专利号进行检索，输入多个专利号时，各专利号之间需使用空格隔开。专利号号码规则可通过“Help”链接获得。

3. 检索结果

专利授权数据库、专利申请公布数据库均提供了三种检索结果显示，分别为检索结果列表（包括专利号和专利名称）、专利全文文本显示（包括题录数据、文摘、权利要求书、说明书）及专利说明书全文图像。在各种显示页面中均可利用浏览器的保存或打印功能输出检索结果。USPTO 网站专利检索说明书全文图像页面如图 8-19 所示。

8.3.3 其他国外专利检索系统

1. 欧洲专利局 esp@cenet 网站专利检索

欧洲专利局 esp@cenet 网站，是欧洲专利局、欧洲专利组织成员国于 1988 年建设的欧洲专利信息服务网站。esp@cenet 网络数据库，可检索欧洲专利局及欧洲专利组织各成员国的专利文献，包括欧洲专利（EP）、英国、德国、法国、奥地利、比利时、意大利、芬兰、丹麦、西班牙、瑞典、瑞士、爱尔兰、卢森堡、塞浦路斯、列支敦士登等欧洲专利局成员国的专利。另外，它还可以检索国际专利信息（PCT）、日本公开特许信息以及全世界范围内的 1 亿多件专利文献。

图 8-19　USPTO 网站专利检索说明书全文图像页面

进入 esp@cenet 系统主要有两种途径，一种是通过欧洲专利局网站（https: //worldwide.espacenet.com）进入专利数据库检索页面；另一种是通过欧洲专利局成员国网站进入 esp@cenet。

2. 加拿大知识产权局网站专利检索

加拿大知识产权局（Canadian Intellectual Property Office，CIPO）网站是加拿大政府官方网站，网站免费为用户提供加拿大各类知识产权信息服务，主要有专利数据库、商标数据库、版权数据库等，专利数据库收录了自 1920 年以来的加拿大专利说明书及其扫描图像，1978 年 8 月 15 日以前的专利只能检索专利号、发明名称、发明人、专利权人以及分类号，1978 年 8 月 15 日以后的专利可以进行专利题录及说明书全文检索。该数据库可使用英语和法语两种语言，网址为 http: //www.opic.gc.ca。

3. 日本专利局网站工业产权数字图书馆专利检索

日本专利局网站（https: //www.jpo.go.jp）的工业产权数字图书馆（The Industrial Property Digital Library，IPDL）为用户免费提供日本各种专利文献检索，专利文献覆盖范围为 1885 年以来的所有日本发明、实用新型和外观设计专利。日本专利局网站及工业产权数字图书馆网页有日文和英文两种版面，内容有所区别，除使用日文外，用户也可通过英文对日本专利文献进行检索。

4. 德温特专利数据库检索

英国德温特公司（Derwent）是世界最著名的专利信息服务机构。德温特世界专利索引数据库（Derwent World Patent Index，DWPI）是世界上专利信息收录最全面的数据库之一，已经成为世界各国专利审查必备的数据库。世界专利索引中收录的所有专利都经过德温特公司严格规范的整理和深度的标引加工，其专利内容质量高，检索方便快捷。但由于其不提供免费检索，收费较高，一般仅适合专业人员检索。德温特公司网站（http: //www.derwent.co.uk）主页提供 DWPI on Dialog、DWPI on STN 等多个数据库商检索平台的世界专利索引数据库检索链接。

我国的清华大学、大连理工大学等一些高校近年引进了“德温特世界专利创新索引数据库”（Derwent Innovation Index，DII），该数据库将“世界专利索引（WPI）”和“专利引文索引（PCI）”的内容整合在一起，采用 Web of Science 的界面，通过学术论文和技术专利之间的相互引证关系，建立了专利与文献之间的链接。 DII 收录全球 40 多个专利机构的 1000 余万条基本专利，2000 余万项专利，数据内容最早起始于 1963 年。利用该数据库，用户可以总览全球化学、工程及电子方面的专利概况。

第9章 其他特种文献检索

9.1 标准文献检索

9.1.1 中国标准文献检索

2017 年 11 月修订的《中华人民共和国标准化法》规定“我国标准包括国家标准、行业标准、地方标准和团体标准、企业标准”。到目前为止，我国共颁布了三万余项国家标准。国家标准化管理委员会作为国家标准化主管机关，近年通过修订、整合、废止一大批国家标准，以进一步提高我国国家标准的统一协调性、科学合理性和先进适用性。标准分为强制性标准、推荐性标准，强制性标准必须执行，国家鼓励采用推荐性标准。

1. 中国标准编号体系

（1）国家标准。国家对保障人身健康和生命财产安全、国家安全、生态环境安全以及满足经济社会管理基本需要的技术要求，应当制定强制性国家标准，国务院有关行政主管部门依据职责负责强制性国家标准的项目提出、组织起草、征求意见和技术审查，国务院标准化行政主管部门负责强制性国家标准的立项、编号和对外通报。对满足基础通用、与强制性国家标准配套、对各有关行业起引领作用等需要的技术要求，可以制定推荐性国家标准，推荐性国家标准由国务院标准化行政主管部门制定。

强制性国家标准的编号方式为“中国国家标准代号 顺序号-批准年代”。推荐性国家标准的编号方式为“中国国家标准代号/T 顺序号-批准年代”。中国国家标准代号为 GB，含义为国家标准。

例 GB 21258—2017《常规燃煤发电机组单位产品能源消耗限额》是 2017 年颁布的强制性国家标准。GB/T 12149—2017《工业循环冷却水和锅炉用水中硅的测定》是 2017 年颁布的推荐性国家标准。

随着技术的不断进步，标准的技术指标也需不断修改。对某一标准修改后产生新标准，原标准同时废止。

例 GB/T 12788—2000 和 GB/T 12788—1991 为同一标准，标准名为《核电厂安全级电力系统准则》，前者是后者于 2000 年的重新修订，后者宣布作废。

（2）行业标准。对没有推荐性国家标准、需要在全国某个行业范围内统一的技术要求，可以制定行业标准。行业标准由国务院有关行政主管部门制定，报国务院标准化行政主管部门备案。

行业标准的编号方式为“行业标准代号 顺序号-批准年代”或“行业标准代号/T 顺序号-批准年代”。部分中国行业标准代号及批准发布部门见表 9-1。

例 SJ/T 11709—2018《背投影显示屏拼接系统验收规范》为工业和信息化部于 2018 年颁布的电子行业推荐标准。

表 9-1 部分中国行业标准代号及批准发布部门

行业标准代号	行业标准名称	批准发布部门	行业标准代号	行业标准名称	批准发布部门
CH	测绘	测绘局	LD	劳动和劳动安全	人力资源和社会保障部
DL	电力	发展改革委	QC	汽车	发展改革委
FZ	纺织	发展改革委	QX	气象	气象局
GA	公共安全	公安部	SB	国内贸易	商务部
GY	广播电影电视	广电总局	SJ	电子	工业和信息化部
MH	民航	中国民航局	SL	水利	水利部
HJ	环境保护	生态环境部	TB	铁路运输	国家铁路局
JB	机械	发展改革委	TY	体育	体育总局
JR	金融	人民银行	WB	物资管理	发展改革委
JT	交通	交通运输部	WH	文化	文化和旅游部
JY	教育	教育部	WM	外经贸	商务部
LB	旅游	文化和旅游部	YD	通信	工业和信息化部

（3）地方标准。为满足地方自然条件、风俗习惯等特殊技术要求，可以制定地方标准。地方标准由省、自治区、直辖市人民政府标准化行政主管部门制定；设区的市级人民政府标准化行政主管部门根据本行政区域的特殊需要，经所在地省、自治区、直辖市人民政府标准化行政主管部门批准，可以制定本行政区域的地方标准。地方标准由省、自治区、直辖市人民政府标准化行政主管部门报国务院标准化行政主管部门备案，由国务院标准化行政主管部门通报国务院有关行政主管部门。

地方标准的编号方式为“地方标准代号/顺序号-批准年代”或“地方标准代号/T 顺序号-批准年代”。地方标准代号由大写字母 DB 加地方行政区划代码组成。

例 DB 44/T 2114—2018《中运量跨座式单轨交通系统车辆技术条件》为广东省 2018 年颁布的地方推荐性标准。

（4）企业标准。企业可以根据需要自行制定企业标准，或者与其他企业联合制定企业标准，企业标准通常仅限企业内部使用。国家鼓励社会团体、企业制定高于推荐性标准相关技术要求的团体标准、企业标准。企业标准编号方式为“企业标准代号 顺序号-批准年代”，企业标准代号由“Q/”加企业代号组成。

例 Q/GDW 11156—2014《智能变电站二次系统信息模型校验规范》为国家电网有限公司于 2014 年颁布的企业标准。

2. 中国标准分类

《中国标准分类法》(Chinese Classification for Standards，CCS）是我国标准的通用分类方法，于 1984 年试行。《中国标准分类法》的体系结构以专业划分为主，类目表按照人类基本生产活动规律排序，由一级类目和二级类目组成，一级类目 24 个，由 24 个大写英文字母表示，二级类目由双位数字表示。《中国标准分类法》一级类目表见表 9-2。

表 9-2 《中国标准分类法》一级类目表

A 综合	J 机械	S 铁路
B 农业、林业	K 电工	T 车辆
C 医药、卫生、劳动保护	L 电子元器件与信息技术	U 船舶
D 矿业	M 通信、广播	V 航空、航天
E 石油	N 仪器、仪表	W 纺织
F 能源、核技术	P 工程建设	X 食品
G 化工	Q 建材	Y 轻工、文化与生活用品
H 冶金	R 公路、水路运输	Z 环境保护

《中国标准分类法》在“A 综合”大类中设置了 9 个标准通用类目，分别为“00/09 标准化管理与一般规定”“10/19 经济、文化”“20/39 基础标准”“40/49 基础学科”“50/64 计量”“65/74 标准物质”“75/79 测绘”“80/89 标志、包装、运输、储存”“90/94 社会公共安全”。而其他各技术领域，均按专业领域内容设置类目和类号，如“J 机械”大类下的二级类目分别为“00/09 机械综合”“10/29 通用零部件”“30/39 加工工艺”“40/49 工艺装备”“50/59 金属切削机床”“60/69 通用加工机械与设备”“70/89 通用机械与设备”“90/99 活塞式内燃机与其他动力设备”。

3. 中国标准文献网络检索工具

（1）国家标准化管理委员会网站。国家标准化管理委员会是国务院授权的履行行政管理职能，统一管理全国标准化工作的主管机构。其网站（http: //www.sac.gov.cn）除发布大量标准相关信息外，主要通过全国标准信息公共服务平台为公众提供各类标准查询服务，主要包括国家标准目录、全文、公告、计划、拟立项公示；行业标准目录、备案公告、发布公告、废止公告；地方标准目录、备案公告、发布公告、废止公告；企业标准全文；团体标准全文；国际标准；国外标准等。其中，国外标准查询中的中美、中英、中澳、中韩、中德、中欧标准信息平台可以使用户方便地获得美国、英国、澳大利亚等国的标准信息，并能直接链接到相关国家的政府标准管理机构网站，对该国家标准实施检索。网站国家标准全文公开系统是国内最权威的获取国家标准全文的检索工具。

1）行业标准查询。行业标准信息服务平台查询页面包含了“安全生产”等 71 个行业领域选项和“工业和信息化部”等 42 个部委选项，同时标明了各行业、各部委在数据库中收录的相关专利数量，用户可以点击不同行业或部委链接获得相关专利信息，也可在检索框中输入标准号或标准名称进行行业标准信息搜索。在行业标准检索结果详细信息页面显示标准号、发布日期、实施日期、中国标准分类号、技术归口、批准发布部门、备案号、起草单位、起草人等题录信息，部分标准可以阅读全文。行业标准查询页面如图 9-1 所示。

2）企业标准查询。企业标准信息服务平台高级检索页面提供标准名称、标准编号、企业名称、统一社会信用代码、地区名称、标准状态等检索项，检索国家电网有限公司“智能电网”相关的企业标准，其高级检索页面如图 9-2 所示，在检索结果中，大部分企业标准可以获得全文信息。

图 9-1　行业标准查询页面

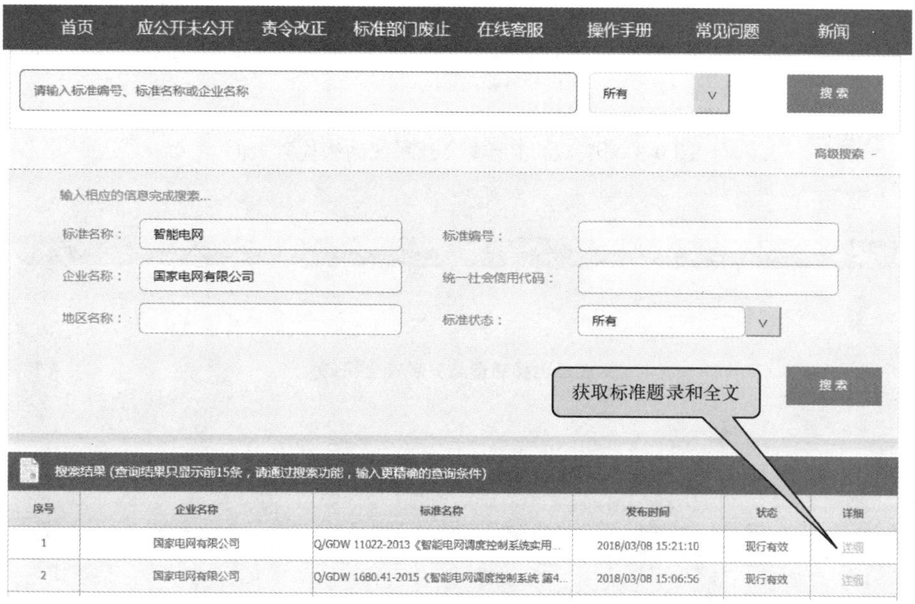

图 9-2　企业标准高级检索页面

3）国家标准查询。国家标准全文公开系统收录现行有效强制性国家标准 2000 余项，其中非采标（非采用国际标准和国外先进标准）1400 余项可在线阅读和下载，采标（采用国际标准和国外先进标准）600 余项只可在线阅读；收录现行有效推荐性国家标准 37000 余项，其中非采标 24000 余项可在线阅读，采标 13000 余项只提供标准题录信息。系统提供有普通检索、标准分类、高级检索三种检索方式，高级检索仅提供“关键词”一个检索项输入框，读者可输入标准号或标准名称，同时选择“标准类别”“标准状态”“发布日期”“ICS 分类”进行检索。用户也可利用全国标准信息公共服务平台中的国家标准计划查询获得正在征求意见的标准全文信息，利用国家标准目录查询获得即将实施、现行和废止的国家标准目录信息。

检索实例

检索与“电梯”相关的强制性国家标准全文信息，选择国家标准全文公开系统，其高级检索页面及检索结果全文信息如图 9-3、图 9-4 所示。

国家标准全文公开系统
国家标准委发布 —— 权威 及时 快捷 免费
首页
强制性国家标准
推荐性国家标准
帮助
联系我们
通知
2020-06-15 中国标准与俄罗斯等国外标准进行了文本比对分析
标准类别
全部
强制性国家标准
推荐性国家标准
关键词
电梯
检索
标准状态
全部
现行
即将实施
废止
发布日期
全部
本月
近三月
近一年
近两年
近三年
三年以上
ICS分类
全部
01_综合、术语学、标准化、文献
03_社会学、服务、公司（企业）的组织和管理、行政、运输
07_数学、自然科学
11_医药卫生技术
13_环保、保健和安全
17_计量学和测量、物理现象
19_试验
21_机械系统和通用件
23_流体系统和通用件

图 9-3　国家标准全文公开系统高级检索页面

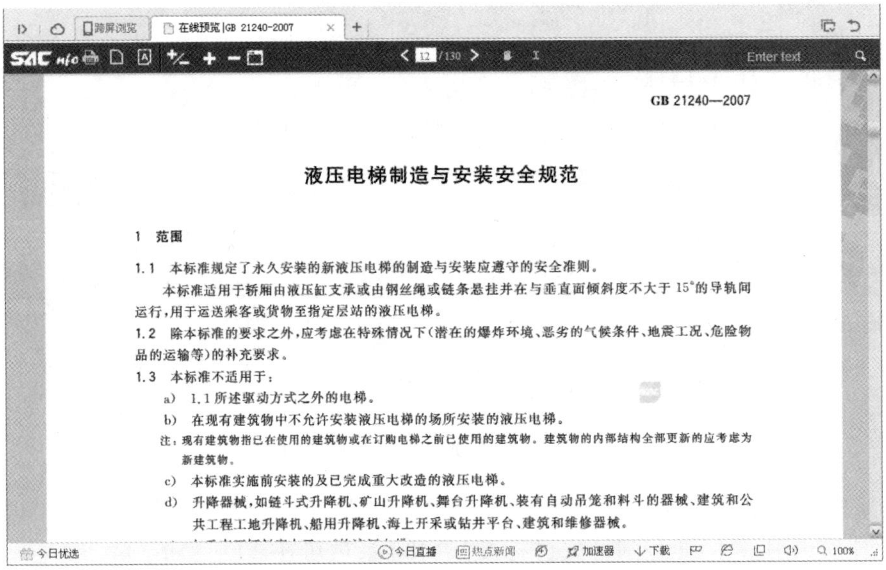
在线预览|GB 21240-2007
Enter text
GB 21240—2007
液压电梯制造与安装安全规范
1 范围
1.1 本标准规定了永久安装的新液压电梯的制造与安装应遵守的安全准则。
本标准适用于轿厢由液压缸支承或由钢丝绳或链条悬挂并在与垂直面倾斜度不大于 15°的导轨间运行，用于运送乘客或货物至指定层站的液压电梯。
1.2 除本标准的要求之外，应考虑在特殊情况下(潜在的爆炸环境、恶劣的气候条件、地震工况、危险物品的运输等)的补充要求。
1.3 本标准不适用于：
a) 1.1 所述驱动方式之外的电梯。
b) 在现有建筑物中不允许安装液压电梯的场所安装的液压电梯。
注：现有建筑物指已在使用的建筑物或在订购电梯之前已使用的建筑物。建筑物的内部结构全部更新的应考虑为新建筑物。
c) 本标准实施前安装的及已完成重大改造的液压电梯。
d) 升降器械，如链斗式升降机、矿山升降机、舞台升降机、装有自动吊笼和料斗的器械、建筑和公共工程工地升降机、船用升降机、海上开采或钻井平台、建筑和维修器械。

图 9-4　国家标准全文公开系统检索结果全文信息页面

（2）国家标准文献共享服务平台。国家标准文献共享服务平台（http: //www.nssi.org.cn）是由国家市场监督管理总局牵头，中国标准化研究院承担建设的，平台向社会开放，提供标准动态跟踪、标准文献检索、标准文献全文传递和在线咨询等服务。该网络服务平台具有以下特点：

1）拥有丰富的标准信息资源，包括中国国家标准、地方标准、行业标准，以及美国、英国、德国、法国、日本等国家标准和 ISO、IEC 等国际标准数据。

2）数据具有完整性和权威性，其中，中国标准数据来自国家标准化管理委员会，国外标准数据来自国外标准化组织。

3）大量国外标准著录了中文题名，提供从中文题名检索国外标准的途径。

国家标准文献共享服务平台资源检索栏目包含标准检索、标准公告、内容指标、标准阅读等服务项目。标准检索具有简单检索、高级检索、分类检索、批量检索等检索方式，可以实现一站式检索中国、德国、法国、英国、俄罗斯、美国、韩国等中外标准，检索结果仅提供标准的题录信息，欲获得标准全文需注册付费订购。

简单检索是一种模糊检索方式，用户可以在输入框中输入标准号或关键词进行检索，输入“标准号”仅对标准号一个字段进行查询，输入“关键词”可同时对中文标题、英文标题、中文关键词、英文关键词等字段进行查询。

高级检索为表格式检索方式，可供检索的字段包括关键词、标准号、国际标准分类、中国标准分类、采用关系、标准品种、年代号、标准状态 8 个检索项。其中，国际标准分类、中国标准分类和标准品种字段后有“选择”链接，用户可以通过链接导航选择欲检索的分类号和专利种类。

分类检索又划分为“发布单位（国内：国家、行业、地方、团体、企业学协会；国外：国家、国际、学协会）”“中国标准分类”“国际标准分类”三个选项。用户可根据需要选择相应分类，逐级展开，最后选定并显示该分类下的所有标准列表。

批量检索可以以每行一条的方式输入多个标准号，或导入包含每行一条、多个标准号的 TXT、EXCEL 格式文件，一次完成批量标准文献的检索。

国家标准文献共享服务平台标准高级检索页面及检索结果页面如图 9-5、图 9-6 所示。

图 9-5 国家标准文献共享服务平台标准高级检索页面

（3）中国标准信息服务网。中国标准信息服务网（https: //www.sacinfo.cn）是由国家市场监督管理总局、国家标准化管理委员会建设的综合性标准信息检索服务网站，目前网站可提供总计 16 万多种的 ISO、IEC、德国、法国、西班牙和白俄罗斯等国外标准检索服务，用户需付费购买获取标准全文。在标准目录检索页面，用户可输入标准号或标准名称进行检索，也可通过国际标准分类目录（ICS）、标准化技术委员会标准目录（TC）导航的方式获得所需标准信息。中国标准信息服务网标准目录检索页面如图 9-7 所示。

图 9-6　国家标准文献共享服务平台标准检索结果页面

图 9-7　中国标准信息服务网标准目录检索页面

（4）之江标准信息平台。之江标准信息平台是浙江省标准化研究院建设的标准信息服务网站，其网址为 http: //www.zjsis.com。标准信息平台可提供国内外各种标准、专利信息检索，其标准数据库收录有包括国家标准、行业标准、ISO/IEC/BS/ASTM 等国际组织标准、主要发达国家的国家标准在内的 50 多万份标准文本，用户可以查询到每个标准的题录信息，包括标准的中英文名称、有效性、替代关系、采标（采用国际标准和国外先进标准）关系等。利用平台《地方标准数据库》可以免费查询获取800余项浙江省地方标准全文信息。

（5）中国知网标准数据库。中国知网标准数据总库包括中国国家标准全文、行业标准全文、职业标准全文以及国内外标准题录数据，共计60余万项。其中，国家标准全文数据库收录了国家标准化管理委员会发布的所有国家标准；行业标准全文数据库收录了现行、废止、被代替、即将实施的行业标准；职业标准全文数据库收录了由中国劳动社会保障出版社出版的国家职业标准汇编本，包括国家职业技能标准、职业培训计划、职业培训大纲；国内外标准题录数据库的内容来源于山东省标准化研究院。

中国知网（https: //www.cnki.net）数据库统一检索平台提供一框式检索、高级检索、专业检索三种检索方式，在标准检索页面左侧设有中国标准分类、国际标准分类、学科导航等导航栏，用户可以通过导航链接直接获得某一类目、学科的标准信息。

9.1.2 国际标准化组织（ISO）标准检索

国际标准化组织（International Organization for Standardization，ISO）成立于1947年，是由各国标准化团体（ISO成员团体）组成的一个全球性的非政府组织。国际标准化组织的目的和宗旨是："在全世界范围内促进标准化工作的开展，以便于国际物资交流和服务，并扩大在知识、科学、技术和经济方面的合作"，其主要活动是制定国际标准，协调世界范围的标准化工作，组织各成员国和技术委员会进行情报交流，与其他国际组织进行合作，共同研究有关标准化问题。中国于1978年加入ISO。

目前，ISO负责目前绝大部分领域（包括军工、石油、船舶等垄断行业）的标准化活动。ISO主要通过它的技术机构开展技术活动，ISO拥有技术委员会（简称SC）611个，工作组（WG）2022个，特别工作组38个。制定国际标准工作通常由ISO的技术委员会完成，通过这些工作机构，ISO已经发布了17000多个国际标准。

1. ISO标准编号

国际标准化组织制定的正式标准和标准草案，其标准号均由代号、序号及制定年份三部分组成。

（1）正式标准。正式标准编号为"ISO序号—制定（修订）年份"。如"ISO 11891—2012"为2012年发布的ISO标准，名称为"Hot formed helical compression springs - Technical specifications（热成型螺旋压缩弹簧—技术规范）"。

推荐标准编号为"ISO/R序号—制定（修订）年份"，如"ISO/R 916—1968 Testing of refrigerating systems（制冷系统试验）"。

技术报告编号为"ISO/TR 序号—制定年份"，是指该组织制定某项标准的进展情况，如"ISO/TR 12112：2018 Metallic materials - Principles and designs for multiaxial fatigue testing（金属材料.多轴疲劳试验的原理和设计）"。

（2）标准草案。标准建议草案编号为"ISO/DP序号—制定年份"，指有关技术委员会制定并供自身内部讨论研究的建议草案。

标准草案编号为"ISO/DIS 序号—制定年份"指经国际标准化组织秘书处登记后发至各个成员国进行酝酿，最后付诸表决的标准草案。

2. ISO标准分类

1988年以前的ISO标准分类是按制定标准的技术委员会（Technical Committees，TC）的名称设立的，如TC39 Machine tools（机械工具）。1988年以后ISO采用《国际标准分类法》

（International Classification for Standards，ICS）进行分类。目前，ICS 已成为国际通用的标准分类法。ICS 类号采用数字号码，一级类目由两位数字组成，共设 40 个一级类目。《国际标准分类法》一级类目表见表 9-3。

表 9-3　《国际标准分类法》一级类目表

代码	类目	代码	类目	代码	类目
01	综合、术语学、标准化、文献	35	信息技术、办公机械设备	73	采矿和矿产品
03	社会学、服务、公司（企业）的组织和管理、行政、运输	37	成像技术	75	石油及相关技术
07	数学、自然科学	39	精密机械、珠宝	77	冶金
11	医药卫生技术	43	道路车辆工程	79	木材技术
13	环境和保健、安全	45	铁路工程	81	玻璃和陶瓷工业
17	计量学和测量、物理现象	47	造船和海上建筑物	83	橡胶和塑料工业
19	试验	49	航空器和航天器工程	85	造纸技术
21	机械系统和通用部件	53	材料储运设备	87	涂料和颜料工业
23	流体系统和通用部件	55	货物的包装和调运	91	建筑材料和建筑物
25	机械制造	59	纺织和皮革技术	93	土木工程
27	能源和热传导工程	61	服装工业	95	军事工程
29	电气工程	65	农业	97	家用和商用设备、文娱、体育
31	电子学	67	食品技术		
33	电信、音频和视频技术	71	化工技术		

3. ISO 标准检索

国际标准化组织网站（https: //www.iso.org）可以检索 ISO 的所有已颁布标准，用户需注册账户并登录后，通过标准商店检索并在线订购 ISO 标准全文。其检索页面仅提供一个检索式输入框，输入的检索式对标准题名、文摘和号码字段进行检索，检索式支持“*”“+”“−”等布尔逻辑算符，并可对检索内容匹配方式进行选择。

检索实例

检索有关“水质”的英文 ISO 标准，可输入检索词“water quality”，则检索结果为在题名或文摘中含有“water quality”一词的标准，而“water”和“quality”可能在字段中并不相邻，其检索结果与检索表达式“water * quality”是相同的。如在输入的检索词“water quality”加上双引号，则检索时将“water quality”作为词组匹配，即“water”和“quality”必须相邻。ISO 标准检索页面、检索结果详细信息页面如图 9-8、图 9-9 所示。

9.1.3 国际电工委员会（IEC）标准检索

国际电工委员会（International Electrotechnical Commission，IEC）于 1906 年成立，下设各专业委员会，分工制定电工电子技术等方面标准，标准范围主要包括名词术语、电路图形、符号、单位、文字符号等，还包括试验方法、产品质量、性能指标、有关人身安全的技术标准。1947 年 IEC 标准并入 ISO，但业务上仍保留 IEC 名称和原来的工作范围。其技术标准号编号形式为“IEC 序号：年代”。如“IEC 60065: 2014 Audio，video and similar electronic apparatus-Safety requirements（音频、视频和类似电子设备-安全要求）”。

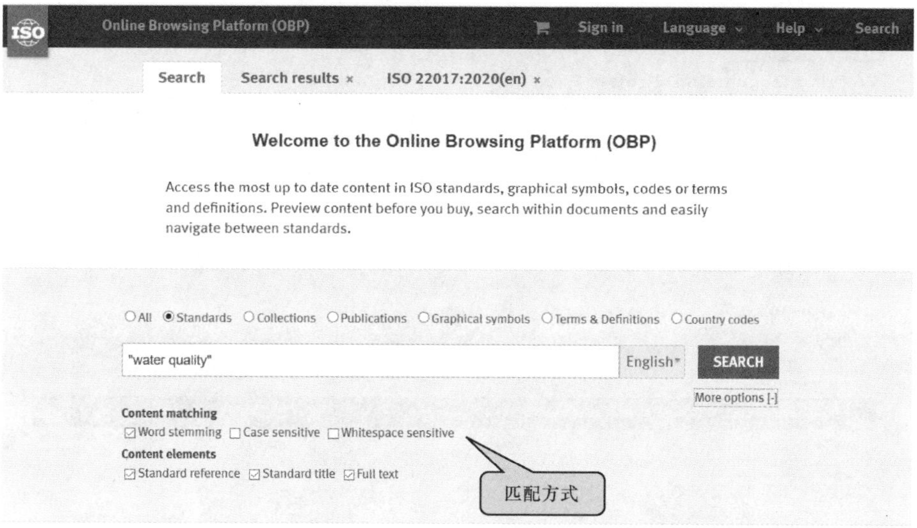

图 9-8　ISO 标准检索页面

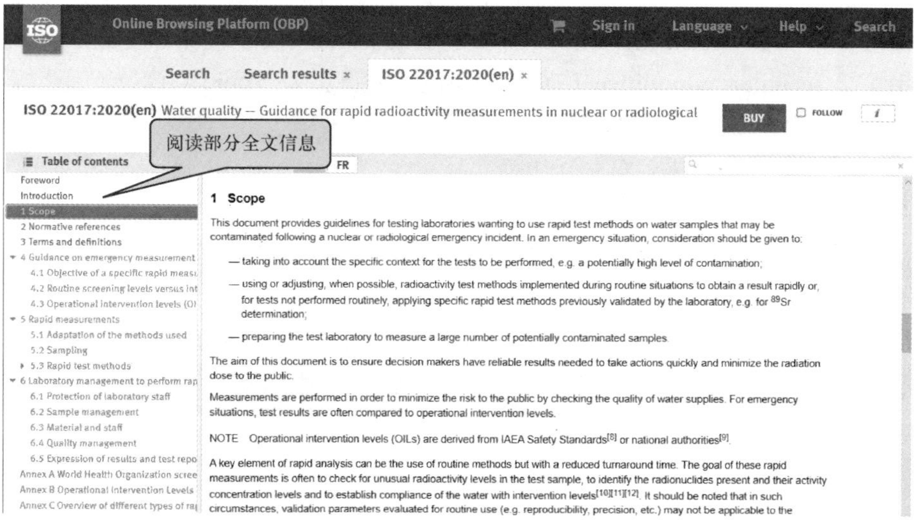

图 9-9　ISO 标准检索结果详细信息页面

进入国际电工委员会网站（https: //www.iec.ch）首页，可以直接进行 IEC 文献简单检索，用户也可选择高级检索（Advanced Search）。在高级检索页面提供 Global Search（全球搜索）、Dashboard Finder（仪表板查找器）、Documents/Project/Work Programme（文件/项目/工作方案）、Publications/Work in Progress（出版物/工作进展）等检索选项，供用户根据需要进行选择。其中，Documents/Project/Work Programme 检索项设有 Key words（关键词）、Working documents（工作文件）、Projects/Publications（项目/出版物）、Committee（技术委员会）、Date range（日期范围）、Work areas（工作领域）6 个检索条件输入框，在 Key words（关键词）检索中提供 All of these words（AND）、This exact phrase（" "）、Any of these words（OR）、None of these words（NOT）四种表述不同词间关系的检索词输入框供用户检索时选择使用。IEC 网站标准检索，用户需要注册付费订购，才能获取标准全文。IEC 网站标准检索页面如图 9-10 所示。

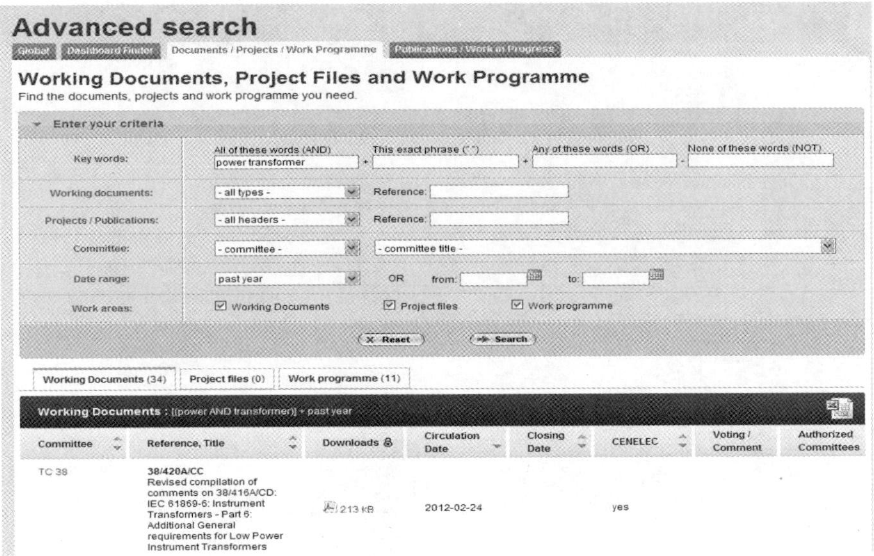

图 9-10　IEC 网站标准检索页面

国际电工委员会网站的网络商店（Webstore）栏目亦提供 IEC 标准文献检索和在线订购服务，其高级检索（Advanced Search）页面共有 Text search（文本搜索）、Publication reference（出版物指南）、Technical committee（TC/SC）（技术委员会）、Topic（ICS）（国际标准分类）、Date（日期范围）等检索条件输入选项。

检索实例

检索“电力变压器（Power transformer）”有关的 IEC 标准，其检索页面和检索结果页面如图 9-11、图 9-12 所示。

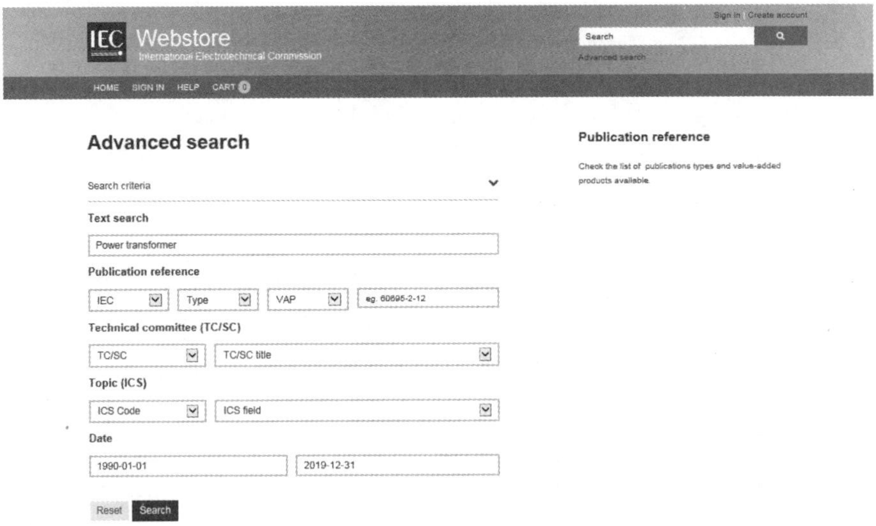

图 9-11　IEC 网站标准检索页面

9.1.4　美国国家标准（ANSI）检索

美国国家标准学会（American National Standards Institute，ANSI）成立于 1918 年，属于

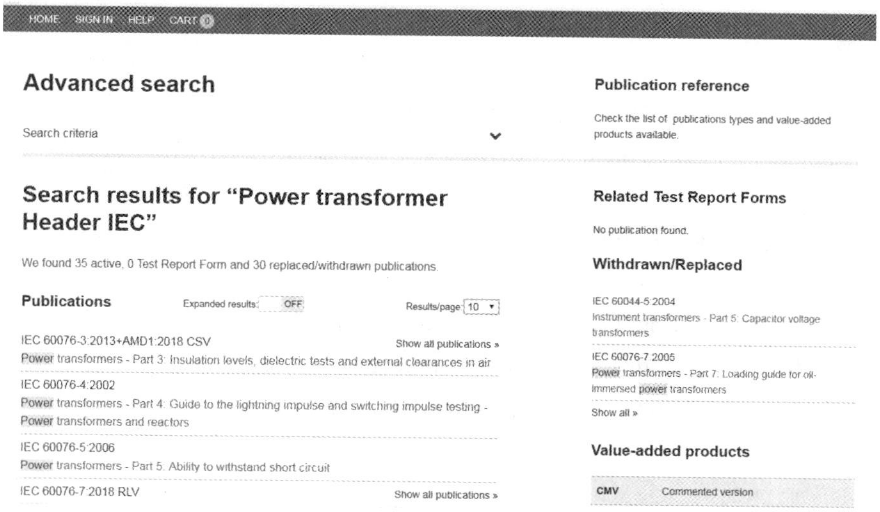

图 9-12 IEC 网站标准检索结果页面

非营利性质的民间标准化团体，但却承担着行政管理机关的作用，负责制定与颁布美国国家标准，并已成为美国国家标准化中心。目前大约 80%的 ANSI 标准是从本国 70 多个专业团体所制定的专业标准中选取的对全国具有重要经济意义的标准，经 ANSI 各专业委员会审核后升格为国家标准。这些对美国国家标准化工作具有重要影响的专业团体主要有美国试验与材料协会（American Society for Testing and Materials，ASTM）、美国机械工程师协会（American Society of Mechanical Engineers，ASME）、美国电气与电子工程师学会（Institute of Electrical and Electronics Engineers，IEEE）、美国保险商实验室（Underwriters Laboratories，UL）、美国印刷电路学会（Institute of Printed Circuits，IPC）等。

美国国家标准号的构成形式为“ANSI 分类号.序号—年份”或“ANSI/原行业标准号—年份”，如：“ANSI C119.1—2016 Electric Connectors-Sealed Insulated Underground Connector Systems Rated 600 Volts（电气连接器-600 伏的密封绝缘地下连接器系统）”，“ANSI/IEEE C63.17—2013 American National Standard Methods of Measurement of the Electromagnetic and Operational Compatibility of Unlicensed Personal Communications Services（UPCS）Devices（美国国家标准测量无许可证个人通信服务设备电磁和操作兼容性的方法）”。其中“ANSI/IEEE C63.17—2013”标准是由 IEEE 标准升格为国家标准，其编号形式为双重编号。

ANSI 标准分类采用字母与数字相结合的混合标记分类法，目前共分为 18 个大类，每个大类之下再细分若干小类，用一个字母表示大类，用数字表示小类。

美国国家标准学会网站（https: //www.ansi.org）可提供包括美国国家标准、美国行业标准、ISO 标准、IEC 标准等 80 余个标准出版机构的相关标准信息检索。其标准检索界面较为简单，用户可直接在检索框中输入关键词或文献号进行检索。在关键词检索时，系统将对输入的检索词自动在标准名称和文摘字段中进行检索，对于输入的词组，系统将自动进行逻辑“与”的运算，检索结果有可能将词组进行拆分，如欲进行精确匹配检索，可将检索词组加上双引号。在文献号检索时，用户可以输入完整的标准号或标准号的一部分进行检索。

ANSI 网站标准的检索结果将详细列出该标准全文文献在线购买价格，用户可以通过多种方式付费获取标准的电子版全文。

检索实例

检索与“工程管理”相关的美国国家标准，可选择“Keyword”（关键词）检索选项，输入检索词“engineering management”，并在检索词上加双引号。ANSI 检索表达式与检索结果列表如图 9-13 所示。

9.1.5 其他国外标准检索网站

（1）欧洲标准学会（https: //www.cen.eu）；

（2）英国标准学会（https: //www.bsigroup.com/）；

（3）加拿大标准协会（https: //www.csagroup.org）；

（4）德国标准化学会（https: //www.beuth.de）；

（5）法国标准化协会（https: //www.afnor.org）；

（6）日本工业标准调查会（https: //www.jisc.go.jp）；

（7）美国电气与电子工程师学会（https: //www.ieee.org）；

（8）美国机械工程师学会（https: //www.asme.org）；

（9）美国材料试验协会（https: //www.astm.org）；

（10）美国采暖、制冷与空调工程师学会（https: //www.ashrae.org）。

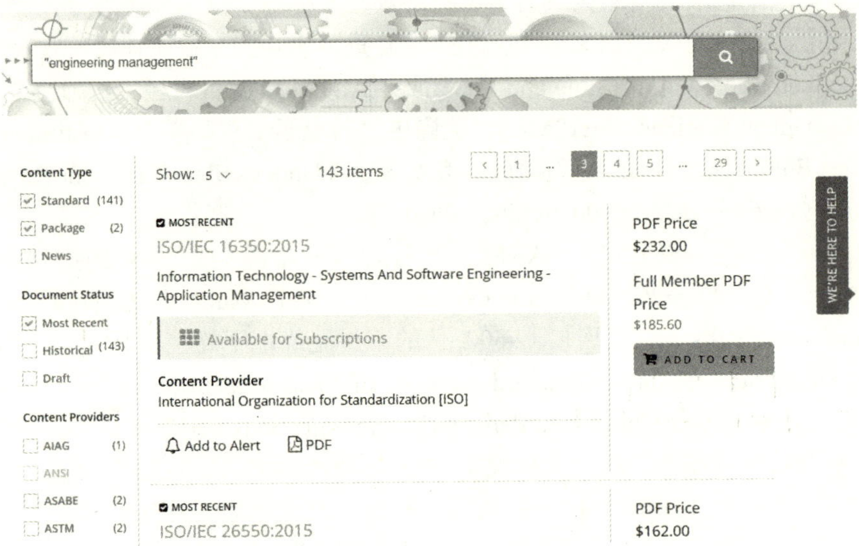

图 9-13 ANSI 检索表达式与检索结果列表

9.2 会议文献检索

9.2.1 中国会议文献检索

经中国学术会议在线统计，目前中国境内每年召开的各类专业学术会议 3000 次以上，学术会议已经成为各领域专家学者、工程技术人员进行科学交流的最重要渠道。会议文献因其内容质量高、出版量巨大，也成为专业技术人员跟踪科学发展、开展学术研究、进行技术创新的重要参考信息源。

1. 万方数据知识服务平台学术会议论文数据库

万方数据知识服务平台学术会议论文数据库收录资源包括中文会议和外文会议。中文会议始于 1982 年，主要收集国家级学会、协会、部委、高校召开的全国性学术会议论文，以一级以上学会和协会主办的高质量会议论文为主，每年涉及近 3000 余个重要的学术会议，年增加约 20 万篇，每月更新。外文会议主要来源于 NSTL 外文文献数据库，收录了 1985 年以来世界各主要学会、协会、出版机构出版的学术会议论文，年增加论文约 20 余万篇，每月更新。

简单检索界面是万方数据知识服务平台默认的检索页面，在简单检索页面直接输入检索词，系统将对题名和摘要信息进行检索。在高级检索界面，检索项主要有主题、题名或关键词、题名、第一作者、作者单位、作者、关键词、摘要、中图分类号、DOI、会议名称、主办单位等，专业检索表达式语法采用 CQL 语言，功能更为强大。

检索实例

检索主办单位为“中国电子商务协会”，题名中含有“电子银行”或“网络银行”的会议论文。可选择高级检索，其检索页面如图 9-14 所示。也可在专业检索中构建检索表达式：（题名：电子银行＋题名：网络银行）×（主办单位：中国电子商务协会）。

图 9-14　万方数据知识服务平台学术会议论文数据库高级检索页面

2. 中国知网中国重要会议论文全文数据库

中国重要会议论文全文数据库是中国知网系列数据库之一，该数据库重点收录 1999 年以来，中国科协、社科联系统及省级以上学会、协会，高校、科研院所、政府机关举办的重要会议上发表的文献。其中，全国性会议文献超过总量的 80%，部分连续召开的重要会议论文回溯至 1953 年。截至 2020 年，累积文献总量 250 余万篇。

中国重要会议论文全文数据库使用中国知网统一检索平台，既可利用跨库检索功能实现对包括会议论文在内的各类数据库资源的统一检索，也可对会议论文数据库进行单独检索。数据库提供高级检索、专业检索、作者发文检索、句子检索、一框式检索和专辑分类导航、国内会议导航、国际会议导航等查询方式。可供检索的字段有主题、关键词、篇名、摘要、全文、论文集名称、中图分类号、作者、第一作者、作者单位、会议名称、主办单位、会议时间、基金等。各字段的

检索范围与检索方法与中国知网中国期刊全文数据库完全相同。（检索方法参见 6.1）

检索实例

检索与“经济法”相关的国内学术会议及会议论文信息。选择“会议导航”中的“会议→学科导航→社会科学 I→经济法”，检索结果获得与“经济法”相关的会议信息，点击会议名称链接，即可显示该会议论文集的详细信息。中国知网中国重要会议论文全文数据库会议导航页面如图 9-15 所示。

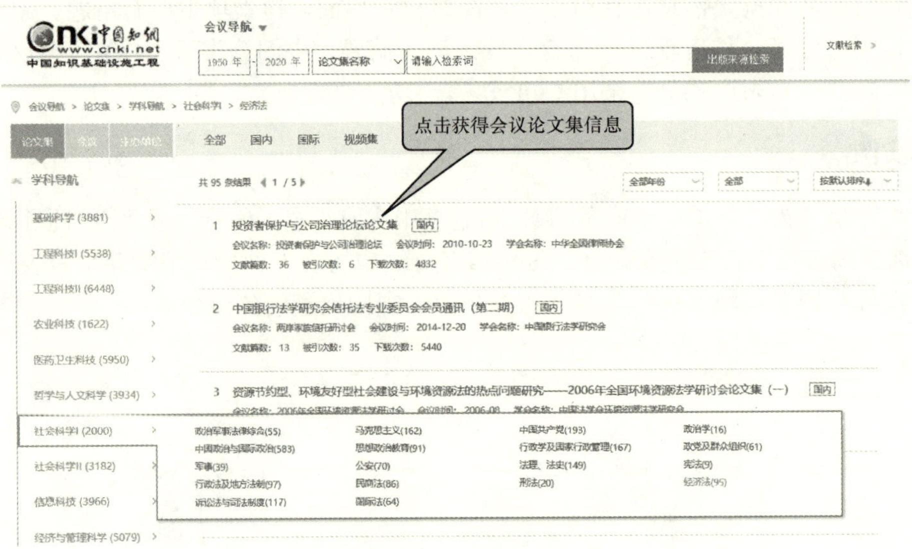

图 9-15　中国知网中国重要会议论文全文数据库会议导航页面

3. 国家科技图书文献中心会议论文数据库

国家科技图书文献中心（https: //www.nstl.gov.cn）《中文会议论文数据库》主要收录了 1985 年以来我国国家级学会、协会、研究会以及各省、部委等组织召开的全国性学术会议论文以及世界各主要学会、协会、出版机构出版的学术会议论文，学科涵盖基础科学、工程技术、农业科学、医学科学等领域，语种包括汉语、英语、俄语、日语、法语、德语、阿拉伯语、西班牙语等。检索到的会议论文需通过文献传递等方式才能获取全文。

9.2.2　国外会议文献检索

1. CPCI-S 与 CPCI-SSH

CPCI-S（Conference Proceedings Citation Index-Science）即科技会议录引文索引，CPCI-SSH（Conference Proceedings Citation Index - Social Science & Humanities）即社会科学及人文科学会议录引文索引，是 Web of Science 核心合集的主要数据库产品。CPCI-S 和 CPCI-SSH 来源于美国科学情报研究所编辑出版 ISTP（Index to Scientific & Technical Proceedings）和 ISSHP（Index to Social Science & Humanities Proceedings），两者涵盖了社会科学、人文科学及科技领域所有学科会议文献，每年收录 1 万多个学术会议的近 40 万条文献记录，数据每周更新，是收录最多、覆盖学科最广泛的学术会议录文献数据库，是查找国外会议文献的首选数据库之一。

Web of Science 平台提供 Basic Search（基本检索）、Author Search（作者检索）、Cited Reference Search（被引参考文献检索）、Advanced Search（高级检索）、Structure Search（化

学结构检索）5 种检索方式，检索 ISTP、ISSHP 数据库需在检索页面“More settings”“Web of Science Core Collection”中进行选择。其检索方法详见 4.4。

检索实例

（1）要查找 1998 年在 Las Vegas（拉斯维加斯）召开的 The Annual Meeting of the World-Aquaculture-Society 的会议录，可选择 Basic Search，在 Conference 字段中，输入检索表达式为“aquaculture AND Las Vegas AND 1998”。

（2）要查找在“中国”召开的国际会议，有关“碳纳米管合成”的会议论文，选择 Topic 字段，输入检索式“Carbon nanotube* AND synth*”，选择 Conference 字段，输入检索词“China and international”，两字段间选择“AND”逻辑关系。CPCI-S 与 CPCI-SSH 基本检索页面和检索结果页面如图 9-16、图 9-17 所示。

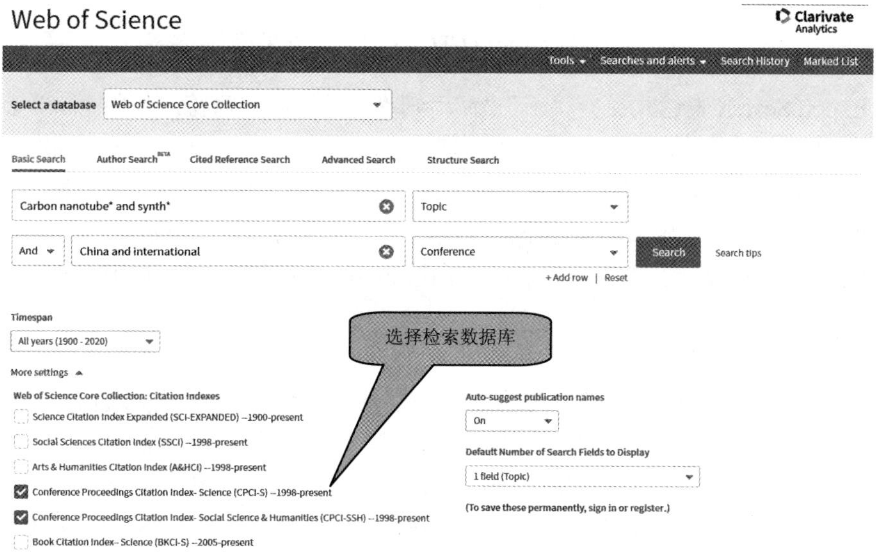

图 9-16 CPCI-S 与 CPCI-SSH 基本检索页面

2. OCLC PapersFirst 与 Proceedings

OCLC FirstSearch 检索系统中的 PapersFirst（国际学术会议论文索引）和 Proceedings（国际学术会议录索引）数据库提供世界范围内会议文献的检索。从 1999 年开始，CALIS 订购了 PapersFirst 和 Proceedings。

PapersFirst 数据库收录世界范围内各类学术会议上发表的论文索引信息，它覆盖了自 1993 年 10 月以来“大英图书馆资料提供中心”会议录所收集的所有论文，每两周更新一次。PapersFirst 中的每条记录对应着 Proceedings 数据库的某个会议记录，Proceedings 是 PapersFirst 的相关库，收录了世界范围内举办的各类学术会议上发表论文的目次，利用该库可以检索“大英图书馆资料提供中心”的会议录，了解各个会议的概貌和学术水平，每周更新两次。国内授权用户可以通过 CALIS 网站或直接登录 http: //firstsearch.oclc.org 网站获取 PapersFirst 与 Proceedings 数据库检索服务。

OCLC FirstSearch 检索系统提供 Basic Search、Advanced Search、Expert Search 三种检索方

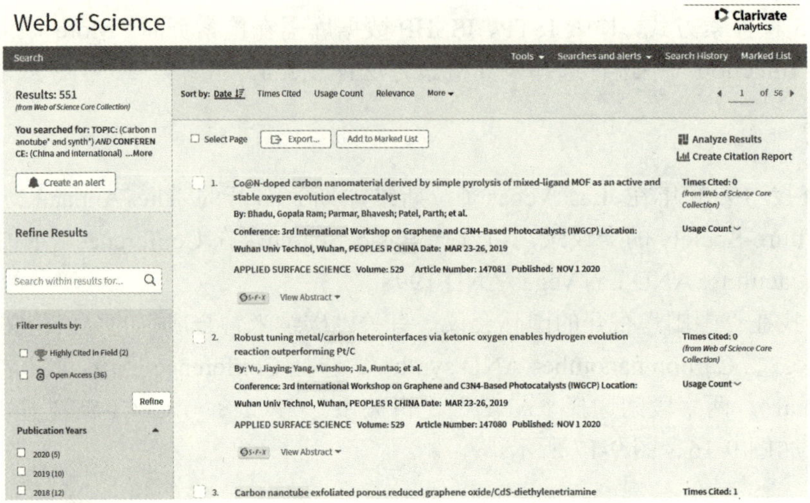

图 9-17　CPCI-S 与 CPCI-SSH 检索结果页面

式。其中，Expert Search 表达式支持“＋”“*”“#”“？”等截词算符，使用“＋”表示复数（s 和 es），使用“*”表示截断，使用“＃”表示通配符，使用“？”（*n* 个）代表最多 *n* 个字符；支持“AND”“OR”“NOT”逻辑关系算符；支持“w”“wN”“n”“nN”等算符，“w”在两词中间，表示两个检索词必须相邻，词序不能颠倒，“n”在两词中间，表示两个检索词必须相邻，词序可以颠倒，“w”“n”后的“N”为数字，表示两词间最多有 *N* 个词。截词算符用法参见 5.1.3。

检索实例

查找在中国召开的学术会议，论文题目包含“移动通信”或“卫星通信”的会议论文。选择 OCLC FirstSearch 平台 PapersFirst 专业检索，输入检索式“(ti：mobile w3 communicat*) OR（ti：satellite w3 communicat*）AND cl：China”。在检索式中 ti 为题名标识符，cl 为会议地点标识符。OCLC FirstSearch 专业检索页面和检索结果页面如图 9-18、图 9-19 所示。

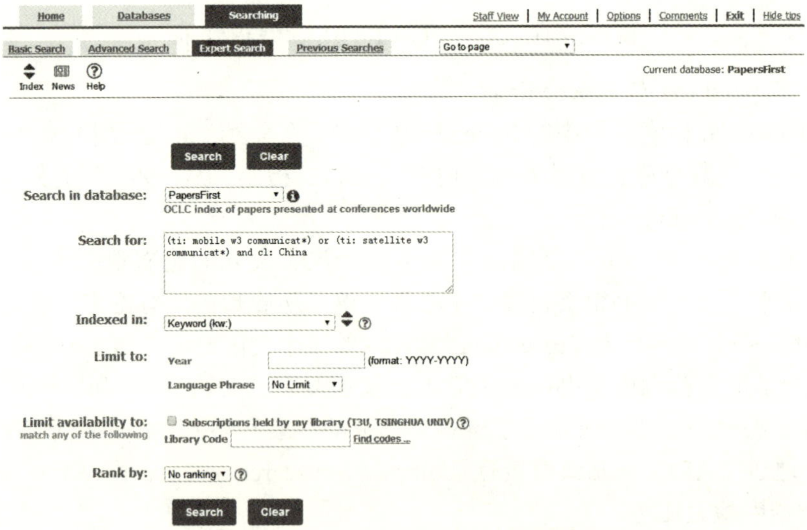

图 9-18　OCLC FirstSearch 专业检索页面

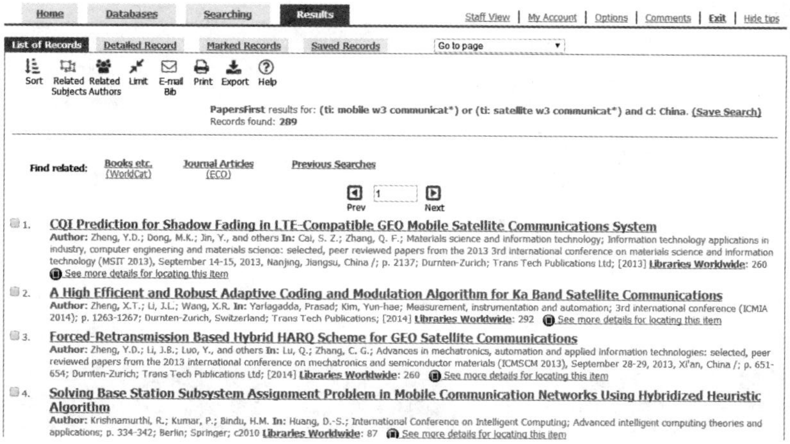

图 9-19 OCLC FirstSearch 检索结果页面

9.3 学位论文检索

9.3.1 中国学位论文检索

在中国，博士、硕士论文有特定职能的收藏单位，国家图书馆负责收藏社会科学、自然科学博士论文，中国科技信息研究所负责收藏自然科学方面博士、硕士论文，中国社科院信息研究中心负责收藏社会科学方面的博士、硕士论文，在这些收藏单位均可通过馆藏目录查询国内学位论文。另外，国内很多重点大学均制定了学位论文电子版提交制度，通过这些学校图书馆网站可查询到该校授予的博士、硕士学位论文。目前，各种商业学位论文数据库已经成为国内学位论文最主要的检索工具。

1. 中国知网中国博士、硕士学位论文全文数据库

中国知网中国博士、硕士学位论文全文数据库收录了全国 400 余家博士培养单位的博士学位论文和 700 余家硕士培养单位的优秀硕士学位论文，是国内相关资源最完备、高质量、连续动态更新的学位论文数据库，截至 2020 年，累积出版博士、硕士论文 420 万篇。

数据库使用中国知网统一检索平台，既可在中国知网首页对博士、硕士论文数据库进行跨库检索，也可点击其中一个数据库进行单库检索。单库检索可供选择的检索项主要有主题、关键词、题名、全文、参考文献、摘要、目录、中图分类号、学科专业名称、作者、作者单位、导师、学位授予单位、基金、学位年度、优秀论文级别等。（检索方法参见 6.1）

检索实例

（1）查询学位授予单位为“中国科学技术大学”或“华中科技大学”，论文题目与“网络信息检索”相关的硕士论文。选择中国知网硕士论文高级检索，其检索页面如图 9-20 所示。

（2）检索授予单位为“中国政法大学”有关“婚姻法”或“物权法”的博士、硕士论文。可选择中国知网学位论文专业检索，输入检索式“TI=（'婚姻法'+'物权法'）AND AF='中国政法大学'”。中国知网学位论文专业检索页面如图 9-21 所示。

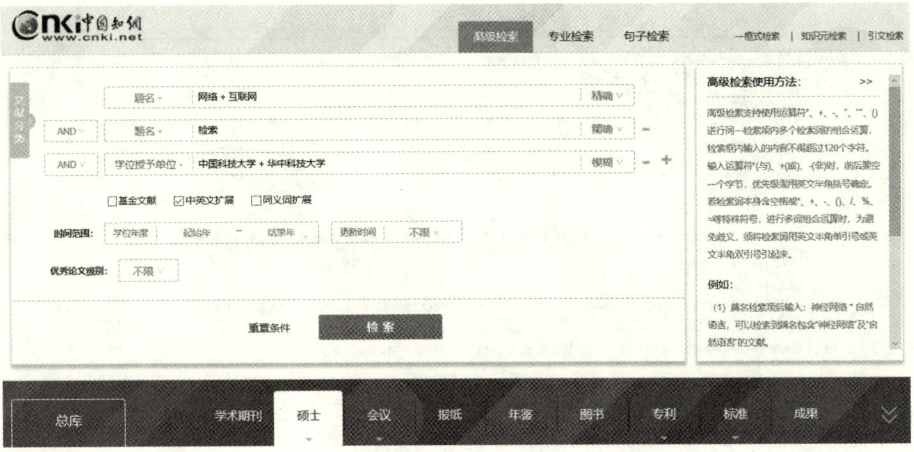

图 9-20 中国知网硕士论文高级检索页面

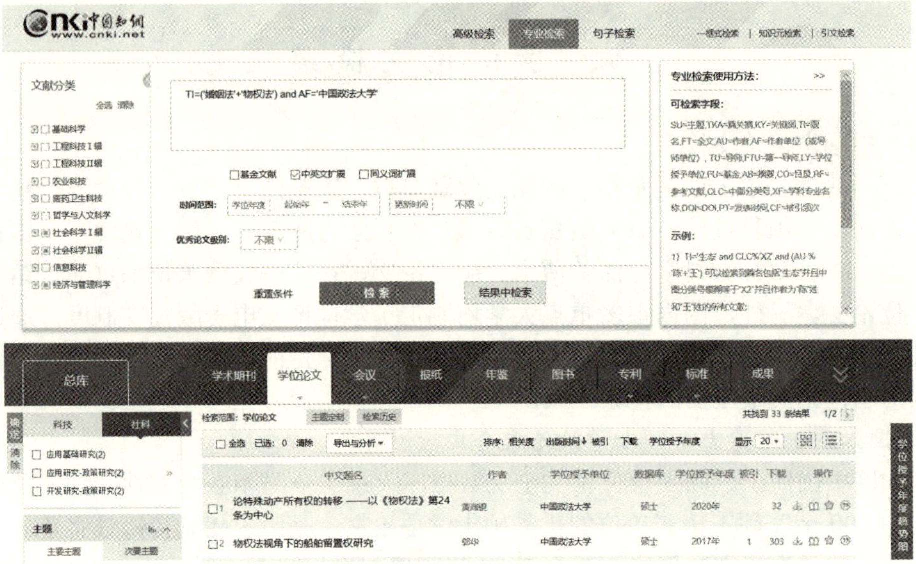

图 9-21 中国知网学位论文专业检索页面

2. 万方数据知识服务平台中国学位论文全文数据库

中国学位论文全文数据库是万方数据知识服务平台系列数据库之一。该数据库收录始于1980 年，年增 30 万篇，并逐年回溯，与国内 900 余所高校、科研院所合作，涵盖理学、工学、农学、医学、人文社会科学、交通运输、航空航天、环境科学等各学科。截止至 2020 年末，累积记录 650 余万条，部分记录仅提供文摘信息。

中国学位论文全文数据库检索平台提供了“简单检索”“高级检索”“专业检索”三种检索界面，同时提供学位论文学科分类导航和授予学位单位分类导航。（检索方法参见 6.3）

3. CALIS 高校学位论文数据库

CALIS 高校学位论文数据库（http: //etd.calis.edu.cn）是中国高等教育文献保障系统的重要子项目，该数据库收集了国内高校学位论文、高校从 2002 年开始联合采购的 PQDT 学位论文数据，以及 NDLTD 学位论文数据，涉及人文社会科学、理学、工学、农学、医学等多个领域，是学术研究中十分重要的信息资源。

CALIS学位论文中心服务系统面向全国高校师生提供中外文学位论文检索和获取服务。系统采用e读搜索引擎，检索功能便捷灵活，提供简单检索和高级检索功能，可进行多字段组配检索，也可从资源类型、检索范围、时间、语种、论文来源等多角度进行限定检索，与图书馆购买的学位论文数据库无缝链接，图书馆未购买的学位论文，可通过CALIS馆际互借与文献传递服务网获得全文。

4. 中国国家图书馆馆藏博士论文与博士后研究报告数据库

中国国家图书馆学位论文收藏中心是国务院学位委员会指定的负责全面收藏和整理我国学位论文的专门机构。目前，国家图书馆收藏博士论文达27万多篇。此外，该中心还收藏部分院校的硕士学位论文、台湾博士学位论文和部分海外华人华侨学位论文。

国家图书馆馆藏博士论文与博士后研究报告数据库来源于国家图书馆相关馆藏，该数据库以书目数据、篇名数据、数字全文对象为内容，提供检索、浏览及学位授予单位、学科导航服务。目前，数据库馆外访问仅提供博士论文全文前24页的展示浏览，不提供电子版全文下载、打印服务，检索到的馆藏学位论文，国家图书馆提供馆内阅览、复制服务。

5. 香港大学学术库

香港大学学术库（HKU Scholars Hub）是香港大学的开放存取学术典藏库，主要搜集香港大学师生发表的著作、学术论文等资料，面向社会开放服务。数据库可提供香港大学的硕士和博士论文免费检索，学位论文著录项目及检索界面均为英文，收录文献原文主要为英文，部分为中英双语或中文。检索到的绝大多数论文可全文下载。香港大学学术库网址为http: //hub.hku.hk。

9.3.2 国外学位论文检索

1. PQDT网络数据库

ProQuest公司是世界上最早及最权威的博士、硕士论文收藏和供应商，该公司的学位论文数据库（ProQuest Dissertations & Theses，PQDT）收录欧美1000余所大学文社会科学、理学、工学、农学、医学等领域的博士、硕士学位论文270余万篇，是学术研究中的重要信息资源。国内高校、科研机构、公共图书馆等单位每年联合购买一定数量的ProQuest学位论文全文，提供网络共享，凡参加联合订购成员馆均可共享整个集团订购的全部学位论文资源。

PQDT数据库提供Basic Search（基本检索）、Advanced Search（高级检索）、Browse（浏览）三种检索方式。Advanced Search字段包括ISBN（国际标准书号）、TI（文献题名）、AB（摘要）、FT（文献全文）、SU（主题词）、AU（作者）、SCH（大学/单位）、ADV（导师）、CMT（委员会成员）、DG（学位）等。

（1）基本检索。基本检索页面仅提供一个检索条件输入框，检索式可使用“AND”“OR”“AND NOT”逻辑算符对词汇进行组配，针对输入的检索式，系统将同时在标题、正文和摘要中检索，欲对检索词进行精确匹配检索，可将检索词加上双引号。

检索实例

检索论文标题、正文或摘要中包含“数字图书馆”或“虚拟图书馆”的学位论文。选择PQDT基本检索，在检索条件输入框中输入检索式“(digital OR virtual) AND library”。PQDT基本检索页面如图9-22所示。

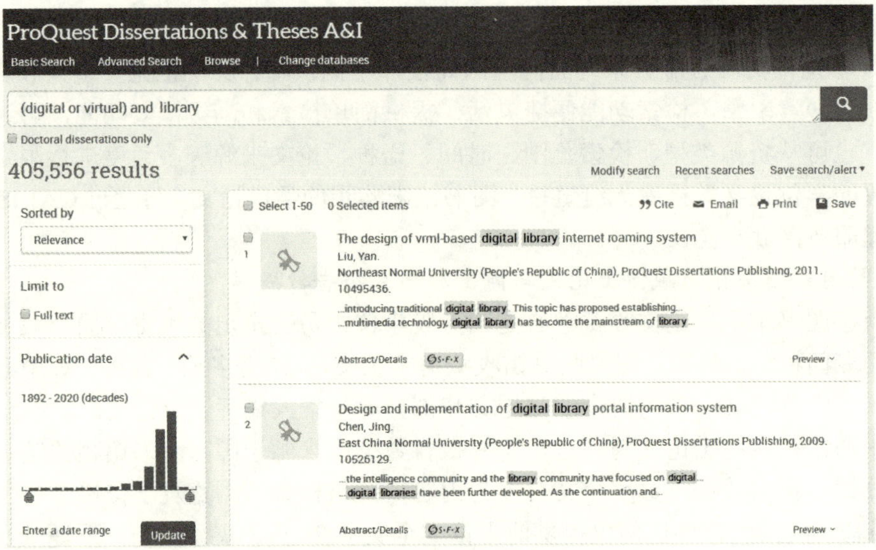

图 9-22 PQDT 基本检索页面

（2）高级检索。在高级检索页面，可同时进行多字段组配检索，用户可对字段间的“AND”“OR”“NOT”逻辑关系进行选择。

检索实例

检索时间为“2000 年以后”，学校为“斯坦福大学”，并且论文名称包含“公共教育”或“儿童教育”的学位论文。选择 PQDT 高级检索，选择“TI（文献题名）”字段，输入检索词“"public education" OR "childhood education"”，选择“University/institution-SCH（学校/机构）”字段，输入检索词“Stanford”；字段间选择“AND”逻辑关系；出版日期限定为“After this year 2000”。PQDT 高级检索页面如图 9-23 所示。

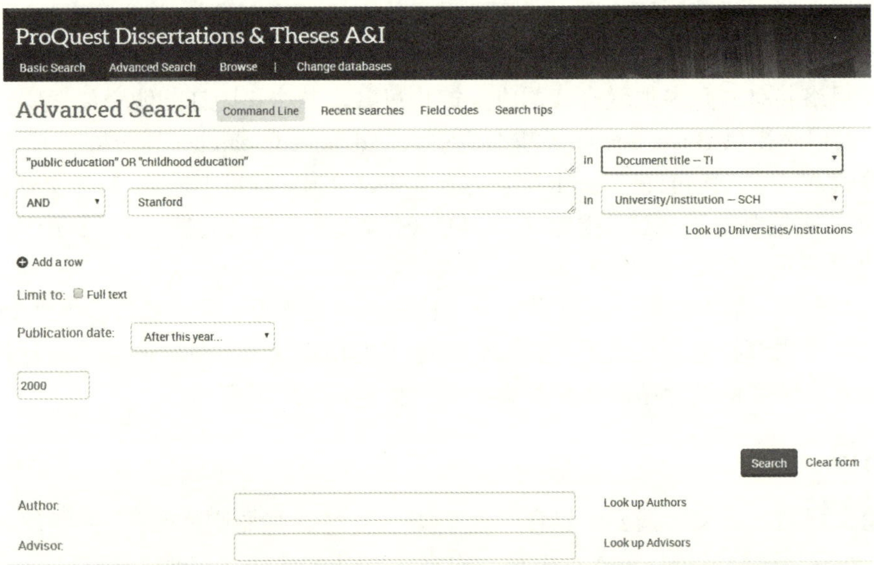

图 9-23 PQDT 高级检索页面

（3）浏览。论文浏览提供按主题和地点查看学位论文的方式，直接点击选择的主题词或地点链接即可获得相关的学位论文信息。

（4）检索结果。检索结果页面提供论文题目、作者、学校、出版年等信息，可在检索结果中进行“二次检索”。读者可以通过点击“Abstract/Details（摘要/索引）”“Preview-PDF（预览-PDF）格式”阅读文摘或预览部分全文，决定取舍。授权用户点击记录尾部的“查看 PDF 全文”链接可获取学位论文全文。PQDT 检索结果页面如图 9-24 所示。

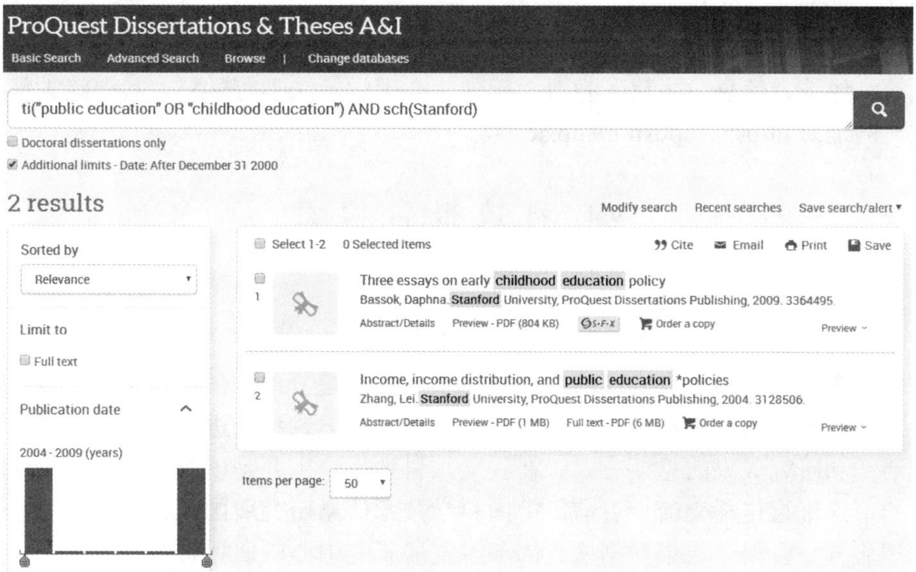

图 9-24 PQDT 检索结果页面

2. 国外机构免费学位论文全文数据库

（1）Worcester Polytechnic Institute。美国伍斯特理工学院免费学位论文检索，涵盖生物、电子、计算机、材料、物理、机械等学科，网址为 https: //web.wpi.edu/Pubs/ETD。

（2）DART-Europe E-theses Portal。欧洲学位论文库，现有资源 82 万篇，来自欧洲 28 个国家的 600 余所大学，开放获取，可免费获得部分论文全文，网址为 http: //www.dart-europe.eu/basic-search.php。

（3）Australian Digital Theses Program。澳洲数字论文计划，由澳洲大学图书馆员协会发起。包含澳洲 40 余所大学的 20 余万篇硕博论文，涵盖各个学科，可免费检索、下载学位论文全文，网址为 https: //www.caul.edu.au/programs-projects/past-programs/australasian-digital-theses。

（4）University of South Florida。美国南佛罗里达大学的电子版博士、硕士、论文全文数据库，涵盖地理学、医学、电子学等学科内容的学位论文 7600 余篇，其中绝大部分可以在线免费获取全文，网址为 https: //scholarcommons.usf.edu/etd/。

（5）The Pennsylvania State University。美国宾夕法尼亚州大学电子论文库，数据库包含近 16000 余篇电子版全文，涵盖材料学、教育学、工学、法学、医学、航空、经济、化工、建筑等各个学科，可在线免费获取，网址为 https: //etda.libraries.psu.edu。

（6）North Carolina State University。美国北卡罗来纳州立大学的 14000 余篇免费博士、硕士论文全文数据库，涵盖了化学、物理学、电子电气、核能、机械、材料、食品、林业、土壤等各学科，网址为 https: //repository.lib.ncsu.edu/handle/1840.20/23。

（7）OhioLINK ETD Center。美国俄亥俄州大学学位论文全文数据库，收录了俄亥俄州30余所大学、学院的博士、硕士论文10万余篇，涵盖机械、电子、管理、哲学、化学、环境学、材料、数学、物理等学科，可免费下载全文，网址为 https: //etd.ohiolink.edu/pg_1?: : : : :。

（8）The University of Nottingham。英国诺丁汉大学免费学位论文全文数据库，包含1983年至今的免费博士、硕士论文，涵盖医学、艺术、教育、法学、工学等学科，网址为 http: //eprints.nottingham.ac.uk/etheses。

（9）University of Pretoria。南非比勒陀利亚大学的电子学位论文数据库，涵盖社会学、食品、建筑、经济、信息、生化、教育、管理、心理学、法学等学科，其中绝大部分可免费获取全文，网址为 https: //repository.up.ac.za。

9.4 科技报告检索

9.4.1 中国科技报告检索

科技报告是按照标准化规范由国家采取一定的行政手段强制形成的特种文献，是国家重要的基础性战略资源。2012年，全国科技创新大会提出建立统一的科技报告制度，明确了建立国家科技报告制度的目标和任务。科技报告注重详细记录科研进展的全过程，是科技人员交流研究活动和研究成果的重要方式。在我国，科技报告主要是以科技成果公报或科技成果研究报告的形式进行传播交流。目前，中国科学技术信息研究所国家科技报告服务系统、万方数据知识服务平台科技成果数据库、国务院发展研究中心国研报告数据库等已经成为查找国内科技报告、经济报告的重要信息源。

1. *万方数据知识服务平台中外科技报告数据库*

万方数据知识服务平台中外科技报告数据库包括中文科技报告和外文科技报告。中文科技报告收录始于1966年，主要包括国家高技术研究发展计划、国家重点基础研究发展计划、国家科技支撑计划、国家科技重大专项等。外文科技报告收录始于1958年，涵盖美国政府AD、DE、NASA、PB四大科技报告。中外科技报告数据库使用万方数据知识服务统一检索平台，可供检索的字段有主题、题名、作者、作者单位、关键词、摘要、计划名称、项目名称等。

2. *国务院发展研究中心调查研究报告*

国务院发展研究中心调查研究报告简称国研网报告，是国务院发展研究中心专门从事综合性政策研究和决策咨询的专家不定期发布的有关中国经济和社会诸多领域的调查研究报告，内容丰富，具有很高的权威性和预见性，不定期出版，网络版每天在线更新，具有浏览、下载功能。国务院发展研究中心信息网网址为 http: //www.drcnet.com.cn。

3. *国家科技报告服务系统*

国家科技报告服务系统（https: //www.nstrs.cn）于2013年11月正式开通，旨在将国家科技投入形成的科技报告对广大科研人员和社会公众实行开放共享。目前，该系统面向社会公众、专业人员和管理人员提供三种服务方式。社会公众不需要注册，即可检索科技报告摘要和基本信息，了解国家科技投入所产出科技报告的基本情况。专业人员需要实名注册，通过身份认证即可检索并在线浏览科技报告全文，不能下载保存全文。管理人员通过科研管理部门批准注册，免费享有批准范围内的检索、查询、浏览、全文推送以及相应统计分析等服务。

国家科技报告服务系统专业人员服务页面提供简单检索、高级检索和分类导引三种检索方式。简单检索和高级检索可供选择的检索项包括题名、作者、作者单位、关键词、摘要、计划名称、项目/课题名称、立项年度等。分类导引包括部门科技报告和地方科技报告导引，其中，部门科技报告包含科学技术部、国家自然科学基金委员会、交通运输部的各种科研项目计划。

检索实例

检索“光伏电池”或“太阳能电池”相关的科技报告，选择国家科技报告服务系统高级检索，其检索页面如图 9-25 所示。

图 9-25　国家科技报告服务系统高级检索页面

4. 中国资讯行中国商业报告库

中国资讯行（http: //www.infobank.cn）《中国商业报告库》主要收录经济专家、学者关于中国宏观经济、金融、市场、行业等的分析研究文献及政府部门颁布的各项年度报告全文，主要为用户进行商业研究提供专家意见和资讯，数据库每日更新（详见 6.7）。

9.4.2　国外科技报告检索

1. 美国 NTIS 技术报告数据库

美国 NTIS 技术报告数据库（National Technical Reports Library，NTRL）是由美国国家技术情报服务处（National Technical Information Service，NTIS）提供的政府官方资源，是检索美国科技报告的主要检索工具，内容包括 1964 年至今的美国政府机构或美国政府机构资助的科学、技术、工程和商业信息报告，其数据库每半月更新一次。绝大多数 NTRL 技术报告可以免费获取 PDF 格式全文，无法获取全文信息的报告也可直接向 NTIS 服务处订购，数据库网址为 https: //ntrl.ntis.gov/NTRL。

NTIS 技术报告数据库提供 Advanced Search（高级检索）方式，可供选择的检索字段有 Title

(题名)、Author(作者)、Keyword(关键词)、Accession No(存取号)、Corporate Author(合作者)、Report Number(报告号)、Contract Number(合同号)、Source Agency(来源机构)等,字段间支持"AND""OR"逻辑关系算符。用户可以选择一个字段或多个字段进行组配检索。

检索实例

检索2000年以后,题名中包含"environmental pollution(环境污染)"的美国技术报告,选择NTRL(National Technical Reports Library)数据库,其高级检索页面及全文信息如图9-26、图9-27所示。

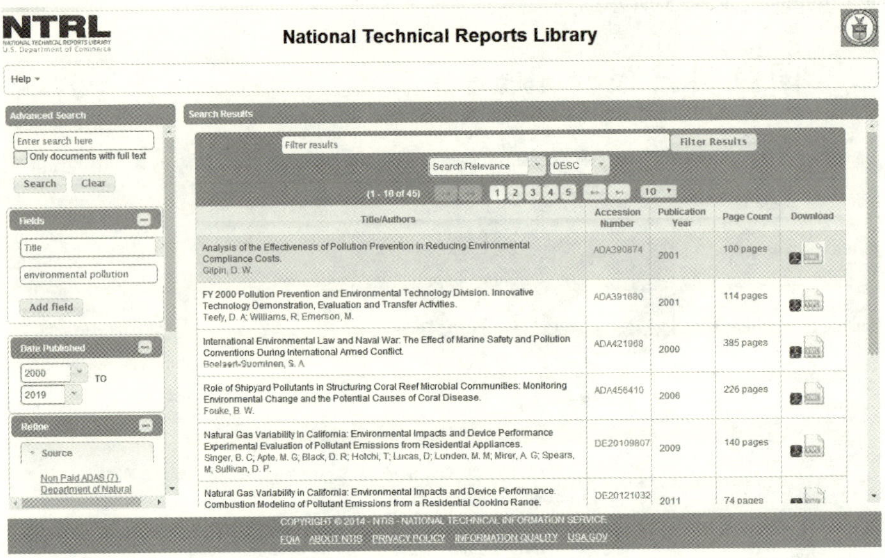

图9-26 NTIS技术报告数据库高级检索页面

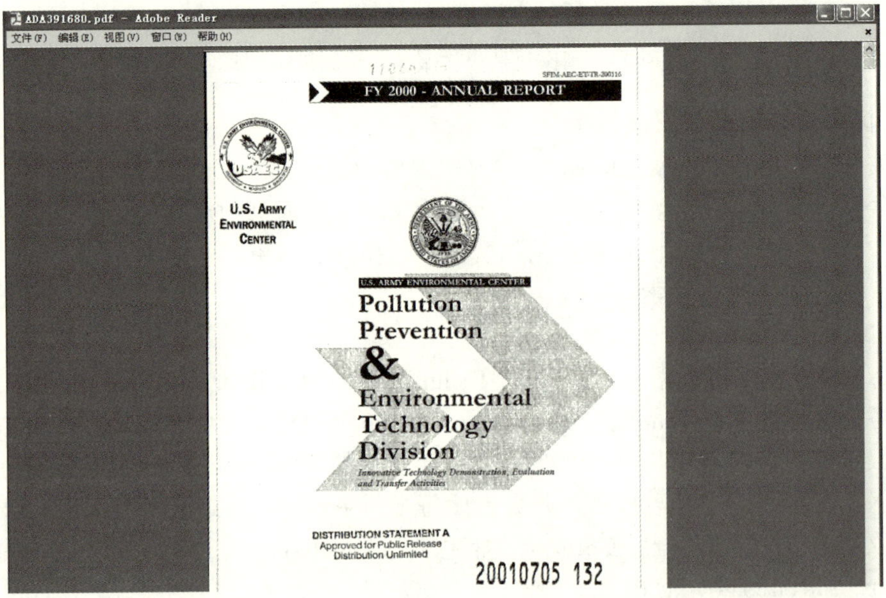

图9-27 NTIS技术报告数据库全文信息

2. 美国 NTRS 报告数据库

美国 NTRS 报告数据库是由美国国家航空航天局技术报告服务处（NASA Technical Reports Server，NTRS）提供的网络数据库资源，利用该数据库可以免费检索到 1958 年至今的美国有关航空航天等方面的科技报告，部分报告可以免费获取全文。数据库网址为 https://ntrs.nasa.gov，检索页面可供选择的检索字段有 Title（题名）、Author（作者）、Organization（机构）、Publication Date（出版日期）、Report Number（报告号）、Keywords（关键词）等。NTRS 报告数据库高级检索页面如图 9-28 所示。

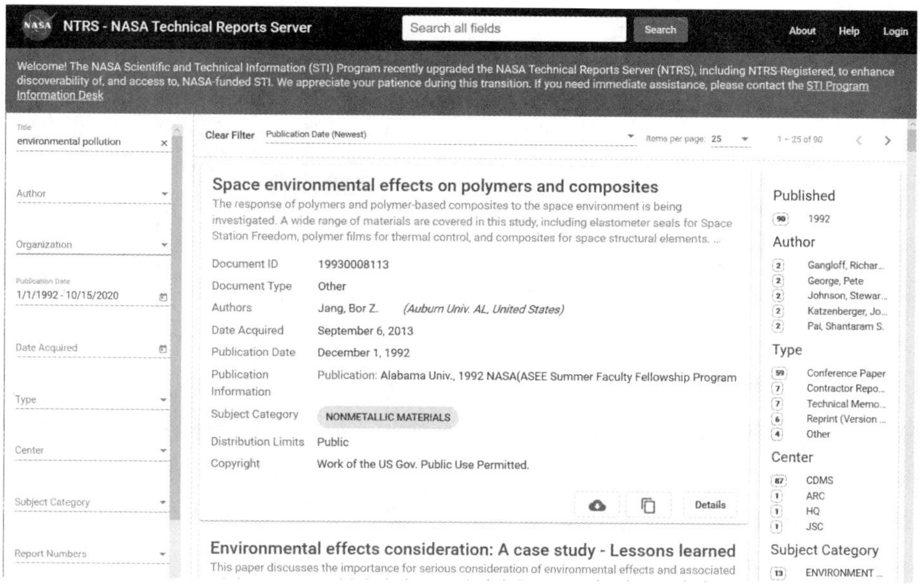

图 9-28 NTRS 报告数据库高级检索页面

3. 其他国外科技报告网络免费资源

（1）Science.gov。美国政府科学网（https://www.science.gov）是美国政府建设的科学信息整合检索平台，由美国能源部、农业部、商务部、国防部、教育部等机构联盟共同负责建设，其网站收录的信息内容以研究与开发报告为主，所有的信息均免费使用，也不必注册，但是通过某些站点链接的信息是限制使用或有条件使用的。

（2）DOE Information Bridge。美国能源部（Department of Energy，DOE）研究报告检索，可以检索并获得美国能源部提供的研究与发展报告全文，内容涉及物理、化学、材料、生物、环境、能源等领域，提供全文免费下载，网址为 https://www.osti.gov。

（3）Documents & Reports of the WorldBank Group。世界银行组织的文件与报告库，提供超过 33 万种世行文件与报告，可以免费查看全文，网址为 https://documents.worldbank.org。

（4）NBER Working Paper。美国国家经济研究局（National Bureau of Economic Research，NBER）的研究报告文摘，网址为 https://www.nber.org。

第10章 数据事实检索

10.1 数据事实检索工具概述

人们在生产、学习、研究过程中根据不同需要进行的信息检索，大体分为文献检索、数据检索、事实检索、图像声音检索等类型。前文介绍的大量信息检索均是以获得与检索题目相关的图书、论文、专利、标准、科技报告文献为目的，这样的检索过程称作文献检索，所使用的书目检索系统、全文数据库、网络搜索引擎等统称为文献检索工具。多媒体信息检索其本质也属于文献检索的范畴，只不过检索的文献从文字信息转变为以图形、图像、音频信息为主要内容。

文献检索在科研选题阶段应用较多，并且一般围绕特定的题目而展开。事实上，无论是在生产实践、社会生活，还是学习研究过程中，经常要面对诸如查找某个专业术语的含义，查找某一学科的定理定义、公式、常数，查找某个历史人物生平事迹、某一历史事件的发生过程，查找工程设计中的某项参数、某一地区或行业的统计数据等有关数据和事实检索的问题。这样的检索需求，所需的答案往往是一个数据、几段说明文字，传统文献检索工具很难满足这种检索需求。数据和事实检索的主要工具为参考工具书和数值事实型数据库。

10.1.1 参考工具书

参考工具书简称工具书。是指根据一定的社会需要，全面系统地搜集一定范围或某一学科领域的专门知识，对这些知识进行筛选、整理、浓缩、加工后，按照一定的方法加以组织编排，专供人们工作、生活、学习中遇到某些知识方面问题时查找、参考使用的一种图书。相对于其他类型文献，其特点主要表现为：

（1）工具书是知识和信息的浓缩体。工具书是在搜集大量文献的基础上分析、浓缩而成的信息密集型文献。其取材广泛，释义准确，陈述客观、全面，所记载的知识内容一般均经过验证，很少收录正在探讨或有争议的知识，具有知识的权威性。

（2）工具书知识的组织编排便于检索。工具书能够将散见于古今中外各个学科领域和各种文献中的单元知识搜集起来，以特定的方法予以编排，使之成为人们能及时提取利用的有序知识。工具书的编排体例和条目排列具有易检性，读者一般只要通过说明和示例即可快速、方便地得到所需的知识内容。

（3）工具书装帧精美、信息容量大、更新速度慢。工具书编纂工程浩大、耗时长，价格昂贵，一般可长期使用。但其修订相对更为困难，信息内容更新速度慢，往往无法反映最新知识内容。

工具书按其使用功能一般可划分为辞书、百科全书、年鉴、手册、名录、工具书指南等几种类型。近些年，网络电子工具书快速发展，取代了部分传统工具书的功能。电子工具书检索更为便捷，除提供文字信息外，还提供大量图像、音频、视频等多媒体信息，使读者阅读起来更加生动直观。但网络信息良莠不齐，相对于传统经典工具书，通过网络工具书查询知识信息时，需要读者进行选择判断。

10.1.2 数值事实型数据库

因参考工具书编写和出版周期长，针对一些变化较快的经济数据、产销数据、正在发生的重大事件等往往无法收录，即使收录，查找到的也是过时的信息。网络时代，数值事实型数据库的发展有效地解决了这一问题，有些数值事实数据库本身就是某种参考工具书的数字化，与传统参考工具书相比，其具有如下主要特点：

（1）以计算机为检索手段，以互联网为传输媒介，检索速度快，使用方便，可以实现知识信息的快速传播与共享。

（2）存储信息的学科及行业范围非常广泛，从人们的日常生活、事务处理、经济活动，再到科学研究，各个领域都有涉及。

（3）数据库的数据结构、内容和编排体例千差万别，各有其特点和不同的应用领域。因此数据库的检索方式也各有特性，没有一个统一的模式，也难以形成统一的标准。

（4）内容更新及时、迅速，数据事实的可靠性、真实性、客观性相对较高，有的科学数值库还列出了数据的误差估计、数据来源和实验条件等。

数值事实型数据库主要类型包括科学数据库、商情数据库、综合参考数据库等。科学数据库来源于对科学研究、实验、观测和工程开发中各类数据的汇集与精选，数据经过科学验证，可为其他相关工作提供参考借鉴；商情数据库数据源自国家、地区、行业，甚至全球范围内经济贸易活动中产生的各类经济政策、市场动态、投资信息、金融信息、政府法规等，也来源于各行业和企业的资本、产值、利润、生产、经营、管理、销售等方面的微观信息；综合参考数据库来源于对综合学科或专门学科知识的总汇，以及对各类社会资源的调查、统计和历史记载等，与之相对应的是字词典、统计年鉴、百科全书、人物传记、机构指南等传统工具书。

10.2 参考工具书

10.2.1 辞书

辞书是字典、词典的统称，是汇集语言和事物名词等词语，解释其词义、发音、概念和用法，并按一定的次序排列，供人们查考的工具书。在汉语中，由于有字、词的区别，所以有字典、词典之分，字典侧重于解释文字，词典侧重于解释词语，如《新华字典》《现代汉语词典》。在国外很多语言中，由于无字词之分，因此也无字词典的区别，统称为“Dictionary”。一般来说，字典、词典是一种解释语词的工具书，只需对每个字、词的用法含义进行解释，而无需提供词目所包含的事实和数据等方面的内容，但目前很多综合性词典不仅提供词语释义而且能够提供事物、人物的背景资料，提供某些权威的统计数据等。如《辞海》不仅是一种语言词典，同时也是一种综合性的百科全书。

我国的辞书历史悠久，源远流长。据史书记载，公元前8世纪周宣王就有字书雏形《史籀篇》，西汉初年的《尔雅》被称作我国最早的辞书，东汉的《说文解字》、晋朝的《字林》、清朝的《康熙字典》均是我国古代著名的辞书。

1. 辞书的分类

从不同角度区分，字典、词典可以划分成多种类型。如按收词容量的大小可分为大型、中型、小型、袖珍词典等；按释词方法可分为描写型词典和规范型词典；按收词范围和用途可分为语言词典、学科词典和专名词典等。

语言词典是主要用于语言学习的词典，在学生中使用率较高。如《现代汉语词典》《中华成语大辞典》《远东汉英大词典》《俄汉成语词典》等。

学科词典一般是对一个或多个学科专业词汇进行解释的词典。它不以语言学习为目的，而着重于词汇的专业含义，供专业学习、研究时使用，如《法律词典》《机械工程词典》等。

专名词典主要包括人名词典、地名词典、书名词典等，以提供与专名有关的基本事实和资料为主要内容，有时也称为名录，如《中华人民共和国地名词典》《中国电力企事业大全》等。

2. 辞书选介

（1）《辞海》。《辞海》是目前中国最大的综合性辞典。1936 年由中华书局首次出版，新中国成立以后《辞海》先后多次修订。《辞海》第七版由陈至立担任主编，上海辞书出版社于 2019 年出版，彩图本共收单字字头 18100 余个，附繁体字和异体字 4400 余个，总条目 12.9 万条，图片约 18000 幅，总字数约 2400 万字。

《辞海》正文按汉语拼音字母次序排列，同音字按笔画数排列。正文前有《汉语拼音音节表》，正文后附《部首索引》《笔画索引》《四角号码索引》《词目外文索引》，附录有《中国历史纪年表》《中华人民共和国行政区划简表》《中国少数民族分布简表》《世界国家和地区简表》《世界货币名称一览表》《计量单位表》《国际音标表》等 14 种。

《辞海》是一部兼有字典和百科性质的综合辞书。它收录、解释了较多的古今常见常用的语文性字词，具有一般语文字典、词典的功能；同时它广泛地选收、解释了百科性词汇，如古今中外人名、地名、图书古籍、历史文物、典章制度，以及各学科常用的名词术语，具有明显的百科特色。

应信息化时代的要求，《辞海》（第七版）实现了网络版与纸质版同步上线试运行，《辞海》网络版（https: //cihai.com.cn）在保持权威性和准确性的同时，紧跟时代步伐，利用互联网和大数据技术，吸收最新知识成果和最新发现，逐步实现“实时更新”，重塑权威工具书在互联网时代的影响力。

（2）《汉语大字典》。《汉语大字典》是新中国成立以来形音义收录最完备、规模最大的一部汉语字典，也是当今世界上收录汉字最多的一部字典，是查找汉字释音、释义最权威的工具书。《汉语大字典》1986—1990 年由四川辞书出版社、湖北辞书出版社首次出版了八卷本。2010 年，由四川出版集团、湖北长江出版集团、四川辞书出版社、崇文书局联合出版了第二版 9 卷本，共收录楷书单字 60370 个，总字数超过 1500 万，几乎囊括了中国历代辞书和古今文献中出现的楷书单字，堪称汉字楷书单字的大汇编。在字形上，每单字条目除楷体外，还收列了甲骨文、金文、小篆、隶书等几种形体；在字义上，除注重收录常用字的常用义，还注意考释它的生僻义，并适当收列了复音词中的词素义。2018 年 1 月，《汉语大字典》第二版缩印本出版，由原九卷变为上下两卷，便于携带使用。

《汉语大字典》正文排版上采用繁简体混排的方式，释文和现代例证用简化字，其余全部用繁体字。正文字目按部首编排，在每卷书脊上标明该卷所有的部首，附录包括《新旧字形对照表》《汉语拼音方案》《国际音标表》《简化字总表》《现代汉语常用字表》《现代汉语通用字表》，索引有《笔画检字表》《音序检字表》，使检索更为方便。

（3）网络词典。网络词典属于电子词典的范畴，相对于传统词典标准工具作用，网络词典更注重参考功能。如“CNKI 翻译助手”是较好的翻译学术文献的免费英汉、汉英网络词典，“CNKI 翻译助手”提供了大量来自各类知识库的翻译例句，更具参考性，具体使用方法前文有所介绍。其他网络词典列举如下：

1）金山词霸在线（http: //www.iciba.com）：包括英汉、汉英和百科词典，可以进行英汉日等多种语言互译，提供相关例句，百科词典可以查询各种专业词汇释义。

2）汉典（https: //zdic.net）：提供汉语字典、汉语词典、成语词典、康熙字典的免费查询，提供“部首检字”“拼音索引”两种查询方式，并支持笔顺编号、五笔编码、仓颉编码、四角号码、Unicode 等查字。

3）成语大全（http: //www.guoxue.com/chengyu/CYML.htm）：在线汉语成语词典。

4）海词在线词典（http: //dict.cn）：词典界面简单，用户可以输入英语单词、英语词组、汉字、汉语词语、汉语拼音、英语发音等进行查询。词典的人工智能能够帮助迅速找到所需要的单词或词组。

5）牛津英语词典（https: //www.oed.com）：网络版牛津英语词典是目前最大、最权威的英文参考工具书之一，较之印刷版《牛津英语词典》，其容量更大，能够不断增加最新的词汇，收录英文资料中的例证更多。

6）Merriam-Webster 在线（https: //www.merriam-webster.com）：除常规字典查询外，还可进行同义词查询、西班牙语——英语双向查询、医学词汇查询，查询结果包括读音（音标及在线朗读两种方式）、词性、词源、出现日期、释义等，完全免费。

7）免费词典（https: //www.thefreedictionary.com）：提供医学、法律、金融等专业词典查询，以及缩略语、成语、百科全书、维基百科查询。支持英语、西班牙语、法语、德语、意大利语等语言。

8）Onelook 词典搜索（https: //www.onelook.com）：免费词典门户网站，收录词典网站 1000 余个，包括英语、汉语、德语、法语、意大利语、西班牙语等词汇索引 1800 余万个。该网站有两种检索方法，一是在检索页面输入检索词，在相应语种内词典网站统一检索，可以得到多种网络词典的检索结果；二是根据所提供网络词典分类列表，选定某一词典，继而在该词典页面浏览检索。

10.2.2　百科全书

百科全书的英文名称为 Encyclopedia，是一种系统反映某一个或几个学科领域，甚至所有学科领域基本知识和基本情况的大型综合性工具书。百科全书记录人类知识全面、系统，对每一学科的定义、原理、方法、历史、现状等方面资料详细论述，上自天文，下至地理、社会生活、科学技术，几乎无所不包，人们称百科全书为没有围墙的大学。

1. 百科全书的特点和用途

百科全书的特点主要表现为知识的系统性、权威性、客观性、简明性和检索性。百科全书的作用主要有两方面：一是作为工具书，供人们查检必要的知识和事实资料。二是扩大人们知识视野，帮助人们系统地获得所需知识。百科全书内容丰富、知识系统，它可以作为一种优秀的参考书来系统阅读。百科全书可以帮助人们在很短的时间里，了解一个全新的知识领域，可以获得某一学科颇为系统的基础知识。网络百科全书更是采用多媒体技术，运用音频、视频等手段使之阅读起来更加形象生动。

2. 百科全书的种类与编排方式

百科全书按收录内容学科范围可分为综合性百科全书和专业性百科全书，按容量规模大小可分为大百科全书、小百科全书和百科词典。知识条目是百科全书的基本查找单元，每个条目都是有关某一主题完整知识的概述，百科全书的条目之间采用参见系统关连，条目编排方式主要有 3 种：一是按字顺编排；二是按分类编排；三是分类与字顺结合编排。百科全书的卷末一般都附有各种索引，如主题索引、分类索引、人名索引等。

3. 百科全书选介

（1）《中国大百科全书》。《中国大百科全书》是中国第一部大型综合性百科全书，由中国大百科全书出版社出版。第一版历时 15 年，于 1993 年出版；第二版历时 14 年，于 2009 年出版。

《中国大百科全书》第二版共计 32 卷，其中正文 30 卷，索引 2 卷，共收条目 6 万余个，约 6000 万字，插图 3 万余幅，地图约 1000 幅。按照国际通行做法，全书内容以条目形式编写，条目标题全部按其汉语拼音顺序统编排列，更加方便了读者的寻检查阅。在继承第一版的编纂原则和编写理念的基础上，条目设置和行文释义更注重综合性和检索性，全书学术性、准确性、权威性、可读性强，深入浅出、检索便捷。

《中国大百科全书》数据库网址为 http: //h.bkzx.cn。

（2）《中国电力百科全书》。《中国电力百科全书》是我国第一部全面介绍电力科学技术和管理知识的大型专业性百科全书，1995 年初版，2014 年第三版由中国电力出版社出版，先后有 1500 余位电力系统的专家学者参与编写和修订。全书分为综合、电工技术基础、电力系统、火力发电、水力发电、核能发电、新能源发电、输电与变电、配电与用电共 9 卷，释文共有 6300 余条目，总字数约 1300 万。《中国电力百科全书》第三版主要介绍了 21 世纪以来大机组、大电网、信息化、自动化、互动化等方面的技术进步，以及水电、火电、核电、新能源发电等电源建设和特高压输电、电工装备制造等领域实现历史性突破的关键技术内容，是全面反映电力工程技术领域具有自主知识产权和重大创新成果的权威出版项目。

（3）网络百科全书。互联网上有很多百科全书网站免费提供百科知识查询，下面列举部分网站。

1）百度百科，网址为 https: //baike.baidu.com；

2）百科全书网，网址为 http: //www.encyclopedia.com；

3）不列颠百科全书，网址为 https: //www.britannica.com；

4）加拿大百科全书，网址为 https: //www.thecanadianencyclopedia.ca；

5）文学百科全书，网址为 https: //www.litencyc.com。

10.2.3 年鉴

年鉴是指汇辑一年内事物进展情况和统计资料，按年度连续出版的资料性工具书，也可看作刊期为一年的期刊，其英文名称为 Annual、Yearbook、Almanac。1913 年上海神州编译社出版的《世界年鉴》是最早的中文年鉴，1924 年由商务印书馆和申报印书馆分别出版的《中国年鉴》和《申报年鉴》是最早由中国人编纂的年鉴。目前，中国每年出版各类年鉴 1000 余种。

1. 年鉴的特点和用途

年鉴的特点主要表现为：

（1）内容简明可靠、数据准确权威。年鉴中的大量信息来源于政府统计机构及相关职能部门，通过年鉴可获得某一专题的最新资料、统计数据及相关事件、人物信息，数据性、资料性是年鉴最主要特点。

（2）年鉴按年排列，资料新颖，可以了解事物发展趋势。每一年度出版的年鉴可反映上一年度某一领域或地区的全面情况。另外，逐年编辑出版的年鉴体例相近，其所形成的连续可比的事实和数据可以看到社会各领域的发展进程与演进趋势，具有“史册”和“镜鉴”的作用。

（3）年鉴注明资料来源，读者想就某一专题进行深入研究可以方便找到原文。

（4）年鉴中含有大量各领域人物传记信息和政府机构、科研院所、工商企业等信息可供读者浏览阅读。

年鉴主要用途是为读者提供上一年度最新的资料和统计数据，对过去一年发生的重要事件和有重大影响的知名人物进行评述，供其参考。人们在科学研究，尤其是社会科学研究过程中，经常采用数据比较方法或用数据来直接说明问题，而年鉴是获取统计数据资料的权威工具书。

2. 年鉴的种类与编排方式

年鉴的分类方式目前还不统一，如依据不同的划分原则可将其分为综合性年鉴和专业年鉴，记事性年鉴和统计资料性年鉴，国家级年鉴、地方年鉴、行业年鉴等。

年鉴的编排方式与百科全书相近。通常以栏目作为年鉴容纳内容的基本单元，以条目作为表现内容的主要手段。首先采用分类编排的方法将其内容分成若干栏目，有的栏目附有多层子栏目，记录年鉴内容的事实主题和资料主题按照一定的排序方式分布于相应栏目中。有的主题是事实型的，通过文字记述方式说明；有的主题是数值型的，可以通过数据表格形式展现。年鉴条目的事实主题或资料主题的选择标准是其必须能够反映发展变化，这是年鉴条目的本质属性。

3. 年鉴选介

（1）《世界经济年鉴》。《世界经济年鉴》由中国社会科学院世界经济研究所编辑，是一部反映世界各国和地区经济概况，考察世界经济发展动向，追踪世界上各经济部门的发展状况，介绍中外企业经营情况的大型工具书。《世界经济年鉴2018年卷》于2019年10月出版，共包括9篇，分别是世界经济、全球宏观经济学、国际贸易学、国际金融学、国际投资学、世界经济统计学、国际发展经济学、国际政治经济学、全球经济治理学。书后附统计数据和关键词索引，其中统计数据包括世界宏观经济统计、国际贸易统计、国际金融统计、国际投资统计、国际发展统计。《世界经济年鉴》统计资料来源具有权威性，主要引自联合国及其他重要国际经济机构的出版物、各国政府的有关经济报告和官方统计资料、各国报刊等。

通过中国知网年鉴数据库可以查询《世界经济年鉴》信息。

（2）《中华人民共和国年鉴》。《中华人民共和国年鉴》是国务院办公厅、新闻出版总署批准并发行的我国唯一的综合性国家年鉴，由新华通讯社主办，以中文、英文两种版本同时出版发行。由于具有内容翔实、资料完整、数据权威的特点，该年鉴已成为海内外各界人士了解中国、研究中国、投资中国的决策参考刊物和权威工具书。

《中华人民共和国年鉴》内容采用部类编辑法，2019年卷分设宪法、地理、历史、特载、国家机构、主要统计资料、人物和索引等38个部类，主要反映了上年度中国各方面的新情况，尤其是改革开放和现代化建设事业的大事要事。本年鉴除取材于新华社庞大、丰富的信息资源库外，特约中央有关部委、省市自治区党政部门权威人士和专家撰写专稿，提供的各种数字均经国家统计局和有关部委确认，资料可靠，数据权威。

中国知网中国民政与经济社会发展统计数据库收录了《中华人民共和国年鉴》并提供检索服务。

（3）《中国统计年鉴》。《中国统计年鉴》是一部全面反映中国经济和社会发展情况的资料性年刊，收录当年全国和各省、自治区、直辖市经济和社会各方面大量的统计数据，以及历史重要年份和近二十年的全国主要统计数据，由国家统计局出版发行，是我国最全面、最具权威性的综合统计年鉴。该文献同时有中文、英文版及电子光盘版出版。

《中国统计年鉴》正文内容一般分为 20 余个篇章，不同年份根据经济社会发展的不同情况略有调整，2020 年卷共设 28 个篇章，分别为综合、人口、国民经济核算、就业和工资、价格、人民生活、财政、资源和环境、能源、固定资产投资、香港特别行政区主要社会经济指标、澳门特别行政区主要社会经济指标等。另有附录包括国际主要社会经济指标。为方便读者使用，各篇章前设有简要说明，对本篇章的主要内容、资料来源、统计范围、统计方法以及历史变动情况予以简要概述。篇末附有主要统计指标解释。

国家统计局网站（http: //www.stats.gov.cn/tjsj/ndsj）提供 1999 年至今出版的各年度《中国统计年鉴》数据查询。

（4）《中国教育统计年鉴》。《中国教育统计年鉴》是一部全面反映中华人民共和国教育事业发展情况的统计资料性年鉴，是由教育部发展规划司根据全国各省、自治区、直辖市教育厅填报的学校基层报表数字整理汇编而成的。通过该年鉴可以获得上一年度全国教育经费来源和使用的情况，为国家和地方编制教育发展规划、制定教育财政政策提供了重要的参考依据。它对于研究教育经费结构和使用效益有一定价值，对于各地之间的情况交流，提高教育财务管理水平，也将会起到促进作用。

（5）《辽宁统计年鉴》。《辽宁统计年鉴》由辽宁省统计局编辑，是一部信息高度密集的大型资料性年刊。该年鉴全面收录了辽宁全省和各市、县、区上一年度经济、社会、科技等方面的统计数据，同时收录其他重要年份和改革开放以来的主要统计数据，另附辽宁省与有关省市经济指标对比及各市、县、区主要经济指标。

全书包括 20 余个基本栏目，分别是行政区划和自然资源；综合；国民经济核算；人口；就业人员和职工工资；固定资产投资；能源；财政；物价；人民生活；城市概况；环境保护；农业；工业；建筑业；运输和邮电；国内贸易；对外经济贸易；旅游；金融业；服务业；教育和科技；文化、体育、卫生；其他社会活动等。

辽宁省统计局网站（http: //tjj.ln.gov.cn/tjsj/sjcx/ndsj）提供 2001 年至今出版的各年度《辽宁统计年鉴》数据查询。

（6）年鉴网络数据库。近年，国内出版的很多纸版年鉴都附有内容完全一致的数据库光盘，如《中国统计年鉴》《辽宁统计年鉴》，光盘版年鉴提供多种浏览检索方式，查找信息更为灵活，同时其通过数据库内容添加 Excel 电子表格等功能，可以很方便地对统计数据进行分析处理。另外，国内很多网络年鉴数据库产品也成为全面查询各种年鉴信息的重要工具。

1）中国知网中国年鉴网络出版总库。该数据库是目前国内较大的连续更新的动态年鉴资源全文数据库。内容覆盖基本国情、地理历史、政治军事外交、法律、经济、科学技术、教育、文化体育事业、医疗卫生、社会生活、人物、统计资料、文件标准与法律法规等各个领域。数据库使用中国知网统一检索平台，可供选择的检索项有主题、题名、主编、主编单位、条目作者、作者单位、年鉴名称、出版者、出版日期等，另外还提供年鉴条目专辑导航、行业导航、地域导航和年鉴整刊导航。

2）阿帕比（Apabi）中国年鉴资源全文数据库。该数据库是由北京方正阿帕比技术有限公司与中国出版工作者协会年鉴工作委员会共同发起，得到全国年鉴界公认并积极参与的年鉴全文数据库。该数据库所收录的年鉴资源覆盖了我国国民经济及社会发展的各个领域和地区，截至2020年末，已收录年鉴1600余种。阿帕比（Apabi）中国年鉴资源全文数据库对用户授权使用，其高级检索页面提供年鉴条目、年鉴、年鉴插图、年鉴统计数据、指标解释等多个检索入口。

10.2.4 手册

手册是指汇集某一或若干学科或专业领域的基本知识、基本情况、常用公式、数据、规范及规章制度等资料，供随时查检的便捷性工具书。手册有时也称作指南、要览、便览、须知、大全等，其英文名称为Handbook或Manual，一般具有主题明确、信息密集、资料可靠、携带方便、实用性强等特点。手册种类繁多，编写目的和使用对象也不尽相同，篇幅也有大有小。手册所搜集的既成事实和经过验证的数据，都是成熟的知识和经验，不是目前的进展记录，更不是对未来的预测。因此，为了跟上科学技术的发展，各种手册必须不断地修订再版。

常用手册按其收录资料的内容和用途可分为数据手册、设计手册、基本知识手册、产品手册、综合性手册等类型。常用手册选介如下：

（1）《电力工程电气设计手册》。《电力工程电气设计手册》由西北电力设计院编写，中国电力出版社于2018年出版。该手册全面系统地介绍了火力发电厂、变电站电气专业的设计内容和设计方法，全书共分两册，第一册是电气一次部分，主要包括电气主接线，厂（站）用电接线，短路电流计算，发电机引出线装置等内容；第二册是电气二次部分，主要包括强电控制、信号和测量系统，弱电控制、信号和测量系统，发电厂和变电站的自动装置，厂用电动机二次接线，操作电源系统，励磁系统等。本手册是电力工程设计人员、电力工业管理、制造、施工、安装、运行、检修等专业人员及大专院校有关专业的师生必备的专业技术参考工具书。

（2）《机械设计手册》。《机械设计手册》由机械工业出版社1990年首次出版，2018年第六版为配合我国创新驱动战略的需求，在前五版的基础上，进一步吸收并总结了国内外机械工程设计领域中的新标准、新材料、新工艺、新结构、新技术、新产品、新设计理论与方法，全面系统地介绍了常规设计、机电一体化设计、机电系统控制、现代设计与创新设计方法及其应用等内容。具有体系新颖、内容现代、凸显创新、系统全面、信息量大、实用可靠、简明便查等特点。全书分7卷55篇，内容有机械设计基础资料、机械零部件设计（连接、紧固与传动）、机械零部件设计（轴系、支承与其他）、流体传动与控制、机电一体化与控制技术、现代设计与创新设计理论与方法等。本手册是国内最权威的机械设计专业参考工具书。

（3）《燃气轮机发电厂设计手册》。《燃气轮机发电厂设计手册》由中国电力出版社于2020年出版。本手册全面介绍了燃气轮机及其联合循环电厂设计所需的知识与资料，共分为总体设计、机务、电控、经济四篇，共三十二章。内容涵盖了燃气轮机发电厂工程设计几乎所有专业范围，可满足工程主要工艺系统设计人员在可行性研究和初步设计阶段的资料需求。本手册具有内容全面、资料较新、实用性强的特点，是目前国内燃气轮机电厂设计领域系统性较强的一本工具书。

（4）《供暖通风空调设计手册》。《供暖通风空调设计手册》由中国建材工业出版社于2016年出版。本手册主要服务于建筑行业所涉及的供暖、通风与空调诸领域的工程设计，包括常用数据、冷热负荷及水力计算、设计深度要求及互提资料、冷热源、供暖、通风防排烟及人防通风、空调、冷库与人工冰场、水处理、阀件、自动控制、附录等。手册中所涉及的暖通空调诸领域工程设计，按工程设计的固有规律，引入了先进的技术内容，阐明了工程设计原理、设计依据、设计步骤、设计内容及设计优化，还配有大量常用基础数据、产品数据和部分相关厂家信息，并推荐诸多优化设计方案，既方便了设计，又节省设计者在设计过程中寻找资料所花费的时间，提高了设计效率。

10.2.5 名录

名录是汇集机构名、人名、地名等名称的基本情况资料的一种便捷性工具书，有时也有大全、通览等其他名称。名录可分为机构名录（directory）、人名录（Who's who）、地名录（Gazetteer）等，人名录、地名录也称作人名辞典、地名辞典。通过名录人们可以查找关于人物生平、机构组织和某一行政区划沿革等信息。现实生活中，人们经常面临了解当代某一领域知名人物的事迹、贡献，了解某一企业的基本情况与发展过程，了解某一高校的优势学科、专家教授等这样的问题，各种名录是解决这类问题的权威工具书。常用各类名录选介如下。

（1）《世界名人录》（中文版）。该书是世界上第一套多卷本中文版大型人物辞书，由世界华人交流协会、世界文化艺术研究中心编辑，世界人物出版社、中国国际交流出版社在中国香港出版，从1997年至2005年5月，已经成功地出版、发行了十一卷。

（2）《中华人民共和国地名大词典》。《中华人民共和国地名大词典》由中国地名委员会组织编纂，商务印书馆于2002年出版。本书共采收中华人民共和国国土范围内的地名约18万条，近3000万字，分政区与居民点、自然实体、交通、科教文卫体和服务业、工矿企业、农业与水利设施、名胜古迹和纪念地、地域名及简名和旧名8大类。这部词典不仅记载了当代的重要地名，而且还反映出地名所代表的地理实体之自然和经济的概貌。特别是对名称的来历、含义、演变做了大量考证。作为一本巨型地名工具书，不仅为当代经济建设、国际交往提供了方便，而且为后人研究地名提供了可靠的依据。

（3）名录网络数据库。

1）万方数据知识服务平台中国机构数据库。该数据库包括中国企业、公司及产品数据库、中国科研机构数据库、中国科技信息机构数据库、中国中高等教育机构数据库4个子库，截至2020年，收录各类机构总数19万余个。用户可以通过机构名称检索和机构分类导航等方式获取机构详细信息。企业机构提供地区、行业、产品、排名分类导航，科研机构提供地区、学科分类、重点科研机构分类导航，信息机构提供地区、机构类型、机构特色分类导航，教育机构提供地区、办学类型、高校专栏分类导航。

2）万方数据知识服务平台中国科技专家库。该数据库收录了国内自然科学技术领域的专家名人信息，介绍了各专家在相关研究领域内的研究内容及其所取得的进展，为国内外相关研究人员提供检索服务，有助于用户掌握相关研究领域的前沿信息。截至2020年，数据库收录各领域科技专家 8 万余名，数据库提供姓名、工作单位、专业领域三个检索字段，专家信息内容包括姓名、性别、工作单位、工作职务、教育背景、专业领域、研究方向、研究成果、专家荣誉、获奖情况、发表的专著和论文等。

10.2.6 工具书指南

工具书指南是收录、报道、评论工具书的工具书，其编制一般比书目灵活，往往先按说明或序言的形式介绍某类工具书的特点、沿革，再逐一评介具体的工具书。如福建人民出版社于 1990 年出版的《中国工具书大辞典》，收录了从古代到 1989 年我国出版的字典、词典、百科全书、年鉴、手册等 12000 余种，是获取中国古代和近现代工具书信息的重要参考工具。中国知网中国工具书网络出版总库与上海辞书出版社、商务印书馆、中华书局等 120 余家出版社长期合作，汇集了 9000 余部工具书，2000 余万词条，100 余万张图片，分为语文、专业和百科分库，是查询获取国内工具书和各类知识信息的重要平台。

10.3 数值事实型数据库

10.3.1 科学数据库

2018 年，国务院办公厅印发了《科学数据管理办法》，旨在进一步加强和规范科学数据管理，保障科学数据安全，提高开放共享水平，更好支撑国家科技创新、经济社会发展和国家安全。《科学数据管理办法》第十九条规定“政府预算资金资助形成的科学数据应当按照开放为常态、不开放为例外的原则，由主管部门组织编制科学数据资源目录，有关目录和数据应及时接入国家数据共享交换平台，面向社会和相关部门开放共享，畅通科学数据军民共享渠道。国家法律法规有特殊规定的除外”，第二十条规定“法人单位要对科学数据进行分级分类，明确科学数据的密级和保密期限、开放条件、开放对象和审核程序等，按要求公布科学数据开放目录，通过在线下载、离线共享或定制服务等方式向社会开放共享”。目前国内有部分网络平台提供一定范围科学数据的授权或开放服务。

（1）中国科学院科学数据库。中国科学院科学数据库（http: //www.cas.cn/ky/kycc/kxsjk）包括中国动物数据库、资源环境遥感数据库、理化性能及分析数据库、化学专业数据库等 20 余个学科主题数据库及近百个专业子库，通过这些数据库可以查询到大量可供参考的科学研究数据、成果，部分数据库可免费注册浏览、查询。如化学专业数据库下的子库环境化学毒物防治数据库收录了 1000 余种对环境有害的化学毒物的防治技术资料。包括了化学品的稳定性、毒理学资料、中毒临床、生态危害与环境保护、安全生产与劳动保护、流行病学调查、理化特性等内容，用户可通过化学品的中英文名称、CAS 号、分子式、毒物类型等检索化学品并查看其毒性防治信息。

（2）中国科技资源共享网。中国科技资源共享网（https: //www.escience.org.cn）由科技部国家科技基础条件平台中心建设，在国家层次上，搭建了全国范围的逻辑统一、高度集成、高效共享科技资源网络服务体系，有效推动了科技资源的统筹管理和共享服务。全社会的科技资源拥有者均可通过共享网公布科技资源信息。目前，共享网“科学数据”栏目提供高能物理科学数据、基因组科学数据、计量科学数据、基础学科公共科学数据、人口健康科学数据、气象科学数据等 20 余类科学数据查询服务。如通过平台基因组科学数据可以查询到“新型冠状病毒序列 SARS-CoV-2/Tongji-06/human/2020/Wuhan”科学数据的详细信息。

10.3.2 商情数据库

目前，国内外研发了不少商情数据库，一些综合性的文献检索平台也提供商业信息和经济信息的检索服务。

（1）中国宏观经济信息网。中国宏观经济信息网（http: //www.macrochina.com.cn）简称中宏网，创办于2000年，由国家发展改革委所属的中国宏观经济学会、中国经济学奖管理委员会、中国宏观经济信息网等机构联合研制，是目前国内较为权威的经济信息类专业网站。中宏网数据库目前涵盖超过20大类、130中类的专业库，而新专业库正在不断形成。中宏数据库内容涵盖了20世纪90年代以来宏观经济、区域经济、产业经济、金融保险、投资消费、世界经济、政策法规、统计数据、热点专题等方面的内容，即有深度的研究报告，也有鲜活的政策动态，更有详尽的统计数据。中宏网面向网络用户提供授权服务。如通过中宏网产业研究平台可以获取农业等6种第一产业、建筑业等50种第二产业、金融业等7种第三产业年度和月度各类信息统计数据。

（2）国务院发展研究中心信息网。国务院发展研究中心信息网（http: //www.drcnet.com.cn）简称国研网，创建于1998年，最初为国务院发展研究中心利用互联网、信息化手段为中央提供应对1997年亚洲金融危机策略所筹建的宏观经济网络信息平台。目前其统计数据库产品主要有世界经济类数库（包括世界贸易组织数据、世界银行数据、世界能源数据等）、宏观经济类数据库（包括宏观经济数据、人口就业数据、对外贸易数据等）、区域经济类数据库（包括省级经济数据、市级经济数据、县级经济数据等）、重点行业类数据库（包括农林牧渔业数据、能源工业数据、信息产业数据等），相关数据来源于各类统计年鉴及国家统计局等政府机构发布的权威数据。

另外，中国资讯行、中国经济信息网等也是国内重要的商情数据库平台，详见6.7、6.8节介绍。

附录 各类信息资源网址

1. 常用中文全文数据库系统

中国知网（https: //www.cnki.net）

万方数据知识服务平台（http: //www.wanfangdata.com.cn 或 http: //g.wanfangdata.com.cn）

维普网（http: //www.cqvip.com）

2. 电子图书 电子报刊

超星读书（http: //book.chaoxing.com）

汇雅书世界（http: //www.sslibrary.com）

超星期刊（http: //qikan.chaoxing.com）

畅想之星电子书（https: //www.cxstar.com）

龙源期刊网（http: //www.qikan.com）

博看网（http: //www.bookan.com.cn）

古腾堡项目（http: //www.gutenberg.org）

Google 图书（http: //books.google.com）

3. 常用中文索引、题录式检索工具

中文社会科学引文索引（http: //cssci.nju.edu.cn）

全国报刊索引（https: //www.cnbksy.com）

人大复印报刊资料（http: //ipub.exuezhe.com）

4. 常用外文数据库及相关站点

IEEE/IET Electronic Library，IEL（https: //ieeexplore.ieee.org）

IEEE 美国电气与电子工程师学会（https: //www.ieee.org）

IET 英国工程技术协会（https: //www.theiet.org）

爱思唯尔（https: //www.elsevier.com）

爱思唯尔中国区（https: //www.elsevier.com/zh-cn）

ScienceDirect（https: //www.sciencedirect.com）

Scopus（https: //www.scopus.com，世界上最大的文摘和引文数据库）

施普林格主站（https: //www.springer.com）

施普林格中国微博（https: //weibo.com/springerchina）

施普林格·自然实验（https: //experiments.springernature.com）

施普林格物质（https: //materials.springer.com）

施普林格药物研发数据库 AdisInsight（https: //adis.springer.com）

律商网（https: /hk.lexiscn.com）

Lexis.com（https: //www.lexis.com）

Nexis.com（https: //www.nexis.com）

OCLC（https: //www.oclc.org）
WorldCat（https: //www.oclc.org/zh-Hans/worldcat.html）
WorldShare（https: //www.oclc.org/zh-Hans/worldshare.html）

EBSCO 网站（https: //www.ebsco.com）
EBSCO 支持站点（https: //connect.ebsco.com）
EBSCO 免费在线课程（https: //ebsco-chinese.webex.com）
EBSCO 工业（https: //www.ebscoind.com）

世界科技出版公司（https: //www.worldscientific.com）
EI（http: //www.ei.org）
EI Village（https: //www.engineeringvillage.com）
5. 专利
国家知识产权局（http: //www.cnipa.gov.cn）
中国知识产权网（http: //www.cnipr.com）
中国专利信息网（http: //www.patent.com.cn）
中国专利信息中心（https: //www.cnpat.com.cn）
中国科学院知识产权网（http: //www.casip.ac.cn）
香港特别行政区政府知识产权署（https: //www.ipd.gov.hk）

世界知识产权组织（https: //www.wipo.int）
知识产权数字图书馆（https: //www.wipo.int/reference/en）
美国专利商标局（https: //www.uspto.gov）
加拿大知识产权局（http: //www.opic.gc.ca）
欧洲专利局 esp@cenet 系统（https: //worldwide.espacenet.com）
日本专利局（https: //www.jpo.go.jp）
6. 标准
国家标准化管理委员会（http: //www.sac.gov.cn）
国家标准文献共享服务平台（http: //www.nssi.org.cn）
中国标准服务网（http: //www.cssn.net.cn）
中国标准化研究院（https: //www.cnis.ac.cn）
中国标准化协会（www.china-cas.org）

国际标准化组织（https: //www.iso.org）
国际电工委员会（https: //www.iec.ch）
国际电信联盟（http: //www.itu.int）

美国电气与电子工程师学会（https: //www.ieee.org）
美国机械工程师学会（https: //www.asme.org）
美国材料试验协会（https: //www.astm.org）
美国采暖、制冷与空调工程师学会（https: //www.ashrae.org）
美国保险商实验室（https: //www.ul.com）
美国国家标准协会（https: //www.ansi.org）
加拿大标准协会（https: //www.csagroup.org）
英国标准学会（https: //www.bsigroup.com）
德国标准化学会（https: //www.beuth.de）
法国标准化协会（https: //www.afnor.org）
日本工业标准调查会（https: //www.jisc.go.jp）

The Bluetooth SIG（https: //www.bluetooth.com）
Wi-Fi 联盟（https: //www.wi-fi.org）

7. 报告

国研网报告（http: //www.drcnet.com.cn）
国家科技报告服务系统（https: //www.nstrs.cn）
中国科学院数据云（http: //www.csdb.cn）
国家科技成果网（https: //www.tech110.net）
中国科技资源共享网（https: //escience.org.cn）
美国 NTIS 报告（https: //www.ntis.gov）
美国 NTRS 报告（https: //ntrs.nasa.gov）
美国能源部科技信息检索 Information Bridge（https: //www.osti.gov）
美国能源部（https: //www.energy.gov）
美国政府科学网（https: //www.science.gov）

8. 会议

中国学术会议网（http: //conf.cnki.net）
科学网会议（http: //meeting.sciencenet.cn）

OCLC Proceedings（https: //firstsearch.oclc.org）
学术会议搜索（http: //www.searchconf.net）
ALL CONFERENCES（http: //www.allconferences.com）
Aconf（https: //www.aconf.org）
Academic resources（http: //www.ourglocal.com）
World Conference Calendar（http: //www.worldconferencecalendar.com）

9. 学位论文

PQDT（http: //pqdt.calis.edu.cn）
PQDT 开放获取学位论文（https: //pqdtopen.proquest.com）
台湾博硕士论文知识加值系统（https: //ndltd.ncl.edu.tw）

香港浸会大学电子学位论文（https: //repository.hkbu.edu.hk/etd）
美国麻省理工学院电子学位论文（https: //dspace.mit.edu/handle/1721.1/7582）
美国康奈尔大学电子学位论文（https: //ecommons.cornell.edu/handle/1813/47）
美国新泽西理工学院电子学位论文（http: //library.njit.edu/etd）
美国俄亥俄州电子学位论文（http: //www.ohiolink.edu/etd）
美国 NDLTD（http: //www.ndltd.org）
美国加州理工学院电子学位论文（https: //thesis.library.caltech.edu）
美国伍斯特工学院电子学位论文（https: //www.wpi.edu/Pubs/ETD）
美国宾夕法尼亚州大学电子论文库（https: //etda.libraries.psu.edu）
美国北卡罗来纳州立大学学位论文库（https: //repository.lib.ncsu.edu/handle/1840.20/23）
英国诺丁汉大学电子学位论文（http: //etheses.nottingham.ac.uk）
加拿大学位论文检索系统（http: //www.collectionscanada.gc.ca/thesescanada/index-e.html）

10. 图书情报机构

中国国家图书馆·中国国家数字图书馆（http: //www.nlc.cn）
中国科学院文献情报中心（国家科学图书馆）（https: //www.las.ac.cn）
中国科学技术信息研究所·国家工程技术数字图书馆（https: //www.istic.ac.cn）
中国科技情报网（https: //www.chinainfo.org.cn）
国家科技图书文献中心（https: //www.nstl.gov.cn）
北京大学图书馆（https: //www.lib.pku.edu.cn）
清华大学图书馆（http: //www.lib.tsinghua.edu.cn）
辽宁省图书馆（http: //www.lnlib.com）
美国国会图书馆（https: //www.loc.gov）
国内外图书馆（http: //www.lib.tsinghua.edu.cn/find/find_library.html）

11. 教育机构文献系统

CALIS 中国高等教育数字图书馆·中国高等教育文献保障系统（http: //www.calis.edu.cn）
CASHL 开世览文（http: //www.cashl.edu.cn）
CADAL 大学数字图书馆国际合作计划（http: //cadal.edu.cn）
BALIS 北京地区高校图书馆文献资源保障体系（http: //www.balis.edu.cn）

12. 开放存取与机构知识库

arXiv（https: //arxiv.org）
DOAJ（https: //www.doaj.org）
OpenDOAR（http: //www.opendoar.org）
OALib（http: //www.oalib.com）
J-STAGE 日本电子科技信息服务（https: //www.jstage.jst.go.jp）
中国科技期刊开放获取平台（http: //www.coaj.cn）
中国科技论文在线（http: //www.paper.edu.cn）
国家哲学社会科学学术期刊数据库（http: //www.nssd.cn）
中国科学院科技论文预发布平台（http: //chinaxiv.org）
中国教育图书进出口有限公司 SOCOLAR 平台（http: //www.socolar.com）

中国科学院机构知识库网格（http: //www.irgrid.ac.cn）
天津大学机构知识库（http: //tjussp.dayainfo.com）
武汉大学机构知识库（http: //openir.whu.edu.cn）
西北工业大学机构知识库（http: //ir.nwpu.edu.cn）
西安交通大学机构知识门户（http: //ir.xjtu.edu.cn）
大连理工大学机构知识库（http: //dlutir.dlut.edu.cn）
中国高校机构知识库联盟（http: //chair.calis.edu.cn）
香港科技大学机构知识库（https: //repository.ust.hk/ir）
台湾大学机构典藏（http: //ntur.lib.ntu.edu.tw）
台湾学术机构典藏（http: //tair.org.tw）
麻省理工学院机构收藏库（http: //dspace.mit.edu）
剑桥大学机构收藏库（https: //www.dspace.cam.ac.uk）
悉尼大学机构知识库（https: //ses.library.usyd.edu.au）

13. 法律信息

北大法律信息网（http: //www.chinalawinfo.com）
知网中国法律数字图书馆（http: //law.cnki.net）
中国人大网（http: //www.npc.gov.cn）
中国政府网（http: //www.gov.cn）
中华人民共和国司法部 中国政府法制信息网（http: //www.chinalaw.gov.cn）
中国法院网（https: //www.chinacourt.org）
中国民商法律网（https: //www.civillaw.com.cn）
正义网（http: //www.jcrb.com）
法制网（http: //www.legaldaily.com.cn）
人民法院报（http: //rmfyb.chinacourt.org）
香港政府一站通（https: //www.gov.hk）
香港特别行政区立法会（https: //www.legco.gov.hk）
澳门特区政府网（https: //www.gov.mo）
澳门法律网（http：//www.macaolaw.gov.mo）
台湾法源法律网（https: //www.lawbank.com.tw）
法意科技（http: //www.lawyee.com 或 http: //www.lawyee.org）
百度律师（http: //falv.baidu.com）

LexisNexis（https: //www.lexisnexis.com）
LawGuru（https: //www.lawguru.com）
FindLaw（https: //www.findlaw.com）
Westlaw（https: //www.westlaw.com）
康奈尔大学法律信息学会（https: //www.law.cornell.edu）
美国政府网站（https: //www.usa.gov）
欧盟委员会（https: //europa.eu）

欧盟法院（https: //curia.europa.eu）
英国及爱尔兰法律信息学会网站（http: //www.bailii.org）
英国法律在线（https: //www.justis.com）
英国皇家文书出版局（https: //www.hmso.gov.uk）
英国律师信息网（https: //www.Infolaw.co.uk）

联合国（https: //www.un.org）
世界贸易组织（https: //www.wto.org）

14. 经济信息

中国资讯行（http: //www.infobank.cn）
高校财经数据库（http: //www.bjinfobank.com）
中国经济信息网（https: //www.cei.gov.cn）
国务院发展研究中心信息网（http: //www.drcnet.com.cn）
中国宏观经济信息网（http: //www.macrochina.com.cn）

15. 搜索引擎

（1）常用搜索引擎。
百度（https: //www.baidu.com）
搜狗（https: //www.sogou.com）
有道（http: //www.yodao.com）
中国搜索（http: //www.chinaso.com）
雅虎搜索（https: //search.yahoo.com）
微软必应（https: //www.bing.com）
谷歌中文（http: //www.google.com 或 http: //www.g.cn）
（2）学术搜索引擎。
百度学术（https: //xueshu.baidu.com）
中图公司 cnpLINKer（http: //cnplinker.cnpeak.com）
知网学术（https: //scholar.cnki.net）
万方学术搜索网（http: //www.sciinfo.cn）
谷歌学术（http: //scholar.google.com）
OAIster（https: //www.oclc.org/en/oaister）
Engineering 360（https: //www.globalspec.com）

（3）视频搜索。
百度视频（http: //video.baidu.com）
腾讯视频（https: //v.qq.com）
搜狐视频（https: //tv.sohu.com）
爱奇艺（https: //www.iqiyi.com）
央视搜索（https: //search.cctv.com）
搜库视频（https: //www.soku.com）

搜狗视频（https: //v.sogou.com）
哔哩哔哩（https: //www.bilibili.com）
YouTube（http: //www.youtube.com）
Netflix（https: //www.netflix.com）
16. 网络免费学术资源导航
万维网虚拟图书馆（http: //vlib.org）
CiteSeer.IST（http: //citeseer.ist.psu.edu）
Find Articles（http: //findarticles.com）
17. 在线字典
百度词典（https: //dict.baidu.com）
有道桌面词典（http: //cidian.youdao.com）
CNKI 翻译助手（http: //dict.cnki.net）
金山词霸在线（http: //www.iciba.com）
牛津英语词典（https: //www.oed.com）
Onelook Dictionaries 免费词典门户网站（https: //www.onelook.com）
Dictionary Link（http: //www.dictionarylink.com）

在线汉语字典（http: //xh.5156edu.com）
成语大全（http: //www.guoxue.com/chengyu/CYML.htm）
Dict.cn 海词（http: //dict.cn）
汉典（http: //www.zdic.net）
18. 在线翻译
科大讯飞（https: //www.iflytek.com）
谷歌翻译（http: //translate.google.cn 或 http: //translate.google.com）
Fagan Finder（http: //www.faganfinder.com/translate）
Free Translation（https: //www.freetranslation.com）
SYSTRAN（https: //www.systransoft.com）
19. 工具书在线
百度百科（https: //baike.baidu.com）
中国大百科全书（http: //h.bkzx.cn）
中国工具书网络出版总库（http: //cyclopedia.cnki.net）
百科全书线上（http: //www.wordpedia.com）
百科全书网（http: //www.encyclopedia.com）
维基百科（https: //www.wikipedia.org）
维基百科中文（https: //zh.wikipedia.org）
不列颠百科全书在线（https: //www.britannica.com 或 http: //www.eb.com）
Bartleby 百科全书（https: //www.bartleby.com）
文学百科全书（https: //www.litencyc.com）
中国统计年鉴（http: //www.stats.gov.cn/tjsj/ndsj）
辽宁统计年鉴（http: //tjj.ln.gov.cn/tjsj/sjcx/ndsj）